高等职业教育教学用书

中国职业技术教育学会教学工作委员会
"十三五"重点课题研究成果

JIUYE YU
CHUANGYE ZHIDAO

就业与创业指导

主　编	陈　宇	付　鹏		
副主编	瞿立新	周秀娥	李兴军	马　丽
参　编	徐　伟	陈燕娜	丁　峰	李晓莉
	林美珍	刘　欣	马　力	苗银凤
	孙　琳	孙海曼	孙雪婷	王英英
	张晓华	张燕燕	赵丽恒	李　淼

高等教育出版社·北京

内容提要

本书是高等职业教育教学用书,是中国职业技术教育学会教学工作委员会重点课题研究成果。

本书结合当前社会发展的新动态、就业环境的新变化,旨在对学生开展系统的择业指导、就业指导和创业指导。全书包括宏观形势与人才需求、职业规划与生涯决策、职业能力与职场适应、求职准备与面试技巧、就业流程与劳动保护、创新创业与机会把握、创业实施与创业流程、初创企业管理与发展等内容。

本书适合作为高等职业院校公共基础课程教材,也可用作为社会人士职业生涯规划和就业创业指导书。

图书在版编目(CIP)数据

就业与创业指导 / 陈宇,付鹏主编. —北京:高等教育出版社,2020.8(2021.1 重印)
ISBN 978-7-04-052934-0

Ⅰ.①就… Ⅱ.①陈… ②付… Ⅲ.①职业选择-高等职业教育-教材 Ⅳ.①G717.38

中国版本图书馆 CIP 数据核字(2019)第 236208 号

策划编辑 李光亮　　责任编辑 李光亮　赵力杰　　封面设计 张文豪　　责任印制 高忠富

出版发行	高等教育出版社	网　　址	http://www.hep.edu.cn
社　　址	北京市西城区德外大街 4 号		http://www.hep.com.cn
邮政编码	100120		http://www.hep.com.cn/shanghai
印　　刷	江苏德埔印务有限公司	网上订购	http://www.hepmall.com.cn
开　　本	787mm×1092mm　1/16		http://www.hepmall.com
印　　张	20.5		http://www.hepmall.cn
字　　数	469 千字	版　　次	2020 年 8 月第 1 版
购书热线	010-58581118	印　　次	2021 年 1 月第 2 次印刷
咨询电话	400-810-0598	定　　价	42.00 元

编写说明

进入新时代以来,国务院《关于加快发展现代职业教育的决定》、中共中央办公厅国务院办公厅《关于深化教育体制机制改革的意见》等重要文件陆续印发,职业教育逐步成为国家技术技能人才供给的重要渠道,推动社会包容、和谐、创新发展的重要力量,助力个体全面持续发展、多样成才的重要路径。党的十九大报告指出,要完善职业教育和培训体系,建设知识型、技能型、创新型劳动者大军,弘扬劳模精神和工匠精神,营造劳动光荣的社会风尚和精益求精的敬业风气。

党的十九大以来,国家提出了加快构建现代职业教育体系、着力提高职业教育质量的大政方针。职业教育要定位于培养更多高素质技术技能人才,为建设现代化经济体系、推动经济高质量发展,加快实体经济发展、加快发展先进制造业和现代服务业,推动产业转型升级、促进就业创业、增进民生福祉、助力精准扶贫,为青年拥有更多人生出彩的机会提供有力支撑,就迫切需要进行改革、提高职业教育的质量。提高职业教育质量的关键是要坚持服务发展、促进就业的办学方向;健全德技并修、工学结合的育人机制;要着力培养学生的工匠精神、职业道德、职业技能和就业创业能力;持续不断地加强职业教育标准体系建设。

面对新时代新要求,一方面,在建设现代职业教育体系的过程中,国家对职业教育的功能定位进行了调整,从以"服务为宗旨"变成"以服务发展为宗旨",隐含了服务社会经济发展和人的全面发展两方面的内容;从"以就业为导向"调整为"以促进就业为导向",隐含着从片面追求当期就业目标向追求全面考量当期和长期就业目标的转变,作为国民教育体系的一部分,职业教育将更加注重立德树人、全面育人、加强文化基础教育,强化人文素养教育;另一方面,随着我国经济转型发展、实施"中国制造2025"、全球经济一体化、社会分工进一步细化,以及"大众创业万众创新""学习型社会"和"终身学习"等观念深入人心,社会发展对技术技能型人才素质提出了更高的要求。因此,作为人力资源开发体系的一部分,职业教育将更加注重促进就业创业,加强职业核心能力培养,推动产业文化、工业文化、企业文化与职业教育的融合,对接国际标准,提高技能培养水平,大力提倡质量意识、环保意识、安全意识、绿色道德等。

2016年以来,中国职业技术教育学会教学工作委员会成立了相关的重点课题组,紧紧围绕提高公共课教学质量这个核心问题,进行了持续不断的研究探索。课题组认真贯彻落实教育部《关于深化职业教育教学改革全面提高人才培养质量的若干意见》(教职成〔2015〕6号)精神,紧跟高职专业教学标准制(修)订的工作步伐,努力探索以立德树人为核心,职业精神与职业技能高度融合的高等职业教育公共基础课教学改革模式,加强公共基础课与专业课的对接程度,提出更加科学、实用的高等职业教育公共基础课开课方案。通过不懈的努力,课题组在厘清了高职现有职业素质类课程的开设依据文件(部颁教学文件或课程纲要),明确了各门职业素质类公共基础课程的课程功能定位,并着手开发了《职业素质教育》《职业发展和就业创业指导》《职业生涯规划》《就业与创业指导》《创新创业教育》《创新创业教育实践指导》《心理健康教育》《职业礼仪》共8门创新示范教材,实现了与修订高职专业教学标准同步对接。

在教材的编写中,课题组、高等教育出版社通力合作,并聘请教育部职业技术教育中心研究所、中国职业技术教育学会、人力资源和社会保障部职业技能鉴定中心、中国职工教育和职业培训协会、北京师范大学、中国人民大学、天津职业技术师范大学和部分职业院校有关专家指导编写或者直接参与编写,组建了一个具有权威性和广泛代表性的编写团队。

教材的编写过程本着"把握新形势、找准新起点、构建新体系、推进新模式、配套新资源"的工作方针,紧紧把握新时代职业教育的历史方位,着力凸显工匠精神和职业精神、体现创新创业的时代特征,努力做到高职公共基础课程为学生的专业发展服务、为学生的职业生涯发展服务、为学生的核心素养和核心能力养成服务,为提高职业院校技术技能人才的培养水平提供了一套融思想性、实用性于一体的好教材。

希望广大职业院校积极参与新教材的试用,为我们提供宝贵的实践经验,以帮助我们持续改进教材质量。

中国职业技术教育学会教学工作委员会
高等教育出版社
2018年5月

配套学习资源及教学服务指南

🎯 二维码链接资源

本书配套微视频、动画、扩展知识等学习资源，在书中以二维码链接形式呈现。手机扫描书中的二维码进行查看，随时随地获取学习内容，享受学习新体验。

打开书中附有二维码的页面　　　**扫描二维码**　　　**查看相应资源**

🎯 在线自测

本书提供在线交互自测，在书中以二维码链接形式呈现。手机扫描书中对应的二维码即可进行自测，根据提示选填答案（多项选择题左右滑动进入下一页），完成自测确认提交后即可获得参考答案。自测可以重复进行。

打开书中附有二维码的页面　　**扫描二维码**　　　**开始答题**　　　**提交后查看自测结果**

🎯 教师教学资源索取

本书配有课程相关的教学资源，例如，教学课件、习题及参考答案、应用案例等。选用教材的教师，可扫描以下二维码，添加服务QQ（800078148）；或联系教学服务人员（021-56961310/56718921，800078148@b.qq.com）索取相关资源。

资源导航

前　言

习近平总书记指出："人有恒业，方能有恒心。一个人有了就业，就容易安定；一个家庭有一人就业，就增加一分稳定的力量。"就业是最大的民生，是最大的民生工程、民心工程、根基工程。改革开放 40 年来，特别是党的十八大以来，我国就业工作取得历史性成就、发生历史性变革，走出了一条中国特色就业发展道路，积累了宝贵经验。当前，我国经济发展进入由数量型增长向质量型增长的转型期，劳动力供求和就业问题也出现新的变化，特别是每年数以百万计的大中专院校毕业生就业问题突出，其中作为"半壁江山"的高职毕业生，就业形势不容乐观，加之中职毕业生，就业情况就更加复杂。

时下这批青年走出校门，有人选择"逃离北上广"，有人"留在大城市里闯一闯"，有人投身"双创"的时代浪潮，有人选择"慢就业"体验生活，每一种选择都值得尊重，每一场青春都应该闪亮。如何通过职业指导教学引导他们择己所爱，择己所长，择世所需，最大限度发挥个人的潜力，为社会创造最大价值，是摆在当前学校就业工作者面前的大命题。

为此，我们共同编写了这本《就业与创业指导》。本书从学生实际生活出发，贯彻"用身边人教育身边人"的理念，全面从宏观形势与人才需求角度切入，系统地介绍了职业生涯规划知识，帮助学生认识自我，提高职业能力与职场适应性，树立技能成才的职业理想，引导学生做好求职准备与面试技巧，遵循就业流程，在职场中懂得自我保护，行有余力则积极创业，通过创业带动更多人就业，为人人出彩奠定可能。

本书主编由陈宇（中国就业培训技术指导中心原主任、教授）、付鹏（中关村双创互联网科技人才发展研究院院长、教授）担任，副主编为瞿立新（无锡科技职业学院）、周秀娥（江阴职业技术学院）、李兴军（广州市职业技术教研室）、马丽（包头轻工职业技术学院）。参与各章编写的是：第一章瞿立新、徐伟（无锡科技职业学院）、李晓莉（无锡科技职业学院）、孙雪婷（无锡科技职业学院），第二章李兴军，第三章李淼（北京交通职业技术学院）、张燕燕（青岛技师学院）、王英英（晋城职业技术学院）、丁峰（无锡科技职业学院），第四章马丽、陈燕娜（宁波卫生职业技术学院），第五章张燕燕、孙琳（常州信息职业技术学院）。第六章马丽、孙海曼（北京市大兴区第一职业学校）、林美珍（宁德职业技术学院），第七章周秀娥、张晓华(濮阳技师学院)、刘欣(天津职业技术师范大学),第八章周秀娥、马力(无锡科技职业学院)、丁峰、赵丽恒(广东南方职业学院),苗银凤(《中国培训》杂志编辑)参加了本书统稿工作。

本书在编写过程中,编者参考和引用了国内外专家、研究者的有关著作、教材、论文和科研成果,在此对这些作者表示诚挚的感谢! 由于水平有限,错漏在所难免,恳请读者批评指正,以便修订。

编 者

2020 年 3 月

目 录

项目一
宏观形势与人才需求

引导语

"就业是最大的民生",这是习近平总书记在党的十九大报告中的一句话,也是当下中国一个非常明确的"民生实事"。解决好就业问题,才能实现社会的长治久安,才能实现劳动者安居乐业。所以,就业是最大的民生。职业院校毕业生是技能人才的中坚力量,如果这个群体就业质量不高,势必造成沉重的家庭负担和社会问题。

2013年5月,习近平总书记在天津考察时指出,要切实做好以高校毕业生为重点的青年就业工作,要求有关部门加大对高校毕业生自主创业支持力度,对就业困难毕业生进行帮扶。2014年12月,习近平总书记在中央经济工作会议上表示,鼓励创业带动就业。2015年4月,习近平总书记在庆祝"五一"国际劳动节暨表彰全国劳动模范和先进工作者大会上进一步强调指出:"党和国家要实施积极的就业政策,创造更多就业岗位,改善就业环境,提高就业质量。"李克强总理在2019年的政府工作报告中提出:"就业优先政策要全面发力。就业是民生之本、财富之源。今年首次将就业优先政策置于宏观政策层面,旨在强化各方面重视就业、支持就业的导向。当前和今后一个时期,我国就业总量压力不减、结构性矛盾凸显,新的影响因素还在增加,必须把就业摆在更加突出位置。稳增长首要是为保就业。"

"充分就业""高质量就业",这不仅是党的十九大报告中对未来几年我国就业状况进行的规划,更是党和政府对人民的庄严承诺,解决好就业问题,使人人都有通过辛勤劳动实现自身发展的机会,是使命所在。在党和政府政策指导下,我们要全力促进职业院校毕业生多渠道就业创业,实现毕业生更高质量和更充分的就业。

学习目标

1. 了解职业院校毕业生就业创业相关政策。
2. 把握区域经济社会发展对技能人才的需求状况。
3. 端正就业观念,认识技能人才发展优势。
4. 能够分清职业理想和理想职业。

任务一　关注就业创业政策

国家促进高校毕业生就业宣传片

学习目标

1. 认识就业创业的积极价值。
2. 梳理和理解就业与创业的关系。
3. 能根据国家政策指导个人生涯发展。

🖊 导入案例

什么地方的单位才适合他呢

南京某高职院校 2018 届毕业生小王,到了毕业前的 1 个月还未落实工作单位。班主任老师借出差的机会,带上他的应聘材料帮他协调。刚好其老家下属的一个县里有一家农业企业缺人,专业对口,又是家乡。然而他本人的择业意向却是:单位地点必须在大城市,至于到大城市的什么单位、具体做什么工作都无关紧要,不在大城市的单位都不考虑。小王最终找到了省会一家企业,专业不对口,收入也不算高,小王坚持了半年还是离职了,又处在了迷茫的求职路上。

启示:

图 1-1 某地毕业生就业双选会现场

习近平总书记勉励当代大学生志存高远、脚踏实地,转变择业观念,坚持从实际出发,勇于到基层一线和艰苦地方去,把人生的路一步步走稳走实,善于在平凡岗位上创造不平凡的业绩。一些同学在就业时只想着去大企业、大单位,向往经济发达、生活环境优越地区,不愿意到中小城市、边远地区和基层单位工作,自身发展却受到制约。你对此的看法是什么?(图 1-1 为某地毕业生就业双选会现场图片。)

一、就业是民生之本

(一)就业是最大民生

就业是民生之本、稳定之基、发展之要、安邦之策。就业是最大的民生,也是经济社会发展最基本的支撑。没有稳定的就业,就没有稳定的经济来源,就不能维持个人生存,就谈不上民生。就业不仅是我们生存的经济基础,也是融入社会、共享发展成果的前提,牵动着千家万户的生活。

稳定就业就是稳定社会,要调整经济结构、推进供给侧结构性改革才有稳定的环境。实现稳定就业、充分就业,既是推进发展的条件,也是体现发展的标志。稳定就业、充分就业,是对民生真正的重视,是稳定的有效保障,是对发展本质的要求,是对社会的重大责任。

🍃 议一议

李克强总理在 2019 年的政府工作报告中,提到要对高职院校实施扩招,人数是 100 万,提出让更多青年凭借一技之长实现人生价值。从就业的角度看,这会对我们每位职业院校的毕业生带来什么影响?

(二)创业带动就业

在我国经济发展新常态下,就业总量压力依然存在,就业结构性矛盾更加凸显。面对新的就业形势,必须着力培育大众创业、万众创新的新引擎,继续坚持扩大就业发展战略,深入实施更加积极的就业政策,把创业和就业结合起来,以创新创业带动就业,催生经济社会发展新动力,为促进民生改善、经济结构调整和社会和谐稳定提供新动能。

随着每年职业院校毕业生人数的持续攀升,就业形势日益严峻。鼓励创业是缓解当前就业压力的有效途径,是毕业生全面发展、自我实现的需要,有利于培养创新精神、创业意识、创新创业能力和艰苦奋斗的作风,有利于促进中小企业的快速发展,有利于催生社会经济发展的新动力,促进社会不断发展。

2017年,《国务院关于印发"十三五"促进就业规划的通知》中明确提出:提升创业带动就业能力。要坚持深化"放管服"改革,不断优化创业环境,畅通创业创富通道,激发全社会支持创业、参与创业的积极性,不断增强创业带动就业能力。

🔲 找一找

在我们身边总有那么一批人,从职业院校毕业后,立足基层就业,从一线做起,依靠自己的勤奋和努力,在工作岗位上踏踏实实钻研技术、锻炼技能,逐渐成长为技能高手和企业骨干,成长为"企业爱将"和"大国工匠",成为行业明星与楷模,如李万君(图1-2)。大家一起找一找,他们都有哪些人?他们都是在哪个领域"独领风骚"?

图1-2　2018年"大国工匠年度人物"——中车长春轨道客车股份有限公司首席焊工李万君

二、职业院校毕业生就业创业政策

(一)就业创业宏观政策

党的十八大报告提出,要贯彻劳动者自主就业、市场调节就业、政府促进就业和鼓励创业的方针。党的十九大报告进一步指出,保障和改善民生要抓住人民最关心、最直接、最现实的利益问题,要保障群众基本生活,不断满足人民日益增长的美好生活需要,使人民的获得感、幸福感、安全感更加充实、更有保障、更可持续。党的十九大报告还指出,要坚持就业优先战略和积极就业政策,大规模开展职业技能培训,注重解决结构性就业矛盾,鼓励创业带动就业。提供全方位公共就业服务,促进高校毕业生等青年群体、农民工多渠道就业创业。破除妨碍劳动力、人才社会性流动的体制机制弊端,使人人都有通过辛勤劳动实现自身发展的机会。

2017年,《国务院关于印发"十三五"促进就业规划的通知》中提出,实施就业优先战略和人才优先发展战略,把实施积极的就业政策摆在更加突出的位置,贯彻劳动者自主就业、市场调节就业、政府促进就业和鼓励创业的方针,不断提升劳动者素质,强化各类政策协同机制、优化社会资本带动机制、完善就业创业服务机制、健全劳动关系协调机制、构建就业形势综合监测机制,实现比较充分和更高质量的就业,为全面建成小康社会提供强大支撑。

2019年1月24日,国务院印发《国家职业教育改革实施方案》,把职业教育摆在教育改革创新和经济社会发展中更加突出的位置,明确指出:"牢固树立新发展理念,服务建设现代化经济体系和实现更高质量更充分就业需要,对接科技发展趋势和市场需求,完善职业教育和培训体系,优化学校、专业布局,深化办学体制改革和育人机制改革,以促进就业和适应产业发展需求为导向,鼓励和支持社会各界特别是企业积极支持职业教育,着力培养高素质劳动者和技术技能人才。"

🔍 查一查

表1-1是近几年就业、创业政策的部分文件,请你查询阅览,如果还有更多文件,请分享给大家。

表1-1 近几年就业、创业政策的部分文件

序号	文 件	编 号	发布时间
1	国务院《关于大力推进大众创业万众创新若干政策措施的意见》	国发〔2015〕32号	2015年6月
2	国务院《"十三五"促进就业规划》	国发〔2017〕10号	2017年1月
3	国务院《关于推动创新创业高质量发展打造"双创"升级版的意见》	国发〔2018〕32号	2018年9月
4	国务院《关于做好当前和今后一个时期促进就业工作的若干意见》	国发〔2018〕39号	2018年11月
5	国务院《国家职业教育改革实施方案》	国发〔2019〕4号	2019年1月
6	中共中央办公厅 国务院办公厅印发《关于进一步引导和鼓励高校毕业生到基层工作的意见》	中办发〔2016〕79号	2016年12月
7	国务院办公厅转发《关于促进以创业带动就业工作指导意见的通知》	国办发〔2008〕111号	2008年9月
8	国务院办公厅《关于深化高等学校创新创业教育改革的实施意见》	国办发〔2015〕36号	2015年5月
9	教育部《关于大力推进高等学校创新创业教育和大学生自主创业工作的意见》	教办〔2010〕3号	2010年5月
10	教育部《关于贯彻落实中央文件精神进一步引导和鼓励高校毕业生到基层工作的通知》	教学〔2017〕3号	2017年4月
11	教育部办公厅《关于进一步做好高校毕业生就业创业工作的通知》	教学厅〔2016〕5号	2016年5月

(二) 多渠道多形式就业鼓励政策

1. 到基层和一线就业

落实基层就业学费补偿、贷款代偿、考研加分等优惠政策,继续组织实施好"特岗计划""大学生村官""三支一扶""大学生志愿服务西部计划"等基层就业项目,要围绕乡村振兴战略,引导毕业生到现代农业生产、经营等领域就业创业。鼓励毕业生到文化创意、健康养老、服务外包等现代服务业就业创业,鼓励毕业生到社会组织就业、到部队建功立业。

2. 到中小微企业就业

鼓励和促进毕业生到实体经济就业,充分发挥中小微企业吸纳毕业生就业的主渠道作用。要积极落实小微企业吸纳毕业生的社保补贴、培训补贴、降税减费等优惠政策。

3. 服务国家战略开拓岗位

要主动对接国家经济社会发展的人才需要,围绕"一带一路"建设、京津冀协同发展、长江经济带发展、海南自贸试验区建设等,引导毕业生到重点地区、重大工程、重大项目、重要领域就业。鼓励毕业生到中西部地区、东北地区和艰苦边远地区就业创业。

4. 拓展新兴业态就业空间

职业院校毕业生要结合学科专业特色,主动对接以技术集成和商业模式创新为特点的新业态人才需求,充分利用平台经济、众包经济、共享经济、数字经济等新业态,实现多元化就业。

🔍 查一查

国家鼓励普通高等学校应届毕业生入伍服义务兵役,请问享受哪些优惠政策?请在表1-2的基础上查询并分享。

表1-2 应届毕业生入伍服义务兵役相关政策

序号	文 件	编 号	发布时间
1	教育部、总参谋部关于印发《应征入伍普通高等学校录取新生保留入学资格及退役后入学办法(试行)》的通知	教学〔2013〕8 号	2013 年 7 月
2	财政部、教育部、总参谋部关于印发《高等学校学生应征入伍服义务兵役国家资助办法》的通知	财教〔2013〕236 号	2013 年 8 月
3	财政部、教育部、总参谋部关于《对直接招收为士官的高等学校学生施行国家资助》的通知	财教〔2015〕462 号	2015 年 11 月

(三)毕业生创业优惠政策

国家鼓励毕业生创业的政策主要体现在一系列政策优惠、资金和场地扶持、指导服务与免费培训等方面。

(1)税收优惠:持人社部门核发《就业创业证》(注明"毕业年度内自主创业税收政策")的毕业生在毕业年度内(指毕业所在自然年,即1月1日至12月31日)创办个体工商户、个人独资企业的,3年内按每户每年8 000元为限额依次扣减其当年实际应缴纳的城市维护建设税、教育费附加和个人所得税。对毕业生创办的小型微利企业,按国家规定享受相关税收支持政策。

(2)创业担保贷款和贴息:对符合条件的学生自主创业的,可在创业地按规定申请创业担保贷款,贷款额度为10万元。鼓励金融机构参照贷款基础利率,结合风险分担情况,合理确定贷款利率水平,对个人发放的创业担保贷款,在贷款基础利率基础上上浮3个百分点以内的,由财政给予贴息。

(3)免收有关行政事业性收费:毕业2年以内的学生从事个体经营(除国家限制的行业外)的,自其在工商部门首次注册登记之日起3年内,免收管理类、登记类和证照类等有关行政事业性收费。

(4)享受培训补贴:对学生创办的小微企业新招用毕业年度毕业生,签订1年以上劳动合同并缴纳社会保险费的,给予1年社会保险补贴。对学生在毕业学年(即从毕业前一年7月1日起的12个月)内参加创业培训的,根据其获得创业培训合格证书或就业、创业情况,按规定给予培训补贴。

(5)免费创业服务:有创业意愿的学生,可免费获得公共就业和人才服务机构提供的创业指导服务,包括政策咨询、信息服务、项目开发、风险评估、开业指导、融资服务、跟踪扶持等"一条龙"创业服务。

(6)取消高校毕业生落户限制:高校毕业生可在创业地办理落户手续(直辖市按有关规定执行)。

(7)创业学生的学分、学时、学籍等方面的配套措施:自主创业学生可享受各校建立的自主创业学生创新创业学分累计与转换制度;还可享受学生开展创新实验、发表论文、获得专利和自主创业等情况折算为学分;有自主创业意愿的学生,可享受学校实施的弹性学制,放宽学生修业年限,允许调整学业进程、保留学籍休学创新创业。优先支持参与创业的学生转入相关专业学习。

(8)职业院校毕业生创业指导服务与扶持:创业学生可享受各地政府和学校在信息、资金、技术、市场等方面的持续帮扶、全程指导、一站式服务。

> 💡 **议一议**
>
> 毕业后创业做老板,是很多职业院校毕业生的梦想和追求。那么,大家议一议,你想创业做什么?要创业,你会面临哪些困难和问题?目前,你为以后的创业在做哪些准备?

总结案例

奋斗的人生，一定会成为赢家

　　他叫周滨（图1-3），一个江苏盐城的农村家庭小伙子。他从小就梦想着成为一名军人，2012年高考时未能如愿考取军事院校，也未能考取一所本科院校，来到了无锡科技职业学院学习。在学校学习了一年后，从未放弃从军梦想的周滨决定从军。要放弃学业选择从军，父母坚决不同意，亲朋好友也都极力劝他放弃这个想法，认为放弃学业去当兵不值得，是浪费青春。而且由于视力原因，他也可能过不了身体检查这一关。面对来自各方面的压力，周滨没有放弃自己的梦想，终于在2013年9月走进了自己期待已久的军营。

图1-3　周滨奋斗人生的起步

　　由于在部队里过硬的个人军事素质和突出表现，2015年初，周滨被推荐参加纪念抗战胜利70周年阅兵仪式训练。为了不被淘汰出局，他在阅兵村里经受住了艰苦、枯燥，甚至是无情的高强度训练，最终和战友们一起走过了天安门广场，接受党和国家领导人检阅。这期间，他加入了中国共产党，也在阅兵训练考核中获得了"阅兵训练标兵"称号。

　　2015年9月受阅结束，光荣退伍的周滨就复学回到母校。作为一名退伍军人和共产党党员，他时刻牢记部队的优秀传统，以一名军人的标准严格要求自己，刻苦学习，积极参与各项社会工作，用自己的实际行动感染、引领着身边的同学，成为同学们学习的模范。

　　复学在校期间，周滨先后获得了全国大学生年度人物入围奖、江苏省年度人物提名奖、江苏省优秀共青团员荣誉称号，发起成立无锡科技职业学院复学军人党支部，并被国防报头条宣传。专科毕业后，周滨又考取了南京的一所本科院校，继续学习深造。大学本科毕业后，周滨担任了无锡少年迷彩军校的负责人，与青少年一起再圆军人梦，继续走在人生奋斗的路上。

　　启示：

　　在成长的道路上，每个大学生都不会一直走在一条平坦的路上，做出选择、认准目标，通过不懈的坚持和奋斗，才能实现我们的梦想，才能成为赢家。同学们，你们准备好了吗？

活动与训练

主题：了解身边的创业政策。

目标：收集创业扶持和优惠政策。

时间：课余时间。

过程：通过调研，收集学校及所在地政府出台的鼓励创新创业的政策文件及具体举措，班级同学间交流并整理汇总。

思考与讨论

1. 如何理解党的十九大报告中提出的"实现高质量和更充分就业"？
2. 在校大学生该如何面对"大众创业、万众创新"的时代要求？

任务二　分析就业形势

学习目标

1. 熟悉近年来的就业形势。
2. 熟悉职业院校毕业生的就业状况。
3. 做好应对新形势的相应准备。

导入案例

访谈："用工荒""就业难"并存成常态

光明智库：就业市场上"用工荒"与"就业难"共存的怪象连续多年引发网友关注。这种矛盾是如何产生的？

蔡昉：准确地说，"用工荒"和"就业难"并不是同时存在的两种分割现象，而是同一个现象的两种表现，目前已经成为劳动力市场上的常态。企业有用工需求，劳动者有就业愿望，而中间有两个因素阻断了供求双方，使其匹配起来有困难。一是结构性因素。劳动力市场虽然存在空缺，但求职者的技能与岗位需求不适应，劳动者需经培训才能实现人岗匹配，在这段时间里，他们处于结构性失业状态。二是摩擦性因素。由于信息传递不畅通和市场功能的局限，劳动者与岗位之间的衔接有时间上的滞后，这些人则处于摩擦性失业状态。这就是需要实施积极就业政策，提高供求双方匹配程度的原因。从时间角度看，可以预计有些岗位会逐渐消失，另一些岗位会被创造出来。着眼于长远，综合性、通识性的人力资本更具韧性和持久性。因此，要鼓励潜在的劳动者接受更多通识教育，使劳动者获得适应就业形势的技能。

莫荣：当前，我国处于新旧动能转换、技术进步加速的转型阵痛期，适应产业转型升级所需的高层次研发人员、高技能工人和创新型复合型人才不足，部分新成长劳动力的实践能力还难以跟上市场变化。在经济下行压力下，受固定资产投资增速放缓、原材料价格上涨等因素影响，吸收大量劳动力就业的中小企业面临生产经营困难局面，稳岗压力或进一步加大。

曾湘泉："用工荒"与"就业难"并存是我国就业市场结构性矛盾的突出表现，其产生原因是多方面的。一是受劳动力供给"滞后效应"的影响，就业市场总体供求发生较大变化。据国家统计局相关数据，自 2012 年起，我国劳动年龄人口数量和比重连续 7 年出现双降，减少了 2 600 余万人。二是高等教育招生人数扩张，并且一些学生的技能难以适应就业要求，"就业难"的压力持续上升。

（资料来源：李晓，姚晓丹，成亚倩，等."用工荒、就业难"成常态 2019 年就业形势怎么看？[N].光明日报，2019 - 04 - 17）

启示：

从人群来看，农民工、大学毕业生、退役军人受多重主客观因素叠加的影响，会在一定程度上面临就业难题。但他们具有年龄优势，善于学习新技能，是未来劳动主力军。国家积极实施公共就业服务帮扶政策，大学生也要主动学习，早日走上理想的工作岗位。

一、宏观就业形势

《中国人口与劳动问题报告——"十二五"回顾与"十三五"展望》表明，"十三五"时期，中国的就业总量矛盾在一定程度上依然存在，结构性问题将成为就业的主要矛盾。尽管从 2012 年开始中国劳动人口到达峰值后便开始下降，但降幅不足以改变劳动力总量在高位运行的国情。今后一段时期，就业形势依然严峻，就业任务依然艰巨。部分企业"招工难"与部分劳动者"就业难"状况并存的就业结构性矛盾依然存在。

（一）挑战：结构性失业风险加大

根据人力资源和社会保障部的预测，"十三五"每年需在城镇安排就业的人数仍然维持在 2 500 万。当前中国新增劳动力供给并未出现剧烈下降，至少在 2020 年以前，劳动力总量供给大于需求，无论是劳动供给的增量还是存量，并不存在严重的短缺现象，甚至在未来一段时期劳动力供给还有富余。

"十三五"时期，经济结构和产业结构调整进入关键期，就业结构调整面临更大不确定性，结构性失业风险将会明显增大。当前，中国经济将逐渐转变成为以服务业为主导的经济形态，依靠土地、房地产、基础设施等大规模投资的增长模式将失去动力，依靠廉价劳动力、资源等的粗放型产业将加快被淘汰，经济结构和产业结构的变化也将带来就业结构的转变。

在这一结构调整过程中，部分劳动力将因不适应而不可避免地被淘汰。例如，化解产能过剩短期内势必会造成局部性失业冲击，一些需要调整的企业将会关、停、并、转，由此形成的下岗人数会比较多。这样一个群体，他们的就业问题、再就业问题以及他们失业的生活托底问题，将是未来一段时期就业领域的一个重大挑战。

（二）劣势：非技能劳动力就业趋难

根据国家统计局公布的数据，2018 年全国外出农民工总量达到 2.8 亿人，1980 年及以后出生的青年农民工约占 51.5%，但是，大专及以上文化程度的只占 13.8%，过早地进入劳动力市场，导致其缺乏必要的职业技能。

青年农民工集中在经济调整冲击最突出的地带。54.8% 的农民工流入东部沿海地区，比去年减少 1.2%，大部分青年农民工从事制造业，而受经济放缓和结构调整影响最大的恰恰就是东部沿海地区的外向型、劳动密集型制造业。这些青年农民工基本没有农业经营经历，在遭受冲击下，农业"蓄水池"功能对青年农民工不能发挥作用。相对于同龄的城市青年，尤其是大学生，青年农民工的适应能力明显更弱，有可能在结构转型中加入长期失业大军。

大学生的问题同样突出，教育部数据显示，2019 届全国普通高校毕业生 834 万人，比 2018 年多出近 14 万。从 2001 年开始，中国普通高校毕业生人数一路上升。2001 年，全国高校毕业生人数仅有 114 万，到 2019 年的 15 年间，毕业生人数增长了 720 万。由于内外经济增速趋缓，对高学历人才的容纳程度有限，因此未来一段时间，大学生就业环境不容乐观。

（三）机会：中高技能人才供不应求

中国劳动科学研究所《2010—2020 年我国技能劳动者需求预测研究报告》指出，目前全国技能劳动者总需求约为 11 577.3 万人，短缺 927.4 万人。高技能人才需求为 3 067.1 万人，短缺为 105.8 万人。据该需求预测研究报告课题组负责人刘军分析，未来时期，我国高技能人才队伍建设将面临三大突出矛盾，一是总量矛盾突出，二是结构性矛盾突出，三是经济社会发展过程中技能劳动者需求结构和形态特征不断变化的矛盾。

由摩根大通支持、清华大学和复旦大学共同合作完成的《中国劳动力市场技能缺口研究》称，中国正从产业链低端的"世界工厂"向高附加值产品的生产者过渡，对拥有中、高技能的劳动力的需求不断上升。数据显示，拥有一定职业资格等级的技能劳动者占全国就业人员总量的 19% 左右，高技能人才仅占 5%。尤其在汽车、电子等高技术领域，专业技能人才的短缺更为严重。（图 1-4 为汽车维修技术人员工作照。）

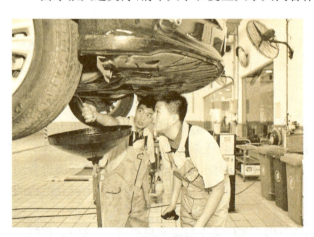

图 1-4　汽车维修技术人员工作照

另有研究显示，2001 年，从低技术人才到高级技师的求职者数量均高于市场需求,2013 年,中低技术人才的需求略高于供给,而高技术人才开始出现缺口。技师或高级技师更为供不应求,市场每需要 1.6 名人才时,仅有 1 名求职者前来应聘。

近年来,受产业转型升级、用工成本上升等因素影响,企业对劳动者学历、素质、技能的要求明显提高,操作工、普工等一般性岗位数量有所减少,"经营管理""高级技工"等技术型、高技能人才需求紧俏。

看一看

2017 年,中共中央、国务院印发《新时期产业工人队伍建设改革方案》,对提高技术工人待遇、实现多劳多得、技高者多得提出了明确要求。党的十九大报告提出,建设知识型、技能型、创新型劳动者大军,弘扬劳模精神和工匠精神,营造劳动光荣的社会风尚和精益求精的敬业风气。2018 年,中共中央、国务院办公厅印发了《关于提高技术工人待遇的意见》,是为落实《新时期产业工人队伍建设改革方案》,创新技能导向的激励机制,进一步鼓励辛勤劳动、诚实劳动、创造性劳动,增强生产服务一线岗位对劳动者的吸引力,建设知识型、技能型、创新型劳动者大军,营造劳动光荣的社会风尚和精益求精的敬业风气就提高技术工人待遇提出的意见。

二、区域就业市场

今后一段时期,我国将建设京津冀、长三角、珠三角世界级城市群,提升山东半岛、海峡西岸城市群开放竞争水平。培育中西部地区城市群,发展壮大东北地区、中原地区、长江中游、成渝地区、关中平原城市群,规划引导北部湾、山西中部、呼包鄂榆、黔中、滇中、兰州—西宁、宁夏沿黄、天山北坡城市群发展。促进以拉萨为中心、以喀什为中心的城市圈发展。由此创生的就业机会,正为各级各类毕业生们带来更多的选择。

(一)一线城市就业市场的特点

比起二三线城市来,一线城市不但房价高、交通拥堵,而且工作岗位竞争激烈。但无论一线城市的人口有多么拥挤,招工岗位有多么稀少,还是有数不清的各类毕业生涌入这些城市,去追寻自己的梦想。为何各类人才愿意扎堆前往一线城市呢?(图 1-5 表现了一线城市不容乐观的通勤状况。)

原因在于,一线城市发展迅速,比二三线城市拥有更多与国际接轨

图 1　5　一线城市的高峰期通勤状况不容乐观

的技术和理念,拥有更好的学习资源与教育环境。而有些资源不但会影响到个人发展,甚至有可能影响到下一代的发展。因此,占尽资源优势的一线城市,自然成了求职者眼中的"香饽饽"。对于部分人来说,选择一线城市是因为周边交际圈的变化:身边大多数朋友或亲人前往一线城市工作和定居,他们也因此选择了同一城市——交际范围与人脉质量,可以影响到职业变动和薪金等级。退居二三线城市,也许对于某些人来说更容易找到工作。然而,要高薪、要发展,还是一线城市机会更多。

同时,一线城市由于产业的高端化和区域经济中心的定位,对于求职者的学历、资历、能力、专业技术等要求相对较高。特别是求职者自身初期进入大城市,会面临较大的租房、交通、交友等压力。作为高职毕业生,要对此有充分的认识和判断,既不望而却步,也不能盲目前往,导致就业发展的低端化。

(二) 二三线城市就业市场的特点

所谓二三线城市,是指除"北上广深"等一线城市以外的省会城市以及经济水平较高、城市规模较大、区域辐射力较强的地级市。近年来,各类人才就业地点不再局限于以"北上广深"为代表的一线城市,形成了向二三线城市发展的趋势。

尽管一线城市仍保持着相对较高的就业签约率,但是随着一线城市逐步收紧城市人口扩张的趋势,加之生活成本高、居住压力大、环境污染和交通拥堵等问题,传统一线城市对毕业生的吸引力正在逐步减弱。与此同时,随着新一线城市和二三线城市的发展和毕业生就业观念更加多元、就业选择更趋理性的变化,"北上广深"对毕业生的吸引力正在逐步减弱,二三线城市建设不断发展,正逐渐成为大学生就业重心(图1-6)。

图1-6 二三线城市建设不断发展

分析技能人才到二三线城市创业就业的原因,可以看出:当前,一线城市面临"城市病"的压力,需要疏解一些功能;同时,一些二三线城市有着良好的产业基础、人口条件、公共服务,处于迅速崛起与转型之中。对技能人才来说,选择一线城市会面临人才扎堆、竞争激烈的局面,而二三线城市具有落户难度低、综合成本低、政策扶持力度大、竞争较小等优势,更适合职业生涯的发展。

❓ 想一想

不久的将来,你想到哪个城市就业?这个城市对你的吸引力在哪儿?

三、当前大学生就业形势

(一)就业压力增大

我国人口基数较大,需要就业的人员多,就业高峰持续时间长。近几年,随着高校招生规模的扩大,高等教育已步入大众化阶段,2019年全国普通高校毕业生人数达到834万人,再创历年新高,比2018年增长近14万人。从2010年至2019年,九年之间,全国高校毕业生人数已增长将近220万(图1-7)。高职毕业生的就业高峰与全社会的就业高峰重叠,就业压力逐渐凸显。

图1-7 2010—2019年全国高校毕业生人数统计情况

(二)就业态势平稳

《2019年中国大学生就业报告》指出,2018届高职院校毕业生毕业半年后的就业率为91.5%,近10年应届高职院校毕业生就业率稳步上升,就业率首次超过本科毕业生。高职院校2018届毕业生,月收入为4 112元,就业满意度为67%;工作与专业相关度为

66％;毕业半年内的离职率为 33％,近五年毕业生离职率稳定。

2018 届高职院校毕业生半年后就业比例增长最多的是"教育业",较 2014 届增长了 2.1％。由此可见,失业量较小,就业率、薪资和就业满意度综合较高的绿牌专业是需求增长型专业,相关行业随着市场的不断变化,需求还在持续增长。根据调查显示,2019 届毕业生中约有 58.2％选择了就业,3.9％选择了创业。

(三) 部分毕业生就业能力不足

当前在就业问题上,一些职业院校毕业生实践能力不足、动手能力较差、知识面较窄,对企业实际了解甚少,对岗位的认知较少,不从自身条件和现实环境出发,自身定位不准,与社会要求错位。一些高职院校毕业生的职业素养与企业的要求有一定差距,不讲诚信,与人沟通、协调合作的意识和能力不强。一些高职院校毕业生就业观念滞后,缺乏主动择业、创业的积极性,对工作中可能出现的困难和艰苦缺乏思想准备,具有较为强烈的求稳定、求舒适、求发展、求成长的工作诉求,"等""靠""要"的思想仍然存在,就业期望值很高。这些都对高职院校毕业生的就业产生了不利的影响。就业压力的存在使得一些高职院校毕业生出现了焦虑、自卑、自负等各种各样的心理问题,这些心理问题也成为大学生顺利就业的障碍。

一些高职院校毕业生放缓了求职就业的步伐。2018 年 7 月,中国青年报社社会调查中心联合问卷网,对 2 009 名受访者进行的一项调查显示,72.9％的受访者周围有"慢就业"的大学生。62.4％的受访者认为大学生选择"慢就业"是因为对未来还没规划好。在部分被动"慢就业"的"待机族"中,存在着对所学专业不喜欢却又不知道喜欢什么、自身能力与职场要求不匹配、自身职业定位有偏差、内生动力不足、前行动力不够等多重隐忧。

从实际情况来看,目前我国大学生的就业形势是不少就业岗位并非人满为患,既存在着"人找岗位"的现象,也存在着"岗位找人"的现象。随着市场的不断变化,创业型企业增多,当下中小微企业已经成为吸纳毕业生就业的主渠道,但是对于对大学生就业的需求逐渐增长的中小企业来说,在招聘大学毕业生时都不同程度面临着"招不来、留不住、待不长"的人力资源困境,许多中小企业的招聘人员奔波于校园招聘、社会招聘,求贤若渴,但有可能无人问津,连简历也收不到。

> 🔍 **查一查**
>
> 请登录人力资源和社会保障部网站,在就业创业模块中进入人力资源市场模块,查找近期部分城市公共就业服务机构市场供求状况分析,并说出你的理解。

四、就业市场解读

今后一段时期,我国将坚持普惠性、保基本、均等化、可持续方向,围绕标准化、法制化、信息化,建立健全基本公共服务制度,提升基本公共服务能力,为群众提供更加方便快捷、优质高效的人力资源和社会保障基本公共服务。

在就业市场,我国已基本形成覆盖城乡的公共就业服务体系,并基本建成统一规范的公共就业服务制度。公共就业服务机构就是由政府投资兴办的,提供免费就业服务的机构,具有如下特征:① 由国家建立,在国家领导或监督下开展业务,国家给予充分的资金保障;② 垂直管理,上下联成网络,覆盖全国各地;③ 工作人员应是政府公务人员,并保持队伍相对稳定;④ 应向求职者和失业人员提供免费的就业服务,且向雇主提供的基本的就业服务也免费。

2011 年以来,人力资源和社会保障部依托公共就业服务机构建立起了人力资源市场供求和企业用工情况分析报告制度。报告内容一般包括本地区人力资源市场供求变化情况、高校毕业生供求变化情况、监测企业用工变化情况,以及对本地区就业情况总体判断和走势预测四个方面。

查一查

请登录人力资源和社会保障部网站,在就业创业模块中进入人力资源市场模块,查找近期部分城市公共就业服务机构市场的供求状况分析,并说出你的理解。

我们在了解周边就业形势的时候,要注意人力资源市场供需指数,例如供求总量、供求结构、景气指数及预期指数、企业流失率及新招聘率、用工缺口率、招聘难易指数、企业用工平均工资,以全面、系统地反映本地人力资源市场供求状况和变动趋势。

供给总量、供给结构和景气指数、预期指数等指标反映了本地区总体的用人需求水平变动情况,不同行业、职业、企业类型的人力资源需求变动,以及从现状和未来信心的角度预测本地区企事业单位未来的用人动向,从而有助于求职者针对需求信息做出更加理智的求职选择,也更有助于政府和企业制定更为符合市场趋势的人力资源策略。

用工缺口率、招聘难易和企业平均工资是企业和劳动者都十分关心的对象,它直接影响着企业的用工成本和劳动者的生活质量。反映了企事业单位提供的招聘难易及岗位实际薪酬的变动情况,可以从宏观和微观的不同层次上反映出本地区的招聘和薪酬状况。

需求与供给是既相互独立又密切联系的两个方面,人力资源市场的主要作用就是使需求与供给达成平衡,实现匹配。我们在分析就业趋势的时候,应该加以综合考虑,从而判断较为宏观的就业环境。

总结案例

沉着应变的小何

毕业生小何因为车晚点,待赶到某地人才交流会会场时,已是差不多结束之时,他真是懊悔极了。要知道,他这次专程来这里就是冲着 A 单位来的,他心目中对 A 单位向往已久,他曾经投过一份简历给该单位人力资源部负责人,该负责人曾表示对他的材料很感兴趣,并请他务必参加一个月后举办的人才交流会,到时现场见面后就可决定是否签约,可这次他偏偏迟到了,实在不凑巧。

此时,会场内不少单位已录满人员,撤摊而去,剩下的单位也在整理材料准备离场,他开始漫无目的地在场内瞎逛。突然B单位的摊位令他眼睛一亮,该单位他也曾向往过,只因为自己学历不高,未敢冒昧联系,今天既然来了,不妨就试试看吧。他郑重其事地递上了自己的材料,主动做了自我介绍并说明了今天晚来的原因,凭着自己之前对该单位的了解,他与负责招聘的人谈得非常投机。一周之后,他意外地收到了B单位的正式面试通知,一个月不到便签订了正式协议。真是"山重水复疑无路,柳暗花明又一村"。

启示:

随着我国进入新的发展阶段,新技术、新业态层出不穷,产业升级和经济结构调整不断加快,各行各业对技术技能人才的需求越来越紧迫。机遇与挑战并存,高职毕业生要积极形成符合当代社会需求的就业心理,敢于竞争、不怕挫折,要适时应变,勇于面对挑战。

活动与训练

主题:分析区域就业形势。

目标:分析自己拟就业区域的就业形势。

时间:课余时间。

过程:通过调研,将对自己拟就业区域的就业形势的分析与班级同学交流,并整理汇总。可登录人力资源和社会保障部专题网站查询中国劳动就业市场的动态数据。

思考与讨论

1. 高职院校毕业生就业困难的自身原因有哪些?
2. 分析自己所处的就业环境,寻找有利因素,避免不利因素。

任务三　端正就业观念

学习目标

1. 掌握常见的心理调适方法。
2. 树立科学健康的就业观念。
3. 认识自身与现实的距离并予以调整。

导入案例

父亲的经典比喻

高职毕业生小刘,毕业后的第一份工作月薪4 000元,可是好景不长,他所在的公司半年后就倒闭了。在后来的求职中,他始终认定要找一份月薪不低于3 000元的工作,多次求职未果。一天,他跟着当菜农的父亲去卖菜,早市时父亲对儿子说:"我们的菜是全市最好的,不能比别家价格低。"直到中午,因为菜价高还是问的多、买的少。儿子急了,要父亲降价,父亲始终不答应。天快黑了,他们的菜经过一天的风吹日晒已毫无优势,最后被人以低价买走了。儿子埋怨父亲为什么不早点出手,父亲笑着说:"是啊,那时候出手该多好,可早上总以为自己的菜应该值那个价,就像你现在总以为自己月薪必须3 000元一样。"父亲的话让儿子深感震动。

启示:

这个故事启发我们,不要幻想和要求所选择的就业岗位或从事的工作十全十美。每个人的一生都在不断地调整,终身从事一种职业是可能的,但终身在一个岗位上的可能性是越来越小了。特别是在毕业生就业形势紧张的时候,要有"生存危机",应该考虑先解决"吃饭"问题,树立"先生存、后发展"的就业观。要在先保证生存的基础上,再考虑所选择的岗位是否适合自己,是否符合自己的兴趣,自己能否得到提高,将来发展潜力如何等。你认为小刘应该怎么办?

一、就业观构成要素

就业观念指的是人们对某一特定职业的根本看法和态度,也是社会对从事某种专业工作人员的较为恒定的角色认定。就业观念是作为职业人所具有的意识,是人们对职业劳动的认识、评价、情感和态度等心理成分的综合反映,也是职业道德、职业操守、执业行为、执行表现等职业要素的总和,是支配和调控全部职业行为和职业活动的调节器。

就业观由三个要素构成:维持生活、完善个性、服务社会。三者的地位和比例不同,构成不同的就业观,包括职业地位观、职业待遇观、职业苦乐观等。(图1-8是最美劳动者喜获"笑脸照"的情形。)

图1-8　最美劳动者喜获"笑脸照"

(一) 职业地位观

持有这种职业观的人希望获得较高的社会地位,看重别人的尊重和自己的声名。因此,在工作中会努力争取机会锻炼表现自己,对有益于提升自己社会地位的工作,积极、专注和用心。在这种情况下,个体会重视学习、努力提升自己,并且一般会目标明确、重视利用资源。但是,过于追求这种声名,会使自己的思维会变狭窄,甚至可能丧失自己的原则。

(二) 职业待遇观

重视收入的人追求殷实富足的生活,利润意识强,因此有较强的工作动力,不介意工作强度和工作环境等因素。但是,有可能因为缺乏长远的眼光而急功近利。一些毕业生在职业选择上存在着思想误区,对薪酬、职位、地域等工作条件的要求过高,导致职业定位存在偏差。有的毕业生对一二线城市的期望过高,而忽略中小城市,存在"扎堆"现象。同时,许多毕业生的职业规划意识较为薄弱,更加剧了就业问题。

(三) 职业苦乐观

希望在工作中得到自我价值提升的人,往往希望工作不断出现新的、具有一定难度的任务,以刺激其能力的发挥。因此,他在工作中会苦中作乐,把完成高难度的任务当成一种成就,并且能力提升或晋升的速度会很快,个体的自信心和效能感也会逐渐增强。但是,如果过于重视工作内容的挑战性,个体对工作内容可能会比较挑剔,一般的、简单的、常规的工作不会引起其重视,个体可能会出现怠慢的现象,这样不利于职场新人最初的发展。

❓ 想一想

经过了多年的学校学习和技能训练,就要走上工作岗位了,请思考:我为什么要工作? 我是否可以接受到中小城市的一线岗位去工作? 按照我目前的技能水平,我应该有什么样的职业薪酬?

二、树立正确的就业观念

(一) 就业观念影响择业人的择业意向

就业观念决定着择业者对职业的认识、对职业的评价。每个择业者都是自觉不自觉地以某种就业观指导自己的选择职业的行为。人们生活、学习环境的不同,老师、家长对职业的认识不同,社会择业指导水平的差别等,都影响着择业者的择业方向和职业行为。有人择业方向正确,有人进入误区;有人在职场中成绩卓著,有人却毫无作为,甚至屡次在择业竞争中失败。

(二) 就业观念影响职业人的从业态度

就业观念对从业态度有着特殊的影响。一个职业人积极性的高低和完成任务的好坏,在很大程度上取决于他的职业观念。职业伦理学研究表明,先进生产者的职业态度指标最高。做任何事情,其成败进退,与职业人所采取的态度密切相关。严谨客观、精益求精的从业态度,使职业人有积极强烈的使命感,追求打造"敬业、乐业、专业"的个人职业信誉品牌。反之,从业态度不端正,就会过分追求短期利益,谁给的钱多就为谁"打工",一年吃掉几年的饭,不爱惜自己的名声、前途与个人品牌,甚至为了钱可以置道德与法律于不顾,发生诸如携款潜逃之类的恶性事件。树立正确的职业观念是职业人做好本职工作的前提。

(三)就业观念影响职业人的创业效果

在职场中有两类人:一类人踌躇满志,觉得自己是一步登天的淘金者;另一类人踏踏实实地从小事做起。事实证明,淘金者更像是赌徒,很多人由于不切实际的幻想,最终赔上自己的未来。后者尽管看上去毫不起眼,但"身在其位,心谋其政",在努力踏实中迎接瓜熟蒂落、水到渠成。任何事情都有积极和消极两种对待方式,用不同的观念去对待,对职业人的驱动力也就不一样,自然会得到不同的结果。具有积极的职业观念的职业人随时能准确地抓住机遇,不断寻求新的发展。

(四)就业观念影响职业人的专业行为

正确的就业观念是"全心投入、尽职尽责"的前提。职业无高低贵贱之分,不论从事的是何种工作,都应该全身心地热爱,全身心的投入,对本职工作保持积极乐观的态度和高度负责的精神,而不应该以对本职工作没兴趣为借口得过且过,也不应该以本职工作的经济效益低为托词,消极怠工。你在哪个位置,就应该热爱这个位置,因为这里就是你发展的起点。对一个喜欢自己的工作并认为它很有价值的人来说,工作便成为生活中一个十分愉快的部分,只要对自己的工作发自内心地热爱,即使在平凡的岗位上也能创造出奇迹来。

🍃 **议一议**

对以上就业观的论述,你是否认同?你对其中哪一条最认同?大家一起谈谈自己的想法。

三、技能人才就业观的主要特点

(一)择业思想更加实际

个人利益与社会利益、国家利益相统一的价值观,即利与义相统一的价值观为广大学生所认同。但当代学生所理解的"义",不是只讲奉献不求索取的纯利他主义,更不是金钱至上的拜金主义,而是以主体意识、公民意识逐渐增强为基础,以自主、自由、平等交换为实质内容的新的价值观。他们并没有丧失社会责任感,在择业中表现为既希望发挥个人才能,获取较高的经济收入,又期望兼顾国家和社会的需要。这种双向选择的模式基本得到了普遍认同。

(二)动机突出自我发展

在择业动机方面,毕业生主要突出个人才能的发挥,其次是经济利益的实现。发挥个人才能成为毕业生择业时考虑的首要因素。毕业生在择业时,并不是一味追求物质利益,而是更注重个人才能的发挥与特长的施展,追求自我价值的实现,追求长远的人生发展目标。但他们在注重个人才能发挥的同时,又希望获得较高的经济收入。随着人才市场的完善和成熟,人们对经济收入这一因素越来越重视,而用人单位也开始利用这一因素来吸引人才。沿江、沿海等文化经济发达的大中城市能同时满足毕业生上述两方面的需要,因而成为多数毕业生择业的首选目标。另外,就职单位的发展前景成为毕业生择业所考虑的第二个重要因素,因为单位的发展前景如何直接影响到个人才能的施展。

(三)职业目标期望值高

毕业生在职业目标方面普遍有着较高的期望值,希望得到高薪水、高地位、高层次的工作,回避待遇低、地位低、层次低的工作。

在就业地域方面,多数学生向往大中城市,尤其是沿海的中心城市,因为这些地区的经济发展水平较高,发展前景较好,施展个人才能的机会较多。部分学生认为小城镇,特别是山区,社会经济发展相对落后,思想观念比较保守,缺乏发挥自己才能的环境和机遇,因而不愿下基层。

在单位选择上,重心逐渐转向非公有制企业。随着国有企业的改革、行政机关公务员制度的实施、人事代理制度的逐步完善,国有单位对毕业生的吸纳量有所下降,而非公有制对毕业生的吸纳量明显提高,迫使大学生选择单位的重心逐渐由国有单位转向非国有企业。

在职业选择上,大部分学生虽然愿意从事与自己所学专业相关的工作,以发挥自己的专业优势,但更愿意从事高层的管理工作和高收入的工作,不愿到艰苦行业工作。这种职业目标往往给选择职业造成障碍,影响学生顺利就业。

(四)择业的多向性与不稳定性

毕业生从学校步入社会时,往往存在四种矛盾心理:对就业岗位和就业环境不适应产生的心理矛盾;个人职业期望与社会现实的矛盾;个人理想与市场制约的矛盾;活泼好强与自我意识不够成熟的矛盾。由于这些矛盾的存在,毕业生择业时难免产生多变性,具体表现在:有些人专业目标不明确,择业时茫然无措;有些人意识到基层和艰苦行业需要人才,最能锻炼自己,但怕基层条件差,埋没了自己的才能,择业时举棋不定;还有的人不顾自己的专业特长,把待遇高、福利好作为择业标准,但又想实现自己的价值和抱负,在择业时犹豫不决。

毕业生受择业的多向性和不稳定性的影响,一方面对自身的就业不利,择业时左顾右盼,当断不断,必定错失良机;另一方面对用人单位不利,毕业生在择业时反反复复,随意违约,延误了用人单位对人才的挑选。

四、我们应树立什么样的就业观

(一)树立高尚的职业理想

高尚的职业理想应当是把个人的志向和国家利益、社会需求有机地结合起来,勇敢地走出个人的小天地。如果仅仅从个人的角度考虑问题,就非常容易走进死胡同。随着高等教育的大众化、普及化，即使是大学生也不再是从前的"天之骄子"，接受过高等教育的大学生已成为社会的普通劳动者，从事普通劳动者所从事的工作。社会中的各行各业都需要职业院校毕业的技术技能型人才，在任何岗位上，只要是通过诚实劳动来为社会创造价值，实现自己的价值，就是现在社会所倡导的。

（二）树立良好的敬业精神

对于即将踏入社会的毕业生来说，树立敬业精神是准备进入社会思想成熟的标志之一。毕业生是否具有敬业精神，直接关系到其今后的职业生涯能否顺利、事业能否发展等一系列问题。具有敬业精神已成为当今社会对毕业生综合素质的新要求。因此，热爱本职工作，忠于职守，对社会和人民负责，保证工作质量，对技术精益求精，能团结协作、公平竞争的良好敬业精神将是准备就业的必要条件。（图1-9为技术工人的工作照。）

图1-9　技能人才在岗位上也能出彩

（三）树立勇于面对竞争的观念

在社会主义市场经济体制下，就业实行的是在国家政策指导下自主择业的方式。毕业生就业制度改革的一个重要特点，就是把社会主义市场经济的重要思想，即竞争引入毕业生的就业之中，建立起公平的人才竞争环境。物竞天择，适者生存，竞争获胜，将永远是市场经济下选择职业不变的游戏规则。因此，竞争意识是现代人必备的素质之一，面对就业竞争的现实，毕业生应当摆脱被动依赖、消极等待的状况，敢于竞争，树立"爱拼才会赢"的观念，做好多方面的竞争准备。

第一，要树立强烈的竞争意识。人才市场上的供求关系总会存在一些这样或那样的不平衡之处，同一职业往往有较多的择业者期望获得，如果没有主动竞争的思想准备和积极参与应聘的行为，是难以顺利就业的。

第二，要培养雄厚的竞争实力。竞争实力是综合素质的体现，包括思想品德素质、专业素质、文化素质、身心素质等。竞争实力是在学生生活的过程中逐渐培养和塑造的结果。在公开、公正、公平的竞争原则下，竞争实力就是个人实现择业理想的资本。

第三，要坚持正确的竞争原则。毕业生在就业竞争面前，要保持自己的人格尊严，诚实守信，凭自身的竞争实力并运用恰当的竞争技巧去赢得用人单位的青睐。

第四，要保持良好的竞争心态。有竞争就有风险，参与竞争就难免受到挫折。对于处在就业竞争中的毕业生来说，尤其要注意提高遭受挫折后的心理承受能力，把挫折看成是锻炼意志、增强能力的好机会。保持良好的竞争心态，主动摆脱受到挫折后的颓丧情绪，要认真分析失败的原因,调整自己的心态和择业目标,鼓足勇气,争取新的机会,绝不能因此而灰心丧气,一蹶不振。

(四) 树立先就业、再择业、后创业的思想

要打破一步到位、从一而终的就业观。市场经济配置人力资源的特征是人才流动,毕业生也不必急于在短时间内找一个固定的"铁饭碗",要树立不断进取的职业流动观念,并学会在流动中发现机会、抓住机会、把握机会。

从现阶段的就业形势看,国家宏观政策是鼓励大学生自主创业;社会主义市场经济体制的建立和市场经济的发展,为广大毕业生的自主创业提供了良好的社会环境。条条大路通罗马,挖掘创业潜能,摆脱依赖心态。创业,这包含机遇与挑战的字眼,已经成为无数毕业生心中的梦想。自主创业给具有创造力、活力的毕业生提供了就业和深造以外的"创新之路"。

(五) 树立到基层、农村去的观念

全国的几十万个行政村,加上基层社区以及其他的基层所提供的就业岗位,在大城市、主要机关提供的就业机会日趋饱和的情况下,为毕业生提供了不可小觑的就业机会,为毕业生施展才华、实现理想创造了条件。村民委员会主任、书记,乡镇以上的国家各级公务人员,农村种植业、养殖业、家庭农场的主办人,乡镇企业、区街工业、个体企业的管理和技术人员等,无一不为毕业生提供了发挥特长、大展拳脚的广阔空间。当代学生应积极响应国家和社会的召唤,到基层去、到西部去、到生产第一线去、到祖国和人民最需要的地方去,接受锻炼、接受挑战。"宝剑锋从磨砺出,梅花香自苦寒来",没有艰苦的锻炼,没有基层工作经验和能力的积累,是很难有大的作为和前途的。毕业生到基层,特别是行政村,不仅有利于农村的经济建设,也有利于锻炼自己。

(六) 树立发挥专业所长,但也注重综合素质的观念

毕业生在择业时首先要考虑所学的专业,根据专业特点谋求职业,以做到专业特点与职业要求相匹配,发挥专业优势;同时也不能忽略综合素质和能力。大多数用人单位招聘人才的标准是:注重应聘者的个人能力和综合素质,至于专业是否完全对口并不过分计较。一味强调专业对口,会使毕业生在激烈的竞争中失去很多机会。一个具有开拓精神的毕业生,应看重行业的发展前景,并及时调整自己的择业方向,勇于选择与自己所学专业相近或相关的职业。学校的教育不仅仅是学习专业知识和技能,更重要的是培养了学生的综合素质和综合能力。

？想一想

　　对照经济社会发展对技能人才的需求,自我审视一下,我们目前自身的能力水平与现实需求是否有差距,差距都在哪里呢?

总结案例

高职烹饪工艺与营养专业毕业生对就业岗位的认知

烹饪工艺与营养专业的学生初次就业岗位需求主要集中在生产一线,其中主要分布在打荷、砧板、冷菜、面点、初加工和灶台岗位,所占比例分别为 30%、15%、15%、15%、20%、5%,如图 1-10 所示。

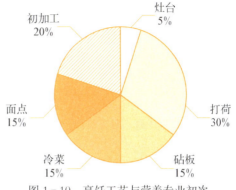

2017—2019 年的本专业毕业生认为应该具备的能力如图 1-11 所示。具有良好的岗位适应能力、人际交往能力和独立工作能力是毕业生快速融入餐饮行业的必备条件。

通过对当地餐饮企业的调研,我们发现餐饮企业用人主要是一线技术生产人员,目前企业普遍反映高职学生需要掌握

图 1-10 烹饪工艺与营养专业初次就业岗位分布

基本的专业理论知识、扎实的烹饪基本功和熟练的操作能力,需要具备良好的工作态度和吃苦耐劳的精神,具备节约成本的意识以及安全、卫生等职业素养。

图 1-11 毕业生认为应当具备的能力

根据现代旅游饭店和餐饮企业厨房内部的岗位设置,本专业毕业生就业面向为以中餐厨房、西餐厨房、中点厨房、西点厨房等为主的就业岗位群,如表 1-3 所示。

表 1-3 烹饪工艺与营养专业就业岗位群

就业岗位	初次就业岗位	阶段性就业稳定岗位	中长期发展岗位
中餐厨房一线操作及管理岗位	初步加工岗、切配岗、打荷岗、炉灶岗、蒸灶岗及冷菜岗,主要为中式菜肴的一线操作	中餐厨房各岗位群的基层管理人员	中餐厨房厨师长

续　表

就业岗位	初次就业岗位	阶段性就业稳定岗位	中长期发展岗位
中点厨房一线操作及管理岗位	中式面点的一线操作	中点厨房基层管理人员	中点厨房厨师长
西餐厨房一线操作及管理岗位	热菜房、冷菜房等,主要为西餐菜肴一线操作	西餐厨房各岗位群的基层管理人员	西餐厨房厨师长
西点厨房一线操作及管理岗位	西式包饼房的一线操作	西点厨房各岗位基层管理人员	西点厨房厨师长
餐饮部管理岗位	原料采购、宴会菜单制定、成本消耗分析、人员组织培训的一线操作	餐饮企业的餐饮部基层管理人员	餐饮企业的餐饮部经理(总监)和行政总厨
中职学校烹饪专业实践指导教师	取得"中职学校实践指导教师资格证书",担任中职学校烹饪专业实践指导教师	取得"专业教师资格证",担任中职学校烹饪专业"双师型"教师	担任中职学校烹饪专业"双师型"资深教师或实践指导负责人

　　本专业毕业生要具有良好的厨德、厨艺,养成良好的职业习惯,掌握专业操作技能和餐饮经营管理能力等专业核心能力,取得中级中式烹调师、中级中式面点师、中级西式烹调师或中级西式面点师资格证书(四级)中的一项或数项,努力成为具有国际视野、掌握新技术、新知识和新工艺,符合烹饪行业职业规范要求的"专业能力强、创新素质高、有可持续发展技术潜力"的高素质技术技能人才。

启示:
高职毕业生要清楚自己应该学什么、干什么、成为什么样的人,了解所学专业的初次就业岗位、中长期发展岗位,明晰未来职业成长路径和发展方向。

活动与训练

　　主题:就业岗位范围分析。
　　目标:分析自己所学专业的就业岗位范围。
　　时间:课余时间。
　　过程:通过调研,将对自己所学专业的就业岗位范围的分析与班级同学交流,并整理汇总。

思考与讨论

1. 在大学生就业问题上,正确的就业观有什么作用?

2. 作为当代大学生，你是如何树立正确的就业观的？

任务四　立足技能成才

学习目标

1. 分清职业理想和理想职业。
2. 认清自身的优势。
3. 能把自身优势运用到工作中。

导入案例

学非所用的迷茫

　　小张是某高职院校 2014 届毕业生，专业是物联网应用技术。小张上学期间学习成绩优异，性格踏实，不善言辞。在很多老师心中，小张的优势在于能静下心来钻研，恰好小张的专业也是目前比较热门的，很多人认为小张毕业后找个 IT 类的技术岗位是件很容易的事情。但是没有想到的是，小张毕业后竟然去了一家保险公司做业务。当时班主任很不解，专门找小张聊过此事，小张执意认为，自己不善言辞的特点一定要改，而做业务是提高自己社交能力的最好方法。班主任最后也没有说动小张。没想到两年后，小张给班主任 QQ 留言说，自己现在很迷茫，做业务做得很累，不知道该何去何从。

　　启示：

　　许多人和小张一样，从来不知道自己的优势是什么，而在盲目地补短板，结果，优势离自己越来越远，短板怎么补也

图 1-12　学以致用是专业学习的最好的归宿

补不起来。如果你是小张，你是要像小张那样先补短板还是先积极发挥自身优势呢？（图 1-12 是表现学以致用的漫画。）

一、树立正确的职业理想

（一）职业理想与理想职业

　　职业理想是指人们对未来职业和所要取得何种成就，对社会做出哪些贡献的向往和追求，包括对职业的认识、态度和职业选择；而理想职业则是实现职业的平台，它是依据职业理想结合个人的具体情况来做出选择的。

图 1-13　能力兴趣和市场需求的最佳组合才是理想职业

职业理想建立在个人的专业知识与能力、兴趣和职业激情的基础上,三者具备,才可确定为自己的职业理想。当个人的能力、职业理想与职业岗位最佳结合时,即达到三者的有机统一时,这个职业才是你的理想职业(图 1-13)。

现实生活往往与职业理想发生矛盾。实际上这种"理想职业"在现实生活中是不多的,毕业生还是需要脚踏实地做出现实的选择。只要朝着职业的理想去努力,同样是可以实现为社会作贡献和人生价值的。像"金牌工人"许振超、"工人专家"李斌、"创新尖兵"罗东元、"油井女杰"束滨霞等楷模都是这样的。由此可见,不论什么职业岗位,最终能实现自己职业理想的,就是理想的职业。

(二)正确的职业理想

1. 把生活看作是一个劳动过程

当你确立依靠自己的劳动创造自己的未来时,就会使自己的职业理想建立在一个客观的、现实的基础上,就会努力创造条件,不断追求,使职业理想不断升华,人生更显光彩。学业理想是职业理想的基础。因此,同学们要刻苦学习,不断提高自身素质,做全面发展的学生,为今后实现自己的职业理想打下牢固的基础。

2. 热爱自己的祖国和家乡

这看似与职业理想关系不大,其实它是树立职业理想的基本思想条件。当从心底里建立起这两个"热爱",你就会把个人的职业理想与祖国的命运、父母的企盼、家乡的发展联系在一起,从而把个人的理想与平凡而伟大的职业联系在一起,从而获得不竭的发展动力,并实现自己的职业理想。

3. 在实践中检验、调适职业理想

职业理想的正确与否,不是以主观感觉而定,而是经过实践的反复检验,看人与职业的适宜性而判定。但是,由于毕业生在从事职业活动之前,缺乏职业实践体验,难免有情绪化的冲动,使自己的职业理想发生偏差。

经过实践的检验,就会重新审视自己的选择是否正确,正确的应当巩固,不正确的应该做出合理的调适,使自己追求的目标建立在既符合现实需要,又建立在长远的发展中有可能实现的基础上。判断职业理想是否正确应坚持客观标准。

二、立足技能成才

(一)技能人才供不应求

近年来,从中国高铁亮相巴西里约热内卢,到中国核电设备进入南非核电站,中国制造驰名全球。作为全球第二大经济体,中国对知识型、技能型、创新型劳动者大军的需求前所未有。

"工业强国都是技师技工的大国,我们要有很强的技术工人队伍","努力培养数以亿计的高素质劳动者和技术技能人才","带动中国全国民众尤其是近 2 亿青少年关注、热爱、投身技能活动"。围绕技能人才队伍的发展壮大,近年来,习近平总书记在多个场合提出殷切期望。

在当前新一轮全球产业竞争中,发达国家纷纷聚焦实体经济,实施"再工业化"战略,加强对先进制造业的前瞻性布局。2015 年,我国发布实施制造强国战略的首个十年行动纲领《中国制造 2025》,谋求从制造大国到制造强国的转型升级。

发展是第一要务,人才是第一资源。我国目前比历史上任何时期都更需要一支拥有现代科技知识、精湛技艺技能和较强创新能力的高素质技能人才队伍。然而,我国技能人才供不应求问题依然突出。近年来,随着政策体系不断完善,培养、激励机制逐步健全,我国技能人才队伍建设取得了长足进步,但技能人才发展总体水平与经济社会发展需要相比,还有很多不适应的地方。高技能人才占技能劳动者比例还不到三成,掌握"高、精、尖"技术的高技能人才数量更少,技能人才队伍分布不均衡、人才断档问题突出,年轻高技能人才严重短缺。

🔍 查一查

1. 近年来,"工匠精神"成为高频词,请分析原因。

2. 请找一些具有工匠精神的案例分享给大家。(图 1-14 为汽车销售专业毕业生的工作照。)

图 1-14　汽车销售专业毕业生在工作中

(二) 技能之路也受青睐

针对技能人才社会地位低、经济待遇差、成长通道窄等现存问题,中央和地方拿出一项项真金白银的利好政策。比如,国家出台了《关于加快发展现代职业教育的决定》《关于提高技术工人待遇的意见》《关于推行终身职业技能培训制度的意见》等文件;各地也在人才落户、职称评审、学历认定等方面,给予技能人才和专业技术人才同等重视。

在政治舞台上,"技能面孔"数量大增。在党的十九大上,创造了"振超效率"的许振超、核电"焊匠"刘仔才等一批大国工匠响亮发声。在今年全国"两会"上,数十名技能人才成为五千多名代表委员中备受瞩目的群体。

从实现金牌"零"的突破到位列金牌榜榜首,自 2011 年参加世界技能大赛以来,我国成绩实现节节高。"世赛为广大青年提供了技能成才的广阔舞台,也为社会大众了解技能运动打开了一扇窗。"作为技术翻译参加了两届世赛的陈晓曦认为,各地竞相涌现的技能比赛与世赛形成"矩阵效应",对青年择业具有强大感召力。

与大学生就业难形成鲜明比照的是,技能人才在就业市场的走俏。"上个不好的大学,还不如学个手艺。"作为全国技术能手、全国劳模,中车集团长春轨道客车股份有限公司首席技师李万君的一项重要工作就是带徒育人。从门下学徒的心态变化,他明显察觉:"没办法才来当工人的少了,真心想学技能的多了。"

> 🍃 **议一议**
>
> 　　分小组展开讨论:在你心目中,哪些人可称得上"大国工匠"? 各自举例,讨论提炼这些人的职业特征、职业态度和成长历程的亮点。

(三) 技能振兴大有可为

"中国制造 2025"等国家战略的提出,使社会对技能人才的需求更强烈。制造业的高度机械化需要一线岗位工人勇于思考、探索,只有工人的整体技术和职业素养得到提升,才能实现精细化、高品质生产。加快培养制造业发展急需的"大国工匠",是摆在我们面前的一项重要而紧迫的任务。

"十三五"及其随后一段时间,我国将持续开展高技能人才培训基地建设项目、技能大师工作室建设项目和技师培训项目,加大资金支持力度。一是建设国家级高技能人才培训基地,选择已建或新建的管理规范、资金使用安全、培训能力强、高技能人才培养成效显著的项目单位,继续给予支持,提升培训能力。二是建设国家级技能大师工作室,选择某类行业(领域)技能拔尖、技艺精湛并具有创新创造能力和社会影响力、在带徒传技方面经验丰富、能够承担技能大师工作室日常工作的高技能人才,支持其纳入大师工作室项目建设范围。三是实施技师培训项目,围绕国家和地方经济社会发展急需、紧缺行业的职业(工种),重点是先进制造业、战略性新兴产业、现代服务业以及支柱产业的职业(工种),大力开展技师、高级技师培养工作,努力实现"十三五"新增高技能人才 1 000 万人的目标任务。(图 1-15 为形象设计专业同学在练习技能。)

图 1-15　形象设计专业同学在技能练习中

三、新时代技能人才要有新作为

人才资源是第一资源,技能人才是我国人才队伍重要组成部分,是推动我国现代化发展的一支重要力量。2017年,在党的十九大报告中,习近平总书记对我国新时代中国特色社会主义职业教育工作提出新的目标和任务,并指出:"建设知识型、技能型、创新型劳动者大军,弘扬劳模精神和工匠精神,营造劳动光荣的社会风尚和精益求精的敬业风气。"

2014年,中共中央总书记、国家主席、中央军委主席习近平就加快职业教育发展作出重要指示。他强调,要树立正确人才观,培育和践行社会主义核心价值观,着力提高人才培养质量,弘扬劳动光荣、技能宝贵、创造伟大的时代风尚,营造人人皆可成才、人人尽展其才的良好环境,努力培养数以亿计的高素质劳动者和技术技能人才。要牢牢把握服务发展、促进就业的办学方向,深化体制机制改革,创新各层次各类型职业教育模式,坚持产教融合、校企合作,坚持工学结合、知行合一,引导社会各界特别是行业企业积极支持职业教育,努力建设中国特色职业教育体系。要加大对农村地区、民族地区、贫困地区职业教育支持力度,努力让每个人都有人生出彩的机会。

李克强总理强调,职业教育大有可为,也应当大有作为。要把提高职业技能和培养职业精神高度融合,不仅要围绕技术进步、生产方式变革、社会公共服务要求和扶贫攻坚需要,培养大批怀有一技之长的劳动者,而且要让受教育者牢固树立敬业守信、精益求精等职业精神,让千千万万拥有较强动手和服务能力的人才进入劳动大军,使"中国制造"更多走向"优质制造""精品制造",使中国服务塑造新优势、迈上新台阶。在职业教育中培养学习者精益求精的工匠精神已经成为新时期我国职业教育发展的核心关注点,成为十八大以来职业教育人才培养的新理念、新要求。

青年兴则国家兴,青年强则国家强。青年是新时代的生力军,青年技能人才是实现中国创造的中坚力量。新时代,技能青年要有担当。一代人有一代人的责任,一代人有一代人的担当,新时代呼唤新作为。脚踏实地、磨炼技艺,勇做时代的弄潮儿,在生动火热的实践中放飞青春梦想,方能不负韶华,不负这美好的新时代。

新时代,技能青年要有本领。使命在肩,靠本领才能铸就伟业。进入新时代,踏上新征程,每个技能青年都应该执着追梦,永不放弃,练就过硬的本领,勇于创新创造,在青春里拼尽全力,让青春在卓绝的技能中闪闪发光。

这是个创造奇迹的新时代,摆弄机器、手握焊枪也能站上世界冠军的领奖台;这是个成就梦想的新时代,剪剪裁裁、洗洗吹吹照样也能引领国际新时尚。迈入新时代的中国,犹如充满无限可能的"梦工厂",让我们保持一往无前的奋斗姿态,让青春焕发出时代的风采。(图1-16为专业技

图1-16　专业技能教学与探索中

能教学与探索中的师生们。）

看一看

《工匠精神》读本。

《大国工匠》纪录片。

四、践行社会主义核心价值观

党的十八大提出,倡导富强、民主、文明、和谐,倡导自由、平等、公正、法治,倡导爱国、敬业、诚信、友善,积极培育和践行社会主义核心价值观。这与中国特色社会主义发展要求相契合,与中华优秀传统文化和人类文明优秀成果相承接。

富强、民主、文明、和谐是国家层面的价值目标,自由、平等、公正、法治是社会层面的价值取向,爱国、敬业、诚信、友善是公民个人层面的价值准则,这24个字是社会主义核心价值观的基本内容,为培育和践行社会主义核心价值观提供了基本遵循。

习近平总书记强调:培育和践行社会主义核心价值观,贵在坚持知行合一、坚持行胜于言,在落细、落小、落实上下工夫。深入学习领会这一重要精神,需要统筹兼顾、多管齐下,采取多种方式和手段,使社会主义核心价值观成为人们看得见、信得过、学得来的日常行为规范。

自然法则决定了当代青年是"中国梦"的力量所在、命运所系,可以说,"中国梦"希望在青年。可爱、可信、可贵、可为的青年,走在时代前列的奋进者、开拓者、奉献者,义不容辞地成为践行社会主义核心价值观的先行者、引领者、示范者和推动者,自觉践行社会主义核心价值观。

青年要大有作为,关键在于"知行合一"。所谓"知",就是要加强学习,促进内化于心。特别需要青年一代勤学、修德,自觉践行社会主义核心价值观,在领会理解、认知认同、贯穿融入上下工夫,深刻理解、准确把握社会主义核心价值观的基本内容、深刻内涵、理论特色和实践要求,真正内化于心,在心灵中产生共鸣,在精神上聚集价值,在思想上达成共识,成为思想的指引、精神的追求、价值的坐标。

所谓"行",就是要推动实践,促进外化于行。当代青年,自觉培育和践行社会主义核心价值观,要从小事做起,在实践中感知、在行动中领悟,约束违背核心价值观的举止,在养成符合核心价值观的行为中明辨、笃实。作为社会、媒体、各级组织,为青年一代积极营造践行社会主义核心价值观的浓厚氛围责无旁贷,深入宣传践行社会主义核心价值观的新事物、新典型。

"知"是前提,"行"是根本,"知行合一"固化于制,青年一代自己践行社会主义核心价值观才能变为现实,才能使同心共筑伟大"中国梦",结出累累硕果。因此,青年一代,知行合一践行社会主义核心价值观,从现在做起,既要志存高远,又要脚踏实地;既要注重修养,更要用实际行动创造自己的精彩人生。

五、为"中国制造"培养工匠精神

(一) 工匠精神的内涵

2016年,李克强总理的《政府工作报告》中,在说到"提升消费品品质"时,强调要

"培育精益求精的工匠精神"。这是"工匠精神"这一概念第一次出现在治国文件之中,显示"培育工匠精神"的诉求,上升为国家意志和全民共识。李克强还强调,要广泛开展质量提升行动,加强全面质量管理,健全优胜劣汰质量竞争机制。质量之魂,存于匠心。要大力弘扬工匠精神,厚植工匠文化,恪尽职业操守,崇尚精益求精,培育众多"中国工匠",打造更多享誉世界的"中国品牌",推动中国经济发展进入质量时代。

"工匠精神"的基本内涵包括敬业、精益、专注、创新等方面的内容。

(1)敬业。敬业是从业者基于对职业的敬畏和热爱而产生的一种全身心投入的认认真真、尽职尽责的职业精神状态。中华民族历来有"敬业乐群""忠于职守"的传统,敬业是中国人的传统美德,也是当今社会主义核心价值观的基本要求之一。

(2)精益。精益就是精益求精,是从业者对每件产品、每道工序都凝神聚力、精益求精、追求极致的职业品质。所谓精益求精,是指已经做得很好了,还要求做得更好,"即使做一颗螺丝钉也要做到最好"。

(3)专注。专注就是内心笃定而着眼于细节的耐心、执着、坚持的精神,这是一切"大国工匠"所必须具备的精神特质。从中外实践经验来看,工匠精神都意味着一种执着,即一种几十年如一日的坚持与韧性。

(4)创新。"工匠精神"强调执着、坚持、专注甚至是陶醉、痴迷,但绝不等同于因循守旧、拘泥一格的"匠气",其中包括着追求突破、追求革新的创新内蕴。这意味着,工匠必须把"匠心"融入生产的每个环节,既要对职业有敬畏、对质量够精准,又要富有追求突破、追求革新的创新活力。(图 1-17 为第 44 届世界技能大赛开幕式上,人们欢迎中国代表团入场。)

图 1-17　第 44 届世界技能大赛开幕式上,人们欢迎中国代表团入场

(二) 发现自身的优势

优势是才干与投入之和,优势是持续的、近乎完美的表现,在特定方面持续地取得积极成果的能力。需要注意,优势并不许诺你要比别人强,即使在你最优势的领域,都一定有人比你投入更多,起步更早,所以有人比你强是天经地义的事情。关注自己的优势不是看速度,而是看加速度。短期之内虽然没法赶超,但是如果是自己才干和优势领域,你的加速度会越来越快,你才有机会在中长跑中超越仅仅靠努力的人。

没有形成自己优势的人,只有两种可能:要么是没有发现自己的才干,要么是即使发现了,也没有有效投入。很多人热衷于"发现自己的天赋",做各种测评、各种量表,他们希望发现一个"天赋"后马上势不可挡。从来没有打过篮球的姚明,刚开始也不一定就能打过训练了一段时间的大学生。当然,六岁就能写协奏曲的莫扎特确实拥有吓人的天赋,这种天赋不一定每个人都有。所以我们用"才干"一词,而不用"天赋"。我们每个人都可以通过发现自己的才干,加上正确的投入,让自己的优势发挥到最好。

? 想一想

你最近一年最投入精力的一件事情是什么?现在还在做吗?如果没有,试根据上述知识点寻找原因。

(三) 发现自身优势的方法

1. 方法一

我们每个人的优势可以分为四个部分。

(1) 盲区:不自知—人知。

(2) 潜力区:不自知—人不知。

(3) 开放区:自知—人知。

(4) 隐藏区:自知—人不知。

对于"自知"部分,即开放区和隐藏区,可以通过 SIGN 模型,以自我观察和回顾的方式获得。

SIGN 模型是由马库斯·白金汉在《现在发现你的职业优势》一书中提出。SIGN 是 Success、Instinct、Grow、Need 的四词的首字母缩写。

Success,你的自我效能感很强,觉得自己肯定能成。自我效能感是指人们对自己实现特定领域行为目标所需能力的信心或信念。简单地说就是在某个领域里的自信。

Instinct,你自动自发,迫不及待想尝试。比如,那些你一听就很感兴趣,希望参与,甚至不仅是兴趣,而是热爱和渴望的领域。旁人觉得很苦,你自己却乐在其中。

Grow,你发现自己学得很快。如 16 岁南京少年陈智强通过 90 分钟记住了 88 幅沙画并击败了 3 名选手,加冕"全球脑王"。他接触记忆训练只有 2 年,刚接触就取得中国青少年组第 1,中国第 11,世界第 46。你要有意识地注意你有没有一些领域,一接触就明显比其他人进步更快。

Need,事后充满满足感。过程中有一种"做这件事本身就是回报"的感受。杨丽萍说"跳舞就是跳舞最好的回报",摩西奶奶说"画画就是画画最好的回报"。

SIGN 其实分别满足的是:自我效能、热爱、天赋、需求。符合的条件越多,越有机会发展成优势。不过即使给了方法,很多人还是找不到自己的优势。这是因为:他们很少主动看什么东西,认为开眼界短期没有什么用;他们很少尝试做什么事情,认为尝试就有可能出错;他们没有主动学过什么东西,除非要考试;没有在过程中获得过什么快乐,因为他们要看到结果才做。他们真的喜欢这样的生活吗? 他们只是习惯了而已。如果一个人只希望安全、随大流、不犯错,那是无法寻找到优势的。优势是给那些希望活得不一样的人准备的。

2．**方法二**

国际上比较权威的优势测评有两个:一是由盖洛普公司开发的《盖洛普优势测评》,主要关注的是哪些天赋主题会促进绩效表现。盖洛普测评是收费的,你可以在网络上搜索"盖洛普优势俱乐部"进行购买;二是由积极心理学奠基人 Peterson 开发的 VIA(Values in Action Inventory of Strengths)《24 项性格优势测评》,主要是关注你有哪些性格上的优势,能让你进一步提高幸福感和成就感。VIA 测试是免费的,网址是:http://www. viacharacter. org(有中文版本的翻译)。

总结案例

"工匠精神"离我们并不遥远

2018 年 3 月 1 日晚,"大国工匠 2018 年度人物"颁奖典礼在中央电视台综合频道播出。10 位年度人物是劳动者的荣光,传承着工匠精神,凝聚着时代力量。他们走上领奖台、接受致敬。焊接工高凤林是焊接火箭发动机的中国第一人;电焊工李万君实现动车组研制完全自主知识产权的重大突破;钳工夏立为"嫦娥探月"组配高精度天文装置;检修工王进在超高压直流输电线路上带电检修;地质队工程师朱恒银发明的深度钻探技术颠覆传统;核燃料修复师乔素凯保持 25 年核燃料操作零失误;工人陈行行以极致的精准向技艺极限冲击;维修工王树军突破进口生产线技术封锁;试油工谭文波(图 1-18)发明石油试采新

图 1-18 "大国工匠 2018 年度人物"介绍

装置;文物修复师李云鹤独创技法修复敦煌壁画。一场大国工匠年度人物的颁奖典礼,震撼人心、动人心弦。

(资料来源:"澎湃新闻评论"微信公众号,《致敬大国工匠,"工匠精神"离我们并不遥远》,作者:张程喆)

启示：

我们在致敬楷模的同时,别忘了反观自身,别仅仅让致敬停留在此时此刻,更要将"工匠精神"铭记心中,并转化为实际行动。坐而论道,不如起而行之。我们要将"工匠精神"真正贯彻到日常生活工作中,让其真正扎根在我们的精神价值和理想信念中。

活动与训练

我的未来不是梦

"我的未来不是梦",梦是我们的兴趣,实现这个梦就需要相应的能力。没有能力完成自己感兴趣的事情是比较痛苦的,顺利地完成一些事情有助于良好性格的养成以及远大理想的树立。按照要求完成下表练习。

(1) 为了更好地发挥技能,在心中想象一个特别向往的职业。

(2) 仔细思考这一职业所需要的能力有哪些。

(3) 这些能力中自己已经具备的能力有哪些? 还需要发展的是什么?

我梦想中的职业:		
功能性技能	已经拥有的	
	仍需发展的	
内容性技能	已经拥有的	
	仍需发展的	
适应性技能	已经拥有的	
	仍需发展的	

没有人是万能的。对于那些目前还不具备的能力我们应该认真思考其中的原因。对于已经拥有的技能我们应该琢磨哪些可以做得更好,哪些可以发展成自己的优势。

思考与讨论

1. 结合你的生活,请分享你周围朋友中发挥自身优势的例子。

2. 你的才干是什么? 谈谈你是如何找到自身才干的。

3. 结合工匠精神,谈谈你该如何才能将才干转为优势。

4. 结合你的职业生涯规划,谈谈如何做才能让你的优势与职业相结合。

项目二
职业规划与生涯决策

引导语

青年兴则国家兴,青年强则国家强。青年是新时代的生力军,青年技能人才是实现中国创造的中坚力量。新时代,技能青年要有担当。一代人有一代人的责任,一代人有一代人的担当,新时代呼唤新作为。脚踏实地、磨炼技艺,勇做时代的弄潮儿,在生动火热的实践中放飞青春梦想,方能不负韶华,不负这美好的新时代。

新时代,技能青年要有本领。使命在肩,靠本领才能铸就伟业。进入新时代,踏上新征程,每个技能青年都应该执着追梦,永不放弃,练就过硬的

本领,勇于创新创造,在青春里拼尽全力,让青春在卓绝的技能中闪闪发光。这是个创造奇迹的新时代,摆弄机器、手握焊枪也能站上世界冠军的领奖台;这是个成就梦想的新时代,剪剪裁裁、洗洗吹吹照样也能引领国际新时尚。

迈入新时代的中国,犹如充满无限可能的“梦工厂”,让我一起探索未来的职业和工作世界,分析自我成长的优势和不足,在此基础上找到合适的发展路径,从而保持一往无前的奋斗姿态,让青春焕发出时代的风采。

学习目标

1. 理解产业、行业、职业、专业等关系。
2. 能大致描述职业和工作世界的发展变化。
3. 理解兴趣、性格、能力、价值观,并学会调适自我职业心理。
4. 熟悉职业生涯规划,会制作职业生涯规划书。
5. 熟悉就业定位选择,能以多种方法做出就业选择。

任务一　探索职业世界

学习目标

1. 能简单描述新旧职业的发展变迁。
2. 能基本判断一个工作是否算作职业。
3. 能分辨当前职业八大分类。
4. 能基本厘清产业、行业、专业与职业的关系。

导入案例

逐渐消失的老行当

“磨菜刀、挤剪刀咯……”磨刀匠人唐大爷年轻时跟着师傅学习磨刀手艺,至今已

未来十年将被颠覆的 17 个传统行业

是30多年的磨刀生涯。"我是走到哪里就磨到哪里,吃饭的家伙就扛在肩膀上,赚钱、旅游两不误。"他自豪地说:"我们这一行不存在淡季旺季,我一天最多的时候磨过40多把刀。"但随着时代的发展,现在的刀具大都便宜又锋利,新的刀具不断更新。"现在什么陶瓷刀咯、化学淬火的刀咯,又便宜又好,哪个还磨刀哦?"没多少人想起磨

刀这个事了,唐大爷的业务量越来越少。唐大爷也找不到徒弟了:"如今我们还在干这一行的也就二十多个,菜场、布料市场一问都有,不过只会越来越少,我也就再干两年就回家带小孙子去了,就要告别这一行了。"望着唐大爷钻入小巷的背影,多少有些唏嘘。(图2-1为手工磨刀场景。)

图2-1　手工磨刀场景

(资料来源:王飚.逐渐消失的老行当:磨刀匠人唐大爷有点落寞[N].贵州都市报,2015-11-09,有改动)

启示:

随着中国近几十年的飞速发展,有许多职业因为经济发展的变迁而逐渐消失,尽管如今越来越多的年轻人不曾听说过这些劳动者们的工作,但对于老一辈人而言,这是他们难以磨灭的少时记忆。也许,现在你熟悉的职业,也有消失的一天,面对日新月异的技术发展,你准备好了吗?

一、劳动分工催生了职业

远古时代,社会生产力水平很低,人类活动的目标简单,基本的生产活动是采集、狩猎、捕鱼,有食物就一拥而上,没有就一起挨饿。在原始社会末期,人们由最初对野生植物的采集而逐步发展为对植物有目的的种植,由最初对野生动物的猎获逐步发展为对野生动物有目的的驯养。于是,历史上第一次社会大分工——种植业与畜牧业分离。

🌱 议一议

以5~6人为一个小组,设想你们在远古森林,已有的工具是陶罐、石头、木棒、火种,请问怎么分工合作才能达成如下目标:

(1)每个季度有1件衣服更换。

(2)每天能吃饱,并有3天的食物储备。

(3)每晚有地方住,能赶走夜晚袭击的野兽。

(4)在外出狩猎的时候,能找到回家的路。

第一次社会大分工后,农业的发展为手工业的兴盛奠定了基础。制陶、冶金、铸造等手工业这时都发达起来,手工业种类日渐增多,生产技术日益复杂,于是发生了第二次大分工:手工业和农业分离。人们的劳动范围不是局限于农业和游牧业两个部门,而是有了更多的、更复杂的劳动分工。

第二次社会大分工之后,商品交换日益频繁,交换地区不断扩大,需要有一些人专门经营商品交换业务,成为商品生产者之间不可缺少的中间人,于是出现了商人,产生了商业。商业的发展,商人的出现,是人类历史上的第三次社会大分工。

第三次社会大分工,更加促进了商品经济的发展。工商业的发展,促使城市逐渐产生,奴隶主在城市修建宫殿、宅邸、宏伟的庙宇、祭坛,从此也出现了脑力劳动和体力劳动的分离。

经过三次社会大分工,职业活动成为普通的社会现象,于是就有了农民、牧民、工匠、商人等从事专门工作的群体。可以说,社会分工是职业产生的基础。在漫长的社会进化过程中,社会分工的不断发展,催生了一批又一批的社会职业。

> **❓ 想一想**
>
> 假如你可以穿越到古代,你期待在什么年代? 是什么身份? 你每天忙些什么? 你和什么人打交道? 你的生活来源是什么? 你怎样解决家庭的温饱问题?

二、职业在不断发展变迁

(一)旧职业在不断消失

随着科学技术的快速发展,越来越多的职业从人类社会中消失。40多年来,"工、农、兵、学、商"为主的单一职业体系发生了翻天覆地的变化,新的职业体系在细化与新生中重构。在不知不觉中,一些传统职业在消逝、萎缩,悄悄退出历史舞台。

例如,收购员、BP机寻呼员、话务员、钢笔修理师……这些一度工资高、有技术含量、受人尊敬的"金饭碗",如今在产业调整、技术升级的情况下,渐渐走向没落。2015年,人力资源和社会保障部等部门颁布了修订后的《中华人民共和国职业分类大典》,删除了205个原有职业。

当前,科技和生产力的提高极大地丰富了人们的日常生活,社会需求结构也随之发生改变。不少过去热门的职业因为不能及时适应这种变化,处于即将被淘汰的境地。

我们正处于日新月异的时代,随着人工智能的发展,相信还有越来越多的工作会消失。科学技术在进步,有许多职业容易被机器替代,如翻译、物流、纯体力劳动。翻译已经有成熟的即时翻译软件与设备,物流有无人机,而盖高楼大厦也有机器人。然而有些职业难以被机器替代,如艺术、美术、音乐,还有体验式服务,如当地旅游向导,这些工作仍需由人来完成。

查一查

请大家根据所在学校或家庭周边，填写下面的简易调查表（表2-1）。

表2-1　常见职业简易调查表

职业（工种）	发　展　情　况				
打　铁	□没听过	□见到过	□偶尔有	□比较多	□很常见
补　锅	□没听过	□见到过	□偶尔有	□比较多	□很常见
磨刀剪	□没听过	□见到过	□偶尔有	□比较多	□很常见
修钟表	□没听过	□见到过	□偶尔有	□比较多	□很常见
烧木炭	□没听过	□见到过	□偶尔有	□比较多	□很常见
抄写员	□没听过	□见到过	□偶尔有	□比较多	□很常见
纺　线	□没听过	□见到过	□偶尔有	□比较多	□很常见
缝衣服	□没听过	□见到过	□偶尔有	□比较多	□很常见
修钢笔	□没听过	□见到过	□偶尔有	□比较多	□很常见
货　郎	□没听过	□见到过	□偶尔有	□比较多	□很常见

这些都是40年前比较常见的职业，根据汇总调查的结果，你发现了什么？

（二）新职业在陆续崛起

新职业是指经济社会发展中已经存在一定规模的从业人员，具有相对独立成熟的职业技能，但在《中华人民共和国职业分类大典》中未收录的职业。包括：① 全新职业：随经济社会发展和技术进步而形成的新的社会群体性工作。② 更新职业：原有职业内涵因技术更新产生较大变化，从业方式与原有职业相比已发生质的变化。

可以说，随着人类社会的发展，人们的需求日异多样化，伴随着产业结构的高级化，职业结构也向着高级化发展，如金融、物流、咨询；与人们的精神文化生活密切相关的影视、文化、教育培训产业也蓬勃发展；生活服务业呈现多样化趋势，与健康、美丽、养老有关的行业欣欣向荣。

事实上，伴随着改革开放的浪潮，各种全新的职业种类应运而生。随着技术的进步和经济的发展，制造业的人员将大规模地流向服务业。而服务业发展程度的高低是能够显示一个国家的生活质量。在服务业领域，将会有大量的新职业出现。特别是近年来，随着全球互联网的飞速发展，都市人消费需求的多元化、对服务的专业化需求不断增多，使得一些原先不曾有的新职业群体不断扩大。

今天，人们不仅需要而且能够对生活提出更为品质化、个性化和精致化的需求。想更好管理身体，便有了健身教练；要更好照顾婴儿，便有了育婴师；想吃得更便捷，便有了外卖员……层出不穷的新职业让社会分工不断精细化,一些新职业背后依托的新业态新模式,不断涌现的新职业在为社会创造出大量就业机会的同时,也体现着经济社会发展的活力与创造力。

看一看

2019年4月,人力资源和社会保障部、国家市场监督管理总局、国家统计局发布13个新职业,这是2015年版大典颁布近4年来发布的首批新职业。这13个新职业涉及人工智能、物联网等多个战略性新兴产业,分别为人工智能工程技术人员、物联网工程技术人员、大数据工程技术人员、云计算工程技术人员、数字化管理师、建筑信息模型技术员、电子竞技运营师、电子竞技员、无人机驾驶员、农业经理人、物联网安装调试员、工业机器人系统操作员、工业机器人系统运维员。据悉,首批新职业主要集中在高新技术领域,由职业分类专家,严格按照新职业评审标准和程序,从有关申报单位提交的新职业建议中评选出来,经公示广泛征求社会各界意见后确定的。

(三)职业竞争日趋激烈

从农耕社会、工业社会,到信息社会和智能时代,新技术的发展,迅速改变了传统的劳动形态。当移动支付取代了收银员,人工智能取代了重复劳动者,就如当年的汽车司机取代马车夫一样。可以预见,未来社会分工会越来越细、职业也会越来越多元化。

改革开放40年来的职业变迁,可用"现代化、高级化、职业化"加以概括。现代化是指,职业结构均衡,由"金字塔形"向"纺锤形"转变。农、林、牧、渔、水利业从业人员占比不断缩小,商业、服务业人员,办事人员、专业技术人员等"中间层"比例不断上升。

高级化是指"非农化"和"白领化"的趋势。蓝领阶层占比降低,白领阶层占比增长,大量人口流动到了较高层级的职业。

职业化是指分工逐渐精细,专业化程度不断提高。尤其是,职业含金量增加,受过良好教育、掌握技术的人更受欢迎。

议一议

电子竞技员、电子竞技运营师成了正式的职业,意味着电竞运动员、教练、运营等岗位将能得到更多的社会支持。看到这里,喜欢玩游戏的同学表示坐不住了。(图2-2为电子竞技运动员的比赛照片。)

请大家查询资料,议一议这项新职业的压力和挑战有哪些?爱好和职业的差距在哪里?

图2-2　电子竞技运动员在比赛中

在传统的职业生涯模式中,一个人的职业一生很少发生变动。职业发展路径和阶段可以看得见、摸得着,比较标准化,可以预期。随着现代社会分工的发展和专业化程度的增强,市场竞争日趋激烈,整个社会对从业人员职业观念、职业纪律、职业态度、职业技能和职业作风的要求越来越高。部分新兴职业将越来越兴旺,而另一部分职业将逐渐被淘汰,这是社会发展的必然结果。这就使人才在行业间、部门间的流动不断增多,也促使劳动者不断接受教育,更新知识,掌握新技术,不断迎接竞争的挑战。

 看一看

新职业集中的领域

信息服务业:与信息产业相关的职业也是发展速度最快的职业群。计算机工程师、计算机系统分析师和计算机基础科学和各个领域的应用专家和操作技术人员是近年来增长最快的职业群。

管理和咨询服务业:在这个职业群组的发展中,专业管理人员和专业咨询服务人员的功能划分更加细化,在社会组织中的责任、地位和声望日益提高。金融分析师、投资咨询师、心理咨询师、人力资源管理师、保险评估师、保险精算师、收益精算师、税务代理师、理财师等现在都已成为最新的热门职业。

社会服务业:提高居民生活质量、满足居民消费需求的服务性职业也有了突破性的发展。家政服务、旅游、康乐、健身、医疗以及其他生活服务领域都有许多新职业涌现出来。家政服务助理、养老护理师、育婴师、健身教练、社会体育指导员、室内装饰设计师等职业的出现,反映了人们对生活质量的要求越来越高,服务性消费需求越来越丰富化。

三、现代规范化的职业

(一) 职业的界定

职业是劳动分工的产物,也成为劳动者在社会活动中获取生活来源、实现自身价值的依托。职业是指人们在社会中所从事的有稳定、合法收入的活动,是指"参与社会分工,利用专门的知识和技能,创造物质财富、精神财富,获得合理报酬,满足物质生活、精神生活的工作"。这其中包含了五种关系。

(1)个人与他人的社会关系,强调职业首先必须是一种社会分工。

(2)职业与知识技能的关系,每种职业必须具有相应的知识和技能。

(3)技能与财富的关系,只有具备了相应的知识技能才能创造相应的财富。

(4)财富与报酬的关系,相对于创造的财富必须获得合理的报酬。

(5)报酬与需求的关系,从事某职业的人通过获得的报酬来满足个人的物质需求和精神需求。

(二)职业的特征

一项社会活动要称为职业,必须同时具备以下特征。

(1)目的性。职业以获得现金或实物等报酬为目的。

(2)社会性。职业是从业人员在特定社会生活环境中所从事的一种与其他社会成员相互关联、相互服务的社会活动。

(3)稳定性。职业在一定的历史时期内形成,并具有较长生命周期。

(4)规范性。职业必须符合国家法律和社会道德规范。

(5)群体性。职业必须具有一定的从业人数。

(三)职业的要素

一般来讲,职业是由下述几个要素组成的。

(1)职业名称。职业的符号特征,它一般由社会通用称谓来命名。

(2)职业主体。从事一定社会分工活动的劳动者,必须具有承担该职业所需要的资格和能力。

(3)职业客体。职业活动的工作对象、内容、劳动方式和场所等。

(4)职业报酬。通过职业活动所取得的各种报酬。

(5)职业技术。劳动者在从事职业活动中所运用的自然技术、社会技术与思维技术的总和。

(四)现代职业的意义

(1)职业是人们谋生的手段。人们通过职业为社会奉献劳动,社会按照一定的标准付给劳动者报酬,这些报酬成为劳动者及其家庭成员生存和发展的主要经济来源。

(2)职业是人们与社会进行交往的一种主要渠道。它使个人以一定的社会角色进入社会,以较为固定的内容形式同外界进行着交往,而不至于被社会所抛弃,它是个人为社会做贡献的途径。

(3)职业是一个人实现人生价值的主要场所,能够使个人的某些才能得到发挥和发展。每一个人都有自己的理想,理想的实现需要一定的机遇和物质条件。而职业则给每一个从业人员提供了一个施展才干的机会。所以职业是重要的社会现象。

不论是男是女,不论年长还是年少,不论工人干部还是农民、军人,不论在哪行业,不论家庭背景、教育程度、个人志向如何,在人一生中,都要遇到职业问题。在一个人漫长的一生中,有着长达三四十年的职业生活期;在入职之前的十几年、二十几年,其生活经历(如上学的选择)与未来的职业预期有一定的联系;年老退休以后的生活,也与以前的职业际遇关系甚大。因此,可以说职业是关系着每一个社会成员一生中的重大问题,是人的一种重要的生活方式。

> ⟳ **试一试**
>
> 　　请你查询自己所学专业对应可能职业岗位的任职要求有哪些? 自己还有哪些方面的欠缺?

四、产业、行业与职业

(一) 产业分类

产业基本划分为三大类。

第一产业是指农、林、牧、渔业(不含农、林、牧、渔服务业)。

第二产业是指采矿业(不含开采辅助活动),制造业(不含金属制品、机械和设备修理业),电力、热力、燃气及水生产和供应业,建筑业。

第三产业即服务业,是指除第一产业、第二产业以外的其他行业。第三产业包括:批发和零售业,交通运输、仓储和邮政业,住宿和餐饮业,信息传输、软件和信息技术服务业,金融业,房地产业,租赁和商务服务业,科学研究和技术服务业,水利、环境和公共设施管理业,居民服务、修理和其他服务业,教育,卫生和社会工作,文化、体育和娱乐业,公共管理、社会保障和社会组织,国际组织,以及农、林、牧、渔业中的农、林、牧、渔服务业,采矿业中的开采辅助活动,制造业中的金属制品、机械和设备修理业。

(二) 行业分类

行业分类就是有规则的按照一定的科学依据,对从事国民经济生产和经营的单位或者个体的组织结构体系的详细划分,如林业、汽车业、银行业等。

国民经济行业分类是划分全社会经济活动的基础性分类,当前我国新行业分类共有20 个门类、97 个大类、473 个中类、1 380 个小类。

国民经济行业分类标准规定了全社会经济活动的分类与代码,适用于在统计、计划、财政、税收、工商等国家宏观管理中,对经济活动的分类,并用于信息处理和信息交换(表 2-2)。

表 2-2　产业行业对照简表

三次产业分类	《国民经济行业分类》(GB/T 4754—2011)	
第一产业	A	农、林、牧、渔业
第二产业	B	采矿业
	C	制造业

三次产业分类		《国民经济行业分类》（GB/T 4754—2011）
第二产业	D	电力、热力、燃气及水生产和供应业
	E	建筑业
第三产业 （服务业）	A	农、林、牧、渔服务业
	B	开采辅助活动
	C	金属制品、机械和设备修理业
	F	批发和零售业
	G	交通运输、仓储和邮政业
	H	住宿和餐饮业
	I	信息传输、软件和信息技术服务业
	J	金融业
	K	房地产业
	L	租赁和商务服务业
	M	科学研究和技术服务业
	N	水利、环境和公共设施管理业
	O	居民服务、修理和其他服务业
	P	教育
	Q	卫生和社会工作
	R	文化、体育和娱乐业
	S	公共管理、社会保障和社会组织
	T	国际组织

（三）职业分类

职业分类是指采用统一的标准和方法，按照统一的分类原则，对社会从业者所从事的工作进行全面和系统的划分。职业分类广泛应用于社会统计、信息服务等方面，也对就业选择和职业培训有着重要影响。

我国第一部《中华人民共和国职业分类大典》颁布于 1999 年。2015 年，国家人力资源和社会保障部完成《中华人民共和国职业分类大典（2015 年版）》（图 2-3）。新版《大典》职业分类结构为 8 个大类、75 个中类、434 个小类、1 481 个职业。在八个大类中，第一、第二大类主要是脑力劳动者，第三大类包括部分脑力劳动者和部分体力劳动者，第四、第五、第六、第七大类主要是体力劳动者，第

图 2-3　国家职业分类大典（2015）

八类是不便分类的其他劳动者(表 2-3)。

表 2-3　《中华人民共和国职业分类大典(2015 年版)》类目表

大　类	名　　　称	中　类	小　类	细类(职业)
第一大类	党的机关、国家机关、群众团体和社会组织、企事业单位负责人	6	15	23
第二大类	专业技术人员	11	120	451
第三大类	办事人员和有关人员	3	9	25
第四大类	社会生产服务和生活服务人员	15	93	278
第五大类	农、林、牧、渔业生产及辅助人员	6	24	52
第六大类	生产制造及有关人员	32	171	650
第七大类	军人	1	1	1
第八大类	不便分类的其他从业人员	1	1	1

五、专业与职业

专业与职业两者之间关系密切,专业是就学校里的学业而言,职业是就工作而言。有人认为专业是职业的起点,即现在学什么专业,将来就从事相应的职业,甚至作为其终身职业;还有人认为,专业是为将来从事的职业打下良好的基础,从而在职场上有更广阔的发展空间。

(一)一个专业对应一个职业群

职业群一般由基本操作技能、工作内容、社会作用以及从业者所应具备的素质相接近的若干职位所组成。有的学校一个专业对应一个职业群,设置的专业对应的职业方向较为单一。一般来说,这类专业培养目标单一明确,职业的专业性较强,技术含量较高。在这种情况下,可以先定目标,根据目标制订最优学习方案,再展开系统的学习。

(二)一个专业对应多个职业群

一个专业可以对应几个相关的职业群。如建筑专业对应的职业目标为:建筑师(建筑设计、规划和详细结构),城市规划师(利用专业技术从事城市规划业务工作),园林建筑师(园林绿地的规划、设计、施工),建筑学史学家(研究西方与中国的古代、近现代建筑史),机械工程师(计划和设计工具、机器和发动机),制图员(根据草图及技术说明绘制正规图及其他技术图样),施工项目经理(控制施工成本、进度及质量,管理安全、工程合同)。因此,在确定专业方向后,还要确定适合自己的具体职业发展目标,从而在学习中有所侧重,为将来顺利步入理想岗位打下良好的基础。

(三)多个专业对应一个职业群

多种专业可以发展到一种职业。该类职业群大多要求毕业生具备多方面的能力,一般属于管理型的职业,例如新闻记者、营销主管、企业管理人员。这种情况建议先确定职业目标,再确定就业的专业方向,并且在学习本专业的同时,主动学习与职业目标相关的其他知识,以提升自身的综合素质。

总结案例

你奋斗的样子,真美

她叫朱芊佩(图2-4),看起来小小的身板儿,搬起货来可麻溜儿得很!背心搭热裤,徒手扛起一袋袋重达三四十斤的货物时,会露出硬朗的肌肉线条,很快,"港版罗拉"的名字霸占了各大媒体的头条。明明可以凭颜值赚钱,却偏偏要靠体力来吃饭,大家对这个小姐姐充满了好奇。

出生在香港,6岁去台湾生活,在厦门读高中,17岁时又回到香港。朱芊佩高三毕业时,父亲生意失败后,小朱就出来工作,一人承担起整个家庭开支。每当心疼她的人问:"这么拼,辛不辛苦?"小朱还是乐观开朗地盈盈笑:"只要有汗出有粮出(有钱赚),就没有什么问题。"日复一日地上货、拆货、运货,在别人眼里辛苦的工作,小朱却乐得其所。

朱芊佩现在依然忙碌在香港的街巷里,因为她始终清醒,知道自己要什么。面对未来,她一步步朴实地计划着:这之后要考驾照,做卡车司机,再到主管。她大方承认:我热爱这个行业,职业不分贵贱,不分性别,有梦想谁都了不起。比起保持微笑、面对采访镜头,她更喜欢搬货、推车、累到大汗淋漓的踏实感。因为在那里,她用臂膀扛起过的一袋大米、一壶油,一次次擦拭着部分人的偏见,赢得平等和尊重。

图2-4　"港版罗拉"朱芊佩的搬运生涯

(资料来源:"人民日报"微信公众号,《从一夜爆红到被疯狂质疑,香港"最美搬运工"港版罗拉后来怎么样了?》,作者:老啾)

启示:

每个人都有很艰难的岁月,但是大多数时候,那些艰难的时刻会变成最精彩的瞬间。你现在的付出,都会变成一种沉淀,他们会默默为你铺路,只为让你成为更优秀的人。

活动与训练

主题: 寻找新职业。

目标: 每人至少寻找20个新职业。

时间: 30分钟。

过程: 通过网络,查找2004年以来人力资源和社会保障部颁布的新职业。同时,根据网络报道或身边经验,记录下来可能被正式颁布确定的潜在新职业。

思考与讨论

1. 按照职业的定义,哪些工作看起来很像职业,但又不能被称为职业?
2. 人工智能会让什么职业消亡,又会让什么新职业兴起?
3. 面对职业世界的发展变迁,我们该做些什么予以应对?

任务二 评估职业自我

学习目标

1. 理解兴趣,并测定自己的职业兴趣。
2. 理解性格,并测定自己的职业性格。
3. 理解能力,并测定自己的职业能力。
4. 理解价值观,并测定自己的职业价值观。
5. 根据如上要素,正确对待和调适自己的职业心理。

导入案例

我们感兴趣的,可能只是兴趣的光环

朋友阿敏又辞职了,这是她一年内第三次辞职,理由还是和前两次一样——不感兴趣。阿敏去年毕业后进入一家大公司当文员,工资不高但胜在稳定,她本来还算满意,但做了几个月就觉得无聊了。开始她还以为是公司的问题,裸辞换了一家新公司继续当文员,谁知日子还是一样无聊。于是,她断定:"我对文员这个职业不感兴趣,要改行才行。"

我们都劝她,半年换了两份工作,是不是有点太快了,是否可以多做一段时间再考虑? 然而,她的态度非常坚决:"兴趣才是最好的老师,我不喜欢这份工作,根本不可能做好,你们劝我也没用!"思前想后,她觉得销售这份工作很有激情、工资也高,就跑去当销售。结果,她当销售一个月,一张单也没签,她又断定这不是她"感兴趣"的工作,于是再次辞职,继续寻找下一份"感兴趣"的工作。一来二去,沦落到每天待在家里啃老。

(资料来源:"网络项目圈"微信公众号,《你所谓的兴趣可能只是外在的光环,而真正需要的是付出和能力》,作者:创业指导十叁)

启示:

有很多职业自带光环,一直以来,我们都相信一句话"兴趣是最好的老师",不少人把这句话视为金玉良言,无论选专业、找工作,言必称"要自己喜欢""要感兴趣"。但有这样一句话:"兴趣就像可乐,虽然一时会让你有愉悦感,但很快就腻了,无法天天喝。"因此,是时候说出真相了:兴趣并不是最好的老师,只凭兴趣找工作,简直是浪费自己的职业生涯。

一、职业兴趣及其培养

(一) 职业兴趣概述

兴趣是指一个人经常趋向于认识和掌握某种事物,力求参与某项活动,并且有积极情绪色彩的心理倾向。职业兴趣是指一个人在探究某种职业活动或者从事某种职业活动所表现出来的特殊个性倾向,它使个人对某种职业给予优先的注意,并具有向往的情感。职业兴趣是职业选择的重要依据,可促进才能发挥提高工作效率,可提高职业稳定性和工作满意度。

人们对某项职业有兴趣,可以对职业工作本身有兴趣,也可以对由这项职业带来的各种功利感兴趣。但如果仅对后者感兴趣,那么这种兴趣是短暂的。一个人只有对工作本身感兴趣,淡化职业兴趣中的功利色彩,这种职业兴趣才是长久的,也才是可贵的,也是我们最推崇的职业兴趣。

(二) 职业兴趣的形成

1. 有趣

这是由于被一时的新奇、表面的现象所吸引而产生的兴趣。如:今天看电视剧中的演员很感人,又能一夜走红,便梦想成为一名演员;后天看了足球赛,又会萌发当一名职业足球运动员的想法。像这种兴趣来得快,去得也快,属于职业兴趣的有趣阶段。

2. 乐趣

由于亲自参与并对某一职业领域有了深入了解或在职业活动中取得了一定的成绩,进而发展到乐趣的水平。这种兴趣具有专一性、自发性和持久性的特点。如:有的人在真正做了技师后才能体会到自己在企业生产中同样也具有不可取代的地位,从而努力工作,以自己做好本职工作为乐趣。

3. 志趣

志趣是由乐趣经过实践的锻炼发展而来的,它与人的崇高理想和坚强意志相联系。如:奥运冠军把自己的乐趣放在球场上,他们以打球为自己的乐趣,不怕苦,不怕累,跌爬摔打,伤筋动骨,但他们靠意志、靠耐力最终都走到了世界的最高领奖台。志趣具有社会性、自觉性和方向性等特点,这是一种高尚的兴趣,对每一个人的工作学习有巨大的推动力。

？想一想

兴趣到职业有多远

如何判断自己的兴趣是否能发展为职业?

(1) 如果不给你报酬,你是否还会想做这件事?

(2) 将这件事从爱好培养成职业这段时期,所耗费的时间成本你是否能承担?

(3) 目前市场上,是否有这样的岗位提供给你?

(4) 你是否已经达到职业的标准或者你是否可以承担从不达到达标这个阶段所要耗费的一切资源?

（5）爱好变成职业后，市场会让你做一些违背意愿的事情，你并不能随心所欲地主导爱好。你是否可以接受？

如果以上问题的答案都是"是"的话，那就可以把自己的爱好发展成职业。现在，你已经明确自己可以把爱好发展成职业。如果你想这样做的话，那么请：

第一步，做一个调查，看看自己的水平与职业水平相差多少？

第二步，列出所有你与职业标准的差距，并列出相对应的提高方式与时间。

第三步，不高估自己地去应聘，并选择那家能给新人提供培训的公司。

第四步，从你的现有能力所匹配的薪资开始，一步一步达到越来越高的标准，然后升职加薪。当这家公司无法满足你的能力发挥时，跳槽去更高标准的公司。

第五步，循环重复第四步，直到你想并有能力自己单干，然后开始新的调研。

（三）霍兰德职业兴趣测验

美国职业指导专家霍兰德认为，个人职业兴趣特性与职业之间应有一种内在的对应关系。根据兴趣的不同，人格可分为研究型（I）、艺术型（A）、社会型（S）、企业型（E）、传统型（C）、现实型（R）六个维度，每个人的性格都是这六个维度的不同程度组合（图2-5）。

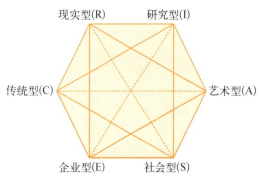

图2-5　霍兰德职业兴趣类型论示意图

霍兰德职业兴趣自测（Self-Directed Search）是由霍兰德根据他本人大量的职业咨询经验及其职业类型理论编制的测评工具，应用比较普遍。题目由七个部分组成，依次为：① 自己理想的职业；② 你所感兴趣的活动；③ 你所擅长获胜的活动；④ 你所喜欢的职业；⑤ 您的能力类型简评；⑥ 统计和确定您的职业倾向；⑦ 您所看重的东西——职业价值观。测验结束后，根据职业兴趣代码和相应职业对照表分析最佳兴趣的职业。

霍兰德职业索引

玩一玩

职业兴趣岛屿度假计划

现在你获得了一次免费度假游的机会，有机会去下列六个岛屿中的一个。唯一的要求是你必须要在这个岛上待满至少半年的时间。请不要考虑其他因素，仅凭自己的兴趣按一、二、三的顺序挑出你最想前往的三个岛屿。

R岛：自然原始的岛屿。岛上自然生态保持得很好，有各种野生动物。居民以手工见长，自己种植花果蔬菜、修缮房屋、打造器物、制作工具，喜欢户外运动。

I岛：深思冥想的岛屿。有多处天文馆、科技博览馆及图书馆。居民喜好观察、学习，崇尚和追求真知，常有机会和来自各地的哲学家、科学家、心理学家等交换心得。

A 岛：美丽浪漫的岛屿。充满了美术馆、音乐厅、街头雕塑和街边艺人，弥漫着浓厚的艺术文化气息。居民保留了传统的舞蹈、音乐与绘画，许多文艺界的朋友都喜欢来这里找寻灵感。

C 岛：现代、井然秩序的岛屿。岛上建筑十分现代化，是进步的都市形态，以完善的户政管理、地政管理、金融管理见长。岛民个性冷静保守，处事有条不紊，善于组织规划，细心高效。

E 岛：显赫富庶的岛屿。居民善于企业经营和贸易，能言善道。经济高度发展，处处是高级饭店、俱乐部、高尔夫球场。来往者多是企业家、经理人、政治家、律师等。

S 岛：友善亲切的岛屿。居民个性温和、友善、乐于助人，社区均自成一个密切互动的服务网络，人们重视互助合作，重视教育，关怀他人，充满人文气息。

活动步骤：

（1）按自己第一选择的岛屿分组就座。

（2）同一岛屿的人交流一下：自己为什么选择这个岛屿，看看大家有什么共同的兴趣爱好，归纳为关键词。

（3）根据大家的交流给自己的小组命名并选取一个标志物，在白纸上制作一张本小组的宣传海报。

（4）每个小组请一位同学用两分钟时间展示自己小组的宣传海报，并在全班介绍一下本小组成员的共同特点。

此外，请在老师的引导下，通过网络完成《霍兰德 SDS 职业兴趣测试》。如果你觉得复杂，请完成本任务"活动与训练"中的职业兴趣简易版测试。

二、职业性格及其适应

（一）职业性格概述

性格，就是人对客观现实的稳定态度以及与之相适应的习惯化的行为方式。职业性格是指人们在长期特定的职业生活中所形成的与职业相联系的、稳定的心理特征。例如，有的人对待工作总是一丝不苟，踏实认真；在待人处事中总是表现出高度的原则性、果断、活泼、负责；在对待自己的态度上总是表现为谦虚、自信，严于律己。所有这些特征的总和就是他的职业性格。

职业心理学的研究表明，不同的职业对从业者的性格要求不同。比如从事医护职业的人员要求乐于助人、耐心正直、责任心强、冷静自信、稳定性好等性格；保险推销员则要能说会道，并且有较强的劝服力、说服力；而自我创业者应有冒险、乐观、自信、有野心、精力充沛和创新精神等性格。职业性格在很大程度上影响着一个人事业的成功。如果一个人的性格与他从事的职业相适，工作起来就会得心应手，心情舒畅，容易取得成功。相反，如果性格与职业不相适应，性格就会对工作的顺利开展起阻碍作用。

议一议

阿里和腾讯分别在各自的领域做出了不凡的成绩,其实看各自的成就,与马云和马化腾两人的不同性格都是有关系的(图2-6)。请查询两人的性格特征,并做比较分析。

图2-6 马化腾与马云具有不同性格特征

(二)职业性格的形成

1. 职业环境与职业性格的形成

职业环境制约着一个人的职业性格,职业性格的特征反映着一个人对现实职业的态度,而职业态度与其职业关系密切相关。工作单位的经济状况、社会地位、领导作风、员工的关系以及单位的规章制度,都会影响着人们职业性格的形成与发展。

2. 职业实践与职业性格的形成

作为职业活动主体的个人,其职业性格形成的速度和质量直接依赖于个人的职业积极性和多方面的职业活动。随着不同阶段所从事的职业不同,其中某一种职业活动对职业性格的影响可能会起到主导作用。处在相似社会条件下的人,如果从事同一类型的职业活动,他们就可能表现出相似的职业性格特征。可见,职业性格正是在职业实践活动中不断形成和完善的。

3. 自我培养与职业性格的形成

职业性格是在学习和职业活动中逐渐形成的。也就是说,从业者的职业性格可以在职业学习和活动中进行调适和培养。性格培养是一个长期的过程,在这个过程中,会遇到各种意想不到的困难,要自我激励,只要坚持不懈,就能成功,所谓"江山易改,秉性难移"也不是绝对的。职业性格可以调适,但要改变或培养某种职业性格需要有认真的态度与正确的方法。

试一试

经过三年的刻苦努力学习后,你学业有成。又经过三年职业磨炼后,你成了某一咨询机构人力资源主管。现有四个人前来寻求职业指导:张飞、关羽、刘备、林黛玉。

　　他们提出的岗位是：统计员和会计、自由职业者、外交人员、医生或律师。

　　现在由身为人力资源主管的你来最终决定他们分别在哪个岗位上更合适。你打算如何安排(请连线)？

<table>
<tr><td>统计员和会计</td><td>关　羽</td></tr>
<tr><td>自由职业者</td><td>刘　备</td></tr>
<tr><td>外交人员</td><td>林黛玉</td></tr>
<tr><td>医生或律师</td><td>张　飞</td></tr>
</table>

　　在这个过程中，你进行分配的原则是什么？你考虑了哪些因素？

(三) MBTI 职业性格测试

　　美国的心理学家伊莎贝尔·迈尔斯(Isabel Myers)和女儿凯瑟琳·布里格斯(Katharine Briggs)，以荣格的"人格分类"理论为基础开发出 Myers-Briggs Type Indicator(MBTI)，在性格领域应用广泛(图 2-7)。

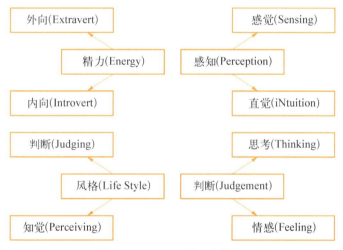

图 2-7　MBTI 的四个维度

　　MBTI 人格共有四个维度，每个维度有两个方向，共计八个方面。分别是：外向(E)和内向(I)，感觉(S)和直觉(N)，思考(T)和情感(F)，判断(J)和知觉(P)。每个人的性格都落足于四种维度每一种中点的这一边或那一边，把每种维度的两端称为"偏好"。四个维度，两两组合，共有十六种类型，每种类型又有一定差异的性格特征。

看一看

　　我是一个内向的人，在新公司入职后不久，另一个姑娘小柯也入职进到我所在的组，原来的老同事将要转岗，临交接前，给我们两人今后的工作提供建议。不出意外地,小柯因之前做过销售类工作,被期待成为"多和人接触"的外向型角色,而我则被称为"细心的人",被希望能够参与项目的具体执行工作。后来,奇怪的事情发生了。我越发开始对琐碎的工作失去兴趣,对于每次的校对不胜其烦,而小柯反而能够沉下心来检查表格、做PPT;相反地,对于每次因工作流程不得不去与人沟通的事情,更多是由我硬着头皮跟进和协调,不管心里对对方有多着急上火,打电话过去立马笑意吟吟。工作之外的场合,小柯比我表现出了更多的外向气质,对人好奇,对流行话题敏感,很容易打开话匣子;而我除了工作需要,很少主动搭讪别人,对于八卦流行缺乏兴趣,结束了分内的工作,一秒钟就能回到自己那个异想世界里去。今天再次码枯燥表格的时候,我不禁想起来,这是为什么呢?难道人的性格可以改变吗?或者性格并不能按照"内向"和"外向"进行简单的区分?还是说,其实"性格"和"表现出来的个性"是可以分开的?亲爱的小伙伴,你怎么看?

三、职业能力及其提高

(一)职业能力概述

能力是指直接影响人们的工作效率,保证人们顺利完成某种工作所必需的个性心理特征。职业能力是指在学习活动和职业活动中发展起来的,直接影响职业活动的效率,使职业活动得以顺利完成的个性心理特征。

1. 一般职业能力

即人们从事不同职业活动所必须拥有的基本能力,包括观察力、记忆力、想象力、注意力和思维能力等。一般职业能力通常表现为语文能力、数学能力、表达能力、交往与合作能力、自我控制能力、适应变化能力、自我反省能力、抗挫折能力、收集处理信息能力、审美能力、创新能力等。

2. 特殊职业能力

又称专门职业能力,在职业活动中,各种职业都有自身所需要的特殊职业能力。如刺绣工人需要手和眼的灵敏、仔细、快速的协调能力;高级管理人员需要运筹帷幄的指挥能力;教师需要流畅而生动的语言表达能力。这些特殊职业能力相互之间,对于有的人是有交叉关系的,如一个人既可以是画家又可以是诗人。而对于有的人则是全异关系,如一个机械师,让他去建筑设计院搞设计,他将无所适从。

一般职业能力和特殊职业能力是不可分割的统一整体。一般职业能力是一切特殊职业能力的基础,一般职业能力的发展为特殊职业能力的发展创造了有利条件,而在特殊职业能力发展的过程中,又会促进一般职业能力的发展,只有在两者的共同作用下,才能使职业活动得以顺利进行。

(二)职业能力与职业的关系

1. 一定的职业能力是胜任某种职业岗位的必要条件

任何一个职业岗位都有相应的岗位职责要求,一定的职业能力则是胜任某种职业岗位的必要条件。因此,求职者在择业时,首先要明确自己的能力优势以及胜任某种工作的可能性,在基本确定自己的职业能力和发展可能性的基础上进行职业选择。

2. 职业实践和教育培训是职业能力发展的前提

（1）职业实践促进职业能力的发展。职业能力是在实践的基础上得到发展和提高的,一个人长期从事某一专业劳动,能促使人的能力向高度专业化的方向发展。例如,计算机文字录用人员,随着工作的熟练和经验的积累,录入的速度会越来越快,准确性也会越来越高。

（2）教育培训促进职业能力的提高。个体职业能力的提高除了在实践中磨炼和提高之外,最有效的途径就是接受教育和培训。如我们所熟悉的职业教育、大学本科教育、研究生教育,学生掌握了有关知识和技能以后,可以更好地胜任本职工作。

（3）职业能力是人的发展和创造的基础。前面讲到能力是成功地完成某种任务或胜任工作的必不可少的因素。一个人没有能力或能力低下,就难以达到工作岗位的要求。个体的职业能力越强,各种能力越是综合发展,就越能促进其在职业活动中的创造和发展,就越能取得较好的工作绩效,越能给个人带来职业成就感。

（三）职业能力的形成

1. 职业能力在职业实践中形成

职业能力形成于职业实践活动,并体现在职业实践活动之中,不经过实践、练习、训练就不可能形成职业能力。个体职业劳动者的职业能力是以其自身职业知识、职业技能形式表现的,是心理素质、智力素质、身体素质共同作用的结果,是以职业劳动者主体直接作用于职业实践活动来体现的。

2. 职业能力在特定条件下累积形成

不同的职业对从业者的身体素质、心理素质有不同的要求。人的职业能力的形成与发展,受先天遗传、行人发展、职业环境以及人的心理素质等多方面因素的制约。职业能力是逐步形成、积累发展的,体现出初、中、高级等不同发展与完善水平,广博的职业知识、丰富的职业实践活动、良好的心理品质、适宜的职业发展环境等对职业能力的发展和提高有明显的促进作用。

3. 职业能力一旦形成将长期保持

形成一定的发展完善水平的职业能力,会成为职业劳动者自身素质的组成部分而保持下去。换言之,职业能力经过累积形成之后,不会很快消失,会保持较长的时间并内化成为个人能力的一部分。

（四）普通能力倾向成套测验

普通能力倾向成套测验(General Aptitude Test Battery,简称GATB),最初是美国劳工部队从1934年开始利用了10多年时间研究制定的。它是对许多职业群同时检查各自的不适合者的一种成套测验。由于这套测验在许多国家被广泛使用,因而备受推崇。这套测验主要是对许多职业领域中工作所必需的几种能力倾向的测定。它由15种测验项目构成,其中11种是纸笔测验,其余4种是操作测验,两种测验可以测定9种能力倾向。这9种能力倾向对完成各种职业的工作都是必要的。即：G-智能、V-言语能力、N-数理能力、Q-

书写知觉、S-空间判断能力、P-形状知觉、K-运动协调、F-手指灵巧度、M-手腕灵巧度。

以上9种能力中的每一种能力,都要通过一种实践性测验获得。记分采用标准分数,各能力因素的原始分数转换为标准分数后便可绘制个人能力倾向剖析图,并与职业能力倾向类型相对照,被测试者就可以从测验结果中知道能够充分发挥个人能力特性的职业活动领域。

📖 测一测

职业能力简易测试

目标:通过比较自己所具备的能力与理想工作所需要的能力的差距,确定努力的方向。

建议时间:20分钟。

活动步骤:

1. 根据自己目前的职业目标,选定一个职位,然后查阅相关资料,回答表2-4中的问题。其中,确定的标记"√",不确定或不知道的标记"0",不需要或自己缺乏的标记"×"。

表2-4 职业能力调查表

职 位 名 称	所需具备的能力	已经具备的能力
	1. 语文能力(　　)	1. 语文能力(　　)
	2. 表达能力(　　)	2. 表达能力(　　)
	3. 沟通、协调能力(　　)	3. 沟通、协调能力(　　)
	4. 领导能力(　　)	4. 领导能力(　　)
	5. 专业技能(　　)	5. 专业技能(　　)
	6. 电脑软件操作能力(　　)	6. 电脑软件操作能力(　　)
	7. 中英文打字能力(　　)	7. 中英文打字能力(　　)
	8. 销售能力(　　)	8. 销售能力(　　)
	9. 会计能力(　　)	9. 会计能力(　　)
	10. 机械操作能力(　　)	10. 机械操作能力(　　)
	11. 法律知识(　　)	11. 法律知识(　　)
	12. 判断力(　　)	12. 判断力(　　)
	13. 创造力(　　)	13. 创造力(　　)
	14. 直觉和敏感度(　　)	14. 直觉和敏感度(　　)
	15. 其他重要的专业知识(　　)	15. 其他重要的专业知识(　　)
心得与感想		

2. 找出自己所具备的能力和理想工作所需要的能力之间的差距,确定自己需要努力的方向,并制订初步改进计划。

四、职业价值观及其调适

(一)职业价值观概述

价值观是一种内心尺度,它支配着人的行为、态度、观察、信念、理解等,支配着人认识世界、明白事物对自己的意义和自我了解、自我定向、自我设计等,也为人自认为正当的行为提供充足的理由。职业价值观是职业主体的价值观在职业上的体现,是人们对待职业的一种信念和态度,或者是人们在职业生涯中表现出来的一种价值取向。它与人们的个性心理倾向性、自身经验、经历、家庭背景、人们对职业的认知结构等都有着十分密切的联系,是影响职业选择的重要因素之一。

(二)职业价值观的类型

德国心理学家斯普兰格把职业价值观分成六类,并列出了与之匹配的职业类型:① 理论型,例如学者,从对真理的探索中得到价值;② 经济型,例如实业家,从追求利益金钱中感受到价值;③ 权力型,例如政治家,通过执掌权力从统治中感受到价值;④ 社会型,例如社会活动家,从爱与奉献中感受到人生价值;⑤ 审美型,例如艺术家,从对美的追求中感受到价值;⑥ 宗教型,例如宗教工作者,通过对神的皈依和献身感受到价值。

国内一些专家把职业价值观分为九类:① 自由型,从自由、自立、自强、不受人干涉的工作生活中感受到价值;② 小康型,从追求安逸、尊敬中感受到价值;③ 权力型,又称支配型,通过取得某种掌权地位来驱使他人而感受到价值;④ 自我实现型,从追求真理、发挥个性,展现自我中感受到价值;⑤ 志愿型,把同情他人、帮助他人和默默奉献作为最高价值;⑥ 技术型,从依靠一技之长而立足社会中感受到价值;⑦ 经济型,他们有经济头脑,很会赚钱,并以此为满足;⑧ 合作型,从亲情和友情中感受到价值;⑨ 享受型,把安逸、享受、规避劳苦和风险作为最高价值。

> **看一看**
>
> 职业锚(图2-8),又称职业系留点。锚,是使船只停泊定位用的铁制器具。职业锚,是指当一个人不得不做出选择的时候,他无论如何都不会放弃的职业中的那种至关重要的东西或价值观。实际就是人们选择和发展自己的职业时所围绕的中心。
>
> 职业锚,也是自我意向的一个习得部分。个人进入早期工作情境后,由习得的实际工作经验所决定,与在经验中自省的动机、价值观、才干相符合,达到自我满足和补偿的一种稳定的职业定位。职业锚强调个人能力、
>
>
> 图2-8 职业锚

动机和价值观三方面的相互作用与整合。职业锚是个人同工作环境互动作用的产物,在实际工作中是不断调整的。职业锚测评通过对你过去行为的分析和未来目标的探索,帮你认清一个你没有深入探索和认真体会的清晰、真实的自我,从而在面临职业选择时,做出与自己的价值观、内心真实自我相匹配的职业决策。

(三) 职业价值观测试量表(WVI)

职业价值观测试量表是萨帕于 1970 年编制的,用来衡量工作中和工作以外的价值观,以激励人们工作。量表将职业价值分为三个维度:一是内在价值观,即与职业本身性质有关的因素;二是外在价值观,即与职业性质有关的外部因素;三是外在报酬。量表共计 13 个因素:① 利他主义;② 审美主义;③ 智力刺激;④ 成就动机;⑤ 自主独立;⑥ 社会地位;⑦ 权力控制;⑧ 经济报酬;⑨ 社会交往;⑩ 安全稳定;⑪ 轻松舒适;⑫ 人际关系;⑬ 追求新意。我国学者宁维卫在职业价值观的研究中对萨帕的职业价值观测试量表进行修订,制定了适合中国人的职业价值观问卷。他抽取了五个因素进行研究,分别是进取心、生活方式、工作安定性、声望、经济价值等。

 测一测

澄清我的职业价值观

一、活动目标

澄清职业价值观。

二、活动时间

15 分钟。

三、活动材料

A4 纸。

四、活动步骤

1. 学生完成以下句子:

(1) 假如我有一百万,我想……

(2) 我想改变世界的第一件事是……

(3) 我想我父母最希望我……

(4) 假如我的生命只剩下 24 小时,我会……

(5) 我会给我未来的子女的忠告将是……

(6) 在学校里我做得最好的是……

(7) 假如在大火中我只能保存一样物品,那会是……

(8) 假如我能改变自己的一样东西,那将会是……

(9) 我一生中最想要的是……

(10) 我最想活成某个人的样子,那个人是……

2. 学生思考以上句子所反映出的价值观分别是什么,请写下来。请学生按照4～6人为一个小组,进行讨论。

3. 教师总结。

总结案例

电影《三傻大闹宝莱坞》中印度理工学院大学生兰彻、拉杜、法尔汉(图2-9),每个人身上都承载了家庭太多的期望。其中,法尔汉从一出生,父亲便断言"我儿子将来会成为工程师",父亲倾其所有按社会公认的成长模式栽培法尔汉,家里只买得起一台空调,那是留给法尔汉学习用的。法尔汉考取印度理工学院,整个家族都为之欢欣鼓舞。成为一名工程师,是法尔汉学习的唯一目标。法尔汉活在父亲的期盼里,沉重的父爱让他迷失了方向,他所热爱的动物摄影,书包里一直装着写给著名动物摄影师安德

图2-9 《三傻大闹宝莱坞》中的三个理工科学生

烈·伊斯特凡的信。他并不喜欢成为工程师,所以读得很费劲。他不敢忤逆父亲,这让他过了五年浑浑噩噩的学业生涯。毕业季,他在犹豫是当一名毫无过人之处的工程师还是遵循本心去当一名动物摄影师。法尔汉在兰彻的鼓励下,成功地说服了父亲,这位孝顺的儿子,说了一句让天下父母动容的话:我不在乎别人说什么,我只在乎那个省钱给我买空调的人,为了培养我而委屈自己的人,让我骑在肩头上逛动物园的人。最后法尔汉说服父亲,成为著名动物摄影师安德烈·伊斯特凡的助理,后来也成了著名的动物摄影师。

启示:

职业生涯规划是指针对个人职业选择的主观和客观因素进行分析和测定,确定个人的奋斗目标并努力实现这一目标的过程。换句话说,职业生涯规划要求根据自身的兴趣、特点,将自己定位在一个最能发挥自己长处的位置,选择最适合自己能力的事业。

活动与训练

简易职业兴趣量表

请你认真回答下面的问题,若回答是肯定的,请在问题的后面与"是"对应的括号内打

"√";若回答是否定的,请在问题的后面与"否"对应的括号内打"√"。

组别	序号	问　　　题	是	否
第一组	1	你喜欢自己动手修理收音机、自行车、缝纫机、钟表等家用物品吗?	(　)	(　)
	2	你对自己家里使用的电扇、电熨斗等电器的性能、质量了解吗?	(　)	(　)
	3	你喜欢动手做小模型(如汽车、轮船、建筑模型)吗?	(　)	(　)
	4	你喜欢与数字、图表(如记账、制图、制表)一类的工作打交道吗?	(　)	(　)
	5	你喜欢制作工艺品、装饰品和衣服吗?	(　)	(　)
第二组	1	你喜欢在别人买东西时给他(她)当顾问吗?	(　)	(　)
	2	你热衷于参与集体活动吗?	(　)	(　)
	3	你喜欢接触不同类型的人吗?	(　)	(　)
	4	你喜欢拜访别人,与人讨论各种问题吗?	(　)	(　)
	5	你喜欢在会议上积极发言吗?	(　)	(　)
第三组	1	你喜欢没有干扰地、有规则地进行工作吗?	(　)	(　)
	2	你喜欢做任何事情都预先进行周密的安排吗?	(　)	(　)
	3	你善于查阅字典、辞海和资料索引吗?	(　)	(　)
	4	你喜欢按固定的程序有条不紊地工作吗?	(　)	(　)
	5	你喜欢有规律的、内容程式化的工作吗?	(　)	(　)
第四组	1	你喜欢倾听别人的难处并乐于帮助别人解决困难吗?	(　)	(　)
	2	你愿意为残疾人服务吗?	(　)	(　)
	3	在日常生活中,你愿意为他人提供帮助吗?	(　)	(　)
	4	你喜欢向别人传授知识和经验吗?	(　)	(　)
	5	你喜欢防病治病和照顾病人的工作吗?	(　)	(　)
第五组	1	你喜欢主持班级集体活动吗?	(　)	(　)
	2	你喜欢接近领导和老师吗?	(　)	(　)
	3	你喜欢当众发表自己的观点和意见吗?	(　)	(　)
	4	如果老师不在,你能主动地维持班里的学习和生活的正常秩序吗?	(　)	(　)
	5	你具有强烈的责任感,且在工作上有魄力吗?	(　)	(　)
第六组	1	你爱读文学著作中对人内心世界的细致描写吗?	(　)	(　)
	2	你喜欢听人们谈论他们的活动和想法吗?	(　)	(　)

续　表

组别	序号	问　　题	是	否
第六组	3	你喜欢观察和研究人的心理和行为吗？	（　　）	（　　）
	4	你喜欢读有关领导人物、政治家、科学家等名人的传记吗？	（　　）	（　　）
	5	你很想了解世界各国的政治和经济制度吗？	（　　）	（　　）
第七组	1	你喜欢参观技术展览会或收听（收看）技术新闻节目吗？	（　　）	（　　）
	2	你喜欢阅读如《我们爱科学》之类的科技杂志吗？	（　　）	（　　）
	3	你想了解生机勃勃的大自然的奥秘吗？	（　　）	（　　）
	4	你想了解科学精密仪器和电子仪器的使用方法吗？	（　　）	（　　）
	5	你喜欢复杂的绘图和设计工作吗？	（　　）	（　　）
第八组	1	你喜欢设计一种新的发型或服装吗？	（　　）	（　　）
	2	你喜欢作画吗？	（　　）	（　　）
	3	你尝试着写小说或编剧本吗？	（　　）	（　　）
	4	你很想参加学校宣传队或演出小组吗？	（　　）	（　　）
	5	你爱用新方法、新途径来解决问题吗？	（　　）	（　　）
第九组	1	你喜欢操作机器吗？	（　　）	（　　）
	2	你很羡慕机械类工程师的工作吗？	（　　）	（　　）
	3	你能了解机器的构造和工作性能吗？	（　　）	（　　）
	4	你喜欢交通驾驶类的工作吗？	（　　）	（　　）
	5	你喜欢参观和研究新的机器设备吗？	（　　）	（　　）
第十组	1	你喜欢从事非常具体的工作吗？	（　　）	（　　）
	2	你喜欢做很快就能看到产品的工作吗？	（　　）	（　　）
	3	你喜欢做能让别人看到效果的工作吗？	（　　）	（　　）
	4	你喜欢做那种时间短，但可以做得很好的工作吗？	（　　）	（　　）
	5	你喜欢参与有形的而不是抽象的活动吗？	（　　）	（　　）

计分方式：

组　别	回答"是"的次数	相应兴趣类型编码
第一组		兴趣类型 1
第二组		兴趣类型 2
第三组		兴趣类型 3
第四组		兴趣类型 4

续 表

组　别	回答"是"的次数	相应兴趣类型编码
第五组		兴趣类型 5
第六组		兴趣类型 6
第七组		兴趣类型 7
第八组		兴趣类型 8
第九组		兴趣类型 9
第十组		兴趣类型 10

分数解释：

回答"是"的次数越多，表示兴趣越强烈；反之，表示兴趣越弱。参照下表，找出适合你的兴趣的相应职业。

兴趣类型编码	兴 趣 类 型	类型解释与相应职业
1	愿与事物打交道	这一类人喜欢从事与事物打交道（如使用工具、器具或数字等）的职业，而不喜欢从事与人或动物打交道的职业。相应的职业有：修理工、裁缝、木匠、出纳员、会计等
2	愿与人打交道	这一类人喜欢从事与他人接触的工作，喜欢销售、采访、传递信息一类的工作。相应的职业有：记者、营业员、服务员、推销员等
3	愿干有规律的工作	这一类人喜欢常规的、有规律的活动，喜欢做有预先安排的细致的工作。相应的职业有：邮件分拣员、图书馆管理员、办公室职员、档案管理员、统计员等
4	愿从事社会福利和助人的工作	这一类人乐意帮助别人，试图改善他人的状况，喜欢独自与人接触。相应的职业有：医生、律师、护士、咨询人员等
5	愿做领导和组织工作	这一类人喜欢管理工作，希望掌管一些事务，他们在企事业单位中起到重要的作用。相应的职业有：辅导员、行政人员、管理人员等
6	愿研究人的行为	这一类人喜欢谈论涉及人的话题，他们喜爱研究人的行为举止和心理状态。相应的职业有：心理学咨询师、政治学老师、人类学研究人员等
7	愿从事科学技术工作	这一类人喜欢分析的、推理的、测试的互动，擅长理论分析，喜欢独立地解决问题，也喜欢通过实验获得新发现。相应的职业有：生物学家、化学教师、工程师、物理学家等
8	愿从事抽象的和创造性的工作	这一类人喜欢能充分发挥想象力和创造力的工作，爱创造新的式样和概念。相应的职业有：演员、创作人员、设计人员、画家等

兴趣类型编码	兴 趣 类 型	类型解释与相应职业
9	愿从事操纵机器的技术工作	这一类人喜欢运用一定的技术,操纵各种机械、制造产品或完成其他任务。相应的职业有:机床工、驾驶员、飞行员等
10	愿从事具体的工作	这一类人喜欢制作能看得见、摸得着的产品,希望很快看到自己的劳动成果,他们从完成的产品中得到自我满足。相应的职业有:厨师、园林工、理发师、室内装饰工等

思考与讨论

乔布斯说:"成就一番伟业的唯一途径就是热爱自己的事业。如果你还没能找到让自己热爱的事业,继续寻找,不要放弃。跟随自己的心,总有一天你会找到的。"但卡尔·纽波特教授可不这么认为。他建议:① 不要追寻激情。事实上,没有预设的激情,只有在你拥有了优秀而有价值的才华之后,激情才会尾随而来。② 脱颖而出。职业成功没有捷径,只有勤奋,让自己某个方面迅速成长为专家,让人们无法忽视你的才华和技能。③ 入木三分。努力工作,尤其是深度工作。不要分散注意力,专注在需要认知能力、能够创造价值的任务上。总的来说,他认为你如何做事情比起你做哪件事情更为重要。在兴趣和专长之间,他更倾向于专长。专长才能带给人们更快乐的职业体验。在有价值的事情上,通过努力工作,成为一名专家。这个路径可以帮助人们从工作中找到快乐。

你赞成谁的观点,请陈述理由。

任务三　　规划职业生涯

学习目标

1. 理解职业生涯阶段。
2. 能使用职业生涯规划方法。
3. 能撰写适宜的职业生涯规划书。

✎ 导入案例

"互联网+"时代玩着赚钱?

殷月是学习中文专业的,从小学习音乐和舞蹈,有着很高的艺术天分,在大学期间就是文艺积极分子,常常参加文艺活动,担任主持人,并经常在唱歌、舞蹈比赛中获奖。正因为自身条件优越,所以殷月的就业期望值很高,她一直想做跟文艺相关的工作,特别是晚会主持一类,但这类岗位往往没有稳定的工作单位,而是自由的兼职角色。殷月把几个兼职 APP 玩得很熟练,她在好几家兼职网站上都有注册。其实,这一行还真不缺活,商务活动、大型庆典等都需要主持人。这类工作常常由中介公司邀请,她接的订单多了,表现又好,渐渐地便在圈里有了好的口碑,中介公司都优先给她派单。每次出场主持,殷月都能拿到两千元左右的报酬,每个月有上几次这样的机会,她的收入就高出其他同学不少了。但殷月并不满足于此,她还经营着一家微店,出售珠宝首饰。尽管每个月也就是能卖出去一两件,但因为珠宝的利润比较高,有时候卖出一件就能赚到一两千,所以微店也能贴补她不少的生活花销。"先这么干着,收入还行。遇到合适的工作再说,也许以后还想出国。"说了半天,殷月好像自己也说不清楚到底有什么打算,反正眼下吃穿不愁,这种兼职的工作状态她还是挺满足的。

（资料来源:代丽丽.近半数 95 后毕业生选择慢就业,集中一线城市[N].北京晚报,2016 - 08 - 19）

启示:

随着经济和文化的发展,社会的多样性和宽容度都在增加,毕业生的就业方式也越来越多样化。如果遇不到心仪的工作岗位,他们宁可等待也不愿屈就。他们的就业观念不是坐在办公室里的朝九晚五,而是更加多元化的就业方式,比如开网店、做自媒体,甚至当网红,都可能成为一种正常的职业。他们按照自己想要的轨迹去生活,只要不做啃老族,不给家庭带来沉重的负担,社会也不宜对他们的做法过多苛责。对于此,你有什么想法?

一、职业生涯规划的含义

职业生涯是指人一生中所有与职业相联系的行为与活动,以及相关的态度、价值观、愿望等连续性经历的过程。它是人一生中职业或职位的变迁及工作活动、理想的实现过程。职业生涯是一个动态的过程,体现了人一生在职业岗位上度过的与工作活动相关的连续经历。因此,不论职位高低、成功与否,每一个在工作着的人都有自己的职业生涯。

一般来说,职业生涯规划是指个人结合自身情况及眼前机遇和制约因素,为自己确定最佳的职业奋斗目标,选择职业发展道路,确定教育、培训和发展的计划等,并为自己实现职业生涯目标而确定行动方向、行动时间和行动方案。

先想想看,你想成为什么样的人? 基于此,你才知道现在如何更充分地努力,更主动积极地看到自我的成长机会。"你想成为的人"绝对不仅仅来源于社会期望你成为的样子、老师期望你成为的样子或者父母期望你成为的样子,而是要基于现实（能力与性格）的自我定位。

只有有了清晰的目标,你才可以克服环境给你的阻力,完成内在自我突破,最终一步步达成自己期望的样子。这就是做职业生涯规划,可以突破障碍、开发潜能和自我实现的三个积极目的。

？想一想

童年时最喜欢模仿什么角色?

现在你最崇拜什么职业榜样?

你想过怎样的退休生活?

二、职业生涯规划的作用

职业生涯规划对于人的职业发展,甚至整个人生都具有重要的影响,正确的职业生涯规划能使一个人走向成功,错误的职业生涯规划有可能使人误入歧途。具体来说,职业生涯规划的作用可以体现在以下几个方面。

(一) 有利于明确人生目标

职业生涯规划是人生规划的重要组成部分。职业生涯规划可以帮助人对自我进行全面分析,了解自己的特点和兴趣,估计自己的能力与个性,明确自己的优势和不足,从而正确认识自己;再通过对客观环境的正确分析,就可以合理地设定可行的职业发展目标,从而使人的生活充实而有条理。

(二) 有利于激励自我走向成功

职业生涯规划能够为个人提供一个具体的、分步骤的、可以实现的目标。随着规划内容和阶段目标的逐步实现,自己在职业生涯发展方面的成就感也在逐步加深,从而促进自己向新的目标前进。正是这样的过程,能够有效地激励人努力工作、持续发展。

(三) 有利于引导个人发挥潜能

一个人的潜在能力是无限的,但需要充分地去挖掘。行之有效的职业生涯规划会引导人正确认识自身的个性特质、现有与潜在的资源优势,帮助人集中精力,全神贯注于自己有优势并且会有高回报的方面,这不仅有助于个人发挥尽可能大的潜力,对实现长期目标也大有益处。

(四) 有利于促进抓住工作重点

对于从业者来说,职业生涯规划的一个最重要的作用就是评价工作的轻重缓急,使个人摆脱日常事务的缠绕,紧紧抓住工作的重点,从而优先搞好主要工作,在工作中获得发展,最终取得成功。

(五) 有助于评估自身工作绩效

职业生涯规划的一个重要功能就是提供了自我评估的重要手段,使人可以根据规划的进展情况评价已经取得的成绩,评估个人目标和现状的差距,并运用科学的方法、步骤与措施应对组织内部和外部的环境变化,从而不断推动自身的进步。

看一看

人生不同发展阶段(图2-10)

1. 成长期(0—14岁)

这个阶段对职业充满幻想和憧憬。大多出于一时的兴趣而对某个职业产生崇拜,如要当天文学家、宇航员、将军、厨师、主持人等。并以游戏、玩耍的方式扮演各种自己喜欢的职业角色,如扮演警察、医生、教师。

2. 探索期(15—24岁)

在这个阶段,个人开始认真地思考和探索各种可能的职业选择,并试图将自己的职业选择与自己对职业的了解、自己的兴趣和能力、教师和家长对自己的评价等结合起来。

3. 确立期(25—44岁)

它是大多数人工作生命周期中的核心部分。有些时候,个人在这期间能够找到合适的职业并随之全力以赴地投入到有助于自己在此职业中取得永久发展的各种活动之中。在大多数情况下,在这一阶段人们仍然在不断地尝试与自己最初的职业选择所不同的各种能力和理想。

4. 维持期(45—60岁)

这个阶段,人们一般已在自己的工作领域取得了一定的成绩,占有了较为稳定的一席之地,因而人们将大部分的精力放在保有这一职位上,一部分人开始拥有第二职业、第三职业。

5. 衰退期(60岁以后)

60岁以后属于衰退期,对绝大多数人来说,这个时候已经离开了工作岗位。子女也已经成人,不用再操心;工作的压力也没有了,时间都由自己来安排了,可以用这段时间发展自己的业余爱好。

图2-10 人生不同发展阶段

三、职业生涯规划的内容

(一)职业生涯规划的环节

1. 知己

知己是向内看,了解自己的兴趣、能力、价值观、个性、性向,以及父母、学校与社会教育对自己产生的影响。

2. 知彼

知彼是向外看,它包括了解职业的特性、所需的能力、就业渠道、工作内容、工作发展前景、职业的薪资待遇等。

3. 抉择

抉择包括抉择技巧、抉择方式及抉择可能面临的冲突、阻力、助力等。

4. 目标

职业生涯规划要有明确而坚定的目标。明确而坚定的目标是赢得成功、有所作为的基本前提。因为坚定目标的意义,不仅在于面对种种挫折与困难时能百折不挠、抓住成功的契机,更重要的还在于身处逆境时能产生巨大的奋进激情,使自己的潜能得到最大发掘与释放。

5. 行动

目标就是力量,奋斗才会成功。再长的路,一步步也能走完;再短的路,不迈开双脚也无法到达。有了目标,要想实现,只有行动和努力。

 **填一填**

职业目标分解

职业目标:我将来从事(　　)行业(　　)职业(表2-5)。

表2-5　职业目标分解表

类　　别	近期目标	中期目标	长期目标
学习生活			
社会实践			
人际交往			
自我成长			
身心健康			
休闲生活			

总而言之:(综上所述,请概括表述)

近期目标 　年　月—　年　月	
中期目标 　年　月—　年　月	
长期目标 　年　月—　年　月	

(二) 职业生涯规划的步骤

1. 自我评估

主要包括对个人的需求、能力、兴趣、性格、气质等进行分析,以确定什么样的职业比较适合自己和自己具备哪些能力。要清楚我想干什么、我能干什么、我要选择什么。

2. 环境评估

环境评估包括对社会政治环境、经济环境和组织环境的分析,即评估和分析环境条件的特点、发展与需求变化趋势、自己与环境的关系以及环境对个人提出的要求、环境对自己的影响等。

3. 设定职业生涯目标

制定出符合实际的短期目标、中期目标与长期目标,同一时期目标不宜多、目标要明确、具体、可操作。

4. 制订行动计划与措施

撰写求职简历,应聘面试,参加组织培训、教育,构建人际关系网等。

5. 反馈与修正

职业的重新选择,生涯路线的调整,人生目标的修正,实施措施与计划的变更等。

看一看

职业生涯规划应用理论

在职业生涯规划的实际操作中,我们会用到各种理论,其中以心理学、管理学理论居多。总结起来可以归结为以下几类。

一是人格特质理论。该理论认为,特质是决定个体行为的基本特性,是人格的有效组成元素,也是测评人格所常用的基本单位,其应用在职业生涯规划上较多有卡特尔16因素人格测验、明尼苏达多项人格测验MMPI、MBIT性格测试等。

二是职业发展理论。金斯伯格职业发展理论就将人的职业发展划分为准备、选择、适应、稳定、衰退和结束六个主要阶段,每个阶段都有其特定的任务;施恩职业锚理论主要认为个人的职业生涯会随着时间的积累而沉淀出稳定的价值取向,主要有技术、管理、创造、安全、自主五种价值取向。

三是职业选择理论。帕森斯的特质因素论和霍兰德的职业类型论都强调个人特性与职业特性的匹配相关度。霍兰德将职业环境和从业者人格都分为现实型、研究型、艺术型、社会型、企业型和传统型六种,具有某种人格特征的人与具有相似特征的职业匹配度最高,个体的人格与环境之间的匹配是职业满意度、职业稳定度和职业成就度的基础。

四是管理学理论。如奇特兰的职业决策模型认为个体在面对职业、职位、生涯抉择时,总会权衡客观价值与个人价值观之间的冲突,尽可能选择获得最大收益及最小损失的结果,并总结出来个体从事职业决策时的具体流程。戈夫曼等提出的印象管理模型作为一种个人自我调节的理论,认为个人总是通过一定的方式影响别人形成的对自己的印象,即通过与他人的社会互动,试图使别人积极看待自己,尽可能弱化自己的不足或避免使别人消极地看待自己。

四、职业生涯规划的方法

(一) SWOT 法

SWOT 法常用在自我和环境分析方面,其中,S(strength 优势)、W(weakness 弱势)是内部因素,O(opportunity 机会)、T(threat 威胁)是外部因素。通过这种对自身和外部的全面分析,我们就可以扬长避短,发挥个人优势,弥补个人劣势,抓住外部机遇,回避外部威胁,迎接挑战,完善自我、发展自我。图 2 - 11 为用 SWOT 法分析某房地产项目的举例。

S——优势	W——劣势
◆ **片区价值:** 新城区中心位置,已在市场上得到较高认同 ◆ **人文氛围:** 近周总理纪念馆和外国语学校等,人文底蕴丰厚 ◆ **升值潜力:** 长途汽车站旁,升值潜力大 ◆ **交通优势:** 项目三面环路,加之汽车站旁,交通极其便捷	◆ **地块狭长:** 地块狭长,建筑格局摆布受到限制 ◆ **车站影响:** 紧邻长途汽车站,噪声、空气污染较大,治安环境受影响 ◆ **既有障碍:** 地块上遍布高压电线,以及西北角的气象站等,影响项目品质
T——威胁点	O——机会点
◆ **盛世豪庭:** 一期已经交房入住,形成区域内住宅标杆作用 ◆ **未来供应:** 板块内未来住宅供应量较大,竞争激烈 ◆ **宏观政策:** 国家不断出台严厉的房地产相关政策,未来影响加剧	◆ **区域升温:** 楚州区房地产市场持续升温、区域发展空间大,价值将得到进一步提升 ◆ **配套完善:** 项目自身建有幼儿园和大量商业配套,充分满足相关需求 ◆ **市场空白:** 区域内缺少中高档住宅和大型商业,项目具有后发优势

图 2 - 11　某房地产项目的 SWOT 分析

(二) 5W+1H 法

——Who am I?（我是谁?）

——What will I do?（我想做什么?）

——What can I do?（我能做什么?）

——What does the situation allow me to do?（环境支持或允许我做什么?）

——What is the plan of my career and life?（我的职业与生活规划是什么?）

——How can I do?（我应该怎样做?）

回答了前五个问题,找到它们的最高共同点,就有了自己的职业生涯规划。

（三）典型人物分析法

寻找一个跟自己背景相似的典型人物加以分析比较，树立职业榜样，从而找出自己可能的发展方向。比如一些经典案例、学长学姐的故事都可以。老师们也会在课堂上给大家讲讲优秀学生的例子，大家留心思考，会对你的职业生涯规划有很大的帮助。

职业生涯规划的方法还有很多，比如，实地参观、考察某单位向社会开放的场所也是真实体验职业的好办法，这样你可以对真实的工作环境有一个更直接的接触，从而做出相应的决策，或者改变自己的决定。

 玩一玩

想象 10 年后的自己

一、活动目标

1. 了解自己理想的生活和工作状态。

2. 更加明确自己的理想和目标。

二、活动时间

15 分钟。

三、活动准备

背景音乐、指导语。

四、活动步骤

1. 放一首舒缓的背景音乐，让学生以舒服的姿势坐好，深呼吸，放松。

2. 教师以缓慢轻柔的语言念出下面的指导语：

"想象现在是 10 年后的某一天，一个平常的工作日。早晨，你从一夜的安睡中醒来，想到即将开始的一天，心中充满了兴奋和期待。你起身，从衣橱中挑出你今天上班要穿的衣服。现在你正站在镜子前装扮自己，你穿着什么样的衣服呢？现在你开始吃早饭，有人跟你一起吃早饭吗？接下来，你准备去上班。你是在家里办公吗？如果不是，你工作的地方在哪里？离你家有多远？你乘什么样的交通工具去那里？现在你正走向你工作的地方。它位于什么地方？看起来怎么样？你做些什么工作？你主要是操作器械、工具，还是跟人打交道？你的办公场所是什么样的？是在室内还是在室外？你跟别人一起工作吗？你跟他们会有一些什么交往？到吃午饭的时间了，你准备去哪里吃饭？跟谁一起去？你们会谈论些什么问题？现在回到工作中来，完成这一天的任务。下午的工作与上午的工作有什么不同吗？你什么时候结束工作？离开前完成的最后一项任务是什么？一天的工作结束了，你会怎样度过夜晚的时间？夜里，当你躺在床上回想这一天时，有哪些事情让你感到愉快和满足？为什么？当你准备好时，请睁开你的眼睛，并静静地坐一会儿。"

3. 想象 10 年后的生活情景，记录自己在"生涯幻游"中所感受到的细节。

4. 教师点评。

五、总结评价

你想象中的生活方式和现在的生活方式有很大区别吗？如果有,你应当作出哪些改变呢？

总结案例

杨澜毕业于北京外国语学院,大学毕业进入中央电视台主持《正大综艺》节目,后赴美留学,获哥伦比亚大学国际传媒专业硕士学位。回国后,加入凤凰中文卫视做名人访谈节目《杨澜工作室》(图 2－12)。由央视的名主持到远涉重洋的学子,再到凤凰卫视的名牌主持,最后到阳光卫视的当家人,杨澜的角色在不断地变化。但正所谓"万变不离其宗"。无论如何转、如何变,杨澜始终把自己定为传媒人,聪慧的她很清楚自己就是这块料,所以从没有偏离做媒体这个大方向。而她的变化就在于她制定的目标层次一直在提高。

图 2－12　杨澜在主持节目中

启示:

杨澜在她的《凭海临风》一书中,曾写到了乘热气球的经历。热气球的操作员能做的只是调整气球的高度以捕捉不同的风向,而气球的具体航线和落点,就只能听天由命了。这正是乘坐热气球的魅力所在:有控制的可能性,又保留了不确定性,所以比任何精确设定的飞行都来得刺激。其实人生的乐趣也是如此,全在这定与不定之间。

活动与训练

制订职业生涯规划书

一、职业生涯畅想

10 年后的某一天,上班路上,想到今天的工作计划:＿＿＿＿＿＿＿＿

20 年后的同学聚会,我快步走进房间,看见:＿＿＿＿＿＿＿＿

单位为我准备了退休欢送会,掌声响起,我说:＿＿＿＿＿＿＿＿

二、职业自我分析

1. 我的自画像

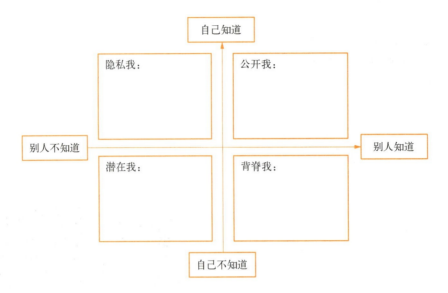

2. 我的职业兴趣

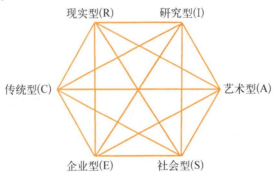

注：请结合霍兰德职业兴趣测验，明确自己的职业兴趣类型。

3. 我的职业能力

我的一般职业能力：

一般职业能力	很　差	较　差	一　般	较　强	很　强
学习能力					
言语能力					
算术能力					
空间判断能力					
形态知觉能力					
符号知觉能力					
眼手协调能力					
手指灵活度					
手的灵巧度					

我的特殊职业能力:

_____

4. 我的职业价值观

任选 3 个最看重的职业价值观,顺便评价一下你对未来从事职业的满意度。

5. 自我分析总结

我是一个_____

_____

三、外部环境分析

1. 家庭环境分析

　　　　贫困型□　温饱型□　一般型□　小康型□　富裕型□

2. 专业环境分析

(1) 专业学习课程:

(2) 专业未来的就业领域(左图):

(3) 本专业就业发展路径(右图):

3. 朋友圈分析

(1) 我的小伙伴们的未来发展: _____

(2) 我和朋友们之间的差距: _____

四、职业目标定位

1. 总体目标定位

我将来要从事: _____

2. 长期目标(5～15 年)

职务目标: _____

学历目标: _____

经济目标: _____

家庭目标: _____

3. 中期目标(3～5 年)

职务目标: _____

学历目标: _____

经济目标: _____

家庭目标: _____

4. 短期目标(2～3 年)

学业目标: _____

知识目标: _____

技能目标: _____

经济目标：_____

五、行动方案设计

1. 路径选择

专家路线□　技术路线□　管理路线□　创业路线□　其他路线□

2. 路线设计：

_____

_____

3. 行动计划

时　间	任　　务	措　　施

六、规划评估与修订

1. 我对本规划的评价：_____

_____

2. 朋友对本规划的评价：_____

_____

3. 家人对本规划的评价：_____

_____

4. 风险防范

写给今天的自己

```



```

思考与讨论

1. 你的职业生涯规划是否充分考虑了自己的实际情况？

2. 列出你在进行职业生涯规划时遇到的问题，向专业人士请教。

3. 五年以后，你希望拥有怎样的生活？要实现这种理想，需要具备什么样的条件？在这些条件当中，你能达到的有哪些，不能达到的还有哪些？为了拥有五年以后拥有自己想要的生活，你准备怎么做？经过畅想、讨论之后，你的感想有哪些？请写下来。

任务四　明确就业方向

学习目标

1. 理解就业选择的关键要素。
2. 能描述一个完整的就业目标。
3. 能用多种方法做出就业选择。

 导入案例

第一份工作干多久

　　领英发布过《第一份工作趋势洞察》。据报告所述,95 后职场人平均 7 个月就会从第一份工作离职。很多职场人都认为第一份工作不理想。一般来说,年龄越小,第一份工作跳槽越早。70 后会在第一份工作 4 年后跳槽,而 80 后的这一时限缩短到 3 年半,90 后是 19 个月,而到了 95 后干脆就只有 7 个月了。报告还指出,90 后频繁更换第一份工作在于他们更加追求独立自主,关注自身感受和自我价值的实现,一旦发现工作与期待不符则会更快做出其他选择。加之如今获取职业信息和机会的渠道越来越快捷和便利,更换工作变得更加简单和频繁(图 2-13)。

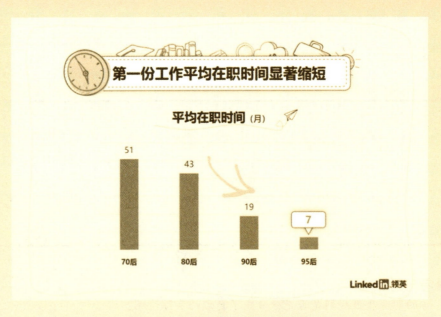

图 2-13　更换工作变得简单和频繁

　　(资料来源:"领英中国",《领英发布"第一份工作趋势洞察",职场第一步是你人生的决胜时刻吗?》,作者:Xin Li)

启示：

　　较高的跳槽率也反映出当前学校教育与就业市场之间存在着鸿沟。由于缺少对行业、职位或单位的了解，毕业生通常对第一份工作有太高的期望，随后很快就会发现自己与岗位并不匹配。所以，建议毕业生通过实习，更早更好地去了解就业市场以及工作岗位。

一、就业选择的要点

　　就业选择的关键就是要解决"干什么""何处干""怎么干""以什么样的心态干"等问题，可以概括为"四定"——定向、定点、定位、定心。

（一）定向

　　即确定自己的职业方向。方向与目标有所不同，目标是自己拟定的期望达到的一个理想，而方向是为达到目标而选择的一种路径。如果方向错误，则会偏离目标，即使修正也需要花费更多的时间和精力。对大学生来说，职业定向需要冷静的头脑和十足的勇气，根据自己的兴趣、理想、专业去选择职业方向。

（二）定点

　　即确定职业发展的地点。许多大学生毕业后面临去哪儿就业的选择（图2-14），可见地点也是现实环境的一个因素。各地的经济发展现状和前景都有不同，甚至差异很大，比如中心城市和边远山区，沿海一带和西部地区。近几年的调查研究显示，绝大多数毕业生选择就业地点只盯着经济发达地区，但这些地区竞争激烈、人满为患不说，外地生源还要面临环境、观念、语言、文化等差异带来的困难，而且发展与晋升的空间与机会并不见得比去发展中地区更好。这也是大学生就业时要慎重考虑的。

图2-14　毕业面临的选择令人迷惑

（三）定位

　　即确定自己在职业人群中的位置。定位过低会导致个人在职业生涯中无法实现自我价值的最大化，过高则容易因连遭挫折而对职业生活丧失信心。因此，大学生需要准确地标定自己的位置，根据自己的实际水平，在择业时对职位、薪资、工作内容等做好判断和把握。

（四）定心

即稳定自己的心态。人的一生必然存在高低起伏，成功与挫折总是结伴而行，个人的职业生涯也不例外。在实现职业理想与目标的过程中，难免也会有磕磕碰碰和意想不到的困难。对大学生来说，要保持一种平常心态，敢于直视就业过程中的困难和问题，不以物喜，不以己悲，始终坚定地按照自己的正确计划去实现理想。

看一看

能工巧匠个个有一手绝活

在灯泡上切断钢丝本身难度就较高，但来自江苏中车电机有限公司维修班的维修工朱加群却说自己可以先将眼睛蒙上，再切断钢丝。据悉，灯泡的厚度只有 0.4 毫米，动作幅度稍大，灯泡就会碎裂。蒙上眼睛的朱加群信手拿起切割机，40 秒内在灯泡上连续完美切断了 3 根钢丝，打破了自己以前的纪录。

来自农业银行盐城中汇支行的陈磊磊在本职岗位上勤学苦练，点钞水平不断提高，在今年全市银行业柜面服务明星评选活动中获得单指单张点钞第一名的好成绩。活动当天，她从主持人手中接过一叠百元纸钞清点。"一共 103 张！"点钞结束，陈磊磊报出数字。而秒表上显示，她用时 12 秒。

曾超和朱海慧都是江苏中车电机有限公司成品班的叉车工，他们经过成千上万次的刻苦训练，练就了驾驶叉车挂啤酒的绝活。叉车笨重，但开叉车是个精细活。他们慢慢挪到啤酒瓶前，扳动叉车上的操作柄，调整叉车叉齿的高度，使得叉齿准确无误地定位在啤酒瓶盖下端。就这样连续挂起了 8 个啤酒瓶。

调酒师的花式扔酒瓶动作、插花师的作品、食品上雕刻图案……一个个技能展示，看得观众眼花缭乱，叹为观止。高质量发展需要高技能人才，高技能人才助推高质量发展。为让更多的技能人才有出彩的机会，近年来，国家高度重视高技能人才队伍建设，强化政策驱动、赛事促动、载体推动，在全社会积极营造"尊重技能、尊重劳动、尊重人才"的良好氛围。近年来，高级技工成为市场"宠儿"，不仅是企业争抢的"香饽饽"，还有机会走出国门一展身手。

（资料来源：盐城"技能状元"匠心诠释精彩好故事，中国新闻网江苏，有改动）

二、就业选择的描述

就业涉及地域、行业、企业和职位四个要素。个体可以将自己的就业目标描述为"多少年后我希望在某地、某个行业、某个企业的某个职位工作"。

（一）地域

地域对一个人的职业发展会产生很大的影响。通常经济较发达的地域拥有较好的基础环境，同时竞争压力大，生活节奏快。建议在职业发展的初期慎重考虑就业地域问题，同时在职业发展过程中不要太频繁地更换城市，因为在某个城市积累的资源很可能随着地域的变动而大大贬值，会无形中使机会成本上升。

（二）行业

不同的行业也会对一个人的职业生涯产生巨大的影响。毕业生刚刚走向社会，可能很难马上发现最适合自己的行业，可以多去尝试，但是尽量不要轻易转行。因为不积累多年的行业经验，就很难深入了解一个行业，从而形成自己的核心竞争力。

（三）企业

企业是个人职业的承载平台。一个好的平台往往能够让人得到成长和锻炼，不断获得职业能力的提升，增强个人对职业的信心和兴趣，不断促进个人职业生涯的发展。大企业有规范和较完善的企业管理制度，可以帮助毕业生养成良好的工作习惯和工作态度。而在小企业则可以和公司一起成长，甚至成为左右公司发展的中坚力量。

（四）职位

职位即所从事的具体职务，比如技术、行政或者管理。建议尽可能到企业的"主战场"去，即那些最能够直接提供企业价值的部门，主要是业务部门。一般来说，公司的高层大都出身于这些核心业务部门。当经济不景气，公司需要裁员时，往往是从边缘部门开始，比如行政、公关部门等，而那些公司的核心部门反而是需要加强的部门。

看一看

工作地点的选择

沿海经济发达地区就业机会较多，平均收入较高，但人才集中，竞争激烈。有的内地学生可能一直会有"身在异乡为异客"的感觉，心理上缺乏安全感。

本地中心城市兼有经济较发达、就业机会较多、平均收入较高的优点，同时，在本地就业使毕业生在心理上也有认同感。但中心城市人才相对集中，竞争激烈的情形依然存在。

中小城市普遍人才不足，因此大学毕业生更容易崭露头角。随着经济的发展和政府对基础设施建设投入的不断加大，中小城市不足的方面，如交通不便、信息不灵，已经大为改观。有些中小城市的富裕程度及工作条件的优越程度甚至已经超过了部分发展较慢的大城市。

三、就业选择的方法

（一）经验法

所谓经验法，就是依据老师和家长以往的经验辅助你进行就业决策的方法。这种方法有利有弊，一方面借鉴先前的经验可以避免走弯路，而且很多时候家长、老师利用经验确实能够很好地预测你未来的发展；另一方面，由于家长、老师的水平有差别，有时可能会预测失误，同时职业市场发展非常快，他们的预测有时会跟不上时代的发展。

（二）直觉法

有一部分人在做决策时更倾向于依赖自己的直觉。在面对职业生涯规划或求职调查时,他们只有在发现了几份可以让他们感到满意的职业选择之后,才开始进行调研。他们喜欢首先有一个对问题全局性的感觉,然后再决定自己下一步的行动。他们在对若干选择进行调查时,倾向于与人交谈,到工作实地走一走,更重视这份工作是否与其个性匹配。虽然这种决策方法被称为直觉型或预感型,但是它来自符合其个性的智慧的积累。直觉型决策者大多都愿意说他们是根据运气找到一份适合于自己的工作的,实际上他们的运气是"准备撞上了机会"。直觉型决策者主要是靠发现机会进行决策的,因此,他们更有必要在进行求职决策时了解自己的价值观、兴趣、技能和个性。对于直觉型决策者而言,最好的择业方法常常是幻想和描述一份理想职业,或者是把拥有一份有吸引力的职业的人作为楷模。

(三) 比较法

比较法是一种非常理性的决策方法,它采用分析、演绎推理和反复衡量的方法进行思考(图 2-15)。

图 2-15 就业选择的比较法流程

这种方法将问题转化为确切定义的目标,列举出各种备选方案,评估各自的结果和影响,从清单中剔除满意度最低的备选方案,通俗地讲就是"货比三家",在运用比较法时,可以请老师、家人、朋友等有经验的人一起帮忙分析(图 2-16)。

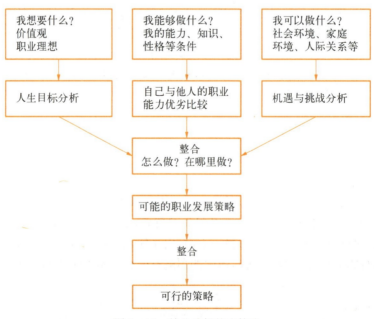

图 2-16 就业选择的比较法

(四) 典型人物分析法

典型人物分析法就是,寻找一个跟自己背景相似的典型人物加以分析比较,树立职业榜样,从而找出自己可能的发展方向。比如一些经典案例主人公、学长学姐的事例都可以。老师们也会在课堂上给大家讲优秀学生的例子,大家留心思考,会对你的就业选择有很大的帮助。

就业选择技术还有很多,比如,实地参观考察也是真实体验职业的好办法,这样你可以对自己未来的工作环境有一个更直接的接触,从而做出相应的决策,或者改变自己的决定。

 学一学

就业选择的平衡单技术

当个体面对多种选择而无法决定时,平衡单是协助个体理智决策的一种有效方法。平衡单的主要内容包括个体可选择的方案、看重的相应因素、因子的评分和加权等,具体内容见职业生涯策略平衡单举例(表2-6)。平衡单内的所有评分和权重设定都是由你来设定的。

表2-6　就业选择平衡单

评分内容		选择一		选择二		选择三	
		+	−	+	−	+	−
个人物质得失	1. 福利薪水						
	2. 个人花费						
他人物质得失	1. 家人开支						
	2. 亲友关照						
个人精神得失	1. 精神状态						
	2. 工作的压力						
	3. 个人成就感						
	4. 生活满意度						
他人精神得失	1. 家人的态度						
	2. 朋友的态度						
	3. 同行的竞争						
合计分数							
总计分数							

平衡单主要关注四个主题:个人物质得失、他人物质得失、个人精神得失、他人精神得失。

平衡单分析步骤:

第一步,列出你最想做的三个工作。

第二步,列出每个工作你曾经考虑的条件,并考虑每个工作能符合这些条件的得失程度,从-5,0,+5 三档中,选择给予其分数。

第三步,依分数累计,排出工作抉择的优先级。

总结案例

　　2000 年,响应国家西部大开发的号召,保定学院的多名毕业生毅然放弃多家用人单位的录用及继续深造的机会,带着户口选择到万里之遥的新疆且末县中学任教(图2-17)。截至 2013 年,这所学校已有 97 名毕业生远赴新疆、西藏、贵州、重庆、四川等地基层工作。虽然条件艰苦,但十几年来没有一人退缩,全部扎根在西部大地,参与见证了西部的改变和发展。他们在雪域高原、西部边陲教书育人,把一腔赤诚和师者大爱献给边疆人民,把青春与梦想安放在西部大地,为西部地区教育的发展作出了积极贡献。2014 年五四青年节前夕,习近平总书记给保定学院西部支教毕业生群体代表回信,勉励青年人到基层和人民中去建功立业,在实现中国梦的伟大实践中书写别样精彩的人生。

启示:

　　总书记的回信,充分体现了党和国家对有志于到西部、到基层、到祖国最需要的地方去锻炼成长的广大青年学生和西部支教志愿者的亲切关怀和殷切期望,也为当代青年的成长指明了正确方向。

图 2-17　在西部建功立业的保定学院毕业生

⦾ 活动与训练

编制个人求职计划

序号	必备条件	要　素	规　则	个人详细状况
1	目标和策略	目标定位	要有明确的初、中、高目标层次； 至少要在岗位或专业要求、薪酬、工作环境、个人发展等方面有定性和定量要求	
		策　略	要有实现目标的基本原则； 要有实现目标时间要求； 要有实现目标基本手段	
2	途径和方法	求职途径	要有至少3种明确的求职途径	
		实施方法	要针对至少3种求职途径,提出具体的实施方案	
3	个人条件	能　力	具有能够满足用人单位需要的职业能力	
		经　验	做过什么(具有能够满足用人单位需要的职业经验)	
		学　历	具有能够满足用人单位需要的学历	
		社会关系	具有能够帮助自己就业的社会关系	
		其　他	具有求职能力、外貌、语言等有助于求职的条件	

职场人际接触练习

　　看一看围绕你的目标职业,你了解了多少信息,获得了多少新的关系? 用适当的格式记录这些关系。

　　会晤人姓名:　　　　　所在单位:　　　　　　　　职务:

谈话项目	具体内容
业余爱好	
访谈对象的情况	
访谈收集到的信息	
其他可以接触的关系	

思考与讨论

1. 职业理想与理想职业有什么区别？

2. 如果同时有两份工作供你选择：一份是很辛苦，很少有自己的闲暇时间，但高薪；一份是薪水相对不高，却有很多空间时间供自己支配。你会如何选择呢？

项目三
职业能力与职场适应

引导语

刚走出校门的职业院校毕业生要想利用自己的专业知识,获得企业青睐几乎不太可能。企业向你抛出橄榄枝的原因只是对你品质和修养的肯定,其次才是你的学识、专业和技能。作为在校生,我们要在基础知识和基本技能的学习过程中提高认知能力,从而具备独立思考、逻辑推理、信息加工、学会学习、语言表达和文字写作的素养,养成终身学习的意识和能力。提高合作能力,从而学会自我管理,学会与他人合作,学会过集体生活,学会处理好个人与社会的关系,遵守、履行道德准则和行为规范。提高创新能力,激发自己好奇心、想象力和创新思维,养成创新人格,鼓励学生勇于探索、大胆尝试、创新创造。提高职业能力,从而适应社会需求,树立爱岗敬业、精益求精的职业精神,践行知行合一,积极动手实践和解决实际问题。未来职场中,我们常常会面临角色的转换和环境的改变,要想迅速在新角色、新环境中获得成功,就必须抱着从零开始、重新学习的心态,培养自己对新角色、新环境的"适应力"。

学习目标

1. 能够遵守职业道德规范。
2. 能够不断提高自我的职业素养。
3. 能够促进自我能力提升胜任岗位需要。
4. 能够转变角色并适应职场生活。

任务一　遵守职业道德规范

学习目标

1. 能判断某种行为是否符合职业道德规范。
2. 能说出职业道德的五项基本规范。
3. 能理解职业道德与行业道德的关系。

导入案例

劳动者违反职业道德,用人单位可以解除劳动合同

孙某系国际大酒店餐饮部主管,在下班时在酒店门口停车位上拾得该酒店客人吴某的一个钱包,未及时上交酒店。次日,酒店通过监控知悉后要求孙某将钱包交给酒店,由酒店出面归还失主吴某。孙某不同意,亦未将钱包交给酒店,并于同日上午委托他人与失主吴某取得联系,归还了钱包,受领了感谢金。酒店通过失主吴某知悉上述情况后再次同孙某进行了谈话,明确孙某在工作地点拾得客人遗失的财物未及时上交,对酒店的形象造成负面影响,要求其承认错误予以检讨,接受罚款的处罚,归还感谢金,并从餐饮部主管岗位调整至服务员岗位(工资待遇不变)。因孙某未接受酒店的要求,酒店决定解除与孙某的劳动合同。孙某申请劳动争议仲裁,后诉至法院,要求酒店支付解除劳动合同的赔偿金等。法院审理认为,劳动者在工作时间或者工作范围内都应该遵守用人单位的规章制度或者基本的职业道德。根据《中华人民共和国劳动合同法》(以下简称《劳动合同法》)第三十九条规定,劳动者有严重违反用人单位的规章制度的,用人单位可以解除劳动合同。在酒店明确要求孙某将拾遗钱包交由酒店处理时,孙某仍予以拒绝,坚持自行处理,这种行为不仅违反了酒店的规章制度,也有违职业道德,亦对酒店形象造成了一定的损害。酒店据此以孙某严重违反劳动纪律和规章制度为由解除与其劳动关系并无不当,且在起诉前已经通知并取得了工会的同意,程序亦合法,应属合法解除,因此对孙某要求酒店支付赔偿金的诉讼请求不予以支持。

启示:

孙某作为酒店服务业从业人员,在工作时间、工作场所中拾遗后应主动告知单位,寻找、归还失主。这不仅是职业道德的要求,更为社会公德所倡导。我们在职场,一定要遵从单位有关规定,并践行职业道德规范。

一、职业道德的含义

职业道德有广义和狭义之分。广义的职业道德是指从事一定职业的人在职业生活中应当遵循的具有职业特征的道德要求和行为准则。狭义的职业道德是指在一定职业活动中应遵循的、体现一定职业特征的、调整一定职业关系的职业行为准则和规范。职业道德的含义包括以下八个方面。

(1)职业道德是一种职业规范,受社会普遍的认可。

(2)职业道德是长期以来自然形成的。

(3)职业道德没有确定形式,通常体现为观念、习惯、信念等。

(4)职业道德依靠文化、内心信念和习惯,通过员工的自律实现。

(5)职业道德大多没有实质的约束力和强制力。

(6)职业道德的主要内容是对员工义务的要求。

(7)职业道德标准多元化,代表了不同企业可能具有不同的价值观。

(8)职业道德承载着企业文化和凝聚力,影响深远。

💬 说一说

在2008年"5·12"汶川大地震中,东汽中学教师谭千秋危急时刻用双臂将学生紧紧护在身下,四名学生后来成功获救,而他自己却献出了宝贵的生命。谭千秋老师用自己的行动诠释了一名伟大教师的无私大爱（图3-1）！然而，同样的情境之下，也有人为了自己活命而置学生生命于不顾。5月22日，教师范美忠在天涯论坛写下了《那一刻地动山摇——"5·12"汶川地震亲历记》，文章提道："我是一个追求自由和公正的人，却不是先人后己勇于牺牲自我的人！在这种生死抉择的瞬间，只有为了我的女儿我才可能考虑牺牲自我，其他的人，哪怕是我的母亲，在这种情况下我也不会管的。因为成年人我抱不动，间不容发之际逃出一个是一个。如果过于危险，我跟你们一起

图3-1　"泥塑达人"方晨光地震题材作品《千秋大爱》

死亡没有意义；如果没有危险，我不管你们，你们也没有危险，何况你们是十七八岁的人了！"这番言论引起了网民的铺天盖地的批评与谩骂。同时，"五岳散人"在博客上发表《自由与道德——从"范跑跑"事件说起》，"范跑跑"一词就这样出现了。你如何看待大家的观点？

二、职业道德的特征

（一）适用范围的有限性

每种职业都担负着一种特定的职业责任和职业义务。由于各种职业的职业责任和义务不同，从而形成各自特定的职业道德的具体规范。

（二）发展的历史继承性

由于职业具有不断发展和世代延续的特征，不仅其技术世代延续，其管理员工的方法、与服务对象打交道的方法，也有一定历史继承性。如"有教无类""学而不厌，诲人不倦"，始终是教师的职业道德。

（三）表达形式的多样性

由于各种职业道德的要求都较为具体、细致，因此其表达形式多种多样。

（四）兼有强烈的纪律性

纪律也是一种行为规范，是介于法律和道德之间的一种特殊的规范。它既要求人们能自觉遵守，又带有一定的强制性。就前者而言，它具有道德色彩；就后者而言，又带有一定的法律的色彩。因此，职业道德有时又以制度、章程、条例的形式表达，让从业人员认识到职业道德又具有纪律的规范性。

> ✎ **议一议**
>
> 以下说法分别体现了职业道德的哪些特点？
> （1）"百问不厌，有问必答"是对营业员的职责要求，而对于保守国家机密的公务员而言，这样的职责要求则可能导致泄密。
> （2）伴随着新职业的出现会形成新的职业道德。
> （3）没有不存在职业道德的职业。
> （4）"保护学生安全"作为教师职业道德规范，要求教师不能置学生的安全于不顾。

三、职业道德的功能

（一）传承职业文化

职业道德用准则与规范的形式，向人们展示出看得见，摸得着的思想行为标准，这是实现人的全面发展的重要手段，也是有效提高劳动生产率的有效工具，更是塑造职业文明的必由之路。

（二）引导职业风气

在职业活动中，职业风气是职业文明的重要表现形式。职业道德建设可以提高人们的社会道德水平，促进良好的社会风尚和职业风气的形成，有利于完善人格，促进人的全面发展。

（三）调节职业关系

职业道德具有有利于调整职业利益关系、维护社会生产和生活秩序的作用。职业道德虽然没有法律威严，但却有法律一样的尊严。事实上，很多具体、复杂的职业关系，法律是无能为力的，只有在职业道德的层面进行调节和疏导，才能满足职业生活的需要。

（四）规范职业活动

职业道德对职业活动具有导向、规范、整合和激励等具体作用，引导职业活动沿着健康、有序、和谐的方向发展。

四、职业道德的内容

中共中央印发的《公民道德建设实施纲要》规定了所有从业人员在职业活动中应该遵

循的职业道德的五项基本规范,即"爱岗敬业、诚实守信、办事公道、服务群众、奉献社会"。

(一) 爱岗敬业

是社会主义职业道德最基本、最起码、最普通的要求。爱岗敬业作为最基本的职业道德规范,是对人们工作态度的一种普遍要求。爱岗就是热爱自己的工作岗位,热爱本职工作,敬业就是要用一种恭敬严肃的态度对待自己的工作。

(二) 诚实守信

是做人的基本准则,也是社会道德和职业道德的一个基本规范。诚实就是表里如一,说老实话,办老实事,做老实人。守信就是信守诺言,讲信誉,重信用,忠实履行自己承担的义务。诚实守信是各行各业的行为准则,也是做人做事的基本准则,是基本的道德规范之一。

(三) 办事公道

是指对于人和事的一种态度,也是千百年来人们所称道的职业道德。它要求人们待人处世要公正、公平。

(四) 服务群众

就是为人民群众服务,是社会全体从业者通过互相服务,促进社会发展、实现共同幸福。服务群众是一种现实的生活方式,也是职业道德要求的一个基本内容。服务群众是社会主义职业道德的核心,它是贯穿于社会共同的职业道德之中的基本精神。

(五) 奉献社会

就是积极自觉地为社会做贡献。这是社会主义职业道德的本质特征。奉献社会自始至终体现在爱岗敬业、诚实守信、办事公道和服务群众的各种要求之中。奉献社会并不意味着不要个人的正当利益,不要个人的幸福。恰恰相反,一个自觉奉献社会的人,他才真正找到了个人幸福的支撑点。奉献和个人利益是辩证统一的。

五、职业道德与行业道德

每个行业都有自己的职业道德要求,例如:医务人员职业道德要求防病治病,救死扶伤;教师职业道德要求诲人不倦,教书育人;财会人员职业道德要求实事求是、廉洁自律;商业服务员职业道德要求热情细致,服务周到;记者职业道德要求尊重事实,客观公正;导游员职业道德要求热情服务,不卑不亢。

各行各业由于工作性质、社会责任、服务对象、服务内容、服务方式等方面存在差异,都有自己特殊的职业道德要求。行业道德规范把普遍使用的职业道德基本规范与特定的具体要求结合起来,变成了具体行为准则,便于理解和执行,更便于规范从业人员的职业行为。

行业道德规范可以有效调节行业内部关系,维护行业秩序,避免同行之间的不正当竞争,可以更好地维护行业整体形象,促进行业整体发展。

议一议

　　腾讯 QQ 和奇虎 360 是目前国内最大的两个客户端软件。腾讯以 QQ 为基础,以其强大的市场占有率,强大的客户群体,几乎人手一号的资源,不断发展吞噬着互联网各个领域。奇虎 360 是以网络安全闻名的企业,其 360 安全卫士永久免费的策略,使得以很短的时间,占有了绝大多数安全市场份额,也成了继腾讯之后第二大客户端软件。

图 3-2　腾讯和奇虎之战

　　几年前,双方为了各自的利益,展开了前所未有的互联网之战(图 3-2)。腾讯发布公告,在装有 360 软件的电脑上停止运行 QQ 软件,360 随即推出了“WebQQ”的客户端,但腾讯随即关闭 WebQQ 服务,使客户端失效,在工信部等三部委的积极干预下,腾讯与 360 进行兼容。

　　2014 年,法院对“腾讯起诉 360 隐私保护器不正当竞争案”做出判决,奇虎 360 败诉。

　　在以往历次互联网软件的竞争中,最为人所诟病的是软件之间的技术斗争,即互相卸载、干扰,让用户的电脑变成软件公司竞争的战场。

　　请通过“腾讯 360 之争”事件,论述职业道德与行业道德的关系。

总结案例

“听得见”的微笑

　　邓红英,中共党员,广西柳州市恒达巴士股份有限公司驾驶员。她在公交驾驶员的平凡工作岗位上,做出不平凡的业绩。她视岗位为生命,把真诚献给乘客,始终如一践行“一言一语暖乘客心坎,一心一意为乘客着想,一举一动对乘客负责,一点一滴解乘客所难”的服务格言,甘当“老人的儿女,小孩的阿姨,盲人的拐杖,外地人的活地图”。她在车上设置了时钟、意见簿、小药箱、雨伞、卫生筐、报纸、指路卡等便民设施,竭尽全力地为乘客提供一切便利和服务。车辆堵塞时她使用亲切的语言疏导乘客,车辆进站时她把车门恰到好处地停在他们面前,乘客遗忘的东西她想方设法归还。她待乘客如亲人,主动搀扶老人、残疾人上下车和帮找座位,帮农村来的乘客提包、放好物品,为外地来的乘客指路。她用微笑传递真情,乘客上车后她面带微笑送上一句温馨的问候,老人上车后她面带微笑投入亲情般的照顾,儿童上车她面带微笑施以母亲般的关爱,即使遭受醉汉辱骂仍忍泪为醉汉找座,以防他摔倒。她以十米车厢作为传播文明、构建和谐的阵地和平台,打造了"微笑待客"的服务金牌,被广大乘客誉为"微笑天使"(图3-3)。

图3-3　邓红英(左二)"听得见"的微笑

她视安全行车为公交人的第一天职,把安全带给乘客。她始终坚持文明驾驶,注重行车安全,绝不开带病车、斗气车;在车辆会车、转弯和避让行人时,在车辆进出非机动车道和行经交叉路口时,恪守城市驾驶车辆先让、先慢、先停和车辆进出站要慢、在繁华街道和复杂路段要慢、检查车辆技术状况要提前、路上行驶发现情况处理要提前的"三先两慢两提前"的"礼让安全经"。

启示:

邓红英主动掌握控制公交车辆的路面行驶情况,确保广大乘客的安全,从未发生过任何安全责任事故。在她身上体现了崇高的职业道德。

活动与训练

演 讲 比 赛

1. 演讲内容:以"我身边的故事与职业道德"为主题,题目自定。要结合自身成长经历和身边的故事,谈对职业道德的认识。

2. 演讲形式:表达形式多样,体裁不限。可以根据自己的实际需要,在演讲过程中采用灵活多样的形式,如辅助背景音乐、PPT展示。

3. 演讲稿要求:必须原创,禁止抄袭和网上原文下载。

4. 演讲过程中要求:语言流畅,有较强的感染力。主题鲜明,观点明确,具有创新性和时代感。

5. 演讲时要求尽量脱稿,时间限制在3~5分钟。

授课老师可根据实际,给予一定的等次奖励。

思考与讨论

1. 结合所学专业,谈谈如何践行职业道德?

2. 新时代背景下,如何理解职业道德的五项基本规范?

任务二　提高个人职业素养

学习目标

1. 理解职业素养的含义。
2. 熟悉职业素养的内容。
3. 掌握提高职业素养的方法。

 导入案例

世界技能大赛中的职业素养

在第41届世界技能大赛美发项目中,我国选手习惯性地用剪刀挑了一下模特头发,虽然他有足够的把握不会伤到模特,但他因这个动作有潜在的危险被扣分。在操作时裁判会考察选手是否安全使用设备,美发师的出刀角度、方向、工具的摆放都有讲究。这些都是世赛对选手职业素养的要求。

图3-4　世赛选手使用工具修复发动机故障

在第42届世界技能大赛汽车技术项目"制动器与ABS系统"测试模块上,我国选手因没有给座椅和方向盘罩上防护罩,丢了0.2分。在"车身电器系统"上,对于既没有难度,也不需要多少时间的制动盘和摩擦片厚度测量这样的工作,选手基本没有做,丢分更多。在"专项与悬架系统"测试模块中,车轮定位操作前的外观预检查(20个检查项硬检查至少15个)属常规操作,比较简单,因为没有做丢了0.5分。随后车轮定位工作,也属常规工作,没有难度,但选手基本没有做,丢分更多。最终在这个项目上,我国选手获得优胜奖,与奖牌差12分。(图3-4为选手修复发动机故障。)

启示:

世界技能大赛作为向全世界推广全球化的职业技能标准的大赛,它的赛项内容设计都是来自工作或生活场景,其测试标准都是职业标准,不仅对选手完成工作任务的程序质量都有严格的评判标准,而且也要按职场标准严格检验选手操作的细节、工作程序、工具使用、安全防护、场地清洁及执行操作规范等,充分体现了对参赛选手的职业素养要求。通过学校的学习,大家都掌握了一定的专业技术,那么是否也具备了岗位所需的职业素养了呢?

一、职业素养的内涵

素养,是指一个人在从事某项工作时应具备的素质与修养。它是指一个人在品德、知识、才能和体格等诸方面先天的条件和后天学习与锻炼的综合结果。可见,素质强调生理特征,先天因素;修养强调后天养成,更多是学习、锻炼的结果。

一般而言,职业素养是人类在社会活动中需要遵守的行为规范,是职业内在的规范和要求,是个体在职业过程中表现出来的生理和心理条件基础上的综合品质,包含职业道德、职业技能、职业行为、职业作风和职业意识等方面。个体行为的总和构成了自身的职业素养。也可以认为,职业素养即劳动者对社会职业了解与适应能力的一种综合素质的体验与反应。

二、职业素养的意义

(一) 个人角度

从个人角度看,职业素养是一个人职业生涯发展的关键因素。适者生存,个人缺乏良好的职业素养,就很难取得突出的工作业绩,更谈不上建功立业。因此,提高职业素养有利于促进人的全面发展。

(二) 企业角度

从企业角度看,员工职业素养关系到企业整体效率的提高。员工的职业素养与企业的整体劳动效率密切相关。企业唯有聚集一群具备较高职业素养的人员,才能实现自身的生存与发展,因为他们可以帮助企业节省成本,提高效率,从而提高企业在市场上的竞争力。因此,提高员工职业素养有利于提高企业的劳动生产率。

(三) 社会角度

从社会角度看,国民职业素养直接影响人民生命财产安全和社会的稳定。国民职业素养的高低直接影响着国家经济的发展,提高国民职业素养有利于推动社会发展和科技进步,是人民生命财产安全和社会稳定的前提。

三、职业素养与普通素养、职业素质、职业能力的比较

(一) 职业素养与普通素养

职业世界对人的素养要求就构成职业素养的基本内容,日常生活世界对人的素养要求则构成普通素养的基本内容。可以说,职业素养是个体通过职业行动和职业生涯表现出来的内心品质,具备职业素养的人不仅能够符合职业世界对人的基本要求,而且能够以其自身的良好品质应对职业世界的快速变化。普通素养是人们在日常生活的过程中养成的,如道德、良好的判断能力和批判能力、处理日常生活各项事务的能力。它能保证人们更好的应对日常生活中的纷繁复杂,以一种正确健康的方式处理各项关系。可以将职业素养看作普通素养在职业世界的特殊化,虽然两者的具体要求不同,但是却相互影响。(图3-5为团队协作的小游戏。)

图 3 - 5 拓展训练中关于团队协作的小游戏

(二) 职业素养与职业素质

职业素质是指从业者在一定生理和心理条件基础上,通过教育培训、职业实践、自我修炼等途径形成和发展起来的,在职业活动中起决定性作用的、内在的、相对稳定的基本品质。每个劳动者,无论从事何种职业都必须具备一定的思想品德素质、生理素质、心理素质和科学文化素质。职业素质包含一部分先天的生理因素,职业素养强调的是后天的职业环境中形成的。

(三) 职业素养与职业能力

没有运用职业能力完成具体工作任务的过程,就没有职业素养得以实现的载体。同时,职业素养通过指导我们在某种情境下如何行动,又成为职业能力得以更好发挥的利器。例如,一个具备团队合作能力的人不一定就乐于进行团队合作,原因如认为团队合作的效率低于独立行动的效率,也可能因为个性的原因,如更偏向于独立行动。可见不是说具备团队合作能力的人就能够在完成某个任务的过程中倾向于和别人进行沟通。因此,仅培养团队合作能力不够,还要培养团队合作意识,从这一点来看,职业素养是对职业能力的进一步深化和提升。

 看一看

修行就在做事之中

明代思想家王阳明在江西讲学的时候,当地一位地方官员听得心领神会,很有收获,他找到王阳明说:我很想深入学习你的心学,但是我公务繁忙,实在抽不出时间来学习,这可如何是好呢? 王阳明说:我也没说过要你离开公务去修行啊,其实最好的修行就在做事之中。例如你要断案,就从断案这件事上学习心学。当你判案时,要有一颗无善无恶的心,不能因为对方的无礼而恼怒;不能因为对方的奉承而高兴;不能因为同情对方而故意宽容他;不能因为自己的事务烦冗而随意草率结案;不能因为别人的诋毁和陷害而随别人的意愿去处理。这里所讲的一切情况都是私,唯有你自己清楚。这就是良知,良知就是自己知道而别人不知道。你必须认真省察克治,心中万不可有丝毫偏离而枉人是非,这就是致良知了。如果抛开事物去修行,反而处处落空,得不到心学的真谛。总之,始终秉持公正无私之心来做事,就是修行。如果离开工作去修行,就好像水中捞月。

四、职业素养的冰山理论

美国著名的心理学家麦克利兰提出了"素质冰山"模型之说。图3-6为个人素质的"冰山模型"示意图。而职业素质同样可以用"冰山"模型来解示。"职业素质冰山"模型的核心内容是:一个人的职业素养有显性素质和隐性素质之分,其中显性素质占个人职业素养的八分之一,而隐性素质占比高达八分之七。把一个员工的全部才能看作一座冰山,浮在水面上的是他所拥有的资质、知识、行为和技能,这些就是员工的显性素质,这些可以通过各种学历证书、职业证书来证明,或者通过专业考试来验证。而潜在水面之下的东西,包括职业道德、职业意识和职业态度,我们称为隐性素质。显性素质和隐性素质的总和就构成了一个员工所具备的全部职业素养。

个人素质的"冰山模型"

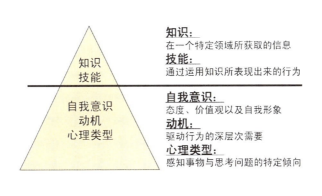

图3-6　个人素质的"冰山模型"

企业员工职业化程度的高低决定了企业的未来发展,也决定了员工自身未来的发展。是否具备职业化的意识、道德、态度和职业化的技能、知识与行为,直接决定了企业和员工自身发展的潜力和成功的可能。具备职业化素质,那么就拥有了相当的职业竞争力,也就迈出了获得成功的第一步。

看一看

职场中的职业素养，就是这4张图

1. 工作境界

态度决定一切，看起来好像没什么问题，但实际太绝对。我们可以说，态度可以决定事业和人生的高度。工作境界可分为三种，如图3-7所示。有人把工作看成谋生手段，庸庸碌碌，他是用力在工作；有人把工作看成职业选择，忙忙碌碌，他是用心在工作；有人把工作看成事业追求，他是用情在工作。有正确态度的人，永远是赢家。

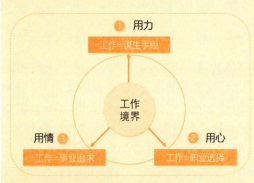

图3-7　工作境界

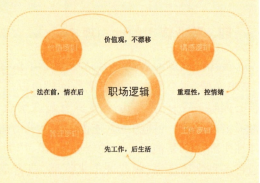

图3-8　职场逻辑

2. 职场逻辑

价值逻辑，对个人来说，价值观稳定，工作、学习、生活才有秩序，不然就会陷入混乱之中。价值观摇摆不定的人，尽管态度积极，也终将无法形成正确的知识体系。

职场逻辑可分为四种，如图3-8所示。

（1）情感逻辑。其基本主张是：重理性，控情绪。对外界的刺激，我们不能做应激式反应，应该冷静思考。他人的言行伤害不了我们，唯一伤害我们的，是我们对他人言行选择的回应方式。

（2）工作逻辑。其基本主张是：先工作，后生活。享乐在先，与任何企业的价值取向都是背道而驰的。先把本职工作做好，才可能有物质待遇的提升。

（3）管理逻辑。其基本主张是：法在前，情在后。

（4）价值逻辑。其基本主张是：价值观，不漂移。

3. 职场行为

职场行为有三方面的要求，如图3-9所示。

图3-9　职场行为

（1）规范，包含流程、程序、制度、标准。对规范的遵守有三个境界：被迫、认同、自觉。因此，规范的最高境界是自觉遵守。

（2）负责，有三个境界：承担责任，采取行动；采取行动，效果良好；思考对策，做好预防。所以，负责的最高境界是有预防意识。

（3）合作，就是与他人配合、为他人提供帮助，以利于工作完成。与规范、负责一样，合作也有三个境界：做好本职；主动协助；熟悉对方并主动支持。

4. 职业四"度"

职业四"度"，如图 3-10 所示。

态度，前文已阐述。

高度（格局与胸怀）。有了正确态度，尤其当我们把工作当成事业、用情工作的时候，格局就已经形成了。胸怀决定了格局的大小，容人容事，才能心宽路宽。

精度（专业与胜任）。每个岗位都有专业性，找对领路人，专心做事，用心体会，专业度就会不断提升。先把事情做对，然后再把事情做好，就有了职业发展的精度。

图 3-10　职业四"度"

速度（方法与行动）。把态度、高度、精度落实到具体的行动之中。先把事情做对、做好（精度），再把事情做快（速度）。

五、职业素养的要素

（一）职业道德

人们在进行职业活动的过程中，一切符合职业要求的心理意识、行为准则和行为规范的总和称为职业道德。它是一种内在的、非强制性的约束机制，是用来调整职业个人、职业主体和社会成员之间关系的行为准则和行为规范。

（二）职业技能

职业技能是就业所需的技术和能力，包括智力技能、技术技能、人际沟通技能、企业组织管理技能等。

（三）职业行为

职业行为是人们对职业劳动的认识、评价、情感和态度等心理过程的行为反映，是职业目的达成的基础。从形成意义上说，它是由人与职业环境、职业要求的相互关系决定的。职业行为包括职业创新行为、职业竞争行为、职业协作行为和职业奉献行为等。

（四）职业意识

职业意识是人们对职业劳动的认识、评价、情感和态度等心理成分的综合反映,是支配和调控全部职业行为和职业活动的调节器,它包括诚信意识、顾客意识、团队意识、自律意识、创新意识、竞争意识和奉献意识等。

> 🍃 **议一议**
>
> 　　案例1：病房里,卫校实习生丁茹准备给病人打点滴。刚要注射时,一不小心,手碰到了一次性注射针头上。尽管患者没有看到,当时病房里也没有别人,而且丁茹的手也刚刚消过毒,但她还是决定更换一支新的注射器。
>
> 　　案例2：锅炉工小赵值夜班,因为晚上喝了酒而睡着了,被车间主任发现,罚款100元,并被要求做出书面检讨。事后,小赵非但不认真反思自己的问题,反而认为自己被抓是倒霉,还埋怨车间主任不近人情。
>
> 　　问题：职业素养表现要靠自律,还是靠他律?

六、职业素养的提高方法

（一）品德

小胜凭智,大胜靠德。就是说小的胜利要靠我们的智慧去争取,而大的胜利和发展,则必须依靠我们的品德。纵观那些杰出的成功人士,或许他们成功的过程各不相同,但有一点却是相同的：优秀的品德。

（二）敬业

敬业,就是尊敬、尊崇自己的职业。如果一个人以一种尊敬、虔诚的心灵对待职业,甚至对职业有一种敬畏的态度,他就已经具有敬业精神了。一个人,如果没有基本的敬业精神,就无法成为一个优秀的人,更难以担当大任。只有把工作当成事业来干,才能长久,才能卓越,对待工作不是一般努力就可以,而是要虔诚;不是尽力而为,而应全力以赴。

（三）主动

从“要我做”,到“我要做”。人才不光是要具有专业知识,肯埋头苦干,还要积极主动、充满热情、灵活思考。在公司,一个合格的员工不只是被动地等待别人告诉他应该做什么,而是应该主动去了解和思考自己要做什么、怎么做,并且认真地规划它,然后全力以赴地完成。

（四）责任

有担当才会有大发展。在职场中,责任感和发展的空间和机会往往是成正比的,也就是说,越敢于承担,越有大的发展。一个一流的员工,还是一个优秀的责任承担者。一旦出现问题,不找借口、不推诿责任,而是主动承担,并懂得反思,避免同样的错误再次出现。这也是一流员工应该具备的良好品格,敢于担当的人,才能真正挑起大梁,获得更大的发展机会。

（五）执行

执行力是所有企业都非常看重的能力,这也和每一个职业人士的发展密切相关。要想保证完成任务,就要做到四个到位,也就是心态到位、姿态到位、行动到位、方法到位。这四个到位很好理解,却并不容易做到。心态到位,才能在思想上认真投入,心无旁骛地将事情做成。

（六）协作

在团队中实现最好的自我。随着竞争的日趋激烈,独行侠的时代早已过去,团队精神已越来越被企业和个人所重视。任何一个企业,如果只是一个人优秀,而不是大多数人优秀甚至是人人优秀,那么这个企业不要说做大做强,连起码的生存都会有危机。团队没有发展,那么个人的发展自然也就无从谈起。

（七）智慧

有想法更要有办法。要想成为一流的员工、获得最快的发展,有一点非常重要,那就是做智慧型员工,不是简单地用手,而是用脑、用心去做事。加一点智慧的佐料,工作的汤就会鲜起来。付出必有收获,公司发展了,效益提高了,带给我们的便会是更好的薪资福利待遇,还有更大的安定性。

总结案例

高铁工人的排头兵

1992 年,张雪松(图 3 - 11)技校毕业走进了工厂。不甘平凡的他,在工作中领悟到,无论从事什么岗位,只要着重每一个工作细节,就能成为一个受人尊敬的"技术大拿"。慢慢地,他摸索出自己独到的窍门,当时就能加工六分之一头发丝精度的工件,对处理螺丝和丝锥折断这种大家头疼的难题,张雪松也有了自己的绝招。作为新一代的技术工人,张雪松始终坚持学习,一方面自己阅读大量的理论书籍,提升自己的理论知

图 3 - 11　高级技师张雪松在工作中

识水平,进修了机电一体化专业的大专课程和电气工程自动化的本科课程,自学了《PLC》《数控系统》《液压与气动》等多门课程。使自己成为掌握数控知识技能的新一

代产业工人。他还用在工作中用实践检验学到的理论知识,与工友们交流,提高技艺。经过努力学习,他掌握了先进的理论知识,使自己的素质不断提高。最终他成了一名拿起工具能干活,坐在电脑前能画图,设备故障会修理,遇到瓶颈能攻关的综合技能人才。

　　2005 年,磁悬浮铝合金车体制造技术引进初期,他带领的铆钳班被委以高速铝合金车体试制的重任。当时,没有相关的技术资料和相应的设备工具,工人也没有制造经验。他就带领工友们从一个个小的零部件开始,经过成百上千次的试验,积累了翔实的数据,总结出了"调整装配法"和"夹具压紧点多点支撑"的系列组合焊接工艺方法,最终攻克了组焊变形的技术难题,成功完成了首辆高速动车和磁悬浮列车铝合金车体试制任务。同时,他还攻克了连西门子公司都不能生产的流线型动车组司机室制造难关,使我国完全拥有了自主知识产权的铝合金车体制造核心技术,令德国专家赞叹不已。

启示:

　　张雪松凭着坚持不懈、刻苦钻研、直面挑战、勇于开拓的精神,在自身平凡的岗位上不断实现着超越,成为创造"中国速度"的高铁工人排头兵。他先后多次荣获劳动奖章,被评为"河北省十大金牌工人",并于 2010 年被评为"全国劳动模范"。

活动与训练

　　主题: 目标职业素养扫描。
　　目标: 掌握目标职业所需要的职业素养。
　　时间: 30 分钟。
　　要求: 学生课前通过上网查找、访谈等方式找出不同职业对从业者的要求,上课前准备好白纸、夹子、笔。
　　过程:
　　1. 将学生自由组合成为 5 人的活动小组,教师辅助学生确定与本专业相关的或学生感兴趣的三个目标职业。
　　2. 小组对同一行业和类别的职业进行归类,每个小组选择一类职业,确定同一类别的职业对职业素养的要求有哪些,并按照态度、能力、兴趣、价值观等几方面进行划分。小组代表总结不同行业类别的职业所要求的不同的职业素养,并指出哪些是共性的,哪些是特殊的。
　　3. 教师总结。引导学生了解目标职业对职业素养的要求,明确自己须努力提高的素养有哪些,并制订提升自己职业素养的计划。

　　思考与讨论
　　1. 你想从事一份工作、职业还是拥有一项事业?为此你准备付出什么样的努力?
　　2. 我们经常听到企业在招聘时提到需要"训练有素"的员工,在这里"训练有素"的含义是什么?

任务三　提升岗位胜任能力

学习目标

1. 理解岗位及岗位胜任能力的含义。
2. 熟悉岗位胜任能力的内容。
3. 掌握提升岗位胜任能力的方法。

导入案例

优秀技术人员到了管理岗位不胜任，怎么办？

小刘是公司的技术总监，核心技术骨干员工，公司的主打产品就是小刘牵头负责开发的，他的技术能力得到公司一致认可。总经理陈先生为了留住小刘，2013年2月任命小刘为技术副总。小刘升任技术副总后，他的主要工作为公司技术部门的管理。管理工作要处理人事调整、组织架构调整、团队建设等。他明显感觉很吃力，并为此感到苦恼。现在的工作经常要沟通、应酬，经常要给同事做思想工作。这都不是自己爱干的。如果继续这样，他只有考虑离职。总经理陈先生看在眼里，急在心里，到底怎么办呢？

启示：

职业发展通道，是企业结合自身发展战略和员工个人成长目标，为内部员工设计职业发展方向和提供职业晋升机会的路径，包括管理通道和职业技能通道（图3-12）。由于公司考虑到小刘是核心骨干员工，所以就认为他适合做管理，并安排他做技术副总，从事主体为管理的工作。事实上，小刘并不擅长从事技术团队管理工作。

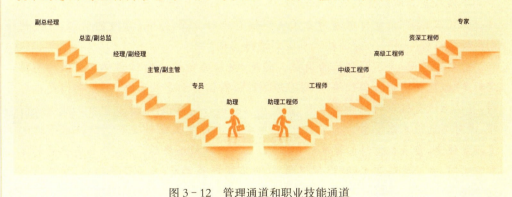

图3-12　管理通道和职业技能通道

一、岗位及岗位构成要素

（一）岗位

岗位，是组织要求个体承担的一项或多项责任以及为此赋予个体的权利的总和。它是社会经济技术发展的产物,是根据组织生产或工作的需要,并按照一定标准化分工,由具体职责任务、工作规范和员工上岗能力指标要求组成的集合体,是员工从事活动或工作的载体,也是员工生存发展的平台。

> **议一议**
>
> 以5人或6人为一个小组,讨论分析学校里有哪些岗位? 这些岗位有什么不同?

(二) 岗位构成基本要素

岗位的构成比较复杂,是由岗位的基本职责和任务、岗位工作规范、岗位用人标准、岗位劳动报酬等多种要素构成的集合体。

1. 岗位的基本职责和任务

岗位的基本职责是按照岗位标准要求规定的,每位员工必须承担或担当的责任。岗位任务是指员工应该完成的具体生产或工作目标。不同的岗位,其职责和任务是不同的,对其岗位业绩的评价标准也是不同的。如企业分管招聘的人力资源主管,其岗位职责主要是带领和团结所负责的工作人员,为公司进行人才招聘,及时为公司的用人部门聘用到合适的人才。其工作任务就是:根据单位领导的要求和公司的需要,预测、制订招聘计划;通过多种媒介,进行招聘宣传,扩大候选人的来源;对可能胜任岗位的人才进行识别;向用人部门推荐合适的候选人;办理人员试用的手续等。

> **议一议**
>
> 小张从某高职院校机电专业毕业后,进入一家电力加工企业从事机电技术员工作。正式工作前,他觉得应该对自己的岗位有更加全面、系统、深入的认识,于是他向岗位工作辅导员——资深技术员老刘进行咨询。
>
> 老刘告诉他,要了解自己的岗位。首先,要知道自己的岗位名称。小张的岗位名称是"机电技术员",岗位编号"GJ0301092",岗位类别是技术类,所在部门是机电科,直接上级是机电科科长。其次,需要熟悉岗位的职能,这是一位新员工能够做好事、做对事的最基本要求。概括来说,机电科技术员是机电科安全生产技术管理的直接责任者,负责机电科的技术管理工作。此外,老刘还告诉小张,每个岗位的具体职责不同,企业发给职工的《岗位说明书》中有明确的要求,应该认真研读,明确岗位的责任。
>
> 听了老刘的介绍,小张对即将上任的岗位既期待又紧张,他决定,一边要提高个人的岗位素质,一边要更多地了解岗位的特征。
>
> 根据上述内容,查询并讨论一下机电类技术人员的岗位基本要素包括有哪些。

2. 岗位工作规范

岗位工作规范是指特定岗位对任职者胜任特征的基本要求,主要包括任职者应具备的知识、能力、教育背景、工作经验、个性特征等方面的信息。

（1）教育背景。主要包括受教育程度和所学专业。例如,专科学历,数控技术应用专业。

（2）工作经验。主要是指过去是否具有从事某种工作的经验以及从业时间。例如,从事心理咨询工作三年。

（3）知识技能。主要是指从事该岗位工作所需的专业知识和专业技能。例如,精通数控机床系统的操作、管理与维护,精通 Netscape Webserver 的配置与调试,至少了解一种大型数据库的操作,能熟练阅读英文书籍。

（4）个性特征。个性特征所包含的内容非常广泛,一般来说主要指该岗位任职者所需的最为重要的个性特征。例如,善于与人沟通,具有良好的语言表达能力,工作耐心、细致。

（5）身体要求。有些工作要求任职者具备特定的身体和心理条件。例如,视力能否适应夜间工作、野外作业。

（6）其他特殊要求。主要是针对某个岗位特殊的工作特点提出的要求。例如,倒班工作制或经常出差。

3. 岗位用人标准

岗位用人标准是用人单位对本单位某岗位所需人员提出的录用标准。通常,岗位用人标准包括以下几个方面。

（1）能力标准。用人单位对相应岗位聘任人员的专业技术、技能水平、工作经历等方面的要求,是考核能否适应岗位要求的重要指标。

（2）素质要求。包括职业意识、职业道德、职业修养等方面,是考核职场人职业能力的重要隐性内容。

（3）其他要求。包括学历、专业背景等。

4. 岗位劳动报酬

岗位劳动报酬体现的是劳动者创造的社会价值,通常由三部分组成。

（1）货币工资。用人单位以货币形式直接支付给劳动者的各种工资、奖金、津贴、补贴等。

（2）实物报酬。用人单位以免费或低于成本价提供给劳动者的各种物品和服务等。

（3）社会保险。用人单位为劳动者直接向政府和保险部门支付的失业、养老、医疗等保险金。

 看一看

胜 任 特 征

戴维·麦克利兰,是美国社会心理学家,也是美国心理学会杰出科学贡献奖获得者。1973 年,他首次提出了胜任特征的概念,他认为胜任特征是能够区分在特定的工作岗位和组织环境中绩效水平的个人特征。也就是说,这是一种能将某一工作中表现优秀与表现一般的人区分开来的个人特征,主要包括获取信息的技能、分析思考的技能、概念思考的技能、策略思考的技能、人际理解和判断的技能、帮助和服务定向的技能、对他人的影响技能、对组织的知觉技能、建立和管理人际关系的技能、发展下属的技能、指挥技能、小组工作和协作技能、小组领导技能等二十多种胜任特征。

二、岗位胜任能力及其内容

岗位胜任是指在岗位工作中,个人能力、人格品质等特征能够满足岗位要求的状态。职业素养高的人一般都能很好地胜任岗位工作。岗位不同,其岗位职责也不同。管理岗位和技术岗位,能力要求差距也很大。因为职业院校学生毕业主体上是进入技能型岗位,所以下面主要介绍技能型岗位的通用能力要求。

(一)岗位专业能力

无论你学什么专业,将来选择什么岗位,都必须具备较强的专业能力。学好专业是学生的职责,是择业的本钱。关于岗位专业能力,因为个性化比较强,因此,只能因岗因人而异。同学们要结合自己的具体情况加强专业训练。努力学习,夯实专业技能,这是提升岗位能力必须做的。

(二)岗位学习能力

岗位学习能力是岗位专业能力的支柱,一个学习能力弱的人或学习意识淡薄的人,不可能有持续的岗位胜任能力,更谈不上岗位创新了。因此,对学生而言,择业与就业是人生岗位学习的开始,不是学习的终止。

(三)团队协作能力

学生从学校走向企业,进入了一个新的组织,组织性质、人员构成和活动方式都发生了很大变化,目标方向更是不同。培养团队协作能力主要是学会在不同的位置上各尽所能,与其他成员协调合作,与同事进行有效沟通,具有包容心,善于发现别人的长处,不能对个人得失斤斤计较。

(四)自我管理能力

对于一个新入职的大学生来说,从管理能力来讲,主要是做好自我管理。岗位的自我管理能力是岗位发展的基础,也是团队建设的要素之一。自我管理包括自我学习的管理、工作时间的管理、岗位行为规范和岗位精神的培养等。一个不遵守纪律又不想学习的员工,不仅不能实现岗位发展,而且迟早会被社会淘汰。

（五）岗位创新能力

具备了岗位创新意识,还必须锻炼岗位创新能力。想创新且有能力创新,这是新时代的企业对现代员工的客观要求,也是员工岗位发展的必然趋势,更是一名优秀员工的标志。大学生只有早日培养创新能力,提升自己的竞争力,才能在岗位上得到更好的发展。

（六）岗位沟通能力

沟通是人生重要的生存和工作技能,岗位工作也需要与各方沟通才能完成。沟通就是交流思想和想法,互相理解,互通信息,解除误会,提高效率,使大家更加诚信,使组织更加协调。

三、SCANS 能力研究

（一）SCANS 的五类能力:资源、人际关系、信息、系统和技术

1. 资源:界定、组织、计划和分配资源

（1）分配时间:选择与目标相关的活动,给活动排序,分配时间,并编写和追随时间表。

（2）分配资金:制订资金使用预算,做好预测,保存记录,做出调整以满足目标。

（3）分配物质和工具资源:高效地获得、存储、分配和运用物质或空间。

（4）分配人力资源:评估技能并相应地分派工作,评价成绩并提供反馈。

2. 人际关系:与他人一起工作

（1）作为团队成员参与:为群体目标努力做贡献。

（2）教授他人:交给他人新技能。

（3）为顾客服务:为满足顾客的期待而工作。

（4）实践领导力:为调整职位(与他人)交换意见,说服和使他人相信,负责任地挑战既存的规程和政策。

（5）谈判:为涉及资源交换,解决利益分歧的协议的达成而工作。

（6）与不同文化背景的人一起工作:与来自不同文化背景的人一起很好地工作。

3. 信息:获取和运用信息

（1）获取和评价信息。

（2）组织和维护信息。

（3）解释和交流信息。

（4）运用计算机获取信息。

4. 系统:理解复杂的交互关系

（1）理解系统:知道怎样与社会的、组织的和技术的系统一起有效工作和运行。

（2）控制和更正性能:辨别趋势,预言系统运行的效果,诊断系统性能的偏差并纠正故障。

（3）改进和设计系统:建议改变现存系统并发展新的或者可选择的系统以提高业绩。

5. 技术:融合各项不同的技术工作

（1）选择技术:选择包括计算机或者相关技术在内的程序、工具或者装备。

（2）根据工作需要运用技术：为了设备的调试和运行而全面理解意图和恰当的程序。

（3）维修和故障检修技术：防止、确定和解决包括计算机和其他技术在内的设备问题。

（二）SCANS 的三大基础：基本技能、思考技能和个人品质

1. 基本技能：读、写、进行算术和数学运算、听和说

（1）读：锁定、理解并解释在文献中（如手册、图表和一览表）所呈现出来的信息。

（2）写：用写的方式交流想法、观点、信息和消息，并创造文献，如信件、趋势、手册、报告、图表和流程图。

（3）算术/数学：从多种数学技术中选择适当方法的方式进行基本计算并解决实际问题。

（4）听：收到、听取、解释和回应口头信息和其他暗示。

（5）说：组织参观并口头交流。

2. 思考技能：创造性地思考、做决定、解决问题、知道怎样学习以及推理

（1）创造性地思考：产生新观点。

（2）做决定：制定目标并强制执行，进行取舍，认可冒险，评估和选择最适合的方案。

（3）解决问题：认清问题，履行行动计划。

（4）用心灵的眼睛去看待问题：组织并处理符号、图片、图表、物体和其他信息。

（5）知道怎样学习：用高效的学习技术去获得和应用新知识和新技能。

（6）推理：发现隐藏在两个或更多物体之间的关系规则或原理并在解决问题时应用该规则或原理。

3. 个人品质：具有责任心、自尊心、社交能力，自我管理，诚实正直

（1）责任心：尽最大努力并坚持达到目标。

（2）自尊心：相信自我价值并维持积极的自我观念。

（3）社交能力：在群体交往中能够表现出理解、友善、适应、共鸣并有礼貌。

（4）自我管理：正确地评价自我，建立个人目标，控制过程，并能够自我控制。

（5）诚实正直：选择以道德的方式行动。

🌈 看一看

麦可思工作能力研究

参考美国 SCANS 标准，麦可思将高校毕业生的 35 项基本工作能力归为五大类，即理解与交流能力、科学思维能力、管理能力、应用分析能力和动手能力（表 3-1）。高职教育的目标是培养适应生产、建设、管理、服务第一线需要的高素质技术技能型人才，促进就业，实现高质量就业。在具体教学实践中可以围绕麦可思提出的五大类型、35 项基本工作能力加强培养，切实提升高职大学生的知识理论水平、专业技术能力与综合职业素养。

表 3-1　麦可思工作能力划分

五大类能力	序号	名　称	具　体　描　述
理解与交流能力	1	理解型性阅读	理解工作文件的句子和段落
	2	积极聆听	理解对方讲话要点,适当提出问题
	3	有效的口头沟通	交谈中有效果的传递信息
	4	积极学习	理解信息中的启示,勇于解决问题,帮助做出决策
	5	学习方法	在训练和指导工作时选择方法与程序
	6	理解他人	专注并理解他人的反应
	7	服务他人	积极地寻找方法来帮助他人
科学思维能力	8	针对性写作	根据读者需求有效地传递信息
	9	数学解法	用数学方法解决问题
	10	科学分析	用科学原理和方法来解决问题
	11	批判性思维	运用逻辑推理来判定解决问题的建议、结论和方法的优缺点
管理能力	12	绩效监督	监督和评估自己、他人或组织的绩效以采取改进行动
	13	协调安排	根据他人的需要调整工作安排
	14	说服他人	说服他人改变想法或行为
	15	谈判技能	与他人沟通并且达成一致
	16	指导他人	指导他人怎样去做一件事
	17	解决复杂的问题	识别复杂问题并查阅信息以发现和评估解决方案
	18	判断和决策	考虑各方案的成本和收益,决定最合适的方案
	19	时间管理	管理自己和他人的时间
	20	财务管理	决定怎样花钱以完成工作,并为这些开支记账核算
	21	物资管理	如何按照工作的特定需要获得设备、厂房和材料,以及监督其合理使用
	22	人力资源管理	在工作中激发、发展和指导人们的工作,寻找适合各项工作的人
应用分析能力	23	新产品构思	分析需求和生产的可能性以开发出新产品
	24	技术设计	按要求设计和修改设备与技术

续 表

五大类能力	序号	名　称	具　体　描　述
应用分析能力	25	设备选择	决定使用哪一种工具和设备来做一项工作
	26	质量控制分析	对产品、服务或工作程序进行测试和检查以评价其质量和绩效
	27	操作监控	视仪表、控制器和其他指示器以保证机器正常运行
	28	操作和控制	控制设备和系统的运行
	29	设备维护	对设备进行日常维护并决定什么时候进行何种维护
	30	疑难排解	判断出操作错误的产生原因并决定纠错对策
	31	系统分析	判定变化对一个系统运行结果的影响
	32	系统评估	识别系统绩效的评估方法或指标,根据系统目标制订行动方案来改进系统表现
动手能力	33	安装能力	按照特定要求来安装设备、机器、管线或程序
	34	电脑编程	为各种目的编写电脑程序
	35	维修机器和系统	使用必要的工具来修理机器和系统

四、提升岗位胜任能力的方法

(一) 树立正确的岗位发展观念

走出校门的第一次择业与就业,是由学生向员工转化的第一步,是员工岗位发展和成长的关键节点。因此,树立正确的岗位发展观念是十分重要的。正确的做法应该是:把工作岗位作为新的学习园地,不放弃每个学习机会,重新确立新的学习目标,培养并树立正确的岗位意识。树立正确的岗位意识就是要对本职工作岗位的工作环境、管理风格、工作目标、岗位职责、过程管理、晋升路径、人际关系等有正确的认知和理解,调顺自己的心态并与之相适应。

(二) 提升岗位适应能力

提升岗位适应能力,无论对新员工还是老员工都是必修课,只是提升的角度不同。刚入职的大学生,进入新的环境后,一要适应环境,重新构建人际关系,融入团队;二要发现自己与岗位要求的差距,制订学习提升计划;三要选定师傅,积极参加培训活动,坚持终身学习的理念,把岗位能力提升作为不断适应岗位发展的支柱。现代人需要树立终身学习的意识,在工作中处处学习、时时学习,通过点点滴滴、持之以恒的学习,不断提高自身的工作能力,提升岗位适应力。

📖 **读一读**

　　小金是某高职院校市场营销专业的学生，毕业后到一家保险公司做保险推销业务员。她是学校的优秀毕业生，但工作后完成的业务额却不够理想。起初她以为是自己对业务不熟悉的缘故，于是，开始认真学习保险业务。经过刻苦学习，业务额略有回升，却也只达到了其他业务员的一半。半年后，她觉得自己并不适合干这份工作，于是准备向经理递交辞职信。恰巧，经理当时正在和一个客户谈业务，没时间看辞职信。经理对小金说："我正准备开会，你能替我接待这位客户吗？"小金同意了，她想反正准备离开了，跟客户谈话不必有什么顾忌，因此在谈话中，把自己学到的业务知识都搬了出来，结果非常成功，客户爽快地买了一笔大额保险。经理开会回来后问她还准备辞职吗，她认真想了一下，收回了辞职信。事后她发现，不是自己能力和业务知识不够，而是没有找到与客户交流的正确方法。此后，她积极向老业务员学习，认真学习沟通技巧，真诚对待客户，结果业务额大幅度增加。

（三）制订合理的个人岗位发展规划

　　组织（企业）的发展规划和个人岗位发展规划是一个统一体，两者之间的"共振"是现代管理发展的重要理念。组织（企业）发展规划的目的是"把人才用到合适的岗位"，个人岗位规划的目的是"保持对岗位的兴趣"，两者的结合点是在合适的岗位上发挥合适人才的优势。科学制订自己的岗位发展规划，是员工自身职业发展的重要前提，也是能否实现个人岗位发展的重要手段。

（四）融入工作团队

　　岗位成长也必须在团队中实现，脱离了团队，岗位成长是无所依托的。树立岗位发展意识，提升岗位适应能力，目的就是能够在团队中更好地工作和发展。融入工作团队，需要接纳团队文化，还要遵守团队制度。作为员工，有必要提升自己的参与意识，融入团队，发挥集体力量，以此增强团队凝聚力，形成星火燎原之势，推动组织取得更大的绩效。

（五）增强与岗位匹配的主动意识

　　一是积极适应新环境。对于刚入职的新员工来说，周围的一切都是陌生的，能否快速适应环境、适应工作、适应岗位，关键在于自己是否主动。职场不比校园，不会有老师不断督促学习，许多时候学不学、能学多少，完全在于自己是否主动请教，是否能够主动地发现问题。

　　二是注重能力拓展。能力与知识、经验、个性特质共同构成人的素质，成为胜任某项任务的条件。个人素质和能力的提升是一个动态过程，也是决定岗位匹配的关键。很多公司会采用一些办法帮助员工提升个人能力，但是岗位能力的拓展主要还是靠个人的努力。

　　三是立足岗位创新。创新首先体现在"创"字上，要善于在原有的工作中发现不足，想办法解决,而不是畏难和回避,也就是所谓的先要立地,再来顶天。这就要求员工具备敢于进行岗位创新的精神,敢于挑战自己,在日常的工作中,不断进步,点滴变化,日久成新。只有这样,才有可能实现岗位创新。

总结案例

从"零基础"员工到岗位能手

作为一家以自主研发针织时装的高新企业的制版技师,他从最底层的员工做起,经过无数日夜的辛苦付出,不断学习,结合前人留下的宝贵经验完善自己,从员工到组长,从组长到领班,逐渐从一名底层员工成长为岗位能手。2018 年,他在全国纺织行业"睿能杯"横机工职业技能竞赛中以总分 97.45 摘得桂冠,被授予"全国技术能手"的荣誉称号,并被纳入 2018 年人力资源和社会保障部高技能人才表彰计划。他就是省五一劳动奖章获得者、广东伽懋智能织造股份有限公司制版技师游泽鹏(图 3-13)。

图 3-13　从一名底层员工成长为岗位能手

1988 年出生的游泽鹏是澄海人,高中毕业后就开始接触纺织行业,2007 年参加工作。"零基础"的游泽鹏脚踏实地、勤奋好学,经过努力地学习和认真地工作,很快得到公司领导的赏识,从横机工人被提拔为横机部的组长。但他并没有满足,为了学习到更专业的横机技术知识,他积极参加各种专业培训,很快被提拔为整个电脑横机车间的领班。他意识到想要做好一个领班,除了要有专业的操作技术,还需要专业的管理知识。读书学习、向领导前辈请教,虚心好学的游泽鹏逐渐成长为一名岗位能手,获得公司上下的一致认可。

2018 年,他在广东伽懋智能织造股份有限公司选拔中脱颖而出,代表公司参加由广东省民营企业工业联合会和纺织行业联合会举办的 2018 年"睿能杯"横机工职业技能竞赛广东省选拔赛,并获得第二名的佳绩,代表广东省挺进全国纺织总决赛。总决赛上,全国横机工行业通过技能竞赛选拔出的 43 名优秀选手汇聚江苏常熟,经过两天紧张而激烈的"技能比武",游泽鹏以总分 97.45 摘得桂冠,被授予"全国技术能手"的荣誉称号。

他表示,横机技术在不断进步,成绩只能代表过去,奋斗才能成就未来,他将把成绩作为了新的工作起点,激励自己不忘初心、奋勇争先,在平凡的岗位上创造不平凡的业绩。

启示:

每个岗位都有其特定的岗位职责、岗位规范、岗位文化,但不论岗位差异多大,严谨的态度、精益求精的敬业精神都是必要的,这是岗位素质的集中体现。此外,个人的岗位工作能力决定了该岗位的延展性与附加值,与其职业生涯发展有着密切的联系。

活动与训练

主题：分析岗位胜任能力。

目标：每人至少寻找 10 个岗位进行岗位胜任力分析。

过程：通过网络查找、实际调查访谈等方法，查找 10 个不同岗位，然后就其岗位应该具有的能力进行分析，并指出其中你认为重要的三种能力，说明原因。

思考与讨论

1. 谈谈未来自己理想的职业岗位目标是什么，这种岗位需要哪些能力。

2. 为了实现未来自己理想岗位的人岗匹配，分析一下自己存在哪些不足，并制订提升计划。

任务四　促进职场生活适应

学习目标

1. 能正确认识学校与职场的区别。
2. 理解从学生到职业人角色的转换。
3. 能适应角色转换。
4. 能缓解职场的压力。

导入案例

职场新人做狼还是做羊

小张现任某四星级酒店的客服部经理，刚来部门时，虽然只是普通小职员，但他事事力求尽善尽美。有一次，部门开会讨论一个假期客服计划，部门主任汇报了计划后，大家都表示认可，小张却"不知天高地厚"地提出意见。他觉得有想法就要讲出来，这是为了把工作做得更好。小张的态度赢得了高层的赞许，在此后的两年里，由于业绩突出，他被提升为客服部经理。小蔡也是这家酒店的员工，是出名的"小绵羊"，经常面带微笑，但对待工作总是优柔寡断。领导感觉她虽然工作中没什么大错，但总体来说处于弱势，缺乏一股冲劲，因此开创性工作一般都不考虑她。（图3-14 是表现狼文化和羊文化的漫画。）

图 3-14　狼文化与羊文化

> **启示：**
> 　　在企业初创时期，很多企业将"狼文化"作为自己的标杆，可是到了企业的发展时期，则开始倡导比较温和的"羊文化"。这家酒店的企业文化是"狼文化"，因此，有着"狼性追求"的小张能很快适应这里的企业文化，而"小绵羊"小蔡则明显不适应。

一、学生角色与职业角色的区别

(一) 活动方式的变化

从学生到职业人，首先产生了活动方式上的变化。长期以来，学生习惯于接受知识和技能由外界给予的活动方式，习惯于输入；而职业人的活动则要求运用自己的知识和能力，向外界提供自己的劳动(图 3 - 15)。这种从接受到运用、从输入到输出的转换，是一个重大的活动方式的改变。

图 3 - 15　学生思维与职场思维

(二) 社会责任的增强

从学生到职业人的转变，要求我们承担更多的社会责任，社会评价的标准也发生了变化。学生的主要责任是学好科学文化知识，掌握职业技能。职业人，则以工作实践为主，是以特定的身份去履行自己的岗位职责。学生责任履行得如何，主要关系到本人知识掌握的多少和能力培养的程度；而职业责任履行得如何，则关系到所在单位的产品、营销、管理、经济效益等，影响较大。

(三) 全面独立的要求

从学生到职业人的角色转变，要求学生具有承担社会责任的独立性。进入职业活动后，有了劳动报酬，在经济上就不再依赖父母。这种经济上的独立是一个标志，它表明家庭乃至社会对我们提出了全面独立的要求。多年来，学生在学习上有老师的指导，在生活上有家庭的帮助，总是处于一种被动的环境中。因此，一旦被割断依赖，要求完全独立的时候，不少同学便有一种蹒跚学步时摇摇摆摆、重心不稳的感觉。

 议一议
　　学生与职业人两个角色存在的差异，如表 3 - 2 所示。

表 3 - 2　学生角色和职业角色的比较

环 境 比 较		管 理 者 比 较		学 习 比 较	
学校环境	工作环境	你的老师	你的老板	学校中的学习	工作中的学习
1. 时间灵活 2. 有较长节假休息 3. 生活更有规律 4. 问题有正确答案 5. 教学提供清晰的任务 6. 分数上的个人竞争 7. 奖励以客观性标准和优点为基础 8. 请假便利,学习任务经常更新	1. 较固定的时间安排 2. 不能缺工 3. 无规律和不经常地反馈 4. 没有暑假,节假休息很少 5. 很少有问题的正确答案 6. 任务模糊、不清晰 7. 按团队业绩进行评估 8. 更长时间的工作循环	1. 鼓励讨论 2. 预留完成任务的交付时间 3. 期待公平 4. 知识导向	1. 通常对讨论不感兴趣 2. 分派紧急的工作,交付周期很短 3. 有时很独断,并不总是公平 4. 结果(利益)导向	1. 抽象性、理论性的原则 2. 正规性、结构性和象征性的学习 3. 个人化的学习	1. 具体的问题解决和决策 2. 以临时性事件和现实的社会生活为基础 3. 社会性、分享性学习

二、学生角色到职业角色的转变

(一) 从宏大理想向现实追求的转换

第一份工作对职业院校学生的冲击是巨大的,先前宏大的理想,在现实面前可能失去目标,失去动力。因此,当务之急需要的是把理想转化为职业目标,并制定出切实可行的方式方法,搭起一座桥梁让自己从理想走入现实。从实现职业理想的角度看,我们所做的工作一定要与职业目标有密切的相关性,否则,所做的工作将不会对职业理想产生支持,那实现职业理想就会再次成为空想。

(二) 从"学校人"到"职业人"的转换

从学生人转变成职场人的第一步,应对企业文化、业务流程、公司制度、仪态仪表、待人接物、为人处世等多个方面进行了解,企业需要的是什么人员,什么职位应该具备什么样的素质,如何能够更好地发挥自己的潜力。要学习企业中那些卓越人才必备的八大基本素质:创新能力、学习能力、自信自立、自律、积极乐观、执着追求、责任感、合作开放。

（三）从单纯的技术方式向复杂人际模式转换

新到一个公司，崭新的生活方式、陌生的社会环境、复杂的人际关系，都让毕业生感到不习惯，使毕业生没有耐心去思考一些细节上的问题。因此，有些人难以适应、四处碰壁。在做人方面，首先要揭掉自我标签，低调做人。刚刚迈上工作岗位的毕业生们一定要注意自我形象，做事一定要低调，少说多看，尽快熟悉人际关系，融入环境。

（四）从系统学习向实际应用转换

学校里学习，都是系统的理论或技能。到了工作岗位，实际动手能力靠培养、练习，而且，实际应用是多角度、全方位的。在应届毕业生进入公司的时候，企业都会对职场新人进行新员工入职培训，要多学多看，多虚心请教，才能积累工作经验。虚心求教，进步很快，又能建立良好人际的关系，把自己很快融入集体中去，既受益匪浅，又让人喜欢。

（五）从松散的校园生活向紧张的工作模式转换

悠闲的校园生活被紧张的职场打拼所代替。每当新生力量进入单位，都会带来新的气息，同时也会带来一些新的问题。对于大多数刚刚走上工作岗位的毕业生来说，除了工作能力之外，还要有实干精神、懂得人际沟通。做好自己分内的事，学会妥协，向职场妥协、向现实学习。

（六）从感性向理性转换

转型需要时间，与企业的磨合需要时间，积累经验也需要时间，具备竞争力同样需要时间。企业会给实习生时间和机会，但自己不能以此为借口，要积极努力，尽快进入符合企业要求的状态，这是成熟的表现。任何用人单位，都需要谦虚谨慎、好学上进的员工。毕业生要勤奋刻苦，把远大志向落到实处，树立责任感，保持执着追求事业的态度。

（七）从家长呵护向自我保护转换

许多学生在进入就业大军时，往往对就业的相关期限、实习权益，一知半解。原来依赖家长，现在需要自立，需要自己判断、自己选择。要懂得用法律保护自己，以防一些不法的公司将自己作为廉价劳动力使用。学会独立，学会保护自己。面对招聘陷阱，学会应对，学会维权。

三、适应和胜任职业生活

（一）职业岗位的适应

职业适应的要求以所在工作岗位的职务、职责为依据，达到职务、职责中所规定的各项内容的要求。包括：本职岗位的工作技能、本职岗位所需的业务知识、一定的专业背景以及理论水平、了解组织的各项管理制度等。职业岗位的适应体现的是工作技能的熟悉。职业岗位的适应，要通过自身的学习、模仿、反复操作和本单位对自己的入职教育、实习安排、工作实践、"师傅"指导、岗位培训、技能训练途径来达到。

(二) 组织文化的适应

一个人走上职业岗位，就加入一个组织，要受到组织的约束和指导，接受组织的引导和塑造。每个组织都有自己的文化，这种文化的核心是组织的价值观，其表现是组织做事的风格、模式，这大量表现在组织中的人际关系上。要想达到个人的行为需求、个性心理特征与组织文化相适应，就要对自己的行为和思想进行一定的改变，从而才能达到组织的要求和期望，获得组织成员的接纳。具体来说，个人要在社会化的过程中，学会如何与人相处、如何工作、如何进步等一系列的内容。

(三) 职业心理的适应

心理适应是指大脑对新职业的各种信息引起的各种心理过程，如感觉、知觉、注意、情绪、意志、性格都有一个适应过程，其中情感上的适应尤为重要。情感是人对外界事物的心理反应，环境的变化促使毕业生必须调节自己的情感与之相适应。如果对所从事的职业缺乏正确的认识和必要的情感，不仅不会热爱自己所从事的职业，而且会产生失望心理。部分青年在就业初期不同程度地出现依附、从众、恋旧、畏怯、浮躁、空虚、迷茫、苦闷、失落等不良心理，如果不及时调整和矫正，这些不良心理必然会影响工作和个人的成才与发展。

(四) 人际关系的适应

人际关系适应是指人对新的工作群体的适应过程。职校生在校期间的群体是以同学关系建立起来的，相对来说比较单一，很少有利益上的冲突。进入职业岗位以后，人员交往发生了变化，变得更加复杂。交往对象扩展到不同经历、不同年龄、不同层次的人。同领导、同事的交往方式与学生时代的交往方式有很大的不同，并且会出现利益上的冲突，这就需要注意协调好各种人际关系以尽快适应新的群体。

(五) 知识技能的适应

知识和技能适应是指根据职业岗位所要求的知识和能力结构来调整和改善自身所具有的知识和能力结构，使之适应职业岗位要求的过程。毕业生在校期间所构建的知识和能力结构能否与职业岗位相适应，必须经过工作实践的检验。尤其在现今知识经济时代，知识更新的速度在不断加快，这就要求职校生不断调整和改善自己的知识结构和能力结构，以适应科技发展和职业发展的需要。

 看一看

职场新人需处理好的四种关系

1. 与上司：注重细节

上司风格迥异，有的是谆谆教导型，有的是大刀阔斧型；有的上司喜欢发布命令，有的则愿意倾听员工的意见；有的上司喜欢文字的汇报方式，有的上司喜欢图表化的汇报方式。因此，与上司的交流和沟通要注重细节。比如说给上司提交的方案,要考虑到上司的阅读习惯,是喜欢纯文字的还是图文并茂的,是喜欢长篇大论的还是言简意赅的。不管上司是怎样一种风格,你都要按上司的工作方法和要求去完成工作。

2. 与老员工:学会放低自己

在企业待了四年及以上的员工,我们称之为老员工。这批人在企业工作的时间较长,对企业的认知较深,拥有自己的资源和经验积累。新员工在与老员工相处时也容易步入误区。很多新人担心老员工会用苛刻的甚至挑剔的眼光来看自己,或者故意不支持、不帮助自己成长。新员工可以采取一些方式去有效化解这种焦虑,比如说,新员工在自己工作任务完成的前提下,积极主动地帮同事做一些力所能及的事情。新老员工同属一个团队,老员工希望新员工给团队带来更多的新鲜血液、提供更好的支持。所以,如果新员工所做的能够更好地帮助大家完成团队目标和任务,而不是拖后腿,必然能得到老员工的认可,这也是获得认可的最好的方式。

3. 与兄弟部门:勤交流、多展示

许多公司喜欢将不同部门的员工集合起来培训、交流,是希望通过这种方式让大家对企业有一个宏观的认识,以方便大家在各自部门顺畅工作。与兄弟部门的沟通,特别是与自己"上游"和"下游"部门的沟通必不可少。此类沟通更倾向于商务交际,职场新人需要做的是把握住每一次交流的机会。比如说,作为一名销售人员,需要经常到财务处报销,这时会遇到出纳、会计以及其他人,那么你在和这些人交往时,就不能在业务上给人家添麻烦,把报销凭证贴错,或者反复地犯同类错误。另外,在进行新员工培训时,你也有很多机会与其他部门的新同事相交相识。那么,你可以很好地在这个集体中展示自己,团结互助、友爱待人,从而获得其他部门的新员工的认可和青睐,也方便日后工作的顺利开展。

4. 与客户:服务意识摆第一

新员工刚上岗,一般企业不会将重要的工作和重要客户交付给新员工。但如果职场新人有机会与客户接触时,还是要想着自己的一言一行代表着公司的形象。首先,如果新员工对公司不太熟悉,那么当客户提出相关问题时,不能乱说,最好婉转地予以回答,然后自己可通过请示领导或者请其他专业同事提供咨询意见和解决方案。其次,新员工要抓紧时间学习和了解所在公司的客户管理流程,熟悉实际操作的环节。最后,要时刻注意培养自己的服务意识,提高工作积极性。多向老员工请教和学习,平时多观察和思考,勤于积累,多做工作服务笔记,做一个用心的人。即使遇到"刁蛮"的客户,新员工也要心平气和,将自己置身于公司、组织、团队的立场中去处理和解决问题。

四、缓解职场压力

(一)正确认识挫折

人们从事工作、学习、研究、创造活动,都是在一定的自然环境、社会环境、人文环境和

组织环境中进行的。保持这些活动的顺利，当然是人们的共同愿望，但维持职业生涯永远一帆风顺而不出现挫折，只是脱离实际的幻想。因此，应当对挫折有充分的心理准备，以达观、坦然的态度对待挫折，这样，在遇到挫折时就不至于过分激动和苦恼，而是保持冷静的态度，比较理智地分析造成挫折的原因，做出相应的对策。

（二）采取针对性措施

1. 个人的水平问题

要重新"充电"接受培训，以使自己扭转颓势。学习内容的选择方面，可根据实际需要和客观条件，参加一些培训班。如果这样做困难较大、难以兼顾，也可以考虑放弃现在的岗位，脱产学习，集中精力完成学业，再图发展。

2. 不熟悉工作的问题

当一个人不熟悉工作时，需要在职业岗位上多加锻炼，从实践中学习，要多听、多看、多问其他人是怎么做的，从中吸取宝贵的职业技能经验以及生涯发展的经验。

3. 组织环境不好的问题

一个单位存在着严重的不公平、领导对自己有成见并对自己的发展有障碍时，就需要考虑换一个更能发挥自己特长或者自己更加喜欢的工作环境。

4. 职业选择失误的问题

如果一个人在职业生涯一开始时就选择失误，在工作实践中已经发现这个职业根本不可能做好，就应该马上了断，重新选择职业，以找到适合自己的岗位，让自己轻松、愉快地工作。对职业生涯再次选择的时候，应当根据个人的条件、组织与自己的相容性和社会能够给予自己的机会，分析"维持现状"和"离开"的优劣，作出决策。

（三）舒解受挫的压力

舒解受挫的压力的方法为：暂时脱离受挫折的情境，避免"触景生情"，减弱受挫折后的不快心情，变换活动内容、转移心理关注方向。

（四）适当进行宣泄

宣泄是通过某种渠道，采取一定的方法，使自己把受挫折后的压抑情感表达出来，以减轻受挫折的心理压力，逐步回到正常的精神状态。例如，向亲人和知心朋友倾诉自己的不快和愤懑；在空旷之处大喊几声。这些虽然不是解决问题的根本办法，但却不失为是缓解痛苦情绪的方法。

（五）提高挫折商

通过陶冶情操、宽阔胸怀、加强修养、培养意志等方式，提高挫折商水平。人的职业生涯际遇和挫折商水平之间也有着一定的互动关系。要努力通过各种办法提高挫折商，这样在生涯遭遇挫折时会比较坚强，从而改善自己的职业生涯。

议一议

以4~6人为一个小组，分析下面案例，并进行小组交流。

罗刚今年30岁，在一家高科技公司担任销售部经理已经4年了。当初，公司销售业绩不佳，罗刚主动请缨，从技术部门来到了销售部门。在他的努力下，销售业绩连连上升。但是，罗刚却苦恼起来。他最大的苦恼就是，从自己的个性和兴趣来看，他还是倾向于做技术工作。他不大喜欢生意场上的那套做法。但回去做技术，收入又会下降。第二个苦恼是，现在的公司前途不大，一些竞争对手在向他招手，但他又担心去了新单位，未必能干得好。第三，这些年的工作，令他的心理压力越来越大，总觉得山穷水尽、心力交瘁。他希望得到专家指点。你认为罗刚是应该怎样选择？为什么？

总结案例

成长的苹果树

一棵苹果树终于结果了，第一年，它结了10个苹果，9个被拿走，自己得到1个。对此，苹果树愤愤不平，于是自断经脉，拒绝成长。第二年，它结了5个苹果，4个被拿走，自己得到1个。"哈哈，去年我得到了10%，今年得到20%！翻了一番。"这棵苹果树心理平衡了。

但是，它还可以这样：继续成长。譬如，第二年，它结了100个果子，被拿走90个，自己得到10个。很可能，它被拿走99个，自己得到1个。但没关系，它还可以继续成长，第三年结1 000个果子。

启示：

得到多少果子不是最重要的。最重要的是，苹果树在成长！等苹果树长成参天大树的时候，那些曾阻碍它成长的力量都会微弱到可以忽略。不要太在乎果子，成长是最重要的。

活动与训练

主题： 职场竞争适应程度测试。

目标： 初步了解自己的职场竞争适应程度，通过各种努力，提高职场竞争力。

时间： 20分钟。

过程： 独立完成如下测试题，然后与同学讨论如何提高自己的职场竞争力。

下面这套测试题，能帮你初步测试自己的竞争指数有多高，能否应对日趋激烈的职场竞争。在下面括号中填入代表选项的字母。

1. 我喜欢和大家一起工作，可以互相帮助。（　　　）

A. 完全不是　　　B. 不太一样　　　C. 一般　　　D. 很像　　　E. 完全一样

2. 看到别人开好车,会让我想要超越对方,想要买部更好的车。(　　)
A. 完全不是　　B. 不太一样　　C. 一般　　D. 很像　　E. 完全一样

3. 我总想比同事穿戴得更好。(　　)
A. 完全不是　　B. 不太一样　　C. 一般　　D. 很像　　E. 完全一样

4. 看到老朋友比我成功,会激励我更加努力。(　　)
A. 完全不是　　B. 不太一样　　C. 一般　　D. 很像　　E. 完全一样

5. 我不会拿自己和别人相比来衡量是否成功。(　　)
A. 完全不是　　B. 不太一样　　C. 一般　　D. 很像　　E. 完全一样

6. 有人向我提问时,即使不懂也要装懂。(　　)
A. 完全不是　　B. 不太一样　　C. 一般　　D. 很像　　E. 完全一样

7. 我不希望与比我强的人一起共事。(　　)
A. 完全不是　　B. 不太一样　　C. 一般　　D. 很像　　E. 完全一样

8. 我最讨厌有人不懂装懂,在我面前班门弄斧。(　　)
A. 完全不是　　B. 不太一样　　C. 一般　　D. 很像　　E. 完全一样

9. 我最得意的是有个吸引众多同事眼光的异性与我关系密切。(　　)
A. 完全不是　　B. 不太一样　　C. 一般　　D. 很像　　E. 完全一样

10. 我最讨厌别人说:"凡事不必太要强,不必凡事都争出头。"(　　)
A. 完全不是　　B. 不太一样　　C. 一般　　D. 很像　　E. 完全一样

11. 我认为比我成功的人不会事事都称心如意,所以不以为然。(　　)
A. 完全不是　　B. 不太一样　　C. 一般　　D. 很像　　E. 完全一样

12. 如果能获得特别的肯定,我乐意做个工作狂。(　　)
A. 完全不是　　B. 不太一样　　C. 一般　　D. 很像　　E. 完全一样

13. 即使周遭的人都想表现,我也觉得做好本职工作就可以了。(　　)
A. 完全不是　　B. 不太一样　　C. 一般　　D. 很像　　E. 完全一样

14. 当事情变得越来越棘手时,我会考虑争强好胜是否值得。(　　)
A. 完全不是　　B. 不太一样　　C. 一般　　D. 很像　　E. 完全一样

15. 如果觉得不可能获胜,我会选择放弃参与。(　　)
A. 完全不是　　B. 不太一样　　C. 一般　　D. 很像　　E. 完全一样

16. 人生有太多比争强好胜更重要的事情。(　　)
A. 完全不是　　B. 不太一样　　C. 一般　　D. 很像　　E. 完全一样

17. 我不认同把别人踩在脚下而获得成功的做法。(　　)
A. 完全不是　　B. 不太一样　　C. 一般　　D. 很像　　E. 完全一样

计分方法:A = 5 分;B = 4 分;C = 3 分;D = 2 分;E = 1 分。将以上题目的得分累加,得到总分。

25~35 分:你的职场竞争心不强,并强烈地害怕失败。这种害怕和伴随而来的焦虑,很可能就是你不愿意竞争的原因,也将成为你职业发展的最大障碍。建议你放开手脚,从实现眼前的小目标开始,一步步达到最后的成功。

36~49 分:你觉得参与竞争太过辛苦,所以尽可能避免职业上的竞争,但这只是你的惰性。你应该把自己的竞争优势拿出来,仔细分析是否有实力参与竞争,你会发现,自己还是有潜力的。

50～65分:你在职场上不会事事与人竞争。通常视情况来决定是否参与竞争。如果竞争成功后的回报足以吸引你,如获得报酬、奖赏、荣誉,就会让你想参与竞争。参与竞争的原因并不重要,关键在于你如何把握,不要有太多功利心。

66～79分:你性格开朗,见解独特,好胜心强,喜欢受人关注,喜欢追求成功。对你而言,竞争是一种生活态度。因此,你通常很注意自我形象,有坚定的信心,也愿意为成功而努力,而且成功率较高。

80分以上:你是竞争爱好者。对你来说,竞争的过程比赢得胜利更为重要。这种好斗的性格,虽然能使你在职场竞争中获得强大的动力,但也容易因此失去朋友。

思考与讨论

1. 如何正确面对工作中的挫折?
2. 如何调整工作心态?
3. 为尽快适应职业环境,毕业生应该从哪几方面入手?
4. 请分析"这山望着那山高"的就业心态,应该如何来调整这种心态?

项目四
求职准备与面试技巧

📖 引导语

劳动就业既是经济问题,又是关系到千家万户和社会安定团结的社会问题。一个人没有就业,就无法融入社会,也难以增强对国家和社会的认同。失业的人多了,社会稳定就面临很大危险。人有恒业,方能有恒心。一个人有了就业,就容易安定;一个家庭有人就业,就增加一分稳定的力量。

现在,我国经济发展进入新常态,经济发展方式正在深刻转变,经济结构正在深刻调整,这对部分劳动群众就业带来了暂时的影响。党和国家正实施积极的就业政策,创造更多就业岗位,改善就业环境,提高就业质量,不断增加劳动者特别是一线劳动者劳动报酬。

对于毕业生来说,要实现"高质量、更充分"的就业,求职是第一步,也是走向社会的第一步选择,要想取得求职的成功,就必须学习、掌握求职择业的方法和技巧。俗话说"工欲善其事,必先利其器"。在求职活动中,求职者要根据自身的素质、特点、客观条件以及就业期望等,选择适合自己的求职方法,在求职活动中精心准备,巧妙运用各种技巧,从而提高求职成功率。

学习目标

1. 掌握收集、分析、筛选、鉴别就业信息的方法。
2. 能够有效利用对自己有用的就业信息。
3. 能够积极应对求职前后的心理变化,强化心理素质。
4. 掌握几种常见的职场礼仪规范。
5. 掌握面试中常见问题的回答技巧。

任务一 收集就业信息

学习目标

1. 掌握收集、分析、筛选、鉴别就业信息的方法。
2. 学会有效利用对自己有用的就业信息。
3. 能够用适合自己的途径去收集信息。

🛫 导入案例

应聘高薪物流配送的骗局

今年年初,耿先生在某大型信息交流网站上看到一则招聘信息。招聘信息显示:市内物流配送,待遇是 3 000 元至 5 000 元;全国物流配送,待遇是 5 000 元至 8 000 元。

耿先生前往面试。面试是在××物流园区的一个小房间内进行的。房间内摆着一张办公桌,桌子上放着两台电脑,桌子后边坐着三个人。在简单了解他的情况后,对方说,他们单位收发货员的待遇很高,包括餐补、电话补贴、奖金,全部算下来 1 个月能挣七八千元。入职后有 1 个月的试用期,并要先去北京参加一个消防方面的培训。

在签订了一个内容、条款并不明晰的合同后,耿先生被要求先交 600 元押金,然后拿到了一个电话号码。犹豫再三,求职心切的耿先生还是交了 600 元押金。次日,耿先生到了北京的指定地点,接待耿先生的人收走了他的身份证并索要了 100 元押金,然后告知耿先生要培训 20 天。“在北京的 20 天里,我并没有接受消防培训,就是让我在那里当保安。20 天后,那人就让我回原单位。”回到原单位,耿先生就去了××物流中心,结果发现招聘单位已人去楼空。

(资料来源:韩丹东,陈遥.求职者讲述网上招聘背后种种陷阱[N].法制日报,2017 - 08 - 07,有改动)

启示:

近年来,随着网络的迅速扩容,网络招聘行业步入高速发展期。巨大的网络空间为求职者提供了更便捷的海量信息和机会,也为欺诈提供了温床,如职位信息与实际不符、个人信息泄露,甚至存在传销陷阱。如今,网络招聘骗局正从低级诈骗发展到职业诈骗,诈骗的“套路”不断翻新。他们有的通过培训、兼职陷阱敛财,有的骗取个人信息倒卖获利,有的借招聘之名窃取劳动成果,有的让应聘者点击植入病毒的木马链接盗刷应聘者的银行卡或支付宝……在巨大的利益驱使下,一些网络招聘已经形成欺诈产业链,对普通求职者来说,有些防不胜防之感。同学们一定要提高警惕,防止上当。

一、就业信息的收集渠道

(一)各高校的就业主管部门

各高校就业指导部门每年都会编制、上报就业计划;收集、发布毕业生基本信息和学生就业信息;最关键的是同毕业生就业所涉及的上级主管部门、人才交流机构保持着密切联系,又是用人单位选择毕业生时所依赖的窗口。这些部门提供的信息,其准确性、权威性、可信度非一般就业渠道可比,而且通过这个渠道获取的信息,及时、专业对口性强,成功率高,是毕业生最主要的信息源。

查一查

新职业网（www.ncss.cn）是由教育部主管、全国高等学校学生信息咨询与就业指导中心运营的服务于高校毕业生及用人单位的公共就业服务平台（图4-1）。平台开通时主要涵盖专场招聘会、双选自助厅、招聘导航台、重点对接区、创业新天地、职业训练营、资讯直通车、服务立交桥、就业气象站9个功能模块，集信息共享、远程见面、咨询指导、教育培训、经验交流、弱势帮扶、研究监测、政策发布与辅助管理功能为一体，为相关组织和个人提供全方位、高水平、个性化的深度就业服务。

图4-1　新职业网（www.ncss.cn）网站

（二）各级就业主管部门和就业指导机构

每年教育部都要制订毕业生就业的有关方针、政策。各省、自治区、直辖市的主管部门也要相应地制订本地区的大学生就业实施方案，地域针对性较强，对于那些有明确就业地点要求的大学生来说，这种渠道的就业信息尤为重要。

（三）各级、各类双向选择会、供需见面会

全国各地方、学校都会定期或不定期地举办规模不等、形式多样的人才交流会，为各类专业人才的合理流动和学生的求职择业提供场所。各地方举办的主要面向本地区用人单位和毕业生的供需见面会都在较短的时间内汇集了众多用人单位的需求信息。在人才交流会上毕业生和用人单位直接见面，毕业生不仅可以直接获取许多信息，还可以当场签订协议，比较简捷有效。

（四）有关新闻媒介

毕业生就业作为社会普遍关注的热点问题，引起了新闻界的普遍重视，常报道有关就业政策、热门话题、讲座招聘广告等内容。《中国大学生就业》等杂志、各地人才市场报（图

图4-2　人才就业社保信息报

4-2)及各网络媒体上的就业信息值得关注。

（五）通过各种社会关系获取信息

本专业的教师更清楚你适合到什么单位就业，而且他们往往在科研协作、兼职教学中与对口单位有着广泛的接触。他们的校友大多在对口单位工作，对所在单位的情况了如指掌。通过他们可以获得许多具体、准确的信息。家长和亲友对你的就业更为关心，他们与社会的某方面有一些联系，也可以帮助提供就业信息。

（六）利用社会实践、毕业实习或业余兼职获取信息

同学们可以通过社会实践、毕业实习、业余兼职等活动，加强与有关单位的联系，增进彼此间的了解，便于直接掌握就业信息。

（七）直接与用人单位联系获取就业信息

开始可以是"普遍撒网"，给自己认为合适的用人单位写自荐信，确定重要目标后，进行电话预约，然后登门拜访。这种"毛遂自荐"的方式也不失为获取就业信息、获得就业成功的有效途径之一。

（八）互联网

通过互联网获得就业信息是毕业生在信息时代收集信息的一种高效、快捷、便利的途径，而且随着人才市场化、信息化运作的进程不断加快，网络的普及程度不断提高，网上求职、网上招聘已经成为主要的求职途径。目前，几乎所有的省、市和高校都建立起了毕业生就业信息网站，毕业生可以从中查询到职业需求信息，又可以将个人求职材料诸如专业、特长、个人情况、在校的学习成绩与毕业成绩等输入网络系统，供用人单位在招聘时参考选择。

> **试一试**
>
> 针对上面八种就业信息收集渠道的特点，结合自身实际情况，进行优先排序，选择两三种信息收集方式尝试收集信息。对比收集结果，看哪一种收集信息方式更能满足自身需要。

二、科学处理就业信息

（一）就业信息分析

对就业信息的分析包括定性分析、定量分析和定时分析。所谓定性分析是指对信息

进行质的分析,如对就业信息中应聘条件、岗位特点、招聘对象的分析。所谓定量分析是从数量关系上对就业信息进行分析,如对某一职业岗位所需人数与应聘人数之间的关系的分析。所谓定时分析是对一定时间内就业信息发布的趋势进行分析。

(二) 就业信息筛选

对收集到的需求信息,毕业生应结合自己的实际情况筛选处理,去粗取精,去伪存真,进行有目的、有针对性的排列、整理和分析。对就业信息进行筛选时主要应考查信息的真实性、时效性和价值性。对信息的真实性进行考察,就是要排除那些虚假信息;对信息的时效性进行考察,就是要排除那些过期无效的信息;对信息的价值性进行考察,就是要认真分析它们对于自己所具有的不同价值。比如某些岗位信息符合自己的职业方向、兴趣爱好、发展要求等,那么这类信息就比较有价值;反之,就是无价值的就业信息。筛选需求信息应注意以下几点:一是善于对比;二是掌握重点;三是了解透彻;四是适合自己。

(三) 就业信息鉴别

就业信息鉴别的目的主要是辨别其真伪、权威性及适用性,鉴别的对象主要是前一阶段加工整理出的信息。要想弄清信息的真伪,就需要知道其来源于何处、是谁提供的、提供的依据是什么等。要想辨别信息是否具有权威性,就需要掌握信息提供者的背景,比较同类信息的深度。要鉴别信息是否具有适用性,就需要首先了解自身的需求和特征。

(四) 就业信息利用

就业信息利用主要体现在以下几个方面:及时运用有价值的信息去选择适合自己的工作;根据职业信息的要求及时调整自己的知识、技能结构,提高自己的工作能力,弥补原来的不足;及时输出对他人有用的信息,因为有些信息对自己不一定有用,可是对他人却十分有用,遇到这种情况,千万不要抓着这些信息不放手。

 看一看

就业信息的八个要素

(1) 招聘单位的全称以及其所有制性质。招聘单位的全称往往包含多种信息,如"中国人民保险(集团)公司中保人寿保险云南分公司营销部",能反映出这个"营销部"所属的行业、管理系统、业务范围和内容、企业级别和所在地区等。所有制包括国有经济、集体经济、个体经济、私营经济、外资经济、混合所有制经济等多种形式。

(2) 招聘单位的主管部门及其发展趋势。招聘单位的主管部门反映了它在什么行业管辖之下,但它本身不见得与主管部门的行业相同。例如,一家部队服装厂,本身是服装行业,但主管部门是军队后勤部门。而一家学校办的餐厅,本身是属于饮食行业,但归教育部门主管。即使归属商业系统的大中型商场,也有区属、市属、省属之分。主管部门不同,不仅劳动人事管理办法有区别,而且工资、福利、医疗、养老、住房等待遇也有区别。

（3）招聘单位所属行业及其发展趋势。一名电工专业的毕业生，既可到供电部门工作，也可到工厂、商店、学校、医院就业，这些用人单位属于不同的行业，其发展趋势各不相同。

（4）预求的职业岗位在招聘单位中的地位和作用。例如，一家商场中有售货、收款、仓库保管、会计、出纳、保安、保洁、运输、采购以及各级管理等多种岗位，还需要照明、电梯、空调、水暖的维修人员，每个岗位在商场中都有特定的地位和作用。同样是当电工，在电力安装部门是一线工人，在商场、医院就是二线人员。

（5）招聘单位及预求岗位的工作环境和福利待遇。工作环境包括人际关系、工作时间（有无夜班等）、户外还是户内、流动还是固定，以及工作场所的温度、湿度、噪声等。福利待遇包括工资、奖金、保险以及医疗、退休等，有无进修机会和晋升可能也应包括在内。

（6）招聘单位的地理位置和发展前景。地理位置不仅与求职者就业后每天上下班的距离有关，往往还关系到一个单位的发展前景。交通不便、位置偏僻，是发展的不利因素。用人单位的固定资产、流动资金、科技含量、人才构成等因素，与发展前景密切相关。

（7）招聘单位对求职者的具体要求。如学历、专业、性别、身高、相貌、体力、户口，以及职业资格、技术等级方面的要求。有些用人单位还对心理素质、能否接受经常出差等方面有特殊要求。

（8）招聘数量和报名办法。用人单位本次招聘哪些岗位的从业者，每个岗位招聘的数量，报名的时间、地点、方式、应准备哪些证书（如身份证、户口本、学历证书、职业资格证书等）和材料（如简历和有关证明等）。

三、警惕就业信息陷阱

（一）招聘陷阱

（1）招聘会不合法。未经有关主管单位审批的招聘会是不合法的。

（2）变相收费。有些招聘单位变相收取应聘者报名费、资料费或培训费等。

（3）用招聘掩盖违法行为。有些企业以招聘为幌子，实际逼迫大学生从事传销、推销或其他违法的事情。

（4）保证金、押金陷阱。国家明文规定不允许招聘单位在大学生就业中收取费用，包括资料费、培训费、保证金、押金等。

（二）中介陷阱

中介陷阱有收取高额的中介费用、非法中介机构或中介网络收取一定的费用却以种种理由推脱责任等。

非法中介机构之间相互串通，以大城市高薪就业落户等名义开展中介服务，收取不菲的中介费后将应聘者介绍给外地中介。由外地中介找不法用人单位或私人小企业让大学生打零工,并将其户口、档案长期违法滞留,甚至使其丢失。

(三)协议陷阱

(1)口头承诺。口头承诺没有任何法律约束力,请大学生不要采取此种协议方式。

(2)不平等协议。在签订就业协议时,一定要慎防无保障协议、死协议、卖身协议等不平等协议。

(3)就业协议代替劳动合同。就业协议和劳动合同具有不同的法律效力,大学生决不可用就业协议代替劳动合同。

 看一看

"培训贷"有陷阱　学子别盲信

近日,一些不法培训机构利用求职季学生急于找到工作的心理,表面上为学生设计各种培训计划,提供内推、实习、"培训"后安排工作等许诺,实际上在培训协议中嵌入贷款合同,使许多学生在不清楚合同内容的情况下背上了高利贷,卷入"培训贷"层层陷阱。对此,全国学生资助管理中心发布预警,提醒广大学生务必保持清醒、提高警惕、明法用法。

预警提醒学生,要通过学校等正规渠道寻找实习兼职或求职机会,对社会培训机构的资质和培训内容要进行深入了解和确认。广大学生在签订相关合同时,要仔细阅读相关条款内容,弄清楚实际资费标准,不要盲目信任"熟人",不要随意出借自己的身份证件,不要在未"吃透"合同条款的情况下轻易签字。要多了解熟悉金融常识,自觉加强法律法规知识学习,提高风险防范意识和自我保护能力,遇到不清楚的问题时,多咨询请教老师、家长和学长,提高自己对"培训贷"及其隐身产品的甄别和抵制能力。

全国学生资助管理中心同时提醒广大大学学生工作者和资助工作者,在保护学生隐私的前提下,密切关注在校学生的大额经济支出,及时向学生尤其是应届毕业生宣讲不良"校园贷"及其各类变种的危害,避免学生落入陷阱而不能自拔,避免小问题酿成大问题。

(资料来源:全国学生资助管理中心网站,2018年10月29日,有改动)

(四)试用期陷阱

试用期陷阱包括没有试用期、试用期或见习期过长等。

(1)没有试用期。试用期是劳动合同的约定条款,对双方都有约束力,试用期长短或有无由双方依法在劳动合同中约定。

(2)试用期或见习期过长。我国的法律法规对见习期内的权利义务没有具体规定。但是在签订劳动合同的时候要注意试用期或见习期的起止日期,考虑无误后方可签订劳动合同。

（五）培训陷阱

在大学生就业中，常常会看到一些培训机构混迹其中，不断给大学生介绍"高薪就业""保证就业"之类的机遇，殊不知其中陷阱重重。

（1）收了培训费仍然无工作。

（2）培训机构与用人单位联手坑害大学生。交了昂贵的培训费后，被推荐到一些不正规的用人单位，甚至在试用期就被借故辞退。

（3）用人单位的培训陷阱。有些用人单位要求新入职者必须经过培训合格后方可上岗。结果往往是花费大笔培训费确不能过关。

（六）安全陷阱

求职过程存在种种问题，大学生稍不留神就会落入不法之徒设置的圈套中。

（1）不要在求职过程中留下任何能证明自己身份的重要证件原件及复印件。

（2）在缴纳各种费用之前要保持头脑清醒。

（3）对不合理的面试时间和地点、超常规的面试方式都要坚决拒绝。

（4）对工作性质描述不清，任务不明，或遮遮掩掩、行动诡秘的工作岗位，要非常留心，不要被所谓的高薪吸引而失去判断力。

（5）女学生安全第一。女学生就业一定要将安全放在第一位，思想上切不可麻痹大意，不可贪图钱财与享受，以免被引诱；行动上一定要细思慎想，以防掉入陷阱；具体环节上要步步为营，以杜绝授人把柄。

 学一学

求职陷阱与对策列举

求职陷阱与应对策略，如表4-1所示。

表4-1　求职陷阱与对策

陷阱	具体形式	不良影响	应对策略
廉价试用	在招聘时，并不明确告知试用期。试用期的工资往往很低，企业承诺转正后工资会大幅度增加。但使用期即将结束时，企业便以各种理由把求职者炒了	会蒙受很大经济损失，同时也对职业发展不利	在确定入职前，最好打听消息，询问工作情况，避免做"冤大头"。一般同一单位在短时间内连续招聘的人数多且急，求职成功的可能性较大，说明该单位可能在用人方面存在一定问题
粉饰岗位	招聘单位在招聘广告上把职位写成各种部门经理，结果应聘该职位，却发现其实是做"业务员"代理员等，有的单位会以到基层锻炼为幌子，欺骗求职者，使他们继续工作下去	就职后往往大失所望，心理落差很大。但是由于种种原因，可能选择安于现状，从而对职业生涯产生很大负面影响	求职的时候要搞清楚职位的具体内容，仔细分析并询问工作细节。某些用人单位提供虚而不实的职位，常常冠以好听的头衔，但是却强调无须经验，这里面肯定大有文章

续　表

陷阱	具体形式	不良影响	应对策略
骗取创意	有些设计公司为了节约成本，通过大规模招聘的方式来获取好的创意或者方案。这类招聘往往要求应聘者做案例，进行创意反馈	这些公司并无实际岗位，求职者会因此失去其他工作机会	求职者事先要和公司约定好策划或者创意的劳动版权问题，声明创意或者策划不得随意使用
短信设陷	通过发送类似于某单位因业务发展诚聘业务公关，月薪1万元以上，可兼职这类的手机短信，要求职者在上岗前将一定数额的押金或者培训费，存到某账户	求职者如果轻信这些短信会白白浪费钱财或者透露个人信息	要相信天上不会掉馅饼，回个短信或者交点不明不白的钱就可以获得好的职位是根本不可能的
面试收费	常有人利用毕业生急于求职的心理，伪造招聘信息，或拿来现成的招聘信息改头换面，然后通知学生面试，要求学生出发前把面试费汇到某个账户，金额一般为50元至200元不等	面试是一种双向选择的机会，双方没有为对方提供任何具体服务，不应涉及费用，如果轻信，则会浪费钱财与其他求职机会	凡是要求提前汇款或带现金才有面试机会的信息，不要理睬。如果是你心目中向往的公司，可直接找对方人事部，确认面试时间、地点
传销骗局	一些公司没有产品或只有价值低廉的所谓"高科技"产品，以洗涤类、营养类、药品类、健身类产品居多，他们通过电话或熟人传话。片面夸大赚钱是如何如何容易，吸引求职者	影响正确求职心态，甚至钱财打水漂	通过正规渠道和正当途径获取就业信息，拒绝道听途说和网络帖。误入传销陷阱后，想办法摆脱，必要时向学校和警方求助
中介陷阱	现在人才市场上从事职业介绍的机构很多，良莠不齐，中介机构和用人单位相互勾结，设下陷阱，骗取毕业生的钱财	狼狈为奸，让求职者如入迷宫	一般要求交纳保证金或押金，采用名片、街头张贴及公众BBS发布就业信息的中介机构不可靠，求职者可事先打电话询问当地工商行政管理部门、人事部门和劳动管理部门，核实后再作决定

总结案例

做足功课，前路无阻

　　小刘是市场营销专业的大学生，毕业时她选择了某家电销售公司的销售岗位作为自己求职的目标。为了顺利应聘，她决定利用招聘会前的一周时间，为那家公司拿出一份市场调研报告。在接下来的几天里，她对该公司所有的产品做了细致的市场调查,从市场份额、产品到竞争对手等各方面的情况都了解得清清楚楚,拿出了一份有分量的市场调研报告,最后在招聘会上击败了众多学历高于她的竞聘者,被公司录用。

小刘针对目标公司和岗位,结合自己的专业知识,给应聘单位提供了可行性知识型成果。用人单位最希望的就是招聘到的人能实实在在地解决问题,对症下药,提出切实可行的解决方案,这样的人最能获得应聘单位的认可。

启示：

这个案例给准备求职的大学生一个非常好的提示和帮助,也从另一个角度告诉我们,求职是有技巧、有针对性的。"求"不是简单的投简历、面试,而是一个"上下求索"的过程,在这个过程中做足功课,"职"会自然而来。

活动与训练

活动 1

主题：筛选招聘信息。
目标：通过互联网查找企业招聘信息。
时间：20 分钟。
过程：获取招聘信息。

1. 以至少三家企业为调研对象,最好和本专业相关,获取企业基本信息(如属于何种行业、发展概况、发展前景)、了解企业用工情况(如用工需求、学历要求、技能要求)。

2. 信息筛选后,请完成下表。

企业基本信息	何种行业	发展概况	发展前景	企业文化
企业用工情况	用工需求	岗位设置	岗位用工标准	岗位职责

活动 2

主题：采访亲人、朋友。
目标：通过采访的形式获取间接的求职信息。
时间：30 分钟。
过程：间接获取求职信息。

1. 采访身边具有较好职业发展经历的亲人或者朋友,了解他们的求职意向、求职路径及成功的经历,挖掘对自己有用的信息。

2. 撰写一份采访报告。

3. 从采访报告中整理出对自己有利的就业信息。

思考与讨论

1. 还有哪些收集就业信息的渠道,但并未被发现?
2. 女生如何有效地规避就职陷阱?

任务二　准备求职材料

学习目标

1. 掌握求职信的撰写要领。
2. 能够准确填写就业推荐表。
3. 掌握个人简历的主要内容和撰写方法。
4. 能够制作求职材料。

导入案例

败在华丽的简历上

　　小王学的是阿拉伯语,大学前三年都在一家贸易公司做兼职翻译,负责国际贸易的总经理曾对她许诺:毕业后直接来上班就行! 大四大家求职到高峰时,单位却委婉地告诉她,因为和埃及那边的合作取消,公司已经不需要阿拉伯语专业的人了。不知所措的小王立即制作个人简历。她花费了 1 000 元钱做了 10 套装潢华丽的简历,每一套都是厚厚一叠。招聘会热火朝天,要人的单位多,虽然小王极力说明自己有三年贸易公司兼职翻译经历,却因招聘会上太过吵闹淹没在翻涌的人声里。小王终于看中一家大集团的海外贸易部。负责招聘的 HR 人员快速翻着简历,皱着眉头说:"你什么专业的,到底要应聘什么部门,有什么特长啊,写这么多干吗! 等电话吧!"说完把简历摞了一尺多高的简历堆里,高声叫道:"下一个!"正当小王沮丧得准备离开时,却意外看到会场尽头角落里的一家著名旅行公司。这家从事境外旅游的公司招聘栏上清楚地写着:阿拉伯语人才招聘。小王兴奋地走过去,负责招聘的中年男子笑着问:"你的简历呢?"小王这才意识到手里一份简历都没了。于是她匆忙把姓名、学校、专业、特长填在一张空白纸上递给负责人。负责人皱着眉头收下,挤出笑容说:"好的,那你等通知吧。"一个礼拜过去了,小王没接到任何面试的电话。打电话到那家公司,耐心报了学校、专业和姓名,可电话那头却冷着嗓子说:"我们从来没收到你的简历!"而此时和小王一个专业的某男生却成功应聘到小王心仪的那家大集团海外贸易部。他告诉小王,他的简历只做了两页,一页介绍自己的基本情况(包括各科成绩),一页是大学四年的社会活动简介。他一说完,小王顿时傻了眼。

启示：

从这个案例中要吸取三个教训。第一，简历制作应简单明了，突出重点和优势。第二，投简历时应注意专业对口。第三，递简历后若对方明确表示出专业不对口或不提供面试机会时，可以把简历要回。（图4-3为求职现场照片。）

图4-3　求职现场

一、求职材料概述

求职材料是毕业生在求职择业时，为了便于用人单位了解自己而准备的能说明毕业生本人有关情况的个人书面材料。投递求职材料是求职者与用人单位取得联系、"投石问路"的常用手段。它一般包括求职信、就业推荐表、个人简历、学历证明、职业资格证书、获奖证明材料等。

求职材料非常重要，它是毕业生与用人单位之间交流信息的载体。对毕业生来说，可以通过求职材料向用人单位介绍自己的情况和求职意向，表达对用人单位所提供的职位感兴趣的原因和努力工作的决心。这是争取就业机会的重要步骤，是通往就业之路的"敲门砖"。

二、求职信

（一）求职信的分类

1. 有目的地向单位进行自我介绍

这种求职信，是在已经知道了某个单位招聘人才的情况下写的。它具有高度的针对性。在求职信中，称呼和内容都要针对特定单位的特定人，主要表述自己的主观愿望和特长，以吸引招聘者的注意，取得面试机会。

2. 广泛适用的求职信

这种求职信不分职业、单位和对象，没有求职的具体目标，带有一定的盲目性，成功率相对较低。它主要向用人单位介绍自己的概况，让单位了解并对自己感兴趣，普遍使用在供需见面会和人才市场招聘会上。

（二）求职信的内容和格式

1. 标题

求职信的标题通常只有文种名称，即在第一行中间写上"求职信"三个字。

2. 称谓

称谓是对收信人的称呼，写在第一行，要顶格写单位名称或个人姓名，在称谓后附上冒号。求职信的称呼比日常书信所用称呼要正规。通常，写给国家机关、事业单位时，可以用"尊敬的××处长（或科长）"等称呼；写给外资企业时，可以用"尊敬的××董事长（或总经理）"等称呼；如果写给一般性企业，可用"尊敬的××厂长（或经理）"等；若写给学校，则以"尊敬的××教授（或校长、老师）"等称呼。

3. 正文

正文要另起一行，空两格后写求职信的内容。正文内容较多，要分段写。

（1）求职的原因。首先简要介绍求职者的基本情况，如姓名、年龄、性别、学校、专业。接着要直截了当地说明从何渠道得到有关信息以及写此信的目的。这段是正文的开端，也是求职的开始，介绍有关情况要简明扼要，对所应聘的职务的态度要明朗。为了吸引收信者有兴趣读下去，开头要有吸引力。

（2）对所谋求的职务的看法以及对自己的能力的客观评价，是求职信的重点。要着重介绍自己应聘的有利条件，特别突出自己的优势和"闪光点"，以使对方信服。语言要中肯，恰到好处。态度要谦虚诚恳，不卑不亢，达到见字如见其人的效果。要给对方留下深刻印象，进而相信求职者有能力胜任此项工作。文字要有说服力。

4. 结尾

求职信的结尾应该包含两部分内容：盼回复和祝福语。例如，先写"期盼得到您的回复""静候佳音"；然后另起一行，空两格，写表示敬祝的话。例如，写下"此致"，然后换行顶格写"敬礼"。这两行均不加标点符号，不必过多寒暄，以免"画蛇添足"。

5. 署名和日期

写信人的姓名和成文日期写在信的右下方，成文日期写在姓名下面。

6. 附件

有说服力的附件是鉴定求职者的凭证，是不可忽视的组成部分。附件不需太多，但必须有分量，足以证明自己的才华和能力，比如自己的外语等级证书复印件（或扫描件）、计算机等级证书复印件（或扫描件）、获奖证书复印件（或扫描件）。附件可在求职信的结尾处注明。

> **比一比**
>
> 请将大家撰写的求职信进行集中展示，评一评，看谁撰写的求职信有特色、有亮点，求职信须是针对对口企业、对口岗位撰写的，并符合要求。

（三）撰写求职信的注意事项

（1）篇幅尽量简短。只有篇幅简短、重点突出的求职信才会引起用人单位的注意，才能收到好效果。

（2）突出个性。面对不同的招聘单位和不同职位，求职信在内容侧重点上要有所不同，必须有很明确的针对性，切忌千篇一律，没有自己的特色。只有突出自己的优势，并很好地体现招聘岗位要求和自身条件的匹配点的求职信，才能被招聘者赏识。

（3）实事求是。要不卑不亢，适度的谦虚会让人产生好感，但过分的谦虚则容易给人留下缺乏自信的印象；与此相反，虚假浮夸的表述很容易被招聘者识破。因此，陈述要客观真实，适度修饰。由于文化上的差异，一般对外资企业需要充分地展示自己的能力，充满自信，而对国企、国家机关以及国有企事业单位则应当适当内敛，着重介绍自己的知识和能力，语气要适度含蓄。

（4）语句通顺，文字流畅。求职信一般要求打印，做到文字工整、美观，不要出现错别字，语句流畅通顺，文字通俗易懂，切忌用华丽的辞藻进行堆砌，少讲大话、空话和套话。

（5）尽量不要谈薪酬。如果没有被要求，不宜在求职信中谈论薪酬待遇。如果招聘者要求自己提供薪酬要求，那么就适度地说明，例如不低于×××元，或者参照行业薪酬标准的中等水平，并且注明这是可以协商的。

（6）仔细检查。写完后认真阅读修改，然后请周围的人帮助修改，避免有歧义的表述，避免重点不突出或者表述层次不清等疏漏，使求职信更能准确地表达求职者的信息。

（7）可以用中、英文两种文字撰写。现在有很多用人单位非常重视求职者的英语水平。因此，用中、英文两种文字写求职信，可以使自己的英语水平得到展示和提高。如果求职的单位是一个中外合资企业或外资企业，那么中、英文求职信就更有必要了。

 学一学

请学习图4-4的求职信样例。

> **求职信**
>
> **尊敬的××先生/小姐：**
>
> 您好！我从5月1日的《××晚报》上获悉贵公司正在招聘网络编辑一职，如果公司想寻找一名生气勃勃、充满活力又熟练文字处理的年轻人，我自信能够胜任。
>
> 我是D大学中文系的应届毕业生，在校期间，除了一直在校报担任编辑工作外，还是搜狐网站"生活"版的兼职编辑。三年以来，我对网络编辑的工作已经有了相当的了解，我自信有能力承担贵公司所要求的网络编辑工作。
>
> 我对网络有着非常浓厚的兴趣，能熟练使用FrontPage、DreamWeaver和PhotoShop等工具。我的个人主页是http://www.xxx.com，日访问量已经超过100人，欢迎您浏览我的个人主页。
>
> 基于对互联网和编辑事务的精通和喜好，以及我自身的条件和贵公司的要求，我相信贵公司能给我提供一片施展才能的天空，我也相信我的努力能让贵公司的事业更上一层楼。
>
> 随信附上我的简历，如有机会与您面谈，我将十分感谢，全天24小时联系电话：13300000000，在此致以最诚挚的祝愿。
>
> 此致
>
> 敬礼
>
> 　　　　　　　　　　　　　　　　　　　　张业
>
> 　　　　　　　　　　　　　　　　　　2018年5月1日

图4-4　求职信样例

标题标题要醒目、简洁、典雅,还可以用主副标题。

正文要简洁,字数要控制在 400 字以内。

(1) 说明本人基本情况和求职信息来源。

(2) 说明应聘岗位和能胜任本岗位工作的各种能力。

(3) 介绍自己的潜力。

(4) 表示希望获得面试的机会。

求职信的结尾部分主要是表达两层意思:一是表达你求职的诚信和期盼的心情,力求获得一次面试的机会;二是必不可少的礼貌,可以写上简短的表示敬意、祝愿之类的祝词。最后不要忘记加上"此致""敬礼",并在右下角写上自己的名字和日期。

三、个人简历

如何从日益激烈的求职竞争中脱颖而出？首先要制作好个人简历,它是求职者介绍自己、推销自己的"人才说明书"。无论是通过哪一种招聘渠道——招聘会、网络申请或他人推荐,都需要提供个人简历。

(一) 简历所反映的求职者情况

1. 求职者的能力

招聘者根据求职者受教育的程度、有无相关工作经历、取得过何种成绩等来判断求职者的基本能力和素质,因此简历中需列举具体的事实来证明求职者能胜任招聘岗位。

2. 求职者的职业诚信

招聘者很看重求职者的职业诚信,会注重求职者工作的稳定性及材料表述的真实性,如果频繁跳槽或经历表述中有隐瞒、欺骗的信息,就会使招聘人员对求职者的职业诚信有所怀疑,影响求职者的求职。

3. 求职者的思维特征

招聘者会通过简历表述的层次性、逻辑性、准确性及文字写作能力,来判断求职者的思维特征。

招聘人员往往先通过阅读个人简历对众多求职者进行初步的筛选,因此精心准备的简历更容易通过初审。

 试一试

简历创意介绍

一、视频简历:"视听"瓶颈的冲击波

小李的视频简历可谓是独树一帜,招聘方先是诧异,继而兴奋地把他的"简历"放入光驱。播放器屏幕上一开始出现的是他在校辩论赛上唇枪舌剑的珍贵场面,几分钟后他又出现在舞台上,引吭高歌一首《冷酷到底》,过一会儿镜头锁定绿茵场上,展示了他一记精彩的凌空抽射……这段视频全方位地展示出了小李的特长和风采，令招聘方十分满意。

【点评】视频简历的最大意义在于，它颠覆了传统的求职方式，使传统求职简历上用文字方式表达的"特长介绍"等多项内容变得具有可视性、可听性，从而在客观上提升了求职者的可信度和深刻度。

二、Web简历：信息时代的"无纸化"求职武器

小徐学的是计算机专业，利用自己的专业知识和兴趣爱好，他和朋友花了两个星期的时间为自己做了一个漂亮的简历网页，里面有自己各种详细的介绍，包括一整套学习成绩查询系统，自己历年来在各大报纸杂志上发表的专业文章及链接。招聘者只需要轻轻一点鼠标，关于自己的各种资料便一目了然。在招聘会上，别人投过去的都是一本厚厚的"书"，而他的简历只是一张印有自己主页地址的"名片"。

【点评】在信息时代，这种简历在各方面显现出了它的优势，信息细致全面，易于查询，操作方面快捷，完全摒弃了纸质简历的厚重、烦琐，还可以为自己省下一笔不小的复印费。

三、卡通简历：动漫中演绎"个性人生"

小卢把自己的简历设计成各种卡通形象，即把自己画成漫画人物，也把自我介绍中的个人经历、特长都用动漫连环画的形式表示出来，内容既详细周密，版面又活泼生动，活力和朝气扑面而来，结果她被天津某幼儿学校高薪聘用了。该校的校长解释说，我们需要的就是这种富有创意、童心未泯的女生，从她的特色简历中我们能够看到卢老师应该是一个有爱心、爱护学生的好教师。

【点评】卡通简历的成功有它的必然性，但是也有它的偶然性，它并不是适合所有的求职者。一位简历资深专家指出，如果你求职的意向是部门主管等较为正式的职位，满纸涂鸦的卡通简历不但不能帮上你一点忙，反而会让HR觉得你过于天真、不成熟，断送了自己的前途。

四、写真简历：美丽时代的眼球效应

当招聘人员不断地翻阅着一大堆千篇一律、密密麻麻的文字简历时，突然几张精美的个人写真照片映入眼帘。这能使人眼睛一亮、赏心悦目，使招聘者对应聘者产生一定的好感。正是基于这种微妙的心理作用，这种先声夺人的写真简历在女性求职者中颇为流行。

【点评】专家提醒此种眼球简历中写真照片的数量不宜过多，选取较有代表性的几张即可，而且写真的穿着要注重端庄、职业化，显示出自己的自信与大方，切忌过于暴露，那样反而给人花哨、不务实的不良印象。

（二）简历的撰写方法

简历要求求职者对个人的成长经历有重点地、简要地作概述。用人单位会根据简历

传递的信息与招聘岗位进行匹配,通过判断求职者对应聘岗位的胜任程度,决定能否进入面试环节。因此,一份"简历"并不"简单",一定是与应聘岗位高度匹配的。

1. 自我分析——自身拥有什么

首先,明确价值观。求职者一定要明确知道自己想要一份什么样的职业,即"工作价值观",它会支配着求职者的选择。

其次,梳理众多与应聘职位相关的学业、经历、培训等,写明参加过的社团活动、支援服务、社会兼职、兴趣或者休闲活动。

最后,能力分析。通过对过往经历的梳理,明确自己所具备的知识技能、可迁移技能和自我管理技能,并能列举事实证明。

2. 企业分析——企业需要什么

首先,对所应聘的企业进行深度分析。例如,公司所处的行业、该行业的发展前景、企业的成长史、企业文化、目前的运营情况、薪酬和福利待遇、晋升空间,能否与自己的工作价值观相匹配。

其次,对所应聘的岗位进行分析。例如,岗位职责、任务、劳动强度、工作环境、对应聘者的能力要求。

3. 信息展示——人职匹配

首先,要明确求职岗位。没有求职意向的简历只能称为履历。在简历中要明确自己的求职岗位。

📚 **学一学**

请学习图 4-5 的求职简历样例。

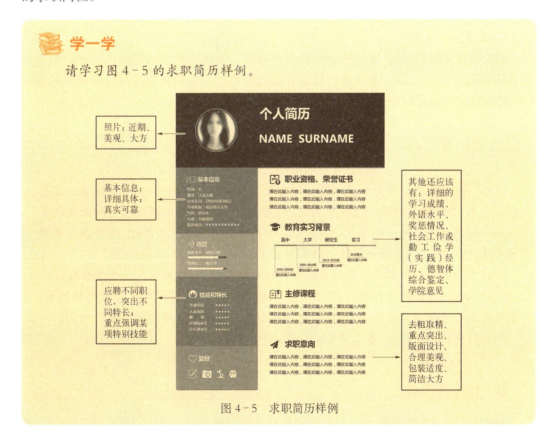

图 4-5　求职简历样例

其次，简历中信息的展示。要将"自身拥有的"与"企业需要的"进行无意识匹配，要给用人单位一种"众里寻他千百度，那人却在灯火阑珊处"的感觉。

最后，信息展示要分"轻重"。与应聘岗位紧密相关的信息要优先写，重点描述，以此类推，与应聘岗位无关的信息不要写，学会舍弃。

（三）简历制作的注意事项

1. 真实

简历最主要、最基本的要求就是真实。诚实地记录和描述，能够使阅读人首先产生信任感，而用人单位对求职者最基本的要求就是诚实。个人简历不能弄虚作假、编造经历。

2. 简练

招聘人员每天要面对大量的求职简历，一般在粗略地进行阅读和筛选时，在每份简历上所用时间不超过一分钟。如果简历篇幅很大，阅读者缺乏耐心，难免漏看部分内容，这对求职者是很不利的。

3. 突出重点

重点突出才会给人留下深刻的印象。个人的优势部分是整份简历的点睛之笔，是最能吸引人的地方。

4. 勿过度包装

自己的情况自己最了解，简历要亲自动手制作。从实际效果来看，多数用人单位更看重应聘者的真才实学，对过度包装的简历不会有特别的好感。

5. 有自己的特色

用人单位在招聘期间，通常都会收到大量简历。如何让负责招聘的人对你的简历留下深刻印象，并决定给你一个面试的机会？这就需要我们在简历中针对应聘单位的性质和应聘职位突出自己的特色。

 看一看

简历投递小窍门

统一复印装订。简历后面所附的整套求职文件的复印件，如奖学金证书及其他荣誉证书，复印时最好统一使用白色的A4纸，避免大小不一，同样颜色和大小的纸张会给招聘者一种专业的感觉，还要保证打印和复印的质量。另外，应将各类资料装订在一起，防止这些材料在传递过程中丢失。

注意在简历和求职信上写好应聘的岗位和联系方式，方便用人单位进行反馈。

将已投递简历的单位建档，包括单位名称、联系人、联系方式及投递的材料等，同时记住已经投递简历的单位名称，以免某天接到招聘单位的电话时手忙脚乱。

在打印的求职信上，签上自己的名字，以示诚意和尊重。

四、就业推荐表

现在使用的就业推荐表，是由学校毕业生就业指导服务中心统一印制的，其中包括：姓名、性别、民族、出生年月、政治面貌、学校名称、专业、学历、培养类别、外语水平、健康状况、学校地址、特长、奖惩情况、在校表现、院系推荐意见、学校毕业生就业指导中心意见等(图4-6)。

姓　名		性　别		民　族		
出生年月		身　高		政治面貌		照
学　历		学　制		健康情况		
所学专业				培养方式		片
生源地区		省	市		县	
外语水平			计算机水平			
个人爱好			特　长			
联系电话			手　机			
电子信箱			邮政编码			
通信地址						
获奖、评优及社会实践情　况						
学院党、团组织综合评语及就业推荐意见: 班长签字:　　　　　　　　　　辅导员签字: 团支部书记签字:　　　　　　　学院党总支签章 　　　　　　　　　　　　　　　　　　年　　月　　日						
学校毕业生就业主管部门意见: 　　　　　　　　　　　　　签　章 　　　　　　　　　　　　　　年　　月　　日						

图4-6　大学生就业推荐表样例

填写就业推荐表时的注意事项:

(1)不能涂改。就业推荐表具有代表校方的作用,有关部门加盖了公章。因此,填表的时候一定要细心、认真。特别是成绩单、院系推荐意见等部分,一旦有涂改的痕迹,就可能引起用人单位的误解。因此,发现错误时,应当换一张重新填写。

(2)在备注栏中叙述自己的突出优势。如果自己具有的一些突出优势可以在备注栏里展示,比如发表的重要作品,或者突出的外语能力、突出的工作经历。

(3)保证推荐表的唯一可信性。推荐表的原件不可仿制,更不可谎称遗失而重新补办。这样做,会影响学校的声誉,从而造成不良影响。毕业生在"双向选择"的过程中可以使用推荐表的复印件进行"自我推销"。只有与用人单位签订协议时,才向用人单位或人事主管部门交出推荐表的原件。一定要保管好推荐表原件。

五、求职材料的制作

求职材料的制作,不是求职信、个人简历、毕业生就业推荐表等各类证书的简单装订,而应当是一份吸引用人单位、展示自我才能的精美手册。

1. 封面设计

封面是整个个人求职材料的"脸"。封面设计既要美观、有个性,又要突出主要内容,不可过于花哨。成功的设计,会给用人单位留下良好的第一印象。一个好的封面应包括:学校名称(可附上学校的标志性图案)、专业名称、"求职材料"字样、个人姓名、联系方式(包括通信地址、手机号码、E-mail 地址等)。为了不显得单调,可以在封面的右下角设计一个简单的图案。但切不可把图案当成封面的主体,否则就会喧宾夺主。

2. 制作求职材料的注意事项

在制作求职材料时,特别要注意做到五个"切忌":一是美观大方即可,切忌封面太华丽;二是能短则短,能说清楚就行,切忌太长;三是诚信是求职材料的关键,要做到符合实际,切忌假大空;四是能做到按单位要求和国家法定原则定岗定级,切忌无所顾忌地谈薪水,即使面试人问起,也应巧妙回答;五是切忌个人材料不加分类地堆砌到一起,毫无逻辑性可言,让面试官感觉毫无章法。

3. 求职材料的整理

(1)分类整理。原始的材料很多,一般按照以下五个方面分类整理:个人简历性材料、专业学习材料、奖励评论性材料、社会实践材料、特长爱好材料。

(2)合理编撰。求职时不能将所有材料简单叠加后交寄给用人单位,必须针对用人单位和求职目标的具体要求,结合自己的实际情况,将材料合理取舍,有机组合,从而充分体现出你的竞争优势。

(3)适度包装。将编撰后的材料加以包装是完成求职材料的最后一道工序。首先要设计好封面。封面设计的基本原则和要求是:美观、大方、醒目、整洁。要有一个能突出主题的标题,最好出现姓名、专业、毕业学校等基本内容,但不宜过多。其他内容要按照适当顺序编排,统一用 A4 标准纸打印后装订。包装要适度,装帧不能太华丽,保持清洁、明快很重要。

(4)全面审查。对包装好的求职材料,必须作全面的认真审查,确保无任何错误和遗漏或残缺。

总结案例

通往面试的"护照"

广州某报社想录用一名新闻专业的毕业生,人事处的两名招聘人员奉命赴上海某高校选人。谁知他们刚到上海,报社主管就通知他们去南京某大学面试一位毕业生。原来报社领导收到这名大学生的一份非常出色的求职简历,因而动了爱才之意。

启示:

一份高质量的简历可以说是"通往面试的护照"。

活动与训练

目标:

1. 学会制作求职简历和求职信。

2. 学会评价和修订求职简历。

安排：

序　号	实　训　内　容	时间分配
1	教师讲解实训要求	5分钟
2	学生制作求职简历	课外完成
3	学生进行求职简历筛选	10分钟
4	优秀求职简历点评	15分钟
5	教师点评并引导讨论	10分钟
6	教师布置实训作业	5分钟

温馨提示：学生简历备齐后方可开始，简历可作为期末成绩评价依据之一。

准备：

序号	人员	主　要　内　容	重　点　提　醒	程度要求
1	学生	制作求职简历	给各组一份，教师一份	高
2		简历评价技术	制订求职计划	偏高
3	教师	优秀简历评价标准	列出具体条目	中
4		优秀简历点评	优秀简历准备	高

温馨提示：简历要提前上交给教师。

过程：

1. 教师讲解

(1) 教师介绍关于简历的评价要求。

(2) 教师介绍实训的具体规则。

(3) 学生可简短提问，教师答疑。

2. 学生分发简历

(1) 小组长收集本组简历，保证每个同学都提交了简历。

(2) 与其他各组交换简历，保证每组都有简历。

(3) 教师检查简历是否齐全。

3. 学生筛选简历

(1) 各组依次阅览简历，每份简历阅览时间不得超过10秒。

(2) 每组讨论定出最优的5份简历和最差的5份简历。

4. 小组点评

(1) 小组长宣读本组筛选的优秀简历名单(本组成员不在名单之内)。

(2) 小组长代表本组点评优秀简历，被点评同学起立鞠躬以示感谢。

(3) 小组长宣读本组筛选的较差简历名单。

（4）小组长代表本组进行落后点评，被点评同学起立并虚心接受。

（5）各组依次进行。

温馨提示：较差简历名单中的同学不得反驳，因为真实求职过程中是没有机会解释的。

5. 教师点评

（1）教师宣读自己筛选的优秀简历（10 份），建议投影。

（2）教师宣读自己筛选的较差简历（15 份），建议投影。

（3）教师引导学生评价简历，可参照下表进行。

简历评价表

项　　目	是	否
1. 格式。简历是否有吸引力		
2. 外观。是否简明？布局是否清晰和易于阅读？打印是否整齐？格式是否正确		
3. 长度。是否简明切题		
4. 突出。是否选择与申请职位最相关的工作经验		
5. 表达。用词是否生动？职业目标描述得是否清楚		
6. 切题。你的工作经验是否与申请职位有关		
7. 完整。是否包括了所有的重要信息		
8. 准确。你的简历是否准确地反映了你本人的情况？是否有助于取得一次面试机会		
9. 技能。简历是否反映出你的与申请职位有关的技能		

6. 标准讨论

（1）与本专业相关的优秀简历的要素。

（2）较差简历特征列举。

7. 自我改进

提出简历改进措施。

8. 教师布置实训作业

（1）教师对课后练习进行布置；

（2）教师对学生重新整改简历提出要求，并再次回收修改简历进行评价。

思考与讨论

1. 根据自身专业、爱好及求职意向，制作一份求职简历。

2. 制作一份简历，在老师的指导和帮助下，掌握制作简历的要点和技巧。

任务三　调整就业心态

学习目标

1. 能够做好择业前的心理准备工作。
2. 能够积极应对求职前后的心理变化。
3. 能主动强化积极的心理素质。

导入案例

求职路上,学会"收拾心情"

梁祝,男,24岁,2018年毕业于内蒙古包头某职业院校,机电一体化专业。

他从毕业至今,找过两份工作,工作时间加起来不超过6个月,其余时间全部处于待业状态。第一份工作是在一家食品企业从事销售,他工作了3个月后离职。离职的原因一是看不惯身边"小人"太多,二是老板"眼睛长在头顶上",看不清身边的"小人",不能理解人与人相处为什么不能以真面目示人。他离职后心情极度郁闷,不愿与人交流,整日闷在家里,更别谈再次求职了。

2019年3月,父母又通过熟人给他找了一份工作,实习期三个月,实习期工资1 000多元。工作之初,他的状态确实改变很大,整个人的精神面貌焕然一新。但工作不到一个月的时间,他就因为枯燥的工作内容、无聊的同事、低廉的薪水、漫长的实习期等原因产生了离职的念头,甚至对人生的价值产生了怀疑。最后,他不顾父母、朋友的相劝,还是决定离职。

启示：

案例中梁祝的几次求职都因不能适应职场而退出,这种情况应该是初入职场的毕业生常见的状态,他们由于能力和社会经验不足等原因不能快速调整心态融入职场,甚至可能由于一次求职失败就出现了错误的认知。这个时候就需要在第一时间意识到自己出现了不正确的心态,并且能积极地采取科学的办法去调整,"收拾心情"再次上路。

一、做好择业前的心理准备工作

面对日趋激烈的就业竞争和劳动力市场,大学生在求职过程中,出现了各种各样的心理问题,这既不利于就业,也影响了大学生的身心健康。在就业前对求职目标能准确定位,对择业过程中出现的各种情况能及时发现并准确判断,是每一位求职大学生都应该做到的。

(一)锻造健康的心理素质

1. 培养勇于竞争的意识

随着经济的高速发展和现代企业制度的建立,大学生要在实行"双向选择"的人才市场上谋得一席之地,找到理想的职业,就必须增强竞争意识。竞争已经成为现代社会的主旋律,在市场经济的大潮中,竞争给生活带来了无限的活力。竞争能使大学生自身能量和潜能得到最大限度地释放和发挥,是毕业生自我价值实现的一种满足。就业竞争不可避免的为强者带来机遇,使弱者面临危机,因此准备求职的大学生要做好多方面的竞争准备,通过各种途径,在社会实践中培养自学能力、实际动手能力、组织管理能力、社交能力、适应能力等,以满足激烈竞争的人才市场。

2. 确立良好的求职心态

面对竞争激烈的求职现状,拥有一个健康良好的求职心态是在就业过程中获得成功的关键。评价就业心理是否健康,有一个非常重要的标准,即要看大学生在求职过程中,能否清醒客观地分析自身的优势和劣势,对自己各方面的能力和就业方向有一个明确的认识,能摆正自己的位置。同时,还要拥有良好的人生观和价值观,良好的人生观与价值观,对良好就业心理的形成具有重要影响,一个对生活抱有积极态度的人,一个具有社会主义核心价值观的人,这样的人,一般来说,心理都是非常健康的。在激烈的职场角逐中,遭受一些挫折在所难免,年轻人多经历一些风雨,将有助于积累人生的宝贵财富。大学生在求职过程中要做好遭遇挫折的心理准备,失败后不气馁,成功后不炫耀,保持一颗平常心。

3. 增强社会适应能力

"适者生存",是永远的真理。大学生在求职过程中要及时调整梦想与现实之间的差距,避免出现理想主义,将自己的就业期望值调整到适合自己的高度,不刻意追求最满意的结果。在选择岗位时,要明确现实职业岗位的重要性和职业岗位工作需要,把个人兴趣专长与社会实际有机统一起来,既要考虑个人因素,也要自觉服从社会需要。在面对新的工作环境、学习环境、人际环境和生活环境时,要积极投入其中并尽快适应,多变的未来需要大学生具备良好的应变能力和适应能力。

(二) 准确的定位

1. 自我定位准确

一个面临求职择业的大学生,只有对自己才能、特长、爱好、兴趣、弱点等有一个客观的评价,给自己准确的定位之后,才能从自己的实际出发,获得满意的求职结果。要客观认识自己的理想追求,不"眼高手低",从个人实际情况出发,设置符合自己的职业目标。要客观的认识自己的气质性格,认识到每个人的气质和性格是有差异的,但没有好坏之分,不同的社会职业对从业者的气质和性格也有不同的要求,了解和掌握自己的气质特征和性格特点,是正确选择职业的前提。客观的认识自己的能力和兴趣爱好,才能在求职择业过程中扬长避短,在众多的职业中找到符合自己的那一个。

2. 职业定位准确

大学生要正确认识自己和希望从事的职业,选择适合自己的职位。社会上的职业多种多样,没有绝对的好坏之分,职业定位时首先要确立合适的职业目标,它是建立在对社会需求、工作环境和个人能力充分认识的基础上的。要做到职业定位准确,还要理性地处理好职业理想与就业现实之间的冲突,大学生要主动随着就业形势的变化及时调整自己的就业目标,抛弃不合理的职业理想,积极争取就业机会,将自己的心态调整到一个最佳状态。

二、就业过程中常见的心理问题

(一)自负或自卑

由于毕业生对自我的评价能力的不完善和缺乏自我评价的客观反馈,导致自我评价往往不准确。或者脱离社会,对社会客观环境缺乏正确认识;或者过于依赖自我感觉,而对自我缺乏理性的认识和评价。

自我评价过高容易产生自负心理,这种情况在学习成绩好、工作能力和社交能力较强的同学中较为普遍。他们择业时往往以个人的主观择业标准去衡量社会需要,忽视了现实对一个毕业生综合素质的要求,高估自己的知识和能力水平,期望值过高,容易脱离实际,以幻想代替现实,使择业目标和现实产生极大的反差,在求职择业过程中自命清高、挑三拣四、自命不凡。同时,在日趋激烈的人才竞争中,面对就业市场的困境和艰难,一些毕业生因为自己所在的学校知名度不高、所学专业属于冷门行业,或者是自己在班上的综合排名靠后等情况,产生了一种自卑心理。自卑是一个人对自己不满、鄙视等否定的情感,常表现为缺乏正确的自我认识,自惭形秽,缺乏信心和勇气。过度自卑,还会导致精神不振、消极厌世,甚至走向极端。这些自卑心理严重影响毕业生的求职择业,使其不敢正面对待就业问题,同时阻碍其聪明才智和创造力的正常发挥。由于缺乏自尊心、自信心,毕业生看不到自己的优势和优点,不敢主动向用人单位推销自己,不敢主动参与就业竞争,陷入不战自败的困境中。例如:在参加用人单位的面试时,常常面红耳赤,语无伦次,答非所问,面试前准备的"台词"忘得一干二净;或者由于谨小慎微,唯恐一句话说错、一个问题回答不好会影响自己在用人单位代表心目中的形象,不敢说话,没有把自己的特点和优势表现出来,因此失去许多到其感兴趣单位发展的机会。

(二)畏惧挫折

由于事先对严峻的就业形势缺乏充分的认识和应有的心理准备,一些毕业生在就业过程中遭到几次失败后,会变得盲目自卑,对自己的能力产生了极大的怀疑。因而他们害怕面试,甚至采取逃避的态度,应聘时过分担心自己某方面的能力或经验不足,在招聘时过分谦虚,不敢自荐,与就业机会失之交臂。部分毕业生在面对就业过程中的挫折和打击时表现得很脆弱,心理承受能力低下。他们习惯于校园中的生活,对环境的适应能力差,在择业过程中一旦遇到挫折或不顺就怨天尤人,感到无能为力,失去信心,往往会出现不思进取、情绪低落、情感淡漠、意志麻木等心态。当再次遇到机会的时候,他们既有心灰意冷又有担心失败的心态,从而失去重整旗鼓、再次进取的勇气,失去很多机会。其实"失败乃成功之母",求职失败以后,只要吸取教训,更勇敢的面对市场竞争,寻找机遇,把握机遇、机遇就会光顾你。

(三)盲目从众

从众心理是我们日常生活中常见的一种现象,在毕业生求职择业时也往往会出现这种情况。部分学生缺乏对自身的理性认识,对自身的条件和性格特点不能全面分析,不能客观地分析社会的需要,因而在就业时产生了随波逐流的盲从心理,而没有"量体裁衣"的求职意识,不懂得适合自己的、能够发挥自身特长的岗位才是最好的。他们在求职择业时,瞻前顾后、勇气不足、人云亦云,自己毫无主见。对自己的优势、特长以及劣势,知之甚少;对所选的单位、工作岗位一无所知,盲目追求高待遇,热衷于热门职业,热门职业应聘的人数越多,他们对热门职业的渴求越大。也有学生看到别人都去大城市或经济发达地区择业,自己就跟着效仿。受社会功利主义的影响,择业时名利心理过重,对金钱和名利的看法出现了偏差,相当多的毕业生把择业目光投到相对稳定、待遇优厚的行业中而不考虑自己的主客观条件,以至于在激烈的竞争中失败,造成了心理落差。把自己限制在狭窄的求职道路上,从而错失不少就业机会。

(四) 攀比嫉妒

毕业生在求职过程中往往都存在很强的竞争意识,由于就业能力不同,容易产生嫉妒心理。在寻找工作单位时,毕业生都会和自己周围的同学进行比较,往往是越优秀的学生攀比嫉妒心理越严重,在这种心理作用下,即使有些单位非常适合自身发展,但因某个方面比不上同学选择的就业单位,就轻易放弃,事后却后悔不已。

有些毕业生甚至极端地认为自己在择业上的一次次失败与自己的同学有很大关系,是那些比自己条件好的同学抢去了自己的饭碗,进而对周围的同学产生愤恨。憎恨是从嫉妒的情感中分化产生出来的带有攻击性的心理,易诱发其他恶性心理,在就业过程中有可能导致恶性竞争或恶意伤害,所以要对嫉妒心理加以引导,使其向积极的方向转化。

(五) 焦虑抑郁

毕业生在就业过程中在情绪上易出现异常波动,较多的表现为焦虑不安甚至抑郁等消极的情绪状态。焦虑是由心理冲突或个人遭受挫折以及可能要遭受挫折而产生的一种紧张、恐惧的情绪状态。焦虑心理产生的因素主要有以下几个方面:第一,缺乏对纷繁复杂的现实社会的理性认识,产生了步入社会前的心理恐惧;第二,缺乏充分的就业准备,对就业、考研、考公务员的选择把持不定,产生顾此失彼的彷徨心理;第三,缺失择业方向和择业方法,始终不能顺利就业,因择业挫折产生就业恐慌。过度的焦虑会对毕业生择业就业产生消极影响,它不仅会抑制毕业生的正常思维,而且使毕业生的注意力难以集中,记忆力明显减退,从而影响毕业生正常的学习和生活。严峻的就业形势、毕业生缺乏自信和足够的承受压力的能力、恋爱困扰、家庭背景等都会造成毕业生就业前情绪波动和异常。一项毕业生就业前情绪状态的调查研究表明,毕业生毕业前夕抑郁、焦虑普遍存在,尤其是一些来自边远地区,或性格内向、有生理缺陷、学习成绩欠佳的毕业生,以及女毕业生表现得更为突出。这种焦虑、抑郁等情绪问题使他们精神负担沉重,紧张烦躁,会严重影响其正常的生活和就业。

(六) 依赖他人

择业依赖心理,是指在择业中缺乏独立意识和自主承担责任的意识。形成择业依赖心理现象主要是由于个人独立决策能力不强，缺乏进取精神而造成的。往往表现为不主动出击，消极逃避就业市场，抱着等、靠、要的依赖思想，依赖家人，试图通过关系就业；依赖老师、学校送工作上门，总念着"车到山前必有路""天上也会掉馅饼"，试图坐等就业；即便有选择就业岗位的机会，也拿不定主意，要向千里之外的家长寻求决策帮助，以至贻误择业时机。在面对就业问题时，不少学生没有完全意识到自己是就业主体，缺乏独立意识，不把立足点放在自身努力上，忽视自身素质的培养与提高，而是热衷于托关系，依靠家庭亲友给自己找门路。这部分学生通常自立意识不强，缺乏独立承担责任、解决问题的能力。这一倾向与毕业生的自身成长经历的局限性是分不开的。毕业生毕竟只是经历了十几年的学习生涯，一直生活在象牙塔里，缺乏求职择业的经验，仅拥有较为简单的与家人、朋友、老师的社会关系。在突然要面对重大的人生选择时，就难免产生一定程度的依赖心理，如果不逐渐设法消除这种依赖性，使自己的心态更趋于成熟与独立，则对毕业生就业是十分有害的。

（七）犹豫不决

在目前的就业形势下，部分毕业生在择业过程中表现出各种矛盾心理：他们既希望自主择业，但又觉得风险太大；既想追求一些私企的丰厚薪水，又不愿意承受过大的压力。在双向选择时，瞻前顾后，犹豫观望，徘徊不定，前怕狼，后怕虎，这山望着那山高，该拍板时不敢拍板，即使做出一个决定，也还忐忑不安，顾虑重重。这类学生缺乏对自己的清醒认识，对利害得失过分注重，很容易在一次次的徘徊、犹豫中错过就业良机。

三、就业心理问题的调试

（一）客观地认识自我

1. 自我认知

面对择业中的各种矛盾和问题，毕业生首先要正确认知自我。可利用合适的机会，给这些同学一定的指导，对自己的气质、性格、兴趣等职业特征进行测验，通过测验分析，明确自己的个性特点，自己的优势和劣势是什么，自己最适合干什么工作，找出适合自己的职业方向，从而减少择业的盲目性，避免承受不必要的心理挫折。

2. 参照对比

毕业生要正确地认知自我，要指导他们将自己与社会上其他人做比较。一是要通过与自己条件相当、情况类似的人比较来认识自己；二是要通过他人的评价和态度来认识自己，看看别人眼中的我是怎样的；三是要通过参加社会活动，从活动的结果分析来认识自己，如参加社会实践、毕业实习，寻找客观的评价尺度来认识自己。

（二）就业期望值适度

1. 降低就业期望值

这里的"期望值"由工作薪酬、工种前景、用人单位规模、工作地域等要素构成。毕业生择业时都期望谋求到理想职业，但要使期望变为现实，必须认清形势，正确把握就业期望值。毕业生在择业时,要认真考虑所学的专业和方向,了解社会对该专业的需求情况,要根据自己的职业特征、家庭情况等确定职业期望值。在择业时要以自己所长择社会所需,千万不要因为把各要素想得太高、太好或想一步到位而错失就业的机会,要始终树立"先就业、再择业"的观念。

2. 树立正确的择业观

择业观是毕业生人生价值观的重要组成部分,它与毕业生的世界观、道德意识及心理认知水平相互影响、相互制约。毕业生择业过程中出现的急功近利、求闲怕苦等心理误区,在一定程度上会影响他们的职业发展,制约他们认知水平的提高。毕业生要树立正确的择业观,正确处理国家、集体和个人发展之间的关系,把个人职业发展与社会要求有机地结合起来,树立自尊、自强、自立、自爱意识,发扬艰苦创业精神,在正确的择业观指导下促进自身全面素质的提高。

(三) 增强自身就业力

毕业生就业力的高低直接影响着他们就业的质量。所谓就业力,也就是就业竞争力,它的核心包括工作能力、适应能力和求职能力等。其中,工作能力最基本的就是对专业能力的要求。同时,毕业生应具备适应环境和适应社会的能力。校园与社会毕竟有差距,甘于从底层做起,吸取经验。就业力不是一朝一夕"临急抱佛脚"可以换来的,而是要长年累月地锻炼。现在,在学生就业困难与就业力的缺失不无关系。当然,这方面能力的培养除了依靠高校加大教育教学制度的改革以外,主要是靠毕业生自己。毕业生要从各个环节加强对自己专业能力、适应能力和求职能力的培养,才能实现顺利就业。

(四) 恰当的心理训练

1. 自我反省

面对矛盾和冲突时不要冲动,冷静、理智地进行思考,进行自我剖析,正确地认识自我和评价自我。一方面客观地分析就业环境,把面临的情况搞清楚;另一方面思考自我,找到自己的准确位置,用榜样的力量或者英雄的事迹激励自己,同各种不良情绪进行斗争,坚信未来是美好的,相信自己的实力,自我激励,增强自信心。

2. 心理测验

通过心理测验,了解自己的心理特点和问题,从而有针对性地调节情绪,克服心理弱点,发挥优势。例如,毕业生可以进行智力测验、人格测验、职业心理测验、能力测验,根据测验的结果,来决定自己的职业选择或调整自己的情绪,使之达到良好的状态。

3. 自我慰藉

自我慰藉法又称自我安慰。在遇到挫折和困难的时候,要学会说服自己,适当让步,或者用"退一步海阔天空""亡羊补牢,犹未晚矣"等话语来安慰自己,以摆脱烦恼。

4. 注意力转移

解除苦恼的最好办法便是把注意力从消极情绪转移到积极情绪上,例如找人聊天,及时疏导,排遣郁闷。毕业生有一个优势,就是身边有一群拥有相似经历和目标的同学,他们会帮助自己消除烦恼。

5. 专家咨询

人的心理出现矛盾,特别是有较大的心理负担之后,内心冲突激烈,自我调节难以奏效,接受专业人士的帮助就显得非常重要。毕业生可以求助心理咨询专家,帮助自己消除择业挫折带来的焦虑、烦恼、抑郁等不良情绪。

6. 松弛训练法

这是一种通过练习学会在心理上和身体上放松的方法。放松训练可以帮助人们迅速减轻或消除各种不良的身心反应,如焦虑、恐惧、紧张、失眠等症状。

总结案例

化自卑为自信

小张,男,来自内蒙古农村,2016 级某高职院校乳品专业学生,在毕业前的顶岗实习阶段就被非常知名的乳品企业破格录取。谈到他的求职路,张同学说:"出生在农村、个子矮、成绩差、家庭贫困,是伴随我高考前的所有标签,压得我抬不起头、喘不过气,面对父母充满期待的眼神,我只能拖着疲惫的身躯缓慢前行,不知道路在哪里,我要去哪里,能去哪里,一切都是那么的不知所措。也许是高考前的奋力一搏,也许是命运的安排,我竟然通过了高考的考验。从父亲苍老皱纹里透出的喜悦和红彤彤的录取通知书里,我总算看到了生命里的一丝曙光。"

"所有的改变是从大学开始的,同样层次的分数和大多数来自农村的同学,以及区别于高中的课程设置,不同的上课方式让我发现自己原来并没有那么差。我还当上了班长。来自农村的我并不怕吃苦,也非常善于动手操作,这让我脱颖而出,从此一路高歌,把证明我的标签——改为:善于动手操作、善于团结合作、善于沟通表达、勤奋刻苦。"

启示:

自卑,是所有人都有的,就看你如何看待,如何化劣势为优势,如何定位自己,找到自己的长处,并发挥出来。

活动与训练

主题:以改革开放 40 年的历史巨变为背景,梳理大学生的择业观变化。

目标:从五次转变中,找出大学生择业观的变化有什么规律。

时间:20 分钟。

过程:改革开放 40 年的择业观变化。

1. 提供背景材料

自 20 世纪 70 年代末到现在,我国大学生的择业观发生过五次转变。① 第一次转变:有自己的理想,但要服从国家分配。② 第二次转变:首先注重社会地位,其次是社会意义,最后是发挥个人才能。③ 第三次转变:首先注重职业稳定,其次是职业报酬。④ 第四次转变:要找到个人和职业的最佳结合点。⑤ 第五次转变:职业能否给我提供最大的发展前景。

2. 回答以下问题

（1）你是如何看待这些就业观的变化的？有什么深层次的原因？

（2）采访父母、亲人，了解他们的择业观处于哪次转变中。结合自己的择业观，找出时代发展与择业观之间的关系。

思考与讨论

1. 如何理解专业知识与目标职业之间的关系？

2. 对准备创业的大学生，你是如何看待的？

3. 面试失败后如何面对、如何调整失落的心理状态？

任务四　熟悉职场礼仪

学习目标

1. 理解职场礼仪的重要性。

2. 掌握几种常见的职场礼仪规范。

3. 学会在不同场合应用不同规范的职场礼仪。

4. 了解职场礼仪禁忌。

导入案例

与上司用餐的囧事

前两个月，公司领导为了犒劳新员工，特意请几位刚入职的同事到一家意大利餐馆吃西餐。沈小姐历来是个谨慎的人，看到领导和颜悦色地让她们点单，而且客气地说"随便点"，她也不敢懈怠，还是礼貌地请领导先点。领导点了一款中档牛排，沈小姐立刻有了参照标准，看菜单看的都是价格栏，只点跟那款差不多价位的牛排，其他几个同事也纷纷效仿。可偏偏小孔点了一款最贵的套餐，让她们几个同事大跌眼镜。沈小姐事后问小孔为什么不从众，她却不以为然地说："没听领导说随便点吗？"没过多久，小孔因为业绩不达标被辞退。沈小姐心里琢磨，虽然看起来两件事情没有直接联系，但显然有关联："细微处见精神，一顿饭暴露出她情商太低。"

启示：

在职场，与上司共同用餐时的表现，体现出职员的情商与素质。用餐时，不能从头到尾低头猛吃、闷不吭声，也不能毫无顾忌随心所欲，既要适度表现自己的参与感，又要大方得体，令人觉得舒适自然。熟悉和掌握一些职场礼仪，有助于我们更好地进入职场、适应职场、赢在职场。（图4-7为工作餐场景照片。）

图 4-7　工作餐常见场合

一、职场礼仪的含义

礼仪是普通人修身养性、持家立业的基础，而职场礼仪的重要性从某种意义上讲，比智慧和学识都重要。

职场礼仪，是指人们在职业场所中应当遵循的一系列礼仪规范。学会这些礼仪规范，是塑造职业形象的重要途径。

作为学生，提前了解职场礼仪不仅能够为你将来的职场生活打下坚实的基础，而且也对你的人际交往能力有着潜移默化的影响，给你提供更多的机会。作为一名应试者，职场礼仪就是你的"敲门砖"。轻轻地关门、端正的坐姿、大方自然的解答，都会展现你优秀的一面。因为职场礼仪不仅可以有效地展现一个人的教养、风度、气质和魅力，还能体现一个人对社会的认知水平，个人的学识、修养和价值。

二、职场礼仪的类型

（一）按工作场所分类

根据工作场所，大体可将职场礼仪分为办公室礼仪、企业规范礼仪和公共区域礼仪三大类。

1. 办公室礼仪

在现代社会中，办公室已经成为职业工作的基本场所。人们在办公室要与同事、领导发生各种人际交往。因此，办公室礼仪也就构成了现代职业礼仪的重要组成部分。在办公室里，要按照待人以诚的原则与人相处，不过于谦卑也不倨傲，快乐地融入团队之中。

2. 企业规范礼仪

在被企业录用后,需要全面了解企业的各项规章制度,特别是一些安全事项需要认真牢记,并严格遵守。同时,要积极地了解管理各项业务工作的负责人姓名及职责,在自己有困难的时候,能够直接找到负责人帮助解决问题。工作过程中,要养成良好的卫生习惯,严禁向窗外抛物、倒水、吐痰、扔烟蒂,维护良好的生产环境。下班时,应做到"善始善终",将工作服放入个人储物箱内,整理好个人用品,为第二天的工作创造美好的环境。

3. 公共区域礼仪

在公共场合,每个人都代表了所从事职业的形象,这就需要我们注意自身的行为。要做到文明言行、尊重他人、与人为善,做到自身发型、服饰、气质、言谈举止与职业、场合、地位以及性格相吻合,给人留下美好的"第一印象"。

(二) 按应用场合分类

根据应用场合,大体可将职场礼仪分为电话礼仪、介绍礼仪、名片礼仪、会面礼仪、迎送礼仪、电梯礼仪、用餐礼仪、乘车礼仪、微笑礼仪、着装礼仪十类。

1. 电话礼仪

有来电时,应尽快接起,不让电话响声超过三声。拿起电话先要报出自己的公司或部门的称号,再问对方是谁。待对方报出身份后,最好确认一次,复述"您是某某公司的某某某,是吗?"左手持听筒,右手随时笔记,听不清楚时请对方再说一次。对方交代的事项,要具体记录下来,并复述一次,确认无误。对方如指名其他同事听电话,先说声"您稍等一下",随即帮忙找到被指名的人。通话结束时,要先说谢谢,听到对方挂话筒时才挂上话筒。

2. 介绍礼仪

介绍的核心原则是尊者居后,即: 将职位低的介绍给职位高的;将年轻的介绍给年长的;将主人介绍给客人;将未婚的介绍给已婚的;将男性介绍给女性;将本国人介绍给外国人;将非官方人员介绍给官方人员。当被介绍时,应表现出结识对方的热情,如起立或欠身致意;双目应该注视对方;介绍完毕后,握手问好。

3. 名片礼仪

投递名片时,应遵循由尊而卑,由近而远的递交顺序。使用双手拇指和食指执名片两角,让文字正面朝向对方。接名片时要用双手,并马上仔细看一遍上面的内容,如有疑惑,马上询问。同时交换名片时,可以右手递名片,左手接名片。若是收存名片,应放入衬衣口袋或西装内侧口袋,不要放在裤袋中。若是接下来与对方说话,不要将名片立刻收起来,应该放在桌子上,并确保不被其他东西压起来。参加会议时,应该在会前或会后交换名片,不要在会中与他人交换名片。

4. 会面礼仪

打招呼在人际关系树立之初,能起到润滑剂的效果。在和上级、同事还不熟悉的时候,就从打招呼开始吧。每天一进公司,可以对所有同事说声"早上好",相信同事回复你的一定是微笑。若是面对客户,打招呼之后可以补上一句"又来打扰,不好意思"之类的客气话;好久没会面的客户,可以加句"久未联系,请别介怀"或者"别来无恙"等礼貌言语,如此细腻的问好一定可以留给对方深刻的印象。

5. 迎送礼仪

客人来访时，应主动从座位上站起来，引领客人进入会客厅或者公共招待区，并为其送上饮料。如果是在自己的座位上谈话，注意声音不要过大，避免影响周围同事。

6. 电梯礼仪

电梯谁都会乘，但进入职场后，就连乘电梯也大有学问。陪同客人或长辈乘电梯，电梯门开时，可先进入电梯，一手按开门按钮，另一手按住电梯侧门，再请客人或其他人进入电梯；进入电梯后，按下客人要去的楼层按钮，途中有其他人员进入，可主动问询要去几楼，帮助按下楼层按钮。电梯内尽量侧身面对客人。抵达要去的楼层时，应一手按住开门按钮，另一手做出请出的动作。客人走出电梯后，自己马上走出电梯，并热心引导途中的方向。

7. 用餐礼仪

总体原则：以远为上，面门为上，以右为上，以中为上，观景为上，靠墙为上。

点菜原则：看人员组成，人均一菜是较为通用的规则；看菜看组合，有荤有素，有冷有热，尽量做到全面；点菜时不要问价格，不要讨价还价。

在职场中，免不了商务用餐，用餐时的座位排列也有一定的讲究。商务用餐的位次排列，如图4-8所示，可供职场新人参考。

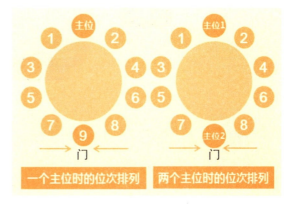

图4-8　商务用餐的位次排列

8. 乘车礼仪

商务乘车遵循的原则就是把客人放在最安全的位置。乘车座次的安排根据车辆的不同，其座位的尊卑也有所不同；根据驾车人的不同，其座位的尊卑也有不同。双排五座轿车、双排七座轿车两种车型的座次礼仪，分别如图4-9和图4-10所示。

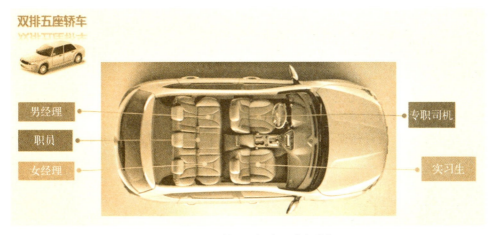

图4-9　双排五座轿车的乘车礼仪

图 4 - 10　双排七座轿车的乘车礼仪

9. 微笑礼仪

微笑是有自信心的表现,是对自己的魅力和能力抱积极的态度。微笑可以表现出温馨、亲切的表情,能有效地缩短双方的距离,给对方留下美好的心理感受,从而形成融洽的交往氛围。面对不同的场合、不同的情况,如果能用微笑来接纳对方,可以反映出你良好的修养和挚诚的胸怀。

发自内心的微笑,会自然调动人的五官:眼睛略眯起、有神,眉毛上扬并稍弯,鼻翼张开,脸肌收拢,嘴角上翘,唇不露齿,做到眼到、眉到、鼻到、肌到、嘴到,才会亲切可人,打动人心。微笑在于它是含笑于面部,"含"给人以回味、深刻、包容感。如果露齿或张嘴笑起来,再好的气质也没有了。

☢ 辨一辨

在职场,应避免以下几种笑,你能分辨它们吗?

(1)假笑,即笑得虚假,皮笑肉不笑。它有悖于笑的真实性原则,是毫无价值可言的。

(2)冷笑,是含有怒意、讽刺、不满、无可奈何、不屑于、不以为然等意味的笑。这种笑,非常容易使人产生敌意。

(3)怪笑,即笑得怪里怪气,令人心里发麻。它多含有恐吓、嘲讽之意,令人十分反感。

(4)媚笑,即有意讨好别人的笑。它亦非发自内心,而来自一定的功利性目的。

(5)怯笑,即害羞或怯场的笑。例如,笑的时候,以手掌遮掩口部,不敢与他人交流视线,甚至还会面红耳赤,语无伦次。

（6）窃笑，即偷偷地笑。多表示洋洋自得、幸灾乐祸或看他人的笑话。

（7）狞笑，即笑时面容凶恶。多表示愤怒、惊恐、吓唬他人。此种笑容毫无美感可言。

10. 着装礼仪

身在职场不仅要懂得穿衣的基本原则，还要注意一些其他因素，如场合、身份、自身条件、时间季节。

（1）着装要与环境相协调。当人置身于不同的环境、不同的场合，就必须要有不同的着装，要注意穿戴的服装与周围环境的和谐。比如，在办公室工作就需要穿着正规的职业装或工作服；比较喜庆的场合如婚礼等可以穿着潇洒、鲜亮、明快的服装。

（2）着装要考虑个人身份角色。每个人都扮演不同的角色、身份，这样就有了不同的社会行为规范，在着装打扮上也自然有其自身的规范。当你是一名柜台的销售人员，就不能过分打扮自己，以免有抢顾客风头的嫌疑；当你作为企业的高层领导出现在工作场所，那么就不能随心所欲地去穿着了。

（3）着装要和自身"条件"相协调。要了解自身的缺点和优点，用服饰来达到扬长避短的目的。所谓"扬长避短"，重在"避短"。比如身材矮小的适合穿造型简洁明快、小花形图案的服装；肤色白净的，适合穿各色服装；肤色偏黑或发红的，切忌穿深色服装。

（4）着装要和时间相协调。只注重环境、场合、社会角色和自身条件而不顾时节变化的服饰穿戴，同样也不合适。比较得体的穿戴，在色彩的选择上也应注意季节性。

三、职场礼仪禁忌

在进入职场前，了解一些职场礼仪禁忌，掌握规范的职场礼仪，能让你成为一个受欢迎且受尊重的职场工作者。下面列举 12 种职场礼仪禁忌。

（一）直呼老板名字

直呼老板中文或英文名字的人，有时是跟老板友情特别深的主管，有时是相识已久的老友。除非老板自己说："别拘谨，你能够叫我某某某"，否则下属应该以"敬称"称呼老板，例如"郭总""李董事长"。

（二）"高分贝"讲私人电话

在公司讲私人电话已经很不应该，如果职工还肆无忌惮高谈阔论，更会让老板、同事们抓狂，同时也影响其他同事的正常工作。

（三）开会不关手机或不调成静音

开会时将手机关机或调成静音、震动模式是一种良好的职场习惯。当会议上有人作报告或布置工作时，突然有手机铃声响起，必定会干扰会议进行，这不光是对发言人的不尊重，还影响了其他参加会议的人。

（四）让老板提重物

跟老板出门洽商时,提物等事情你要尽量代劳,让老板也跟你一同提一半的东西,是很不礼貌的。另外,男同事跟女同事一同出门,男士们若能表现绅士风范,帮女士提东西、开关车门,将会为你博得更多人缘。

（五）称谓本人为"某先生/某小姐"

打电话找某人时,留言时千万别说:"请通知他,我是某先生/某小姐。"正确说法应该先讲本人的姓名,再留下职务和电话,比如:"你好,敝姓王,是某某公司的营销主任,请某某看到留言后,回我电话好吗? 我的电话号码是……,谢谢您的转答。"

（六）对"自己人"才有礼貌

如有人只帮自己熟悉的朋友或同事开门,却不管后面的人是否还要进去,就把门关上了,这是相当不礼貌的。

（七）迟到、早退或太早到

不论上班或开会,请不要迟到、早退。若有事耽搁而导致迟到或早退,一定要提前说明,不能临时才提出。此外,太早到也是不礼貌的,由于主人可能还没准备好,或还有别的宾客,此举会给对方造成搅扰。万不得已太早到,不妨先打个电话给主人,询问能否将约会时间提早,也可以先在外面逗留片刻,等时间到了再进去。

（八）谈完事情不送客

职场中送客到公司门口是基本的礼貌。若是很熟的朋友,也要起身送到办公室门口,或者请秘书或同事帮忙送客;普通客人则要送到电梯口,帮他按电梯,目送客人进了电梯,门完整关闭,再转身离开;若是重要客人,更应该帮其叫出租车,帮客人开车门,关好车门后,目送对方离开后再走。

（九）看高不看低,只跟老板打招呼

只跟老板等"居高位者"打招呼,会让人觉得你太过势力。在与老板、主管打招呼后,别忘了跟他们身边的秘书或同行的其他职员打招呼。

（十）老板请客,专挑昂贵的餐点

他人请客,专挑贵的餐点是十分失礼的。价位最好在主人选择的餐饮价位上下。若主人请你先选,选择中等价位就够了,千万别把人家的好意随意挥霍。

（十一）不喝他人倒的水

主人倒水给你喝,一滴不沾是不礼貌的。再怎么不渴或厌恶该饮料,也要举杯轻啜一口再放下。若是主人亲自泡茶或煮咖啡给你喝,喝完千万别忘了赞誉两句。

（十二）想穿什么就穿什么

"随性而为"的穿着或许让你看起来青春、活力、特别，不过，上班就要有上班样，穿着专业的上班服饰，有助于提升工作形象，也是对工作的基本尊重。

以上是职场新人初入职场后容易忽略的职场礼仪禁忌。职场礼仪的条条框框是要靠职场工作者平常日积月累的修炼和自律来养成的。如果一个职场工作者没有良好的职场礼仪作基础，那么他在职场中也将难以取得良好的发展。

📚 学一学

职场新人必知的 20 件事

（1）多做自我介绍。在到岗的前几天，加一下部门同事的微信，给自己一个容易记住的标签，让大家尽快记住你。

（2）主动领任务。当同事没时间顾及你时，最好主动去领任务，表现出自己的积极主动性。

（3）多多观察。每个单位和部门都有自己的文化，要有意识地去观察。

（4）对工作成果负责。不要想着自己是新人，会有别人为你把关，一开始就要对自己的工作负责。

（5）主动求助。新人容易陷入"面对问题、自己死磕"的困境。可以联系分派给你任务的同事或领导，寻求帮助。不用担心能力受到质疑，这是你们沟通的机会。

（6）每天做记录。记录当天做过哪些事、哪些做得不足，可以做怎样的改善；明天有哪些安排，准备怎么开展等。

（7）多参加团建活动。有团建活动的时候，一定要积极参加。

（8）避免消极。刚工作的时候，消极是难免的，但尽量不要表露这种负面情绪。

（9）准时上班。不要迟到，这是一个职场人的基本素养。

（10）适当表达对他人的赞美。发现同事值得肯定的方面要进行赞扬，受到别人的赞扬时也不要过于否认。

（11）整洁舒适的工作台。除了笔记本、笔、台历、便利贴和收纳盒，其他东西尽量收到储物柜。

（12）巧用电脑快捷键。最常用：返回桌面（win + D）；最小化当前所有窗口（win + M）；关闭当前程序（Alt + F4）；全选/复制/粘贴/剪切/撤销（Ctrl + A/C/V/X/Z）。

（13）不做与工作无关的事。尽量不在工作时间处理私事，也不要玩游戏、购物、打私人电话等。

（14）制订规划。对自己今后 3 年至 5 年间的发展有一个预计和规划。

（15）学会转达信息。如果同事不在座位，而公司电话响起，可以帮忙接听并记录内容。

（16）出差时服从安排。不提与工作无关的要求，不借机办私事。

（17）学会应酬。与同事、领导、客户一同赴宴时，应礼貌让座，酒席上尊重领导、年长者、女士。

（18）主动跟人打招呼。碰到上司、同事都主动打招呼，这更容易让你留下好印象。

（19）入座仪态。女士着裙装入座时应将裙子后片拢一下，并膝或双腿交叉向后，保持上身端正，双手放在膝盖或椅子扶手上；男士可以微分双腿，双手自然放在膝盖或椅子扶手上。

（20）投资自己。离开校园并不意味着停止学习，学习英文、会计、设计等课程，或参加有用的线下活动、社交活动等，不断充实自己，才更有竞争力。

总结案例

讲话的礼仪技巧

那天，我到一个单位去了，负责人没赶回来，女秘书刚赶回来，这女秘书大概是大学生刚参加工作，经验少，气喘吁吁跑来了，说："金教授，我们头还在后面呢，我先回来了，头交代了，让我好好招待你，要什么就给什么。"

我说："你夸张了，你这不是牺牲了吗？你不能这么说。你也别跟我说别的，咱们弄一点喝的吧。"因为当时在一个酒店大堂里呢，两个人傻站着，不合适。

她很实在地问我："金教授喝点什么呀？"

有经验的人是不问这个问题的，喝点什么、吃点什么、你想去什么地方玩，这叫开放式问题，你会给客人无限大的选择空间！如果你是当爸爸的，你宠你家孩子，你问他："孩子，今天礼拜六，去哪儿玩？"美国迪士尼！你飞得过去吗？当时那女孩子那么问我，我就说："不客气了，来杯路易十三吧。"

她当时眼都直了："你还真要？"

我说："为什么？"

她说："一瓶一万多，没带那么多钱，我口袋里一共三千多。"

我说："我告诉你吧，有经验的人，此时一定要问封闭式问题。"

什么是封闭式问题？给出所有选择，让对方从中选择。比如你招待金教授喝水，你要这么说："金教授喝茶，还是喝矿泉水？"等于告诉老金，不喝茶就只能喝矿泉水，不要想路易十三了。因此，"有所为，有所不为"的操作性是很强的。什么话能说，什么话不能说，什么事情能做，什么事情不能做都是有讲究的。

（资料来源：金正昆礼仪讲座，搜狐网，2013 年 5 月 25 日）

启示：

人与人相处，当你要向人表达意思时，能够当面说话一定是最佳的选择。但是说话不当、不得体，也容易在语言上伤害别人，造成人际关系的不和谐。因此，说话的场合、分寸的拿捏，都是不容忽视的说话礼仪。

活动与训练

主题：职场小剧场。

目标：模拟职场中的场景,体验规范的职场礼仪,加深对规范的职场礼仪的理解。

时间：30 分钟。

过程：5 人组成一组,每组随机抽取一个职场场景。通过小短剧的形式进行现场模拟表演。一组表演时,其他同学认真观看,并在该组表演结束后指出表演中存在的有违职场礼仪的职场行为,并提出改正建议。

思考与讨论

1. 课后观看南希·迈耶斯导演的喜剧电影《实习生》。职场新人类再也不是 20 出头的代名词,70 岁的男主人公本依然可以放弃一切回到职场做一名实习生。观看影片后,请你谈谈从这位特殊"实习生"身上学到了什么,并将影片中涉及的一些职场礼仪进行简单归纳。

2. 职场是新鲜、复杂、颇具挑战的地方。作为职场新人,你认为应该在哪些职场礼仪方面进行改进与提高,以更好地适应纷繁复杂的职场环境呢?

任务五　掌握面试技巧

学习目标

1. 了解面试的常见形式与种类。
2. 掌握面试中常见问题的回答技巧。
3. 掌握面试着装技巧。

导入案例

最悲惨的面试者

下文是一则与面试有关的笑话。

这天,我好不容易得到一个微软的面试机会。考官问:"Windows7 专业版在中国大陆的零售价是多少?"我:"5 元。"考官:"出去,下一位!"

"放弃"这两个字在我的字典里面就没有出现过。我不断投简历,终于得到了谷歌的面试机会。但是,去谷歌面试,才回答一个问题就又被赶出来了。考官:"你从哪儿得到谷歌面试的消息?"我:"百度的!"考官:"出去,下一位!"

我郁闷了,但还是要先养活自己啊。托朋友找到了麦当劳的工作。但是对方很奇怪,让我唱麦当劳的歌曲,当时我就笑了,麦当劳的歌曲我从小就会。于是我张口就来："有了肯德基，生活好滋味!"考官："出去!"麦当劳面试失败了。

妈妈托人找了一个移动客服的工作。面试很顺利，对方也很欣赏我，最后考官对我说："你很不错，请留下你的电话，我们好通知你上班。"我："132×××××××（联通号码）。"考官："出去!"

我的心都碎了，走到一家商城，看到阿迪正在找店员，我想我去试试应该可以。考官："请说出我们的口号。"我："Just do it!"考官："出去，下一位!"

（资料来源：http://www.yidianzixun.com，2018 年 12 月 13 日，有改动）

启示：

上文虽是一则笑话，但也能给我们一些启示。想加盟一家企业，就需要充分表现出对他们的诚意，事先多做做功课，如了解企业的经营理念、企业文化、发展历程等，收集一些公开的信息，如新闻、披露、年报等，再整理一些问题，以便有机会时趁机向面试官请教了解，赢得面试官的青睐。因此，要保证面试的成功，应聘者一定要做多方面的准备，用心融入面试的企业，才能被企业真正接纳，取得最后的成功。

一、面试技巧及其重要性

面试是用人单位招聘时最重要的一种考核方式，是供需双方相互了解的过程，是一种经过精心设计，以交谈与观察为主要手段，了解应试者信息和能力的一种测评方式。多数学生因为面试经历少，不懂面试技巧，信心不足，常常不知所措。掌握面试技巧，是毕业生求职择业面临的新课题。

二、面试的常见形式与种类

根据面试的实施方式，可将面试分为五类。

（一）"一对一"的个别面试

常用于第一轮面试，主要目的是排除一些素质相对较差者。

（二）"多对一"的主试团面试

由多个部门组成主试团，考核应聘者的人格素养、业务素质、行为风格等。

（三）"多对多"的小组面试

面试对象有多个，便于对应聘者进行比较。

（四）小组讨论面试

由应聘者组成一个临时工作小组，讨论给定的问题并且作出决策。目的是考核应聘者的领导能力、组织能力、口头表达能力、说服力、洞察力、处理人际关系的技巧等。

（五）评估中心面试

专业化程度高的外企通常会用一两天的时间通过评估中心进行人才选拔。评估中心将进行一系列综合性的考核,包括在公众人物前发表演讲、无论题的讨论、团队创建游戏、辩论等,目的是考核应聘者的适应能力及在一个全新的、毫无准备的情境中处理问题的能力。

三、面试中常见问题的回答技巧

面试前了解一些常见问题的回答技巧是很有帮助的。下面列举几个求职者在面试中经常会遇到的常见问题,能漂亮回答出这些问题的应聘者,往往能够给面试官留下不错的印象。

（一）请你介绍一下自己好吗

回答方法:学会三层表述法。

（1）专业背景＋硬实力。重在强调个人专业背景及硬实力,如毕业学校、学历、专业、获奖、个人技能。过渡层:强调应聘岗位。突出你要应聘的岗位,明确地表达出来。

（2）核心匹配能力。重在突出个人能力与岗位的匹配,可通过工作经历、实习经历、活动经历等具体论述。

（3）被吸引点＋表态。通过描述公司在本行业的地位来突出对你的吸引力,表达自己的向往。

注意:不要从头到尾把简历复述一遍,要多找价值点,多找与岗位密切相关的价值点,多补充简历上无法展开说明的。多练习几遍,既不要像背诵一样,但也不能太生疏。

（二）你对我们公司以及应聘的职位了解多少

回答方法:应聘前要清楚地了解应聘公司及应聘职位。

（1）通过熟人了解。如果有同学、校友在自己感兴趣的公司工作,要通过他们提前了解公司情况。

（2）查看企业官网或专门招聘网站。重点看企业简介(基本情况、愿景、目标等)、业务介绍、产品情况和人力资源状况等,了解公司背景、业务模式和成长的机会。

（3）关注企业微信、微博。对企业文化、办公氛围有初步认识。

（4）第三方平台校园 BBS、各类求职网等。利用各种针对求职应聘的网站,找到更新的、时效性更强的招聘信息。

（5）自己一定要明确招聘岗位包括哪些工作与要求(硬性要求＋技能＋软素质)。

（三）你的优势有哪些

回答方法:面试官一般关注的重点在以下几方面。

（1）求职者有没有撒谎,是否真实地阐述了自己的优点。

（2）所阐述的优点,是否恰好是这个职位所需要的素质。

比如:如果你应聘销售,千万别说自己性格内向。你可以说,我的缺点是文笔不太好,写东西平平淡淡,但是我口才不错,大概属于会说不会写的那种。再比如,你应聘设计,你可以说,我这人有点强迫症,什么都喜欢抠细节,不过我设计的速度和质量比同龄人要强一些,所以不会因为抠细节而忽略整体,或者拖慢速度。

注意:夸自己不能空泛,要有数据,摆事实。

(四) 分享一件你最失败的经历

回答方法:重要的不是过去的失败经历和原因,这些也不是面试里面评价面试者的重要指标。重要的是从过去的失败中,学到什么,有什么反思,吃过什么亏,长了哪些见识,如何把所吸取的教训转化成为你日后成功的养分。

注意:体现出的素质和能力最好能够与应聘岗位相关。

(五) 你的职业规划是怎样的

回答方法:对于职业规划类的问题,面试官最核心的关注点有三个。

(1) 自我认知:你对自己是否了解?

(2) 动机和价值观:为什么选择来这里?

(3) 组织承诺:你到底能在我们这儿踏实干几年?(最核心)

注意:面试官并不关心你真正的职业规划,而是未来的 3～5 年里,你是否能在公司稳稳地工作下去。同时,要表现自己靠谱、工作稳定、心态平和的一面。

(六) 你上一份工作离职的原因是什么

回答方法:哪些理由可以说?

(1) 公司距离我家太远,路上时间太长,一天来回要将近 4 个小时,短期还可以,长期我确实坚持不下来了。

(2) 因为目前的工作太安逸,没有挑战,公司整体上都很稳定,也没有什么发展空间,我希望有一份比较有挑战的工作,毕竟还年轻。

(3) 公司转型,目前职位的定位和我的发展初衷不一致。

(4) 我目前在公司已经到顶,短期内不会有什么发展空间,公司本身就不大,我希望到更大的平台发展。

哪些理由不建议说? 老板不好、管理不好、团队不好等。

(七) 你对薪资有什么要求

回答方法:面试官希望听到哪些内容呢?

(1) 求职者对于自身价值的判断。

(2) 求职者对待薪酬的态度。

(3) 求职者期望的薪酬与企业薪酬标准是否一致。

注意:如何优雅地和面试官谈薪酬?

第一,主动收集薪酬信息,了解面试岗位的薪酬范围。如:面试企业的薪酬结构和现状、同类岗位的市场平均薪酬值、目标公司相关职位的薪水状况、了解行业情况。

第二,明确自己的价值和能力。如你的优势是什么?有多少价值?你做过什么?你能为企业带来什么直接和间接的价值。

第三,明确给出自己的薪酬预期范围。

对面试官提出的问题要直接回答,不要反问。如:"你们这个职位可以给的薪酬是多少呢?""你们觉得我值多少钱呢?"这些回复会让人产生厌恶。

(八)你还有什么问题要问我们吗

回答方法:提问环节反映的是你对公司的熟悉程度、对职位的兴趣度、学习能力、理解力、敬业度等。

以下问题可以询问:

(1)公司明年的规划和阶段性发展目标。

(2)团队工作风格/团队文化,对职位考核的核心 KPI/期望。

(3)后续面试流程安排(以更好地做好准备)。

(4)面试结果反馈周期。

(5)您对我这个工作的期望如何?有没有什么建议?

注意:面试谈过的问题不要再问。

 看一看

请看面试测评的主要内容(表4-2)。

表4-2　面试测评的主要内容

项　目	内　容
仪表风度	指应聘者的体形、外貌、气色、衣着举止、精神状态等。仪表端庄、衣着整洁、举止文明的人,一般做事有规律、注意自我约束、责任心强
专业知识	作为对笔试的补充,招聘者通过面试了解应聘者掌握专业知识的深度和广度,是否符合招聘职位要求。面试时对专业知识的考察更具有灵活性,比如可以随机提问,也可以要求应聘者现场解决一定的技术问题等
工作技能	面试不但可以验证应聘者个人简历对工作技能的描述,而且还可以考察应聘者的职业道德、责任心、主动性、思维力、口头表达能力等与职业技能相关的一系列基本状况
表达能力	面试中,应聘者是否能够将自己的思想、观点、意见和建议顺畅地用语言表达出来,不但可以表现其表达的逻辑性、准确性、感染力等是否符合职业要求,同时还可以表现出音质、音量、音调等是否符合职业要求
应变能力	主要看应聘者对招聘者所提问题的理解是否准确贴切,回答是否迅速、准确等;对于突发问题的反应是否机智敏捷、回答恰当;对于意外事情的处理是否得当、妥善等

续　表

项　目	内　容
人际交往	在面试中,通过询问应聘者经常参与哪些社团活动,喜欢同什么类型的人打交道,在各种社交场合所扮演的角色,可以了解应聘者的人际交往倾向和与人相处的技巧
自我控制	自我控制能力对于一些从事特定工作的人(如服务人员、营销人员)尤为重要。一方面在遭遇挫折、委屈、压力时是否能够克制、容忍、理智;另一方面对工作是否有耐心和韧性
工作态度	招聘者往往要了解两点:一是了解应聘者对过去学习、工作的态度;二是了解他对招聘职位的态度。一般认为,对过去无所谓的人,在新的工作岗位是很难勤勤恳恳、认真负责的
求职动机	了解应聘者为何希望来本单位工作,对哪类工作最感兴趣,在工作中追求什么,从而判断本单位能否满足其要求和期望,更重要的是就此了解应聘者对招聘职位的"渴望度"和潜在的"工作热忱"
业余兴趣	招聘者往往会询问应聘者休闲时间爱好哪些运动,喜欢阅读哪些书籍,以及喜欢什么样的电视节目,有什么样的爱好等。了解一个人的兴趣与爱好,会对以后的工作安排有好处
行为习惯	招聘者通常会非常注意应聘者的行为方式,特别是细小的行为。因为下意识的行为可以真实地反映一个人的性格特征、道德修养等

四、面试的相关注意事项

(一) 面试前

求职者在接到面试通知的电话后,应如何准备呢?

第一,应与对方公司的工作人员确认准确的面试地点、面试时间、面试程序和方法等基本信息,并记录下来,以免遗忘。

第二,求职者应迅速查找该企业的原始招聘信息,了解用人单位的情况,应聘岗位的知识和技能要求,并提前查找交通路线,规划好面试当天的行程,时间安排要充裕,以免在面试当天出现迟到等尴尬状况。

第三,求职者应提前整理好自己的文件包,带上面试必备的用品,如个人简历、身份证、学生证、就业推荐表、自荐书、各类证书、纸、笔。

第四,求职者要准备与面试岗位相关的知识,熟记用人单位信息,回顾与目标岗位相关的课程知识,准备简单的自我介绍。如有空余的时间,可以先客观评估自己,准备若干面试问题,提前模拟面试,必要时可为自己计时,做到心中有数。

第五,准备一套较为得体的面试服装,配饰不要夸张,相称为宜。面试前应保证充足的睡眠,以饱满的精神迎接职场面试。

🌈 **看一看**

面试前 15 分钟的准备

在面试开始前的 15 分钟,可以参照下面的方法做准备。

(1) 找个位置坐下,稍做休息。待呼吸舒缓后,可以询问一下工作人员是否需要签到,面试时间是否有改变以及相关的一些事项。

(2) 再次整理一下仪表。男士注意一下领带的松紧(如果系领带的话),女士可以稍微补一下妆,但切勿上浓妆。还需要检查一下鞋子是否需要擦一擦灰尘(记住擦鞋的纸巾一定要扔到该扔的地方),鞋带是否松了,头发是否凌乱,脸上是否有尘土,若略显疲倦,可以去洗手间洗一洗脸,但要擦干面庞之后再回到休息室。

(3) 在心中演练一下面试中自我介绍和可能出现的问题的解答。但如果感到紧张,可以闭目静坐,让呼吸均匀而缓慢,做一个放松训练。总之,要保证自己处于一定的兴奋程度,既不松懈,又不紧张。

(4) 要文明礼貌。尽管还未进入面试考场,但请注意,坐姿端正,言语礼貌文雅。

(5) 等待时可以与其他应试者交谈。你和其他应试者之间可以用积极的语言相互鼓励,切忌说一些诸如“我很紧张”之类的话,这会给你带来消极的心理暗示。总之,一定要保持积极的心理状态。

(6) 不要费尽心思地想从面试考场出来的人的口中问出什么来。当有应试者从考场出来后,有些人一拥而上,问个不停。其实根本就问不出什么,这样反而造成自己的慌张和忙乱,并且给人留下不稳重的印象。

(二) 面试中

面试当天,提早 10 分钟到达为宜,这样可以有时间整理下思路,可以进行深呼吸平定一下紧张的情绪,避免匆忙中出现疏漏。利用这些时间,可以有机会观察公司的工作环境,要懂得耳听六路,眼观八方,充分利用你的眼睛和耳朵去观察,并友好礼貌地对待遇到的每个人,包括面试的竞争对手。

进入面试室后等面试官告诉你“请坐”时方可坐下,并道“谢谢”。坐时身体要略向前倾。面试时,不要靠椅子背坐,也不要坐满,但也不宜坐得太少,一般以坐满椅子的三分之二为宜。另外,女士要并拢双腿。

面试时,要谨慎多思,落落大方。回答提问之前,应对自己要讲的话稍加思索,想好了的可以说,还没有想清楚的就不说,或少说,切勿信口开河、夸夸其谈、文不对题、话不及义。应答时要表现得从容镇定,如果答不出就大方承认有的东西还没有经过认真考虑。考官在意的并不一定只是问题的本身,如果你能从容地谈出自己的想法,虽然不够完整或不够成熟,也不致影响大局。与面试官交谈时不能漫不经心地四处张望,在交谈时应尽量显得自然、大方。

(三) 面试后

面试结束后应该站起来对面试官表示感谢,若面试官有另外的交代,应认真倾听,倾听时要仔细、认真地品味对方话语中的言外之意、弦外之音,以便正确判断面试官的真正意图。学会找准时机,表达出与主考官们的交谈使你受益匪浅,并希望今后能有机会再次得到对方进一步指导的意思,有可能的话,可约定下次见面的时间。告别时,应与对方礼貌握手。握手通常以三至五秒钟为宜,要注意把握好力度,双目注视对方,面带笑容,同时应配以适当的敬语,如"再见""谢谢"。

面试结束并不意味着求职过程的完结。面试者要及时分析自己在面试中的得与失,注意调整自己的心情,准备全身心投入下一个单位的面试考验中去。因为,在接到聘用通知之前,面试结果还是个未知数,你不应该放弃其他机会。一般来说,如果你在面试的两周后,或主考官许诺的时间到来时还没有收到对方的答复,就应该打电话给招聘单位,询问面试结果。

应聘中不可能人人都一次成功,万一你在竞争中失败了,也不要气馁,这一次失败了,还有下一次,就业机会不只有一个,关键是必须总结经验教训,找出失败的原因,并针对这些不足重新做准备,以谋求"东山再起"。

五、面试着装技巧

男、女性面试着装,可分别参考图 4 - 11、图 4 - 12 所示方式。

图 4 - 11　女性面试着装示例　　　　图 4 - 12　男性面试着装示例

(一) 女性面试着装

1. 服装要得体

一般以正装为宜,体现女性的干练、优雅,切忌穿太紧、太透和太露的衣服。

2. 鞋子要相配

鞋子应和整体相协调,在颜色和款式上与服装相配,对于女性来说,中跟鞋是最佳选择,不要穿长而尖的高跟鞋。如果平时不穿高跟鞋,也无须勉强,可选择坡跟。

3. 袜子很重要

袜子不能有脱丝,肉色是最为适合的。不论你的腿有多漂亮,在比较正式的场合也不宜露着光腿,在包里放一双备用,以便脱丝能及时更换。

4. 饰物要少而精

包:公文包或手提小包,带一个即可,切忌两个都带。

帽子:不管你是否有戴帽子的习惯,面试时必须脱帽。

首饰:首饰尽量少戴。

眼镜:尽量选择适合自己的镜框。另外,千万不可戴太阳镜(护目镜)去面试,当然更不能戴反光镜。

围巾和丝巾:要注意与衣服的协调搭配,如花色丝巾可配素色衣服,而素色丝巾则适合艳丽的服装。

5. 发式要适宜

女性的头发应保持干净、朴素,头发饰物不要多,追求自然美色。饰物长度视发型而定。

6. 注意手和指甲

女性的指甲修剪要得体,长度适中,涂指甲油要淡,不要涂成红色等特别刺眼的颜色。

(二)男性面试着装

1. 西装要笔挺

西装的色彩:以黑色、深蓝、深灰为宜。

注意事项:要拆除衣袖上的商标;要熨烫平整;要扣好纽扣;要不卷不挽;要慎穿毛衫;要巧配衬衣;要少装东西。

2. 衬衫要理想

白衬衫永不败:给人朝气、干净之感。

条纹衫较保险:线与线之间的间距不要过大,线条不要过粗。

格子衫要慎穿:若格子的面积比较大,就不适宜于工作等正式场合穿着。

3. 领带要选好

领带的颜色要根据衬衫或者是西服的颜色来选择搭配,以深色为最佳。除了要注重颜色的搭配之外,还要注意领带的款式,尽量选择一些简单图案,避免带有圆点花纹的款式领带。

4. 皮鞋要擦亮

穿西装一定要穿皮鞋,且要上油擦亮,皮鞋的颜色要与西装相配套。

5. 袜子要搭配

穿皮鞋还要配上合适的袜子,使它在西装与皮鞋之间起到一种过渡作用。深色袜子可以配深色的西装,也可以配浅色的西装,浅色的袜子则只能配浅色西装。皮鞋最忌讳的搭配就是白袜子。

6. 头发要干净、自然

男性的头发要整洁，梳理须自然，没有呆板和湿头的迹象，发型简单、朴素、鬓角要短，头发不宜超过衬衣领子上方，刮净胡须。

7. 注意手指甲和个人卫生

男性的指甲要勤修剪，不能粗糙不齐，这样容易令人生厌，留下不好的印象。

 学一学

面试时的形体语言

1. 把握时机进屋

自己的名字被喊到，就有力地答一声"是"，然后再敲门进入。开门关门尽量要轻，进门后不要随手将门关上，应转过身去正对着门，用手轻轻将门合上。回过身来将上半身前倾30度左右，向面试官鞠躬行礼，面带微笑称呼声"您好"，要彬彬有礼而大方得体，不要过分殷勤、拘谨或过分谦让。

2. 专业化的握手

在面试官的手朝你伸过来之后，要自信、稳重地伸手，使你的整个手臂呈L型（90度），并有力地摇两下，然后把手自然地放下。握手应该坚实有力，有"感染力"。

3. 如钟坐姿显精神

进入面试室后，等考官说"请坐"时方可坐下。坐下后不要背靠椅子，也不要弓着腰，并不一定要把腰挺得很直，这样反倒会给人留下死板的印象，应该很自然地将腰伸直。

4. 眼睛是心灵的窗户

对面试官应全神贯注，目光始终聚焦在面试人员身上，在不言之中，展现出自信及对对方的尊重。眼睛是心灵的窗户，恰当的眼神能体现出智慧、自信以及对公司的向往和热情。

5. 微笑的表情有亲和力

微笑是自信的第一步，也能为你消除紧张。面试时要面带微笑，亲切和蔼、谦虚虔诚、有问必答。听对方说话时，要时有点头，表示自己听明白了，或正在注意听。同时也要不时面带微笑，当然也不宜笑得太僵硬，一切都要顺其自然。

6. 适度恰当的手势

说话时做些手势，加大对某个问题的形容和力度，是很自然的，可手势太多也会分散人的注意力，需要时适度配合表达。交谈很投机时，可适当地配合些手势讲解，但不要频繁耸肩，手舞足蹈。切忌抓耳挠腮、用手捂嘴说话，这样显得紧张，不专心交谈。忌拍对方的肩膀，这对面试官很失礼。

/ **任务五** / 掌握面试技巧   167

总结案例

细节即是修养

二十多年前,一位知名企业的总经理想要招聘一名助理。一时间,应征者云集。经过严格的初选、复试、求职面试,总经理最终挑选了一个毫无经验的青年。

副总经理对于他的决定有些不理解,于是问他:"那个青年胜在哪里呢?他既没带一封介绍信,也没受任何人的推荐,而且毫无经验。"

总经理告诉他:"的确,他没带来介绍信,刚刚从大学毕业,一点经验也没有。但他有很多东西更可贵。他进来的时候在门口蹭掉了脚下带的土,进门后又随手关上了门,这说明他做事小心仔细。当看到那位身体上有些残疾的求职面试者时,他立即起身让座,表明他心地善良、体贴别人。进了办公室他先脱去帽子,回答我提出的问题时也是干脆果断,证明他既懂礼貌又有教养。"

总经理顿了顿,接着说:"求职面试之前,我在地板上扔了本书,其他所有人都从书上迈了过去,而这个青年却把它捡起来了,并放回桌子上;当我和他交谈时,我发现他衣着整洁,头发梳得整整齐齐,指甲修得干干净净。在我看来,这些细节就是最好的介绍信,这些修养是一个人最重要的品牌形象。"

启示:

"泰山不拒细壤,故能成其高;江海不择细流,故能就其深。"诺贝尔曾经说过:"要想获得成功,应当事事从小处着手。"而关注细节的人无疑也是能够捕捉创造力火花的人。一个不经意的细节,往往能够反映出一个人最深层次的修养。

活动与训练

目标:

1. 学会模拟面试的情景表演。
2. 掌握面试的一般流程,做到从容应对,不卑不亢。
3. 掌握面试的一般技巧,为自己的面试加分。

安排:

序　号	实　训　内　容	时间分配
1	各小组进行角色分工及准备	课外完成
2	模拟面试	每组10分钟
3	帮我纠错	10分钟
4	教师点评小组展示	5分钟
5	教师剖析面试应对	10分钟
6	教师布置实训作业	5分钟

准备：

序号	人员	主 要 内 容	重 点 提 醒	程度要求
1	学生	做好面试的表演准备	问答式面试	低
2	教师	模拟面试题的拟定	选用常用题目	高
3		小品情境设计	面试细节处理	很高
4		小组展示评价方法	真实性、合作性	较高
5		面试技巧引导	易于掌握	高

过程：

1. 组织分工

（1）组长负责综合统筹协调本组分工。

（2）组长安排 2 名以上组员作为面试官。

（3）组长安排 1 名组员进行表现记录。

（4）组长作为应试者参加其他组别设置的面试。

温馨提示：各小组一定要合力"为难"一下其他组应聘者，面试问题可以找老师要。

2. 模拟面试

（1）小组长到教师处抓阄，抓到本组面试的重新再抓。如遇其他冲突由教师制定面试组。

（2）第一组进行模拟面试。

（3）非面试者小组就面试者表现进行观摩、记录。

3. 面试点评

（1）由记录者进行点评。

（2）由面试官进行点评。

（3）观摩者进行点评。

4. 教师点评

（1）待模拟面试结束后，教师进行点评。

（2）教师点评须表扬先进，批评落后。

（3）将教师点评成绩纳入期末成绩。

5. 教师剖析

（1）教师剖析模拟面试环节中各面试者的表现。

（2）学生根据同学表现进行归纳总结。

（3）学生根据各面试场景，形成自己表现的意识。

6. 教师布置实训作业

（1）教师对课后练习进行布置。

（2）布置随后章节的资源准备部分。

（3）教师可另外给予题目。

思考与讨论

1. 换位思考，如果你是面试官，你更注重应聘者哪方面的素质，是其经验，其技能还是其潜力？谈谈你认为其重要的理由。

2. 请思考如何提高自身的竞争力，在竞争激烈的面试中脱颖而出。

项目五
就业流程与劳动保护

引导语

　　毕业生面临就业压力，又缺乏社会经验，因此必须了解就业实习、就业流程。其中，顶岗实习是一门重要的核心课程，在岗位综合实践中培养学生良好的职业道德、专业技能和综合职业能力，强调理论联系实际，使学生在实践中加深对理论知识的理解与掌握，并为最终实现"零距离"高质量就业奠定坚实基础。同时，毕业生应深入了解目前国家关于毕业生就业的有关方针、政策和规范及它们之间的关系，熟悉毕业生在就业过程中的权利和义务，这是毕业生自我权益保护的前提。如果在就业过程中，公司的规定不符合国家政策及相关法律法规，侵犯了自己的权益，则可以依据国家政策及相关法律法规的有关内容，维护自己的合法权益。毕业生应自觉遵循有关就业规范，接受其制约，保证自己的就业行为不违反就业规范。

学习目标

1. 熟悉就业实习的相关知识。
2. 了解用人单位招聘程序和大学生就业程序。
3. 掌握劳动合同的形式、内容。
4. 了解签订劳动合同的程序。
5. 掌握劳动维权的相关法律法规和注意事项。

任务一　规范顶岗实习

学习目标

1. 熟悉顶岗实习的有关知识。
2. 熟悉职校学生实习的注意要点。
3. 熟悉实习管理和评价体系。

🕊 导入案例

实习护士小疏忽差点酿大错

　　实习生小刘在某天实习时，根据带教医生的嘱咐执行加药操作。她为核算胰岛素计量，误将一瓶胰岛素（400 单位）当成 4 单位全部抽吸。幸亏在加入药瓶的操作时，带教医生及时发现并立即制止了操作，从而避免了一起严重护理事故的发生。实习医院在全科护士会议上通报了此事，并加强对护士实习生的安全护理意识的培训,要求带教医生在带教过程中坚守"放手不放眼"的原则,严格实习护士的管理。

启示:

作为实习生,缺乏实践经验,理论不扎实,在实习过程中要不断学习,工作态度要严谨;实习过程中要增强安全意识,既要对工作对象要有安全意识,个人也要增强安全意识,保护自己不受伤害;要学会从经历中总结教训和经验,使自己更快更好的融入实习工作中。

一、顶岗实习的意义

(一)顶岗实习是职教改革的重大举措

顶岗实习是按照专业培养目标和人才培养方案的要求,由学校安排或者经学校批准自行到企(事)业等单位进行专业技能和职业能力培养的实践性教育教学活动,是职业教育专业教学的重要组成部分。加强顶岗实习的规范管理,强化职业院校学生实践能力和职业技能的培养,切实加强学生的生产实习和社会实践,使顶岗实习课程化是职业院校深化教育教学改革,强化内涵建设,实现专业设置与产业企业岗位需求对接、课程内容与职业标准对接、教学过程与生产过程对接、毕业证书与职业资格证书对接、职业教育与终身学习对接的重要抓手,是提高职业院校毕业生就业质量的重要举措,对学生实践能力以及职业素质的培养具有积极的意义。

(二)顶岗实习是高技能人才成长的重要途径

现在很多企事业单位在招聘人才时,看重的不仅仅是学历文凭,更看重的是对理论知识的实际应用能力。顶岗实习是学生在完成学校的文化理论基础课、专业课以及专业实训课以后开展的集中性实践教学环节,是提高学生实践能力的重要途径,是强化学生职业工作能力的有效措施,是高等职业院校有效推进工学结合、校企合作人才培养模式的重要形式,是培养高素质技术技能型人才的重要途径。

(三)顶岗实习是一门重要课程

顶岗实习承担着"培养学生掌握必要的专业知识和比较熟练的职业技能,提高学生就业、创业能力和适应职业变化的能力"的任务,与专业课程体系的其他课程共同肩负着职业教育人才培养重任。顶岗实习是一门重要的核心课程,在岗位综合实践中培养学生良好的职业道德、专业技能和综合职业能力,强调理论联系实际,使学生在实践中加深对理论知识的理解与掌握,并为最终实现"零距离"高质量就业奠定坚实基础。

二、顶岗实习的特征

(一)管理主体多元化

顶岗实习期间,学生的学习和生活空间发生了很大的变化。他们走出校园,走进真实的工作环境中,管理学生的重任仅仅依靠学校教师是不行的,因为此时此刻学生更多的是参与实习单位的生产劳动,实习单位对学生的实习状况是最了解的,而且学生生产的产品质量必须符合实习单位的质量标准,所以实习单位对学生顶岗实习的管理是最有效的。实习单位与学校共同构成管理学生的主体。职业院校学生既是实践育人的对象,也是开展顶岗实习实践教学的主体。

(二) 学生身份特殊化

在学校,学生是学习的主人,其主要任务是学习科学文化知识,其身份是单一的学生身份。而职业院校学生在顶岗实习期间,不仅是职业院校的学生,而且是实习单位的"准员工"。作为职业院校的学生,他们同样与在校生一样需要受到学校规章制度的约束,不能无故违反学校纪律;同时作为实习单位的"准员工",必须遵守实习单位的规章制度,与正式员工一样参与生产。(图 5-1 为汽车营销专业学生在顶岗实习中的照片。)

图 5-1　汽车营销专业学生在顶岗实习中

(三) 实习地点分散化

目前,职业院校安排顶岗实习、落实实习单位,大都采取学生自主选择和学校统一安排两种方式。为了保证所有的学生都能参与顶岗实习,学生们被"化整为零",分散进入不同的企业进行顶岗实习。实习地点的分散化,需要职业院校花费大量的人力、财力和物力参与顶岗实习的管理,增加了学校和企业开展顶岗实习评价和考核的难度,给提高职业院校学生顶岗实习质量带来挑战。

(四) 实习时间跨度大

职业院校学生顶岗实习时间一般安排在第六学期(即第三年的春节后至 6 月份),有的职业院校将顶岗实习开始时间提前到第五学期。但是,学校对顶岗实习学生的管理并不是从此时才开始,在学生顶岗实习之前就需要对学生进行思想政治教育、实习动员、实习安排等。由此可见,顶岗实习的时间跨度较大,不仅包括学生选择实习单位的指导和引导,而且包括顶岗实习过程的管理与指导,顶岗实习结束后的评价、考核和总结。缺少对顶岗实习单位选择的指导和引导,学生就难以选择到合适的企业与合适的岗位,就会"输"在顶岗实习的起点;缺失顶岗实习过程的管理与指导,就难以达到顶岗实习的目标;没有顶岗实习结束的评价和总结,学生就难以认识自身需要进一步加强的环节。

(五) 管理内容复杂化

学生在校园生活和学习环境比较简单,学生的生活和学习趋势是可预测的,而学生走进真实的工作环境进行顶岗实习,其所处的环境变得较为开放和复杂,不仅学生适应环境需要时间和过程,而且学校管理的复杂程度也相应提高。这就使得学生在顶岗实习期间偶然因素有所增加,对顶岗实习的规范管理也带来挑战。顶岗实习的管理内容不仅涉及与专业相对应的职业岗位学习,而且包括顶岗实习期间学生的日常生活,例如,学生执行学校规章制度、落实实习目标的状况、学生在企业实习期间的出勤情况、劳动纪律以及是否服从学校安排。

看一看

电影《实习生》

年近 70 的本曾经是一位精明强干,事业有成的商人,最终,他还是和大部分老年人一样开始了平淡的退休生活。本对忙碌而又充实的过去无比怀念,孤独与内心里蠢蠢欲动的渴望让他做出了重回职场的决定,成了年轻的朱尔斯手下的一名小小员工。朱利安年纪虽轻却是一家著名时尚购物网站的创办人,为了事业,她牺牲了自己全部的业余时间和感情生活,这份事业带给了朱利安荣耀,却也成了她肩上沉重的负担,更糟的是,公司董事会已经开始怀疑,朱利安是否能够胜任她目前的职位了。起初,朱利安并没有将年迈又落伍的本放在眼里,然而,随着时间的推移,这位慈祥的长者渐渐成了她生活中最真挚的友人(图 5-2)。

图 5-2　70 岁的实习生一步步获得认可

三、顶岗实习的目标任务

(一) 总目标

顶岗实习的总目标是:学生通过在职业情境和实际职业岗位实习,深化职业意识,熟练职业技能,增强在真实岗位中解决实际问题的能力,全面提高自身的综合职业能力,为毕业后走上工作岗位做好充分准备,成为发展型、复合型和创新型的技术技能人才。(图 5-3 为企业员工带领职业院校学生开展岗位实习的照片。)

图 5-3　企业员工带领职业院校学生开展岗位实习

(二) 知识目标

顶岗实习课程的知识目标是：岗位认知实习阶段，认知岗位，体验工作过程，了解岗位工作要求；专业顶岗实习阶段，熟悉工作标准和工作内容，提高实践技能；就业顶岗实习阶段，掌握工作要领，独立开展岗位工作，具有工作协调能力和创造创新能力，具备良好职业素养；在岗毕业设计（论文）阶段，具备综合运用所学专业知识解决实际问题的能力。

(三) 技术技能目标

顶岗实习课程的技术技能目标是：岗位认知实习阶段，培养学生通用能力；专业顶岗实习阶段，提升学生技能水平，培养学生专业基本能力；就业顶岗实习阶段，塑造职业精神，培养学生综合职业能力、技术的应用和革新能力，帮助学生实现与就业岗位"零距离"对接；在岗毕业设计（论文）阶段，教会学生理论与实践的紧密结合，全面增强实践能力。

(四) 职业素质目标

顶岗实习课程的职业素质目标是：岗位认知实习阶段，认识工作的意义，增强对职业岗位的感性认识，初步培养学生的专业素质、职业素养、沟通协作能力、心理素质和身体素质；专业顶岗实习阶段，建立正确的职业态度，增强职业意识和职业道德，强化职业作风和职业行为，全面培养独立性、责任心、敬业精神、团队意识、职业操守、职场礼仪、时间管理能力等；就业顶岗实习阶段，明晰职业价值取向，理解企业文化，促进职业适应与自我塑造，熟悉职业内在的规范和要求，并能在岗位工作过程中表现出良好的综合品质；在岗毕业设计（论文）阶段，全面增强职业素养。

看一看

2016 年，教育部、财政部、人力资源和社会保障部、安全生产监督管理总局（现应急管理部）、中国银行保险监督管理委员会联合印发了《职业学校学生实习管理规定》（教职成〔2016〕3 号）。全文共 6 章 39 条。该规定第十五条和第十六条，对实习中的禁止性情形作出要求，提出"六不得"，即：不得安排、接收一年级在校学生顶岗实习；不得安排未满 16 周岁的学生跟岗实习、顶岗实习；不得安排未成年学生从事《未成年工特殊保护规定》中禁忌从事的劳动；不得安排实习的女学生从事《女职工劳动保护特别规定》中禁忌从事的劳动；不得安排学生到酒吧、夜总会、歌厅、洗浴中心等营业性娱乐场所实习；不得通过中介机构或有偿代理组织、安排和管理学生实习工作。除相关专业和实习岗位有特殊要求，并报上级主管部门备案的实习安排外，不得有以下三种情况：安排学生从事高空、井下、放射性、有毒、易燃易爆，以及其他具有较高安全风险的实习；安排学生在法定节假日实习；安排学生加班和夜班。

四、顶岗实习的主要形式

(一) 岗位认知实习

岗位认知是指对企业工作岗位的初步理解和初步认识，包括对岗位职责、工作技能要求、岗位价值、岗位待遇等内容的了解。岗位认知实习一般安排在学生进入实习环节或专业学习的初期，是学生对企业生产实际过程的直接认识与认知，有助于学生巩固对专业知识的掌握，也是培养学生解决实际问题的第二课堂。通过岗位认知实习，学生可以针对性地对知识结构及技能水平进行调整与充实，以更好地满足社会的需要。

1. 岗位认知实习的目标

（1）获取直接经验知识，巩固所学基本理论，进一步加深对专业课程内容的理解，对所学知识在获得感性认识的基础上增强理性认识。

（2）将本专业所学的理论知识、专业技能与实际工作相结合，进一步增强实践能力，培养创新意识，提高专业综合素质。

2. 岗位认知实习的任务

（1）深入实际，认真观察，熟悉实习单位、相关岗位职责、操作流程、用人要求及管理制度等具体内容，初步掌握所在岗位要求的各项技能。

（2）开阔视野，培养实践能力和创新能力，培养生产实际中研究、观察、分析、解决问题的能力。

（3）学习工人师傅和工程技术人员的刻苦耐劳的优秀品质和敬业奉献的良好作风，通过劳动锻炼树立正确的劳动观念、就业观念和敬业奉献精神。

（4）了解工作中人与人的关系，正确处理人际关系，做事先做人，明白做人的道理，学会团结共事。

（5）虚心学习、广泛请教，获取尽可能多实习单位相关信息，锻炼、提高观察能力、思维能力、筹划能力和应变能力等，培养艰苦奋斗的精神和实事求是的作风。

3. 岗位认知实习的基本要求

（1）实习期间，保质保量地完成指导老师所布置的任务。

（2）实习期间，认真接受实习单位的培训教育。

（3）实习期间，遵守学校的组织纪律和实习单位的规章制度，不得迟到、早退、旷工等，如因特殊原因不能按时到达或不能去实习应向班长或带队老师请假。

（4）实习期间，仔细观察，认真听取教师或师傅的讲解，遇到不懂的地方要积极提问，认真做好笔记。

（5）实习期间，要严肃认真，禁止喧哗打闹。

（二）专业顶岗实习

专业顶岗实习就是学生在学习期间，按照专业人才培养方案的要求深入到企业中去，接受企业的管理和教育，拓展专业知识，提高专业技能，并将所学专业和企业岗位所涉及的各种知识综合运用到企业实际工作中。通过专业顶岗实习，使学生具有良好的职业道德素质和行为规范，掌握必需的专业基础知识，了解职业岗位的相关环节，进一步了解社会，学会学习、学会生活、学会工作，增强学生为人处世的能力，为其顺利踏入社会积累经验，做好相关的准备工作。

专业顶岗实习的主要内容是：了解不同类型的企事业单位在国民经济中的地位与作用，实习单位的经营理念、企业文化、规章制度及岗位的工作任务；熟悉职业岗位的操作流程,培养良好的职业道德、较强的心理素质和优良的身体素质;培养行业通用能力、专业关键岗位必备能力和团队合作精神,增强自我学习、知识更新、技能提升、适应岗位变化及人际沟通能力。

学一学

"上学的时候,我没有像其他同学一样,放学了就解放自己,而是利用休息时间勤加练习,同学们用三指点钞,我就练四指。日复一日,总结经验与技巧,使每个搓钞点更精确。"霍慧英(图 5-4)分享道。她还在田径运动员脚绑沙包负重训练中得到启发,独创了橡皮筋"负重训练法",用橡皮筋将点钞的四指扎起,有效增强手指的力量和肌肉持久度,使点钞动作更轻盈迅速。毕业考试时,她以年度点钞速度最快、一级能手的成绩称霸校园,为自己的学生生涯画上圆满句号。而后面工作后,她又将这份技能送到小学、中学、高校里面,鼓励孩子们认真学习,培养爱好,找到自己的闪光点。入行后,霍慧英并没有停止自己学习的步伐,她依旧保持谦逊的态度,在日复一日、年复一年的刻苦练习中,创造出各类点钞花式,先后创下了一分半钟内为客户完成整套借记卡综合新开户(建客户号、借记卡、网上银行、手机银行、短信通知、存款)的记录;她还以超越点钞机为目标,不断地创新和突破自我,练就了过硬的技术本领,先后创下单指单张频率最快、单指单次剔钞张数最多、单指点钞

图 5-4　"十全十美"花式点钞的 80 后匠人霍慧英

完胜传统多指多张等多项纪录。目前,霍慧英掌握的花式已达 15 种。

(三) 就业顶岗实习

就业顶岗实习是指遵循教育教学规律、人才市场规律、学生成长规律和职业能力形成要素,通过学生与实习单位的双向选择,将学生就业与教学实习紧密结合的集中性实践教学环节。就业顶岗实习是专业顶岗实习的延续与发展,以巩固专业顶岗实习的成果,通过学生在所学专业的合适岗位参与实际工作,积累岗位工作经验,进一步促进学生职业道德的养成,提高综合素养与综合能力,提高培养的针对性和适应性,提高技术技能人才的培养质量,增强学生的社会责任感、创新精神和实践能力。

学生在就业顶岗实习阶段的自主性较强,实习单位的选择必须综合考量岗位与专业

适合度、岗位与职业期待吻合度、实习时间与休息休假的满意度、实习报酬的满意度、就业薪资福利的满意度、社会保险的满意度、职业发展前景与工作环境的满意度等因素。

1. 知识目标

结合实习岗位任务与综合实习项目要求,深化专业知识学习,从任务要求的知识点切入,拓展学习,达到任务要求的标准。

2. 能力目标

制订岗位技能和能力训练计划,培养专业综合能力,能够独立开展岗位工作,掌握工作要领,实现与就业岗位"零距离"对接。通过就业顶岗实习,具备良好的语言表达能力、较强的工作协调能力、良好的文字组织能力、基本的组织协调能力、对自身部门(组织)工作的统筹与计划能力、一定的应变能力、较好的计算(心算)能力、较强的实务操作能力。

3. 素质目标

就业顶岗实习阶段,以"职场人"身份要求学生,塑造职业精神,养成良好的职业素养。具备良好的职业道德和敬业精神,具有较丰富的知识结构和很好的文化素养,具有稳定的心理素质,能自我调节心态,自信但不骄狂,自重而不浮躁,具有优良而健康的体魄。

总结案例

　　某职业院校高度重视实习管理工作,组建了"专业建设指导委员会"和"校企合作指导委员会",切实加强对实习工作的设计规划、统筹管理。在园校紧密合作、互惠共赢的理念指导下,在极具女校特色的人才培养模式育人环境中,学生们跟随园校"双导师"的引领,通过参加"理实一体课堂""精英园长沙龙"等校内学习实践活动,以及"三学年、六阶段、理实多轮交替"的校外实践活动,顺利实现了就业软着陆,完成了由学前教育专业学生到幼儿园教师、由在校生到职业人的身份转变(图5-5)。

图5-5　职业院校学生在幼儿园实习

　　"六阶段"是指:

　　"了解职业"——新生入校时即选派部分实践基地的实践导师参与入学教育,邀请优秀毕业生代表介绍职业,分享学习经历和工作经历,让学生初步了解职业,增加角色认同感和使命感。

　　"认识职业"——安排一年级学生入园见习1周,以见习幼儿园一日流程和保育工作为主,在幼儿园导师的指导下,能完成简单的保育工作、与幼儿正常沟通,使学生完成最初的职业认识。

　　"模拟职业"——邀请幼儿园教师参加,在学校教师指导下,以校内仿真实训室为教学环境,开展以幼儿园实践为主题的系列班会、以幼儿园教学活动为主题的模拟课堂,鼓励学生多与教师大胆交流,在答疑解惑中完成实习过程的模拟体验。

　　"体验职业"——安排二年级学生 3 周跟岗实习,实习任务进一步细化并逐周推进:学生第 1 周能独立完成幼儿园保育工作不少于 2 天、书写保育员一日工作流程;第 2 周能完成教学活动设计方案,并尝试独立组织集体教学活动 1 次;第 3 周能独立制作教具学具、创设环境,并在实习班级内组织开展 1 次公开汇报课。

　　"职业适应"——在学校和实践基地的管理考核下,开展 6 个月以上的顶岗实习,完成职业适应。

　　"职业提升"——通过参加毕业生各类技能大赛,提升职业素养和职业技能,实现职业提升。

启示:

通过实习,学生基本具备幼儿园实习教师的能力,完成具体的职业体验。期间,园校导师全程指导并参与评价。这种实习非常有利于学生向职业人转变。

活动与训练

目标:

1. 通过走访师兄师姐,知晓本专业就业初的基本情况。
2. 学会撰写分析报告,并向本班分享。

准备:

序　号	人　员	主　要　内　容	重　点　提　醒
1	学生	访谈师兄师姐	访问问题要集中
2		调查报告的撰写	思路要明确
3	教师	教师协助提供访谈对象	见面、电话、QQ 均可
4		对报告进行点评	要点突出

流程:

1. 布置课前作业
(1) 教师以适当形式给各组提供访谈方式。
(2) 学生以小组为单位进行访谈。
(3) 小组调研后要进行分析,并撰写报告。
注:同学们不要打扰师兄师姐工作哦,态度要谦虚,访谈要有记录。
2. 展示调研报告
(1) 组长负责叙述调研报告。
(2) 组员配合做好展示及补充叙述。

(3) 非汇报小组须确保聆听纪律。

访谈材料展示(可投影),例如访谈的 QQ 聊天记录、邮件展示。

师兄师姐面临怎样的困境,怎么解决的?

师兄师姐有什么忠告?

3. 教师点评

(1) 待各小组汇报及相互提问完毕,教师进行点评。

(2) 教师点评须表扬先进,批评落后。

(3) 教师点评须将点评成绩纳入期末成绩。

思考与讨论

1. 顶岗实习前应该做好哪些准备?

2. 你觉得在顶岗实习中会遇到哪些困难?

3. 联系自身实际,谈谈对顶岗实习有哪些期望?

任务二　　遵循就业程序

学习目标

1. 熟悉就业管理与服务工作程序。

2. 熟悉用人单位的招聘程序。

3. 掌握就业程序。

📝 导入案例

签约的顺序不能错

　　小张是某校电子专业的应届毕业生,学习成绩和综合素质在班级当中属于中上水平,由于他找工作总持观望态度,"这山望着那山高",总是期望能找到更理想的工作,以至于错失了几次很好的就业机会。眼看着自己的同学都落实了就业单位,小张非常着急,因此也迫切希望尽快找到一家适合自己的单位。这时一家生产电器元件的中外合资企业经过两轮面试及两周的试用以后,正式通知小张签订就业协议,并对他说:"就业协议书拿来拿去签比较麻烦,你先让学校签证、盖好章,我们可以当场签。"小张同意了,于是在领取就业协议时要求就业办的老师在空白协议上事先进行签证。老师提醒他如果学校事先签证可能会对他产生不利的影响,但是他没有听取老师的劝告。当天他就拿着协议到公司签约,人事部主管在与他就协议的服务期限、工资、违约金等事项进行细致协商并在协议上详细注明后,要求小张签字,并以公司总经理出差、单位公章没在为由要他第二天来拿就业协议。小张签约心切,爽快地答应了。第二天小张一拿到协议就愣住了,原本没有约定条款的就业协议现在多了两条附加条款："1. 本协议所约定的收入为税前收入并包括四金；2. 毕业生自签约之日起开始上班，至正式报到期间为实习期，实习期工资为每月 1 500 元。"他想争辩，却发现他根本没有任何理由。

启示：

　　这个案例中涉及学生毕业、毕业时间、就业协议书、劳动合同等概念，还涉及小张毕业就业的流程和岗位待遇的认定问题。对于关系到自己切身利益的重大事项，签约之前一定要协商清楚，否则就会出现一些不必要的争议。像这家企业的做法也是短视的，并不利于企业的长远发展。现在社会上的企业良莠不齐，毕业生在签约时应当谨慎一些。

一、就业管理与服务部门的工作程序

（一）就业管理与服务部门的构成与职能分工

　　为更好地保障毕业生就业安全，高校一般为毕业生设置专门的就业管理、就业服务部门。就业管理与服务机构的工作一般分为三个层次。

　　（1）国家层面：教育部主管全国高校毕业生的就业工作，履行教育部主管大学生就业工作的职能。

　　（2）地方层面：各省、自治区、直辖市和中央各部委的有关部门主管本地区、本部门的高校毕业生就业工作，履行各地方毕业生就业指导部门的职能。

　　（3）高校层面：学校负责本校毕业生就业的具体事宜，履行就业指导中心的职能。

（二）大学生就业管理与服务部门的工作程序

　　一般大学生在毕业前半年，各省、自治区、直辖市和中央各部委的有关部门制定本地区、本部门所属高校毕业生就业工作的具体意见。每年 10 月份左右，教育部向各地区、各部门提供下一年度的毕业生资源情况。每年 11 月中下旬至下一年的 5 月份，"供需见面""双向选择"。每年 6 月，办理报到证，派遣毕业生。派遣工作结束，有关部门对当年就业情况进行汇总，上报教育部。

　　学校就业管理部门的工作流程，一般为：

　　（1）毕业生生源情况统计。

　　（2）制作专业介绍，发布毕业生信息。

　　（3）毕业生资格审查。

　　（4）发放推荐表和协议书。

　　（5）向用人单位发邀请函。

　　（6）开展就业指导活动，组织校园招聘会。

　　（7）形成就业方案并上报教育部。

　　（8）派遣，离校，办理改派手续。

　　各职业院校根据自身的办学理念和特色，设置就业工作领导机构，成立毕业生就业工作领导小组。根据学校毕业生就业工作领导小组的要求,大学生就业指导中心挂靠在学工处,制订全校毕业生就业工作的实施方案,负责就业指导、就业信息、就业市场等相关工作。院系就业工作小组负责制订本院(系)的就业工作计划,为职业院校毕业生提供就业咨询和服务,提供就业信息,做好就业月报等。各班毕业生班班委负责就业材料的发放、就业信息传达等。

> ✎ **练一练**
>
> 　　以3人或4人为一个小组,模拟学校就业指导中心工作场景。分别扮演指导中心教师、就业生。具体要求是:
> 　　(1) 完成一项就业咨询服务项目。
> 　　(2) 提供一条有效就业信息服务。
> 　　(3) 合作完成一份就业月报。

二、用人单位的招聘程序

(一) 确定需求和招聘计划

根据本单位的发展需求,制订当年或长期的招聘计划。主要是由用人单位的人力资源管理部门开展工作。

(二) 发布就业信息

用人单位的人力资源管理部门对制订的人才招聘需求通过单位主管部门领导审批通过,在用人单位官网、人才网、新媒体、报纸等载体上发布就业信息。

(三) 举行单位宣讲会

通过校企合作等资源,在就业合作的各大高校举行招聘会。学校就业指导中心发出正式通知,召集大学毕业生与招聘单位进行面对面的沟通。

(四) 收集生源信息

通过大学生自己求职、学校推荐等途径获取的生源信息,要系统、科学、有效地进行分类整理,择优挑选求职者。

(五) 分析生源资料

根据生源基本信息,结合毕业院校、校企合作等手段,进一步深入了解毕业生个人情况和个人职业规划。以便于更好地为招聘单位人才的培养和管理服务。

(六) 组织笔试和面试

很多应聘单位会组织毕业生进行初试、复试和面试的招聘环节。通过考试和面试,以便更好地了解求职者的综合能力和个人意愿。

（七）签订协议

如果招聘单位和求职者双方达成共识，应届毕业生应与招聘方签署就业协议，往届毕业生或社会人员应与招聘方签署劳动合同。

（八）上岗培训

待签署完协议正式入职后，根据用人单位对岗位的需求，要求就职人员进行岗前培训，以便更好地胜任本职工作。

> **? 想一想**
>
> 假如你是招聘单位的一名要员，你会对应聘者提出哪些问题？你最想了解应聘者的哪些信息？

三、大学生的就业程序

（一）了解有关就业政策

职业院校毕业生的就业是一项政策性很强的工作，学校、毕业生和用人单位必须按照这些政策来指导和规范毕业生求职择业活动。那么，了解相关的就业政策对于毕业生来说，是一件十分重要的任务。

（二）收集信息时特别注意所收集信息的准确性、客观性和全面性

当每年招聘会、招聘市场、网络求职等获取大量的招聘信息时，毕业生必须要学会对收集到的信息进行整理、删减、归纳和总结。否则，铺天盖地的求职信息很容易会让毕业生在求职时盲目选择，从而误入求职陷阱而损害个人权益。

（三）自我分析

主要包括：测评自身综合素质、能力；分析自己的气质、性格特点；了解内心的需要；分析自身的优势和劣势。

> **? 想一想**
>
> 假如你是职业院校毕业生，你对自我分析结果如何？你更看重这些因素中的哪一点？

（四）确定目标

主要包括：择业的行业定位；择业的地域定位；进一步缩小并准确定位范围。

> **试一试**
>
> 请你查询与自己所学专业对口职业岗位的任职要求有哪些？自己试一试确定择业领域和择业岗位。

(五) 准备材料

应聘材料包括：个人简历、学历学位证书、个人获奖证书、聘书、职业资格证书、技能证书等。同时，还需要提供个人身份资料，如个人身份证复印件等以备用。

(六) 参加招聘会

招聘会或就业市场在用人单位与学生间架起了见面、沟通的桥梁。在招聘会或就业市场上，用人单位与学生之间只是初步"结识"。用人单位向学生宣传单位的发展建设状况，同时收集众多学生的材料或登记表。大学生参加招聘会或去就业市场，大多仅完成一项材料递交工作。（图 5-6 为招聘会现场照片。）

图 5-6　招聘会现场

(七) 参加笔试

笔试是检验大学生运用大学期间所学知识、所培养技能去处理实际工作问题的能力，要注意书写工整、卷面整洁、答题细心。

(八) 参加面试

通过面对面的沟通、交流，用人单位可以了解学生的表达能力、思维能力、处世能力以及其他一些不能通过笔试反映出来的个人素质。事先做好准备是必需的。

（九）签订协议

就业协议书一般应包括以下条款：服务期、工作岗位和工作内容、劳动保障和工作条件、工资报酬和福利待遇、就业协议终止的条件、违反就业协议的责任以及双方认为需要增加的条款等。

（十）走上岗位

毕业生对走上岗位需要有一个适应过程，角色转换的过程。必须坚定信念，相信自身的专业技能和实践能力。要脚踏实地，爱岗敬业，努力工作，不辜负学校、老师、家长对自己的培养。要学以致用，回报社会。

四、就业协议书的签订

高校使用的就业协议书是由教育部高校学生司统一制定的，一式三份，由学校、毕业生、用人单位三方共同签署后生效。它具有一定的广泛性和权威性，是学校制订就业方案、用人单位申请用人指标的主要依据，对签约的三方都有约束力。

（一）目的

通过供需见面和双向选择，毕业生与用人单位达成一致意见之后，就需要以协议的形式加以确定。毕业生通过学校与用人单位签订就业协议书，目的在于明确毕业生、用人单位、学校三方的权利和义务，维护国家就业计划的严肃性。

（二）定位

就业协议是签订劳动合同之前的用工意向，是办理报到手续的依据。

（三）作用

约束用人单位按照双向选择时的约定接受学生；约束学生按照双向选择时的约定到用人单位就业；为管理部门办理毕业生报到手续提供依据。

（四）主要内容

单位和学生的基本情况；双方的意愿和约定；终止协议的条件；协议生效时间；缔约过失责任；违约责任（违约金）；附加条款；双方签章；学院及学校就业中心鉴证章。

五、承担违约金的规定

一般情况下，用人单位不得与劳动者约定由劳动者承担违约金。用人单位为劳动者提供专项培训费用，对其进行专业技术培训的，可以与该劳动者订立协议，约定服务期。劳动者违反服务期约定的，应当按照约定向用人单位支付违约金。违约金的数额不得超过用人单位提供的培训费用。

对负有保密义务的劳动者，用人单位可以在劳动合同或者保密协议中与劳动者约定竞业限制条款，并约定在解除或者终止劳动合同后，在竞业限制期限内按月给予劳动者经济补偿。劳动者违反竞业限制约定的,应当按照约定向用人单位支付违约金。

总结案例

无须支付风险抵押金

　　小赵学的是信息技术专业。在招聘会上,他看到一家待遇和条件都不错的 IT 公司正在进行招聘,经过一番努力,小赵终于被公司录用。当他报到时,公司负责人告诉他:"你刚毕业,没什么工作经验,我们提供给你的薪金是 3 500 元。待遇是很高的,今后,公司还会给你很多培训机会,要培养你。为了避免日后由于你个人原因给公司造成损失,在咱们正式签劳动合同前,请你先交 2 万元风险抵押金,这是公司的规定。"小赵很看重这份工作,但不知是否该交风险抵押金。

　　启示:

　　劳动部(现人力资源和社会保障部)1995 年颁发的《关于贯彻执行〈中华人民共和国劳动法〉若干问题的意见》中规定:"用人单位在与劳动者订立劳动合同时,不得以任何形式向劳动者收取定金、保证金(物)或抵押金(物)。"由此看来,公司的要求是非法的。

活动与训练

　　主题:就业流程信息梳理。

　　目标:掌握就业流程。

　　时间:30 分钟。

　　过程:

1. 请同学们根据本次课程所学知识,画出高校毕业生办理就业手续流程图。
2. 运用绘图软件工具绘制。
3. 选出一份优秀的、美观的、完整的流程图,制作人对其进行讲解。

思考与讨论

1. 签订就业协议书时,如果求职者不能按时取得毕业证书,该怎么办?
2. 如果用人单位不解决存档问题,该怎么办?
3. 什么情况下求职者需要支付给用人单位违约金?

任务三　签订劳动合同

学习目标

1. 了解就业协议书与劳动合同的区别。
2. 掌握劳动合同的具体内容。

3. 了解签订劳动合同的程序。

4. 了解与用人单位解除劳动合同的相关规定。

导入案例

是否该交违约金

　　小杜毕业后,被分配到某工厂做车工。他与工厂签订了为期五年的劳动合同。回家过春节,小杜看到家乡的变化很大,很多人通过做买卖挣了大钱,他跟妻子商量后,决定辞职,在家乡开家小商店。春节刚刚结束,小杜回到工厂立即写了辞职报告,要求解除劳动合同,厂领导不同意,认为按规定应提前 30 天通知工厂才行。小杜没有理会工厂的意见,径自就离开了工厂。小杜开了个体商店应享受政策优惠。在办有关手续时,有关部门要求他出具解除劳动合同的证明。厂领导明确表示,不能为他出具劳动合同证明。原因是,没有提前 30 天通知解除劳动合同,小杜擅自离去给工厂的生产造成了损失。

　　启示:

　　《中华人民共和国劳动法》第三十一条规定:"劳动者解除劳动合同,应当提前三十日以书面形式通知用人单位。"这是对劳动者单方面解除劳动合同的程序要求。小杜所在地区的有关地方法规还明确规定:"劳动者违反提前 30 日或者约定的提前日期要求与用人单位解除劳动合同的,用人单位可以不予办理解除劳动合同手续。"

一、就业协议书与劳动合同的区别

(一) 两者的作用不同

　　就业协议书专指为维护国家就业计划的严肃性,明确毕业生、用人单位、学校三方在毕业生就业工作中的权利和义务的书面表现形式,是作为办理报到、接转行政和户口关系的依据;而劳动合同是指劳动者与用人单位确立劳动关系、明确双方权利与义务的协议,是劳动者从事何种岗位、享受何种待遇等权利和义务的依据。

(二) 两者的主体不同

　　就业协议书由毕业生、用人单位、学校三方协商签订;而劳动合同由劳动者与用人单位签订,这些劳动者既可以是高校毕业生,也可以是其他人,学校不是劳动合同的主体也不是劳动合同的见证方。

(三) 两者的内容不同

　　就业协议书是高校毕业生与用人单位签订的初次工作协议,其主要意义在于将毕业生与用人单位双方互相选择的关系确定下来,一般并没有详细规定双方具体的权利与义务;而劳动合同则指用人单位在劳动者确定工作关系之后签订的关于双方权利与义务的协议。劳动合同具体内容包括劳动合同期限、工作内容、劳动保护和劳动条件、劳动报酬、社会保险和福利、劳动纪律、劳动合同终止的条件、违反劳动合同的责任等。因此,毕业生与用人单位签订了就业协议不能等同于签订了劳动合同,毕业生与用人单位在签订就业协议之后,还必须签订劳动合同,以保护自己的合法权益。目前的实际情况是,通常毕业生到单位工作后,双方才签订劳动合同。

(四) 两者的效力不同

就业协议书的依据是 1989 年 3 月 2 日国家教委颁布的《高等学校毕业生分配制度改革方案》和 1997 年制定的《普通高等学校毕业生就业工作暂行规定》(以下简称《暂行规定》),而劳动合同的依据是于 1995 年开始实施的《劳动法》。前者属部门规章,后者属于国家基本法律,部门规章的法律效力低于国家劳动基本法律。就业协议的效力始于签订之日,终于学生到工作岗位报到之时。一般就业协议的作用仅限于对学生就业过程的约定,一旦毕业生到用人单位报到,就业协议的使命也就完成了。就业协议不能替代劳动合同,不是确定劳动关系的凭证(图 5-7)。

图 5-7　就业协议不能替代劳动合同

(五) 两者处理的部门不同

在毕业生就业协议发生问题需要处理时,一般首先由毕业生和用人单位进行协商,如果取得一致意见,则报送毕业生所属的学校主管部门,由学校主管部门审查认可后,报上级主管部门批准,予以调整。而若劳动合同发生问题,则毕业生和用人单位需要向劳动争议调解委员会或劳动仲裁机构报送,请求处理,还可以根据《劳动法》处理劳动纠纷。

二、劳动合同的形式

(一) 固定期限劳动合同

固定期限劳动合同,是指用人单位与劳动者约定合同终止时间的劳动合同。劳动合同期限届满,双方的劳动关系即告终止。但如果双方同意,劳动合同也可以续订。这类劳动合同在具体期限上,可以由双方当事人根据工作需要和实际情况来确定,如半年、一年、五年、十年甚至更长,但它的根本特征在于劳动期限是不变的,即劳动合同的起始时间和终止时间是固定的。

(二) 无固定期限劳动合同

无固定期限劳动合同,是指人单位与劳动者无约定合同终止时间的劳动合同。这类合同双方当事人应当约定劳动合同终止的条件。只要不出现双方约定的终止条件或法律、法规规定的其他情况,无固定期限劳动合同一般不能终止。这种合同适用于技术复杂、生产工作需要长期保持人员稳定的工作岗位,用人单位可以与劳动者协商签订这类合同。此外,国家法规政策规定对部分符合条件的职工,除劳动者本人提出订立固定期限劳动合同外,用人单位应当与其订立无固定期限劳动合同。

(三) 以完成一定工作任务期限的劳动合同

以完成一定工作任务期限的劳动合同,是指用人单位与劳动者约定以某项工作的完成为合同期限的劳动合同。该项工作工程开始的时间,就是劳动合同履行的起始时间。该项工作或工程一旦完成,也就意味着劳动合同的终止。

查一查

可以订立无固定期限劳动合同的情形有哪些?

三、劳动合同的具体内容

劳动合同的条款包括必备条款和约定条款两部分。必备条款包括:

(1) 用人单位的名称、地点和法定代表人或主要负责人。

(2) 劳动者的姓名、住址和居民身份证或者其他有效证件号码。

(3) 劳动合同期限,主要分为有固定期限、无固定期限和以完成一定的工作为期限三种形式。

(4) 工作内容,主要包括工种和岗位,以及该岗位应完成的生产(工作)劳务、工作班次等内容。

(5) 劳动保护和劳动条件,主要包括劳动安全和卫生规程,女工和未成年人的保护规定,工作时间和休息休假等内容。

(6) 劳动报酬,主要包括劳动者的工资、奖金、津贴和补贴等内容。

(7) 劳动纪律,主要包括企业规章制度、劳动纪律等内容及其执行程序。

(8) 劳动合同终止的条件。

(9) 违反劳动合同的责任。

劳动合同除以上规定的必备条款外,劳动合同当事人还可以通过协商订立约定条款。双方当事人可以就用人单位出资招收录用、出资培训、劳动者保守用人单位商业秘密等事项,约定双方的权利和义务。但双方的约定条款不能违背法律、法规和有关规章的规定。

看一看

聘用合同的签署

聘用合同是指事业单位与职工按照国家有关法律、政策,在平等自愿、协商一致的基础上,订立的关于履行有关工作职责的权利义务关系的协议。只有事业单位和拟聘用人员双方意思表示一致、自愿达成协议时,聘用合同才成立。聘用合同具有一般合同的法律特征,是广义劳动合同的特殊形式。

四、订立劳动合同的程序

劳动者和用人单位签订合同时,应遵循一定的手续和步骤。根据《劳动合同法》的有关规定以及订立劳动合同的实践,签订劳动合同的程序一般为以下三步。

(一) 提议

签订劳动合同前,劳动者或用人单位提出签约劳动合同的建议,称为要约,如用人单位通过招工简章、广告、电台等渠道提出招聘要求,另一方面接受建议并表示完全同意,称为承诺。一般由用人单位提出和起草合同草案,提供协商的文本。

(二) 协商

双方对签订劳动合同的内容进行认真磋商,包括工作任务、劳动报酬、劳动条件、内部规章、合同期限、保险福利待遇等。协商的内容必须做到明示、清楚、具体、可行,充分表达双方的意愿和要求,经过讨论、研究,相互让步,最后达成一致意见。要约方的要约经过双方反复提出不同意见,最后在新要约的基础上表示新的承诺。在双方协商一致后,协商即告结束。

(三) 签约

在认真审阅合同文书,确认没有分歧后,用人单位的法定代表人(负责人)或者其书面委托的代理人代表与劳动者签订劳动合同。劳动合同由双方分别签字或盖章,并加盖用人单位印章。订立劳动合同可以约定生效时间,没有约定的,以当事人签字或者盖章的时间为生效时间。当事人盖章时间不一致的,以最后一方签字或者盖章的时间为准。

> **看一看**
>
> **无效劳动合同的区分**
>
> 《劳动法》规定,无效的劳动合同有两种:一是违反法律、行政法规的劳动合同;二是采取欺诈、威胁等手段订立的劳动合同。欺诈是指一方当事人故意告知对方当事人虚假的情况,或者故意隐瞒真实的情况,诱使对方当事人做出错误意见表示的行为;威胁是指以给公民及其亲友的生命健康、荣誉、名誉、财产等造成危害为要挟,迫使对方做出违背真实意愿表示的行为。无效的劳动合同,从订立的时候起就没有法律约束力。确认劳动合同部分无效的,如果不影响其余部分的效力,其余部分仍然有效。劳动合同是否无效,应由劳动争议仲裁委员会或者人民法院确认。

五、解除劳动合同的规定

《劳动合同法》延续了《劳动法》关于劳动合同解除分类及基本原则的规定,即劳动合同解除分为劳动合同双方当事人协商一致解除、劳动者单方解除、用人单位单方解除;只有符合法定情形的,才能解除劳动合同。同时,为了更好地维护劳动合同双方当事人尤其是劳动者合法权益，《劳动合同法》对劳动合同解除作出了一些与《劳动法》不同的新规定：

（一）补充规定了劳动者可以立即解除劳动合同的类型

《劳动法》规定，劳动者单方解除劳动合同分为提前三十日以书面形式通知用人单位解除劳动合同和随时通知用人单位解除劳动合同两种类型。《劳动合同法》补充规定了第三种类型，即用人单位以暴力、威胁或者非法限制人身自由的手段强迫劳动者劳动的，或者用人单位违章指挥、强令冒险作业危及劳动者人身安全的，劳动者可以立即解除劳动合同，不需事先告知用人单位。因为，劳动者在以上情形下面临着人身危险，法律不应该要求劳动者履行通知用人单位的义务后再解除劳动合同。

（二）修改了劳动者可以随时通知解除劳动合同的情形

根据《劳动法》规定，在试用期内的，用人单位未按照劳动合同约定支付劳动报酬或者提供劳动条件的，用人单位以暴力、威胁或者非法限制人身自由的手段强迫劳动的，劳动者可以随时通知用人单位解除劳动合同。《劳动合同法》对此作了修改和补充：

一是规定将用人单位以暴力、威胁或者非法限制人身自由的手段强迫劳动情形下，劳动者可以随时通知用人单位解除劳动合同，调整为劳动者可以不需事先告知立即解除劳动合同。

二是为了更好地维护劳动者合法权益，同时督促用人单位遵守有关法律法规，补充规定了劳动者可以随时通知用人单位解除劳动合同的情形，包括：① 用人单位未按照劳动合同约定提供劳动保护的；② 用人单位未依法为劳动者缴纳社会保险费的；③ 用人单位的规章制度违反法律、法规的规定，损害劳动者权益的；④ 用人单位因本法第二十六条第一款规定的情形致使劳动合同无效的；⑤ 法律、行政法规规定劳动者可以解除劳动合同的其他情形。

三是考虑到用人单位工作交接的合理需要，规定将劳动者在试用期内可以随时通知用人单位解除劳动合同，变更为劳动者在试用期内可以提前三日通知用人单位解除劳动合同。

（三）补充规定了用人单位可以随时通知劳动者解除劳动合同的情形

《劳动法》规定，劳动者在试用期间被证明不符合录用条件的；严重违反劳动纪律或者用人单位规章制度的；严重失职，营私舞弊，对用人单位利益造成重大损害的；被依法追究刑事责任的，用人单位可以随时通知劳动者解除劳动合同。《劳动合同法》除了延续以上规定外，为了保护用人单位的合法权益，还补充规定了用人单位可以随时通知劳动者解除劳动合同的其他情形，即：① 劳动者同时与其他用人单位建立劳动关系，对完成本单位的工作任务造成严重影响，或者经用人单位提出，拒不改正的；② 因本法第二十六条第一款第一项规定的情形（即劳动者以欺诈、胁迫的手段或者乘人之危，使用人单位在违背真实意思的情况下订立劳动合同的），致使劳动合同无效的。

（四）增加了用人单位提前三十日以书面形式通知劳动者解除劳动合同的替代方式

《劳动法》规定，有下列情形之一的，用人单位可以提前三十日以书面形式通知劳动者解除劳动合同：

（1）劳动者患病或者非因工负伤，医疗期满后，不能从事原工作也不能从事由用人单位另行安排的工作的。

（2）劳动者不能胜任工作，经过培训或者调整工作岗位，仍不能胜任工作的。

（3）劳动合同订立时所依据的客观情况发生重大变化，致使原劳动合同无法履行，经当事人协商不能就变更劳动合同达成协议的。《劳动合同法》一方面延续了《劳动法》以上规定，另一方面考虑到在这三十日时间内，劳动者往往需要时间去寻找新的工作，因此，借鉴一些国家和地区实行的代通知金制度，增加规定了用人单位提前三十日以书面形式通知劳动者解除劳动合同的替代方式，即在符合以上三种法定情形时，用人单位既可以提前三十日以书面形式通知劳动者本人，也可以额外支付劳动者一个月工资，然后解除劳动合同。

（五）修改了用人单位裁减人员的规定

《劳动合同法》一方面强化了对用人单位与符合条件的劳动者订立无固定期限劳动合同的要求，另一方面考虑到用人单位调整经济结构、革新技术以适应市场竞争的需要，放宽了用人单位在确需裁减人员时进行裁减人员的条件：

一是增加了用人单位可以裁减人员的法定情形。《劳动法》规定，用人单位只有在濒临破产进行法定整顿期间或者生产经营状况发生严重困难，确需裁减人员的，才可以裁减人员。《劳动合同法》除延续《劳动法》以上规定外，增加了两种用人单位可以裁减人员的情形：

（1）企业转产、重大技术革新或者经营方式调整，经变更劳动合同后，仍需裁减人员的。

（2）其他因劳动合同订立时所依据的客观经济情况发生重大变化，致使劳动合同无法履行的。

二是放宽了用人单位裁减人员的程序要求。《劳动法》规定，用人单位裁减人员的，都应当提前三十日向工会或者全体职工说明情况，听取工会或者职工的意见，并向劳动行政部门报告。《劳动合同法》将《劳动法》以上规定内容调整为，用人单位需要裁减人员二十人以上或者裁减不足二十人但占企业职工总数百分之十以上的，才应当按照以上规定的程序执行；裁减人员不足二十人且占企业职工总数不足百分之十的，无须按照以上规定的程序执行。

与此同时，为了降低裁减人员对劳动者工作和生活的影响，《劳动合同法》与《劳动法》相比，补充规定了用人单位在裁减人员中应当承担的社会责任：

一是补充规定了裁减人员时，应当优先留用下列人员：

（1）与本单位订立较长期限的固定期限劳动合同的。

（2）与本单位订立无固定期限劳动合同的。

（3）家庭无其他就业人员，有需要扶养的老人或者未成年人的。

二是细化了关于用人单位裁减人员后，在六个月内录用人员的，应当优先录用被裁减人员的规定，即规定：用人单位在六个月内重新招用人员的，应当通知被裁减的人员，并在同等条件下优先招用被裁减的人员。

（六）增加了用人单位提前三十日以书面形式通知劳动者解除劳动合同以及裁减人员的限制情形

根据《劳动法》规定，即使具备用人单位提前三十日以书面形式通知劳动者可以解除劳动合同以及裁减人员的一般情形，但是如果劳动者有下列情形之一的，用人单位也不得与劳动者解除劳动合同：

（1）患职业病或者因工负伤并被确认丧失或者部分丧失劳动能力的。

（2）患病或者负伤，在规定的医疗期内的。

（3）女职工在孕期、产期、哺乳期内的。

（4）法律、行政法规规定的其他情形。另外，《职业病防治法》规定，用人单位对未进行离岗前职业健康检查的劳动者不得解除与其订立的劳动合同；在疑似职业病病人诊断或者医学观察期间，不得解除与其订立的劳动合同。《劳动合同法》除延续《劳动法》《职业病防治法》以上规定外，还补充规定了一种情形，即：劳动者在本单位连续工作满十五年，且距法定退休年龄不足五年的。

总结案例

高校就业要严格执行"四不准"

2019 届全国普通高校毕业生达 834 万人，教育部发布通知，要求各高校要严格执行"四不准"规定，即不准以任何方式强迫毕业生签订就业协议和劳动合同，不准将毕业证书、学位证书发放与毕业生签约挂钩，不准以户档托管为由劝说毕业生签订虚假就业协议，不准将毕业生顶岗实习、见习证明材料作为就业证明材料。通知说，各地各高校要公布本单位的举报电话或邮箱。各地毕业生就业工作部门要牵头负责就业统计核查工作，对举报就业统计数据弄虚作假情况，要认真核查，一经核实要立即整改。

启示：

在就业竞争日益增加的情况下，毕业生除了应当摆正就业心态之外，还要了解政府相关部门发布的相关就业政策，这样才能少走弯路。

活动与训练

主题：模拟签订劳动合同。

目标：掌握劳动合同形式、基本内容。

时间：20 分钟。

过程：

1. 阅读本书附录《劳动合同（示范文本）》并熟悉情况。

2. 学号尾数是单号的同学作为公司代表，与双号的同学洽谈并签订劳动合同。

3. 单双号同学更换角色，再进行一次签订劳动合同活动。

思考与讨论

1. 签订劳动合同时应注意哪些?
2. 签订劳动合同的程序包括哪些?

任务四　保护就业权益

学习目标

1. 能够熟悉劳动权益保护的相关法律。
2. 能够正确对待不同情况并合理维权。
3. 能够认识职业健康并有意识地加强自我保护。

就业陷阱动画

新员工跪地乞讨的"上岗培训"

据《新文化报》报道,某地曾上演了这样一幕:每隔 100 米左右就有一名衣着整齐的年轻人跪地乞讨,4 女 6 男共 10 名年轻人长跪不起,引起行人的非议——原来这是某公司的一种培训。据报道,一名穿蓝衬衫、黑西裤、黑皮鞋的帅小伙双膝跪地,面前摊放着两枚硬币。他告诉记者,自己刚进公司准备做业务员,要成为正式员工必须经过一系列培训,在街上跪着乞讨是培训项目之一。目的是为锻炼员工"厚脸皮",以利于今后的推销工作。在街上跪着乞讨是员工自愿的,他们要看自己能不能承受这种常人难以忍受的压力和挑战。而公司不会开除不接受此项培训的员工。该公司负责人介绍:"让员工在最繁华的商业街当众下跪,就是让他们把不好意思'跪掉',敢于面对客户。生活中有许多困难,我们必须面对,做销售不能有半点不好意思。"

启示:

有路人说:"我对这家公司的这种行为非常气愤。一名下跪的员工问我能否给他一元钱,我说不能,自己都不尊重自己,怎么能赢得别人包括客户对你的尊重。"有律师指出,老板让员工当街下跪,是一种明显的侮辱人格的行为,其行为构成侵权,即便员工的行为是自愿的。但在就业形势严峻的今天,由于老板和员工之间存在雇佣关系,在利益面前,员工也不敢反抗。以此种行为来锻炼员工意志是不可取的,因为劳动者不是简单的工作机器人。

一、毕业生的权利与义务

(一)毕业生的权利

1. 自主择业权

自主择业权是指毕业生享有自主选择就业或不就业的权利,如申请自费出国留学的毕业生在毕业时可以申请不就业;自主选择就业方式的权利;职业选择决定权。

2. 平等待遇权

用人单位在招录毕业生时,应坚持公开、公平、公正的原则,任何凭关系、"走后门"及性别歧视等都是对毕业生平等待遇权的侵犯。《劳动法》第十二条规定:"劳动者就业,不因民族、种族、性别、宗教信仰不同而受歧视。"第十三条规定:"妇女享有与男子平等的就业权利。在录用职工时,除国家规定的不适合妇女的工种或者岗位外,不得以性别为由拒绝录用妇女或者提高对妇女的录用标准。"

3. 接受就业指导、就业服务权

毕业生有权接受学校的就业指导和就业服务。高校应及时向毕业生传达有关就业方针、政策、规定的内容,并对毕业生进行择业观教育和择业技巧的指导。

4. 自荐权和被荐权

毕业生有权向有需求的用人单位进行自我推荐并接受学校的推荐。学校应广泛地向用人单位推荐毕业生,并坚持优生优荐的原则,发挥学校推荐的导向作用。

5. 信息知晓权

就业信息是毕业生成功择业的前提,学校和有关就业指导部门应该如实地、毫无保留地向毕业生及时提供就业信息。这些信息包括用人单位的需求信息,对所选单位基本情况、工作安排、福利待遇等情况的了解,对国家就业政策、就业形势的了解。

6. 享受国家规定的待遇权

毕业生就业后,其工资标准和福利待遇应按国家有关规定执行,工龄从报到之日起开始计算。毕业生报到后,用人单位应根据工作需要和毕业生所学专业及时安排工作岗位。到非公有制单位就业的毕业生,其档案按国家有关规定进行管理,工资待遇由毕业生与用人单位协商确定,但工资标准原则上应不低于国家规定。此外,毕业生还应享有自谋职业和自主创业及享受相应优惠政策的权利、支边及享受相应的优惠政策的权利。患有疾病的毕业生在就业时应享有的权利,参照《普通高等学校毕业生就业工作暂行规定》(以下简称《暂行规定》)第三十七条规定:"学校应在派遣前认真负责地对毕业生进行健康检查,不能坚持正常工作的,让其回家休养。一年内治愈的(须经学校指定县级以上医院证明能坚持正常工作的)可以随下一届毕业生就业;一年后仍未治愈或无用人单位接收的,户粮关系和档案材料转至家庭所在地,按社会待业人员办理。"毕业生报到后,发生疾病不能坚持正常工作的,应按在职人员有关规定处理,不得把上岗后发生疾病的毕业生退回学校。

7. 申请调整改派权

符合下列条件之一的毕业生,可以提出申请改派:因家庭发生不可预知的困难需要回家庭所在地就业的;符合国家、省有关政策导向,流向合理的;接收单位因不可抗拒的原因(如单位倒闭、破产或被兼并)无法接收毕业生的;国家政策照顾对象情况发生变化的;毕业生就业主管部门下达调整分配计划的;其他经批准要求改派的。

8. 解除协议权

当履行协议后毕业生的权益或人身自由、人身安全受到用人单位严重侵害时,毕业生可以主动提出解除协议。《劳动法》第三十二条规定:"有下列情形之一的,劳动者可以随时通知用人单位解除劳动合同:在试用期内的;用人单位以暴力、威胁或者非法限制人身自由的手段强迫劳动的;用人单位未按照劳动合同约定支付劳动报酬或者提供劳动条件的。"

9. 申诉权

《劳动法》第七十七条规定:"用人单位与劳动者发生劳动争议,当事人可以依法申请调解、仲裁、提起诉讼,也可以协商解决。"第七十九条规定:"劳动争议发生后,当事人可以向本单位劳动争议调解委员会申请调解;调解不成,当事人一方要求仲裁的,可以向劳动争议仲裁委员会申请仲裁。当事人一方也可以直接向劳动争议仲裁委员会申请仲裁。对仲裁裁决不服的,可以向人民法院提起诉讼。"第八十三条规定:"劳动争议当事人对仲裁裁决不服的,可以自收到仲裁裁决书之日起十五日内向人民法院提起诉讼。一方当事人在法定期限内不起诉又不履行仲裁裁决的,另一方当事人可以申请人民法院强制执行。"此外,《中华人民共和国合同法》第一百二十八条规定,"当事人可以通过和解或者调解解决合同争议。当事人不愿和解、调解或者和解、调解不成的,可以根据仲裁协议向仲裁机构申请仲裁","当事人没有订立仲裁协议或者仲裁协议无效的,可以向人民法院起诉。当事人应当履行发生法律效力的判决、仲裁裁决、调解书;拒不履行的,对方可以请求人民法院执行"。

10. 求偿权

求偿权是指毕业生享有向违约方要求承担违约责任、获得赔偿的权利。

(二)毕业生的义务

权利与义务是相辅相成的,毕业生在享有国家规定的权利的同时,还必须履行一定的义务。毕业生在就业过程中应当承担的主要义务有:

(1)执行国家就业方针、政策和规定的义务。

(2)向用人单位实事求是介绍个人情况的义务。

(3)严格履行就业协议的义务。

(4)遵守学校有关规定的义务。

(5)承担自身违约而带来的相应责任,依法履行其他义务。

 看一看

毕业生违约的不良后果

    一些毕业生在毕业季往往同时联系多家单位,为了保险起见,常常勉强与不太满意的单位签订就业协议。但是,一旦遇到自己中意的单位,就纷纷毁约。这往往会带来一些不良的后果,主要表现在以下方面。

    第一,对学校而言,会影响用人单位对学校教育工作的信任,进而影响学校和用人单位的长期合作关系。

    第二,对用人单位而言,毕业生解约后,用人单位需要重新物色其他毕业生,浪费了宝贵的时间和相关资源。

    第三,对其他毕业生而言,当初希望到该用人单位的其他毕业生由于毁约毕业生的缘故,错过了录用时间,造成就业信息的浪费,影响了他们的就业。

因此,毕业生在就业过程中不仅要考虑自身利益,还应考虑学校、用人单位和其他毕业生的利益,务必慎重选择、认真履约。

二、就业权益保护的相关法规

(一) 劳动法

《中华人民共和国劳动法》是自 1995 年 1 月 1 日起施行的,是为了保护劳动者的合法权益,调整劳动关系,建立和维护适应社会主义市场经济的劳动制度,促进经济发展和社会进步而制定的。《劳动法》分为 13 章,具体包括总则、促进就业、劳动合同和集体合同、工作时间和休息休假、工资、劳动安全卫生、女职工和未成年工特殊保护、职业培训、社会保险和福利、劳动争议、监督检查、法律责任、附则。

(二) 就业促进法

《中华人民共和国就业促进法》(以下简称为《就业促进法》)是自 2008 年 1 月 1 日起施行的。毕业生是我国青年就业群体的重要组成部分,毕业生就业,事关社会安定、国家发展。这部法律将就业工作纳入法制化轨道,从法律层面形成了更有利于大学生就业的社会环境。内容涉及转变就业观念,提高就业能力;强化依法管理,加大资金投入;规范就业市场,打击违法行为;鼓励自主创业,加强就业援助;反对就业歧视,营造公平环境等几个方面。因此,大学生在就业中遇到用人单位的就业歧视,既可以向相关政府部门反映,也可以直接向人民法院提起诉讼。

看一看

乙肝病毒携带者可以平等就业

毕业生小汪找到了一份满意的工作,但入职体检剥夺了他的工作机会,因为他是乙肝病毒携带者。小汪是国际贸易专业的学生,学业很优秀,选择从事进出口贸易工作是他的理想。他疑惑的是,因为他是乙肝病毒携带者,用人单位是否就可以拒绝录用他?

《就业促进法》虽然没有提到乙肝病毒携带者,但在第三十条作了概括性规定:"用人单位招用人员,不得以是传染病病原携带者为由拒绝录用。但是,经医学鉴定传染病病原携带者在治愈前或者排除传染嫌疑前,不得从事法律、行政法规和国务院卫生行政部门规定禁止从事的易使传染病扩散的工作。"

据统计,我国目前有 1 亿多人是乙肝病毒携带者。有关医学资料显示,一般的乙肝病毒携带者传染性很小,对健康危害也不大。按照《就业促进法》的有关规定,除了前述规定情形外,任何机关或单位设置禁止录用乙肝病毒携带者的规定都是无效的,用人单位不得以小汪是乙肝病毒携带者为由拒绝录用。

(三) 劳动合同法

《中华人民共和国劳动合同法》自 2008 年 1 月 1 日起施行。新修订的《劳动合同法》自 2013 年 7 月 1 日起施行。新修订的《劳动合同法》强化了对大学生就业的法律保护,其作用主要有三点。第一,签订劳动合同构建起大学生就业的维权基础。《劳动合同法》强调了劳动合同签订的强制性,并明确了用人单位是签订劳动合同的责任主体;明确了用人单位对劳动条件、劳动内容、工资报酬、职业危害的告知等法定义务,指导用人单位与劳动者签订内容规范的劳动合同。第二,有利于维护职业稳定,促进毕业生的人权保障。《劳动合同法》有助于制约合同短期化行为,防止滥用试用期,限制随意设置违约金,增加解雇成本。第三,规范劳务派遣用工形式,保护大学生权益。《劳动合同法》严格限制劳务派遣的岗位范围,提高劳务派遣单位的准入门槛,劳务派遣违法行为将受到处罚。

 看一看

　　小李是 2011 届毕业生,他于 2011 年 6 月应聘到一家电子集团公司工作,但直至 2012 年 11 月,上班已经 5 个多月的他始终没能与单位签订正式劳动合同。单位每月发给小李实习工资,理由是小李仍在试用期。《劳动合同法》第七条规定"用人单位自用工之日起即与劳动者建立劳动关系。"第二十条规定:"劳动者在试用期的工资不得低于本单位相同岗位最低档工资或者劳动合同约定工资的百分之八十,并不得低于用人单位所在地的最低工资标准。"第八十二条规定:"用人单位自用工之日起超过一个月不满一年未与劳动者订立书面劳动合同的,应当向劳动者每月支付二倍的工资。"这就意味着即便用人单位未与小李签订劳动合同,但实际上双方已建立了劳动关系,可以适用《劳动法》和《劳动合同法》的相关规定。

(四) 社会保险法

《中华人民共和国社会保险法》自 2011 年 7 月 1 日起施行。该法是新中国成立以来第一部社会保险制度的综合性法律,它从法律上明确了国家建立基本养老、基本医疗和工伤、失业、生育等社会保险制度,并对确立基本养老保险关系转移接续制度,提高基本养老保险基金统筹层次,建立新型农村社会养老保险制度、城镇居民养老保险制度和新型农村合作医疗制度等作出了原则规定。与毕业生就业有关的社会保险,主要是就业后涉及的"五险一金"问题。"五险"包括养老保险、医疗保险、失业保险、工伤保险、生育保险;"一金"是指住房公积金。

🔄 **试一试**

　　春节期间,小李被单位安排从初一加班到初六,且没有调休。小李的月工资是 4 500 元,试计算小李这 6 天应得的加班费。

（五）税法

税收是指国家为满足社会公共需要,凭借社会公权力,依照法律所规定的标准和程序,参与国民收入分配,强制性、无偿性地取得财政收入的一种方式。与大学生就业、创业相关的税法主要有《中华人民共和国个人所得税法》《中华人民共和国企业所得税法》等。国家鼓励毕业生自主创业,并实行税费优惠。各地区相继出台鼓励政策。例如,符合条件可免收行政事业性收费、小额担保贷款享受政府贴息、享受社会保险补贴政策,具体内容可在当地教育部门的协助下向银行、工商、税务、社保等部门咨询。

🌈 看一看

按照国务院发布的《个人所得税专项附加扣除暂行办法》,2019年1月1日起,子女教育、继续教育、住房贷款利息、住房租金、赡养老人、大病医疗6项专项附加扣除政策正式实施。

子女教育:学前教育阶段,为子女年满3周岁当月至小学入学前一月。学历教育,为子女接受全日制学历教育入学的当月至结束的当月。每个子女每月扣除1 000元。

继续教育:学历(学位)继续教育,入学的当月至结束的当月,每月400元,同一学历(学位)继续教育的扣除期限最长不得超过48个月。技能人员职业资格继续教育、专业技术人员职业资格继续教育,为取得相关证书的当年,每年3 600元。

住房贷款利息:为贷款合同约定开始还款的当月至贷款全部归还或贷款合同终止的当月,每月1 000元,扣除期限最长不得超过240个月。纳税人只能享受一次首套住房贷款的利息扣除。

住房租金:为租赁合同(协议)约定的房屋租赁期开始的当月至租赁期结束的当月。提前终止合同(协议)的,以实际租赁期限为准。按照1 500元、1 100元、800元三档标准定额扣除。

赡养老人:为被赡养人年满60周岁的当月至赡养义务终止的年末,包括父母和子女均已去世的祖父母或外祖父母。纳税人为独生子女的,每月2 000元;非独生子女的,可选用均摊、约定、指定三种方式,每人额度不超过1 000元。

大病医疗:为医疗保障信息系统记录的医药费用实际支出的当年。每人最高扣除限额为8万元,在次年3月1日至6月30日汇算清缴时扣除。

三、劳动维权的注意事项

（一）毕业生首次就业维权的注意事项

1. 端正态度,调整心态

毕业生在首次就业过程中,往往会出现焦急、急迫和盲目的心态。在求职时,或不惜委曲求全,或不敢"斤斤计较",或被花言巧语诱骗。虽然首次就业不是"一次定终身",但如果首次就业使得身心受到伤害,势必会给自己未来的职业发展带来不小的负面影响。因此,时刻保持清醒的头脑,了解和掌握就业方面的政策和流程,并严格按照程序办事,将会使自己的合法权益得到充分的保障。

2. 学习法律法规，掌握政策流程

毕业生在求职、择业、签约之前，要全面了解和掌握毕业生就业政策和流程，做好相关法律法规的知识储备。这样才可以做到思路清楚、条例清晰、有的放矢，及早识破不法单位设下的陷阱，懂得通过合法途径解决就业过程中出现的问题，最大限度地保护自己的正当权益。

3. 了解用人单位，查找背景材料

在求职的过程中，尽量多方面了解用人单位的行业背景、运营状况、招聘信誉、岗位职责以及企业文化等，还可以去实地考察工作环境。

4. 慎重签订协议，敢于据理力争

在签约时，要仔细阅读就业协议书及其补充条款，重点关注试用期及违约责任条款的约定，尽量不要在协议书中留下空白。对用人单位的口头承诺，要尽可能在补充协议中予以注明，并明确在签订劳动合同同时予以确认。如果毕业生在求职应聘和签订协议的过程中发现权益受到侵害，不要因为害怕失去就业机会而忍气吞声，要学会运用法律武器力争自己的合法权益。

5. 善于虚心请教，多方征求意见

毕业生在就业的过程中遇到问题，要及时咨询有关专家、老师和家长。大学生求职的过程，也是从学生向社会人转化的过程，大学生的社会阅历还很少，而法律专家的视角、老师家长的指导、往届校友的经验，对于毕业生来说就是一笔宝贵的财富。

（二）建立劳动关系后的维权注意事项

进入职场的大学生面对纷繁复杂的社会，在职业适应方面还有很多事情要做，但也不要忽略了自身合法权益的保护，以保障自己的职业生涯发展顺利。

1. 重视学习相关劳动法规

我国的《劳动法》《劳动合同法》《劳动争议调解仲裁法》以及各地方性的劳动管理规定，是毕业生签订劳动合同、调整劳动关系、解决劳动争议时依据的法律法规。毕业生在就业之前就应对这些法律常识有所了解，不使侵权者有机可乘。

2. 重视劳动合同签订

签订好劳动合同，是毕业生在实际工作中合法权益得到充分保障的前提。毕业生在成为职业人的过程中，应当学会依法保护自身的劳动权益，了解劳动合同订立的原则，应当具备的条款，合同变更、解除、终止的情形，以防止合同短期化、滥用试用期、随意设置违约金、不支付解雇补偿金等情况出现。依法签订劳动合同，不仅可以帮助毕业生顺利就业、愉快上岗，还将提高毕业生服务社会的主动性和积极性，并为他们的职业发展提供坚实保障。

 学一学

职场合理保护四原则

首先，要善于用实力说话，把自己的能力作为争取利益的砝码。有的学生，尚未

展示能力，就给 HR 列出长串清单：车贴、通信费、公司旅游、带薪年假……职场人应更注重职位本身给自己带来的发展，包括行业经验、专业知识、人际网络的积累等。

其次，和企业发生分歧时，要心平气和地沟通，尽量以协商方式解决问题。一是平时多学些劳动法律法规知识，包括法律条文的相关司法解释，这样在需要和企业谈判时也能做到有理有节；二是平时注意积累各种证据，如加班纪录、工资条、考勤卡、社保缴纳记录；三是注意协商时机，不要发生一点小事就去找 HR 谈判，如果类似事件发生多次，那么把它们一次性摆到 HR 桌面上，必能引起足够的重视。

再次，不要轻易提起劳动仲裁。企业一般都会对应聘候选人进行背景调查，如果从"前任东家"处得知候选人曾因为丁点小纠纷和企业闹上仲裁庭，那么可能会对接纳此人加盟企业持"慎重态度"。因为企业潜意识里会认为此人不善沟通，看重小利。当然，如果企业对劳动者权益有侵害，劳动者就一定要学会用法律武器保护自己，比如遭遇企业随意解雇、拖欠工资、对工伤不负责任、侵害妇女权益，都应该勇敢地提起仲裁甚至诉讼。但福利待遇方面的分歧，最好寻求其他方式解决。

最后，即使企业过错在先，劳动者也不能以违反法律法规或劳动纪律的方式表示不满。如果劳动者自身也违反了法律或纪律，就失去了保护自己的正当性。

四、职业健康保护

（一）不同职业人群的健康问题

现代医学与卫生学调查研究表明，各种职业环境和条件，都存在着影响人类健康的有害因素，不同的职业、不同的职业场所、不同的职业劳动环境与条件、不同的劳动方式，甚至对同一企业，不同的管理者和不同素质的劳动者，都有不同的职业健康问题。（图 5-8 为疾控中心工作人员在开展宣传活动。）

1. 工矿企业人员的健康问题

有理想和完美生产环境的工矿企业还十分少见，因此，工矿企业还广泛存在着各种有害的职业危害因素，如粉尘、有毒物质、高温、噪声、振动。近年来，大量不熟悉职业卫生要求的经营者、农民工和临时工加入乡镇企业，经营者过度追求经济效益，忽视职业卫生问题，乡镇企业职业卫生问题更为突出。

图 5-8　疾控中心工作人员进企业开展职业病法律法规及相关知识宣传

2. 影视娱乐场所人员的健康问题

电影院、歌舞厅、酒吧、茶楼和网吧等公共场所，由于场所密闭性大、通风不畅、人口密集、人员流动性大,还有光污染、噪声等。它带来的新一类职业健康问题已经引起人们高度重视,如空气流通不够会造成呼吸道传染病传播,噪声过大会对耳朵造成伤害,通宵达旦地工作会影响工作人员的身体健康。

3. 宾馆饭店从业人员的健康问题

宾馆饭店行业的卫生状况不佳,在直接影响到顾客的身体健康和生命安全的同时,也影响着从业人员的身体健康。宾馆客房人员流动大,接触客人使用过的被单、茶杯、沐浴巾、坐式马桶等,有一定的概率染上传染病。餐饮业的卫生问题也很多,从业人员也要注意保护自身健康。

4. 百货商场从业人员的健康问题

这类场所也是属于人口密集、人员流动量极大、通风不畅的公共场所。从业者要注意搞好经营场所的消毒,确保通风,做好上岗前的体检,确保从业人员没有传染性疾病,从业过程中必须按照行业行为规范从业。

(二)影响职业健康的因素

1. 化学性因素

(1)生产性毒物是在生产过程中产生的。常见的生产性毒物有氯、氨等刺激性气体,一氧化碳、氰化氢等窒息性气体,铅、汞等金属类毒物,苯、二硫化碳等有机溶剂。

(2)生产性粉尘是在生产过程中产生的,可以较长时间悬浮在空气中的固体微粒。如矽尘、滑石尘、电焊烟尘、石棉尘、聚氯乙烯粉尘、玻璃纤维尘、腈纶纤维尘等。(图5-9为疾控中心工作人员对企业车间进行抽样检测。)

图5-9　疾控中心工作人员对企业车间进行抽样检测

2. 物理性因素

(1)异常高温或低温。如热油泵房内作业、催化剂生产的焙烧作业、加氢催化剂反应器内作业、夏天进入油罐车或油槽车内作业。低温,如石蜡成型的冷库内作业。

(2)噪声。多由机械力(固体或液体表面的振动)、气体湍流、电动力、磁动力、催化"三机"室、加热炉、高压蒸汽放空、泵、球磨机、粉碎机、机械传送带、电气设备等产生。

(3)振动。如循环压缩机转动、风动工具(如锻锤、风锤)、电锯、捣固机、研磨作业的砂轮机、铣床、镟床、交通运输工具(如汽车、摩托车、火车)等产生的振动。

(4)电离辐射。如工业探伤用的 X 射线、放射性同位素仪表(如料位计的 Y 射线)。

(5)非电离辐射。如高频热处理时的高频电磁场,电焊、氩弧焊、等离子焊时产生的紫外线,加热金属、玻璃时产生的红外线。

3. 生物性因素

生物性有害因素指细菌、寄生虫或病毒所引起的与职业有关的某些疾病。如引起皮革工人、畜产品加工工人等职业性疾病炭疽的炭疽杆菌,引起森林工作者的职业性疾病森林脑炎的由蜱传播的一种森林脑炎病毒。

4. 劳动过程中的有害因素

(1)劳动组织不合理。如劳动时间过长,特别多见于检修期间,有的员工甚至一天工作 10～12 小时,如果组织不当,则不利于员工的健康。

(2)劳动精神过度紧张。多见于新装置投产试运行,或生产不正常时。如重油加氢、高压、硫化氢浓度大、易发生燃烧、爆炸和中毒等环境。

(3)个别器官过度疲劳。如光线不足使眼部受到损伤。

5. 卫生条件和技术措施不良的有关因素

(1)生产场所设计不合理。如车间布置不当,有毒与无毒岗位设在同一工作间;厂房狭窄,设计时没考虑通风、换气或照明。

(2)防护措施缺乏、不完善或效果不好。如一些包装厂房未安装防尘、防毒、防噪声等措施。

(3)缺乏必要的个人防护用品。如铆工与焊工在同一厂房作业,铆工有耳塞防噪声,但焊工却没有;焊工有防紫外线的面罩,保护眼睛,铆工却没有。

(4)自然环境因素。如夏季室外作业,容易发生中暑。

(5)环境污染因素。如氯碱厂氯气泄漏,使处于下风侧的无毒生产岗位的工人吸入了氯气。又如化肥厂的氨气泄漏,同样也可使处于下风侧的其他工种工人受害。

(三) 职业疾病的预防

1. 提高工程技术

通过发展科学技术,促进生产力水平的提高,实现生产过程的机械化、密闭化和自动化,以避免和减少各种职业危害因素。这是控制和消除职业病的根本措施。

2. 关注健康监护

健康监护的内容包括健康检查、健康档案、健康状况分析等几个方面。通过健康监护,关注职业危害因素对从业者的影响程度,从而减少或降低从业者罹患职业病风险。

3. 保证个人防护用品的供应

使用防护用品包括防护服、防护眼睛和面罩、呼吸防护器、防噪声用具以及皮肤防护剂等。个人防护用品的使用,可以在一定程度上有效地防止某些职业危害因素对从业者的损害。

4. 强化宣传教育

预防职业病需要个人、企业和全社会的关注。企业要认识到自身对职业病的防治负有的经济和法律责任,通过各种信息传播渠道,向员工大力开展防治职业病的宣传工作。《中华人民共和国职业病防治法》加大了对违规企业的处罚力度,处罚的上限由过去的十几万元上升到 50 万元。

总结案例

不得以休产假为由拒发年终奖

张女士于 2013 年 3 月入职一家软件技术公司,担任营销方案经理,签订了为期三年的劳动合同。2014 年 8 月 1 日至 2014 年 11 月 23 日,张女士休产假。公司认为张女士因怀孕、休产假的原因,无法保证工作时间,对公司贡献很小,故无权获得 2014 年年终奖。张女士则认为公司 2013 年按照其年薪的 15% 向其发放了年终奖,其 2014 年的工作表现获得了领导的认可,休产假之外的时间其仍在职工作,故诉至法院,要求公司向其支付 2014 年年终奖。法院经审理认为,公司与张女士对年终奖的发放存在约定且具备支付记录,休产假是女职工的合法权利。另外,公司没有提供对张女士进行考核且考核不合格的证据,故结合张女士产假期间的时长等因素酌定,公司应向张女士支付 2014 年年终奖 20 000 元。

启示:

毕业生在就业中如遇此类纠纷,可申请劳动仲裁,如对仲裁结果不服,可以委托律师起诉维权。

活动与训练

主题: 企业我查查。

目标: 学会用国家企业信用信息公示系统查询企业的方法。

时间: 5 分钟。

过程:

1. 查询一下你希望加入的目标企业或曾经兼职过的企业。

2. 看下这些企业是否具有经营异常记录,是否属于严重违法失信企业。

3. 教师点评。

思考与讨论

1. 劳动合同与聘用合同有什么区别?

2. 简述如何防范试用期的法律陷阱。

项目六
创新创业与机会把握

📖 引导语

在现代城市化进程加快的环境下,创业机会无处不在。机会就是未明确的市场需求或未充分使用的资源或能力。机会具有很强的时效性,甚至转瞬即逝,一旦被别人把握住也就不存在了。而机会又总是反复出现的,一种需求得到满足,另一种需求又会产生;一类机会消失了,另一类机会又会产生。大多数机会都不是显而易见的,需要去发现和挖掘。

创新与创业是一种意识,是一种能力,更是一种精神,开展创新创业教育,需要将创新创业教育理念融入人才培养的全过程,在教育教学过程中,应结合自身学科的特点与优势,不断强化自身的创新创业能力。这不仅可以解决问题,而且还能够创造性地解决问题。如果能够灵活地运用知识,适应市场需求,主动与产业结合,借鉴他人的创业经验,避免重蹈他人失败的覆辙,则有助于我们对创业机会的把握和选择。

对于想创业的创业者们来说,关键是在于如何能够从众多机会中寻出有价值的创业机会,找到适合自己的项目。创业者只有找到真正的创业机会,才能开始着手创业。

学习目标

1. 对创新意识有一个基本了解。
2. 对创新精神有一个基本了解。
3. 对创业精神有一个基本了解。
4. 了解创新、创意与创业的关系。
5. 对创业环境有基本的判断。
6. 能识别并把握创业机会。

任务一　培养创新意识

成功创业者的
五大特征

学习目标

1. 了解创新意识的概念。
2. 了解创新意识的基本特征。
3. 了解创新意识的作用。
4. 了解创新意识产生的环境因素。

导入案例

瘫痪的共享单车

最初,共享单车是几个北大毕业生在校园里推出的一个项目,主要目的是解决师生短途出行的问题。后来,这个概念走出校门,在市场上掀起一阵热潮。2016 年年底,"共享单车"突然红遍中国,各种品牌的单车出现在许多城市的大街小巷。共享单车迅速覆盖到国内各个城市,一时间有七十多家共享单车企业涌入市场,各类共享单车拿着投资人的钱开始铺天盖地地在线下投放。大量市场资本投入共享单车业务当中,这也使得共享单车企业没有意识到成本的负担。从2016 年发展至今,共享单车行业一直未形成稳定的收益,引起业内人士的担忧。(图 6-1 为被废弃的共享单车。)

图 6-1　堆积如山的共享单车

（资料来源:中国新闻周刊.2018 最大泡沫破灭,共享单车没有奇迹.2018-12-17,有改动）

启示:

决策跟风,人云亦云.这是创业者最常犯的毛病。创业者要根据自己的实际情况去创业,所选择的行业也要根据国家政策导向和整个市场方向去选择。不是人人都适合创业。创业是一个高难度、高风险的工作,创业永远是少数人的挑战。创业需要扎实的商业逻辑做支撑。我们学习创业课程,也是培养自身系统思考问题的有效途径。

一、创新意识简介

(一)创新意识的概念

对创新的正确理解是正确认识创新意识的前提。创新是一个涉及所有人类活动领域的概念,界定的角度不同,对它的理解就不同。就一般意义而言,创新是指个体为达到一定目的,创造某种符合国家、社会或个人价值需要的具有革新性或独创性产品的行为。创新不但是一种技术过程,更是一种激情,是一种不满足现状的追求。美国著名管理学家彼得·德鲁克认为,创新是一种态度和实践,它能为人们的创造性实践确立稳定的价值取向。创新的内涵是突破和超越,是否定和发展。

创新意识是指人们根据社会和个体生活发展的需要,创造前所未有的事物或观念的动机,并在创造活动中表现出的意向、愿望和设想。它是人类意识活动中的一种积极的、富有成果性的表现形式,是人们进行创造活动的出发点和内在动力,是产生创造性思维和创造力的前提。

创新意识由创新动机、兴趣、情感和意志等方面组成,是对创新活动有重大影响的各种精神因素构成的一种稳定的精神状态。一般来说,创新意识包括三个层级:第一层级是以人的心理状态存在的创新意识,也可以称为人的创造性精神品质;第二层级是以理论形态存在的创新意识;第三层级是以扩展形态存在的创新意识。

(二)创新意识的本质

创新意识的本质在于将创新意识的感性愿望提升到理性的探索上,实现创新活动由感性认识到理性思考的飞跃。创新精神属于科学精神和科学思想范畴,是进行创新活动必须具备的一些心理特征,包括创新意识、创新兴趣、创新胆量、创新决心及相关的思维活动。

(三)创新意识的基本特征

创新意识是以思想活跃,不因循守旧,富于创造性和批判性,具有敢于标新立异、独树一帜的精神和追求为主要表现。只有具备强烈的创新意识,才能敢想前人没想过的事,敢创前人不曾创成的业。只有敢于摆脱窠臼,敢于打破经验的桎梏,才能提出新的见解,创造新的理论,研发出新的产品,为人类做出重要的贡献。创新意识的基本特征有以下几个方面。

1. 独创性

创新意识必定独立于前人或他人,具有填补空白的首创价值和意义,历史地位不可小觑。

2. 超越性

创新即突破、超越。创新思维的超越性特征体现在以下几个方面:① 对过去的超越;② 对将来的超越;③ 对空间的超越;④ 对具体事物、具体现象、具体物品等的超越;⑤ 对"有"与"无"的超越;⑥ 对"传统"的超越。

3. 新颖性

创新意识的意义在于满足社会需求,创新意识是求新意识。

4. 社会历史性

创新意识是以满足物质生活和精神生活水平需要为出发点的,而这种需要很大程度上要受到社会历史条件的制约。因人们的创新意识激起的创造活动和产生的创造成果,应为人类进步和社会发展服务,因而,创新意识必须考虑社会效果,承担社会责任。

5. 个体差异性

个人的创新意识与个人的社会地位、环境氛围、文化素养、兴趣爱好、情感志趣等方面都有一定的联系,这些因素对创新意识的产生起到重大影响作用。而这类因素也是因人而异,因此,对于创新意识,既要考察社会背景,又要考察其文化素养和志趣动机。

(四)创新意识的作用

(1)创新意识是决定一个国家、民族创新能力的最直接的精神力量。在今天,创新能力实际就是国家、民族发展能力的代名词,是一个国家和民族解决自身生存、发展问题能力大小的最客观和最重要的标志。

（2）创新意识促成社会多种因素的变化，推动社会的全面进步。创新意识根源于社会生产方式，它的形成和发展必然进一步推动社会生产方式的进步，从而带动经济的飞速发展，促进上层建筑的进步。创新意识进一步推动人类的思想解放，有利于人们形成开拓意识、领先意识等先进观念；创新意识会促进社会政治向更加民主、宽容的方向发展，这是创新发展需要的基本社会条件。这些条件反过来又促进创新意识的发展，更有利于创新活动的进行。

（3）创新意识能促进人才素质结构的变化，提升人的本质力量。创新实质上确定了一种新的人才标准，代表着人才素质变化的性质和方向，输出着一种重要的信息：社会需要充满生机和活力、有开拓精神、有新思想道德素质和现代科学文化素质的人。创新客观上引导人们朝这个目标提高自己的素质，使人的本质力量在更高的层次上得到认同，激发人的主体性、能动性、创造性的进一步发挥，从而使人自身的内涵获得极大丰富和扩展。路是靠自己走出来的，跟着别人的脚步永远走不到最前面。只有具备超前意识，才能走出属于自己的一片天地，模仿别人的东西迟早会被社会大众淘汰，只有具有创新意识，未来才能有出路！

二、创新意识产生的环境因素

（一）家庭环境因素

安逸舒适的生活往往能抑制人们创新的自觉性和能动性。俗话说"穷则思变"，很少有人愿意固守贫穷与落后，稍有点进取心的人都不会被动地维持现状。为了改变家庭穷困落后的面貌，人们都会主动想办法，积极出主意，利用一切可以利用的资源优势和条件，突破观念和制度的藩篱，走出一条新路来，从而创业致富，改变家庭的境况。

即便是小有成就的家族企业，也不能有小富即安的满足与陶醉，"逆水行舟，不进则退"的道理谁都清楚。要把企业做大做强，也是需要创新意识的。

（二）社会环境因素

由于缺乏创新，我们不得不将某些产品利润的一部分支付给外国专利拥有者，企业面临着"卖一台计算机只能赚一捆大葱钱"的尴尬；由于缺乏创新，我们面临卖出 8 亿件衬衫才能换回一架 A380 的窘境；由于缺乏创新，我们的街头飞驰的大多是外资品牌的汽车。由于不断创新，我国高速铁路才会领跑世界；由于不断创新，袁隆平才会被人们称为"世界杂交水稻之父""当代神农"；由于不断创新，我国航天才会实现"嫦娥"登月。对比的残酷，形势的严峻，让我们不能不警醒。

提高自主创新能力，建设创新型国家，已成为国家发展战略的核心，是提高综合国力的关键。党的十八大以来，我们已着手实施创新驱动发展战略，强调科技创新是提高社会生产力和综合国力的战略支撑，必须摆在国家发展全局的核心位置。要坚持走中国特色自主创新道路，以全球视野谋划和推动创新，提高原始创新、集成创新和引进消化吸收再创新能力，更加注重协同创新。深化科技体制改革，推动科技和经济紧密结合，加快建设国家创新体系，着力构建以企业为主体、市场为导向、产学研相结合的技术创新体系。完善知识创新体系，强化基础研究、前沿技术研究、社会公益技术研究，提高科学研究水平和成果转化能力，抢占科技发展战略制高点。实施国家科技重大项目，突破重大技术瓶颈。

加快新技术、新产品、新工艺研发应用,加强技术集成和商业模式创新。完善科技创新评价标准、激励机制、转化机制。实施知识产权战略,加强知识产权保护。促进创新资源高效配置和综合集成,把全社会智慧和力量凝聚到创新发展上来。

创新是推动社会发展的力量之源,是推动经济增长的核心要素,是提高党的执政能力的关键举措,是建设我国社会主义和谐社会的必然选择,是我们跻身世界强国之林、担当负责任大国的必由之路。

(三) 国际环境因素

我国在综合国力日益上升的大背景下,遭到某些心怀不轨的国家的联手打压,他们企图缩小我们的生存空间,企图遏制我们的上升势头。如果我们缺乏创新意识,不能实现制度创新、观念创新、技术创新,必将受制于人。我们不仅要韬光养晦,还要敢于"亮剑",争取和平发展的国际环境。中国的企业界要时刻保持创新意识,发展绿色环保经济,不能富了当代、贻害子孙。企业要坚守起码的道德底线,不发昧心财,通过技术创新,发展民族工业,富民强国。

三、创新意识的培养

知识是新创意的材料,但是知识本身不会使一个人具有创造力。创造力的关键是活用知识、活用经验来培养新点子、新创意。你可以用这种态度去尝试各种新方法;你也可以用疯狂的、看似不切实际的点子当垫脚石,以激发实用的新点子;你也可以偶尔打破既有规则,并在专业领域之外寻找新创意。总之,只有具有创新意识,持有创造性态度,才能发现新机会并适应改变。

威廉斯创造力
倾向测验

创新,是求知欲、创造欲、质疑欲的综合反映,大学生创新意识的培养,可以从以下几方面入手。

(一) 拥有热情、勇气与自信心

创新离不开探索,探索需要热情、勇气和自信心。创新意识的培养,包括创新热情的激发、创新勇气的鼓励和自信心的树立。热情的激发,可以首先从业余爱好和兴趣中寻找切入点,然后实现从业余兴趣到专业兴趣的转移,最终实现从专业兴趣到创新热情的升华。勇于创新,重要的环节是敢于怀疑和发问,重视各种疑问。除此之外,自信心的树立也很重要。对自己的能力有自信,对自己的质疑有自信,才能找到更多解决问题的方法。

(二) 提升综合实力

这里的综合实力主要包括知识结构、实验和动手技能以及思维方法。在知识结构方面,除了必修科目的学习外,还要注重新学科、边缘学科和跨学科知识的学习。这种学习可以以选修课、专题讲座、学术报告、自学和教师专门辅导等方式进行。在实验和动手技能方面,实验设计、最佳方案的选择、实验操作、撰写研究报告等都是必需的。在一系列的实验当中,发现问题,并在问题的基础上提出自己的新见解,已经成为许多学生创新意识的重要体现。思维方式的培养不仅是综合实力培养的主线,也是创新意识和创造能力培养的关键。

(三) 改变思维方式

随着年龄的增长和知识的积累,大学生的思维虽然十分活跃,但已具有某种定式。分析、综合、演绎、想象、灵感和直觉中的固定逻辑模式,尤其是"先入为主"的意识定式、"轻车熟路"的知觉定式,都严重约束和阻碍着创新意识的产生。大学生应排除思维定式的干扰,及时调整思路、拓宽思路。

总之,创新意识的培养是一种严肃、严密、严格的创造活动,也要按客观规律办事,不能把创新意识培养简单化、表象化和庸俗化,不能降低创新精神的科学性和严肃性。在培养创新意识的过程中一定要注意树立科学的创新理念,要有创新思想和创新实践,明确创新的真实含义,允许在创新过程中犯错误,增强培养创新意识的信心、勇气和能力,只有大胆地试、大胆地闯,才会尽快成长起来。

总结案例

十 年 磨 一 剑

淘宝网 2003 年 5 月 10 日诞生,到 2013 年 5 月 10 日整整 10 年,马云选择十周年纪念日卸任别有一番含义。10 年来,马云率领阿里巴巴不停歇地坚韧爬坡,使得阿里巴巴每隔一段时间就上一个台阶,步子走得稳妥扎实。2003 年,阿里巴巴每天的"收入"为 100 万元;2004 年,阿里巴巴实现了每天"盈利"100 万元;2006 年 5 月,淘宝网推出淘宝商城,开创了全新的 B2C(企业对个人)业务;2009 年 1 月,淘宝网对外宣布成为亚洲最大的网上零售商城;2012 年年底,阿里巴巴集团宣布,淘宝和天猫的交易额突破 1 万亿元,阿里巴巴集团的净利首次超过腾讯和百度,位居第一。马云率领的阿里巴巴着眼长远,十年磨一剑,最终企业自身取得了骄人业绩。(图 6 - 2 为淘宝网的首页图片。)

(资料来源:马云卸任阿里巴巴 CEO 淘宝晚会上演"由人到神"仪式,全景网,发布时间:2013 年 5 月 13 日,有改动)

图 6 - 2　淘宝网 2019 年网站页面截图

> **启示：**
> 　　淘宝给我们带来了许多便利，足不出户便可以买到许多东西，不仅节约时间而且节约成本，是一种新型的网络交易方式。大学生创业，一定要注意创新意识的培养。

活动与训练

主题： 寻找青年创业成功的案例。
目标： 每人至少寻找 2 个成功的案例。
时间： 30 分钟。
过程： 通过网络，查找 2010 年以来青年创业成功的案例。同时，根据网络报道或身边经验，分析创业成功案例的共性有哪些。

思考与讨论

1. 阅读以下材料，谈谈你对"三只松鼠"的看法。

安徽三只松鼠电子商务有限公司成立于 2012 年，是一家集坚果、干果、茶叶等森林食品的研发、分装及网络自有 B2C 品牌销售于一体的现代化新型企业。

"三只松鼠"的创始人兼 CEO 是章燎原（图 6－3），他带领一批来自全国的粉丝组成的

图 6－3　三只松鼠创始人兼 CEO 章燎原

创业团队创始的互联网食品品牌。章燎原在其任职业经理人期间打造出安徽最知名的农产品品牌。其较强的品牌营销理念以及草根出身的背景，使他能够迅速地掌握消费者的心理，在电商业界素有"电商品牌倡导者"的称号。三只松鼠便是其组建的一个全新的创业团队，这个团队正在逐渐扩大，从最初的 5 名创始成员发展到 700 人的规模，平均年龄在 23 岁，是一支极具生命力和挑战力的年轻团队。

"三只松鼠"主要是以互联网技术为依托，利用 B2C 平台实行线上销售。凭借这种销售模式，"三只松鼠"迅速开创了一个以食品产品的快速、新鲜的新型食品零售模式。这种特有的商业模式缩短了商家与客户的距离，确保让客户享受到新鲜、完美的食品。三只松鼠开创了中国食品利用互联网进行线上销售的先河。以其独特的销售模式，三只松鼠在 2012 年双十一当天销售额在淘宝天猫坚果行业内跃居第一名，日销售近 800 万元。其发展速度之快创造了中国电子商务历史上的一个奇迹。

2. 请以"创新可以使生活更美好"为题，关注自己的现实生活，举手发言，畅谈自己的创新设想。

3. 如何理解创新?

4. 创新意识有哪些基本特征?

 看一看

7个步骤,维护你的创新思维不致枯竭

我们大多人都有这样的体会:前一分钟还有很多新鲜的想法,迫不及待地想与世界分享,但转眼之际便忘记了,不知下一个奇思妙想何时降临。对于企业家和企业所有者,新的思维是创新的血液,因此"思维沙漠"便显得尤其恐怖,有时甚至是灾难性的。

那么,如何让自己快速走出创意的枯竭区? 关键是开启"创意的热带雨林"——一个可以使新的概念成型、可以使企业茁壮成长的生态系统。

我通常以下面这七个步骤来开启创新思维,建议你也尝试一下。

(1) 学会让自己振作。我发现,在一个领导者没有安全感的团队工作,是最令人沮丧的事,甚至会影响团队中每个人的表现。身为领导者,偶尔的担心是难免的,但若将最严重的不安全感传染给团队,他人将很难信任你、与你交流。创新精神也将因此冻结。那么,你能做些什么呢? 训练自己的领导能力是一个不错的选择。平时多多思考;问问朋友你该如何做得更好;允许自己采取一些方式,理性地把压力释放。要知道,诚实地对待自己将使你受益良多。

(2) 汇聚有影响力的人。每当我看到新的建筑拔地而起,总是会去想象建筑师们设计时反复考察的情景。他们不只是考虑建筑内部的状况,还着意于居民们在这个空间内出入的方式,因为他们有个更高的目标:使人与人之间的联系活动更为容易轻松。这也正是你在组建团队时的任务所在。无论是在才能上或是观点上,互不相同而又有影响力的人往往能从工作伙伴身上汲取更多,所以你需要在一个虚拟空间中培养类似的联系关系,以启发团队成员们各自的创新思维。

(3) 注重构思过程,因为过程提供了实质。设计师们喜欢说,背景环境决定内容所在。其实这不过是以另一种方式表达,你安排团队的方式至关重要。作为一个领导者,你的目标是使团队成员感到更加惬意,从而使他们的思维更加自由地伸展,逐渐获取创新的信心。要想做到这一点,需要积极地聆听,并且使用经典的即兴谈话技巧:多说"是的,并且"而不是很快地说"不"。

(4) 让创新有趣起来。创新并不是一定有回报的付出。它需要很多的努力,并且随时可能遇到风险和失败。如果这个过程之中没有喜悦,为什么还要坚持呢? 要记住,旅行的过程远比目的地更加重要,所以你要尽量使创新之路充满乐趣。共享欢乐不仅能建立团队内部的联系,更能为创意的产生过程添砖加瓦。

(5) 写下你的社会契约,签署它。大多数团队都会以一个不成文的社会行为准则来运作。但你可以选择与众不同,让你的团队成员一起制订一份社会契约,然后大家共同签署它。一个正式的仪式可以使人们更加团结,并帮助他们牢记自己的诺言。你们的社会契约可能与我的不同,但这里有一些观点,你大概会愿意效仿:勇

于打破规则,勇于梦想;打开门,多聆听外面的声音;学会信任别人,也被别人信任;不断前行。

(6)为你的员工发点玩具。玩具可以使工作更有活力。我的团队创造了一个叫作雨林画布的玩具,来帮助人们设想自己脑海中的商业生态系统。我们利用这种画布在世界各地举办研讨会,结果令人大开眼界。画布上的每块都代表了生态系统中的一个关键部分,比如领导者、利益相关人和资源。团队成员将为每个部分填写问题(如谁是利益相关者,可供使用的资源有哪些)。如果以恰当的方式将这些问题的答案整理汇总,很可能对公司产生巨大的作用。人们亦将第一次以可见的形式,看到自己脑海中的生态系统。

(7)消弭社会壁垒。社会壁垒,无论是由地理、网络、语言还是由不信任等原因造成的,都会把珍贵的关系扼杀在摇篮里。因此,去克服这些障碍便显得十分关键。问问自己,你的团队中谁与谁不合拍,是什么阻碍了协作,而你又将如何鼓励他们交流。也许改进激励方式可以促进更顺畅的交流。查看你的团队所订立的社会契约,并选择与他们的共同目标相匹配的激励方式。

(资源来源:itotii 网,有改动)

任务二　培养创业精神

学习目标

1. 了解创业精神的定义。
2. 了解创业精神的基本特征。
3. 掌握培养创业精神的基本途径。
4. 了解几种典型的创业精神。

🖱 导入案例

一只蚊子带来的大商机

在一次露天酒会活动中,格雷格不得不用一块纸巾盖在酒杯上,防止被酒香吸引的小飞虫落进去。他和妻子,也就是他的合伙人勒妮,当时都很希望有比软趴趴的纸巾更别致的东西盖在酒杯上。这两位葡萄酒爱好者在 2008 年有一个创意,即设计一种防止飞虫落入酒中的网状杯盖。2009 年他们决定行动,从积蓄里拿出 2.5 万美元,然后在 2011 年 2 月正式开始营业。格雷格和勒妮都有全职工作,他将全部业余时间都献给了这份事业。格雷格主要负责生产环节,勒妮负责对各个酒厂进行营销。

(资料来源:《职业》2012 年第 7 期,有改动)

启示:

创业与创新就像一对孪生姐妹,相生相随。格雷格和勒妮突发奇想,力图改变喝酒被飞虫骚扰的窘境,为此,他们萌生了一个创意,成为创业的开端。

在改革开放的初期,涌现出来的个体户就曾是新中国第一批个人创业的典型代表。现在改革开放已经四十多年了,个人创业的光辉依然强有力地吸引着众多的跟随者,当前稳定的政治环境和越来越宽松的商业政策也起到了推波助澜的作用。但是,创业不是简单的乌托邦式的理想加信念,不是光凭一腔热血加美好梦想就能成功的。个人创业,更多的是要通过科学的前期规划、多角度观察、理性分析、有效的资源分析与整合、成熟高效的运作技能、良好的商业心态等重要的、必不可少的环节与因素来作为支撑,才可能保障创业的稳健起步和成功率。

人们对待个人创业多的是感性,少的是理性,往往是梦想高过规划,热情淹没了冷静,这就造成了当前个人创业的一个矛盾局面:一方面是大量的创业者前仆后继地进行个人创业,另一方面又不得不面对极低的创业成功率。即便如此,还是挡不住势头汹涌的新创业者,毕竟,个人的成功、丰富的物质生活等强大吸引力充当着强大的驱动力因素。

一、创业精神的定义

"创业精神"类似一种能够持续创新成长的生命力,一般可区分为个体的创业精神及组织的创业精神。所谓个体的创业精神,指的是以个人力量,在个人愿景引导下,从事创新活动,并进而创造一个新企业;而组织的创业精神则指在已存在的一个组织内部,以群体力量追求共同愿景,从事组织创新活动,进而创造组织的新面貌。

创业精神是指在创业者的主观世界中,那些具有开创性的思想、观念、个性、意志、作风和品质等。

🔷 试一试

假如你打算辞掉工作,摆脱掉重重束缚,决心创出一番自己的天地来,你有没有问过自己:"我适合创业吗?"

以下问题(表6-1),如果你的回答是"一直如此",给自己5分;"不确定"或"偶尔"给自己3分;"从来不是"给自己1分。

表6-1　测试表

序　号	问　　　题	得　分
1	我很少受到评语或看法影响	
2	我对自己很满意	

序 号	问　　题	得　分
3	我希望自己安排自己的生活,而不是让别人告诉我该怎么办	
4	我努力尝试实现自己的梦想	
5	我认真花时间思考自己想要成为什么样的人	
6	我知道我有很大的潜力,我对自己有信心	
7	遇到挫折,我很快可以再站起来	
8	无论现在年纪多大,我认为自己永远有机会	
9	我时常从书本中学习新的知识和技能	
10	我很容易和别人合作	
11	我愿意听取不同的意见做参考	
12	即使在很不乐观的情况下,我依然能保持清醒的头脑	
13	我习惯很快做决定	
14	我不容易放弃	
15	在有压力的时候,我仍然相信自己	
16	我喜欢订立目标,然后全力以赴,努力达成	
17	我的生活很有组织和条理	
18	我很真心、谦卑	
19	我做事脚踏实地,而不妄想一步登天	
20	我对家人及朋友非常忠实,全力保持和他们的良好关系	

评分说明:

80分及以上:恭喜你,你的信心指数令人满意,非常适合创业,并相对容易成功。不过有一点要注意,再自信再聪明的人也不能保证不犯错误,再自信,也不要疏忽潜在的危险。

60~79分:你有很大的提升空间,对创业能起到很大的作用。

40~59分:你的自信心不是很强,要注意增强自信心,这样才能为创业提供更多优势。

39分及以下:很抱歉,你现在可能还不太适合创业,多积累知识、提升自己,当你的信心指数有所提高以后,再创业就会顺利很多。

二、创业精神的基本特征

(一) 高度的综合性

创业精神是由多种精神特质综合作用而成的。诸如创新精神、拼搏精神、进取精神、合作精神都是形成创业精神的特质精神。

(二) 三维整体性

无论是创业精神的产生、形成和内化,还是创业精神的外显、展现和外化,都是由哲学层次的创业思想和创业观念,心理学层次的创业个性和创业意志,行为学层次的创业作风和创业品质三个层面所构成的整体,缺少其中任何一个层面,都无法构成创业精神。

(三) 超越历史的先进性

创业精神的最终体现就是开创前无古人的事业,创业精神本身必然具有超越历史的先进性,想前人之不敢想、做前人之不敢做。

(四) 鲜明的时代特征

不同时代的人们面对着不同的物质生活和精神生活条件,创业精神的物质基础和精神支撑也就各不相同,创业精神的具体内涵也就不同。创业精神对创业实践有重要意义,它是创业理想产生的原动力,是创业成功的重要保证。

三、培养创业精神的基本途径

创业是一项复杂的系统工程,它面临着各个方面的问题和挑战,这同时考验着每位创业者的能力。良好的精神品质是创业成功的前提和条件,对创业者创业精神的培养会起到很好的促进作用。

(一) 培育创业人格,增强创业精神

美国斯坦福大学教授推孟用了 30 年时间追踪研究了 800 人的成长过程。结果发现,他们中成就最大的 20％ 与成就最小的 20％ 的最明显的差异就是个性方面的不同。高成就者具有谨慎、自信、不屈不挠、进取心、坚持性、不自卑等心理特征。这说明个性特征对个体的创业来说是非常重要的,尤其是"独立性""坚持性""敢为性""克制性"等。所以,人格教育对创业精神与创业能力的培养是相辅相成的。创业精神是一种实事求是的精神。创业不是纸上谈兵,我们需要根据实际情况提出新的思路,需要扎扎实实地付出艰苦的努力,以实事求是的态度面对学习、工作和生活。

(二) 树立创业榜样进行引导

榜样的力量是无穷的,他人的创业行为和成就是一笔宝贵的财富,古往今来,创业成功者具有一些共同的精神品质:自信,心态积极,喜欢独立思考,具有寻根究底的好奇心和探索精神,敢于创新,敢于竞争和冒风险,热情,专注,意志坚定,不怕挫折,情绪稳定等。

(三) 继承前人的精神

良好创业精神品质的形成重在实践训练,积极的实践能带来及时的反馈和成就感,也能带来不断成功的喜悦。切切实实地投入到创业实践中去,定能磨炼出坚强的创业心理品质。一是学校要构建创业实践基地为学生提供创业实践的便利,如创业见习基地、创业实习基地和创业园,实现产、学、研一体化;二是社会要为大学生提供更多的创业岗位供学生选择,如

勤工俭学岗位、社区服务岗位,使其经受创业实践熔炉的考验;三是创业者自己课余主动参与创业实践,从小商品推销到饭店洗盘子,从为人打工到自己开店,熟悉各种职业特点和自己的能力特点,积累创业经验,增长创业才干,降低将来创业的盲目性。只有经受创业实践的锻炼,创业目标才会更加明晰,创业信念才会更加强烈,才会形成良好的创业习惯。

四、创业精神五要素

创业精神是指在创业者的主观世界中,那些具有开创性的思想、观念、个性、意志、作风和品质等。激情、积极性、适应性、领导力和雄心壮志是创业精神的五大要素。

(一) 激情

没有人能比维京集团(Virgin Group)创始人理查德·布兰森(Richard Branson)更理解"激情"一词的含义。布兰森的激情,从他对创建公司的强烈欲望中可窥一斑。始建于1970 年的维京集团,旗下拥有超过 200 家公司,业务范围涵盖音乐、出版、移动电话,甚至太空旅行。布兰森曾打过一个比方:"生意就好像公共汽车,总会有下一班车过来。"

(二) 积极性

亚马逊创始人杰夫·贝索斯(Jeff Bezos)非常清楚积极思考的能量。他以"每个挑战都是一次机会"为座右铭。事实上,贝索斯把一家很小的互联网创业公司,发展成全球最大的书店。

亚马逊于 1995 年 7 月正式启动,两个月内就轻松实现每周 2 万美元的销售额。1990年代末,互联网公司纷纷倒闭,亚马逊股价也从 100 美元降至 6 美元。雪上加霜的是,一些评论家预测,美国最大的书店巴诺(Barnes & Nobles)启动在线业务,这将彻底击垮亚马逊。紧要关头贝索斯挺身而出,向外界表达了乐观和信心,针对批评言论,他还一一列举公司的积极因素,包括已经完成的和准备实施的对策。

贝索斯带领亚马逊不断壮大,出售从图书到衣服、玩具等各种商品。今天,亚马逊年度营收已超过百亿美元,这很大程度上要得益于贝索斯的积极思考。

(三) 适应性

具备适应能力是企业家应具备的最重要的特质之一。每个成功的企业主,都乐于改进、提升或按照客户意愿定制服务,以持续满足客户所需。

谷歌创办人谢尔盖·布林(Sergey Brin)和拉里·佩奇(Larry Page)更进一步,他们不仅对变化及时反应,还凭借众多新创意,不断引领互联网发展,将人们的所见所为提升到一个前所未有的新境界。拥有这种先锋精神,也无怪乎谷歌能跻身最强大的网络公司行列。

(四) 领导力

好的领导人一定具有很强的个人魅力和感召力,有道德感,有在组织里树立诚信原则的意愿;他也可能是个热心人,具有团队协作精神。在已近迟暮之年的玫琳凯·艾施女士(Mary Kay Ash)身上我们可以发现所有这些元素。她创建了玫琳凯品牌,帮助超过 50

万名女性开创了自己的事业。

很早以前,身为单亲母亲的艾施为一个家用产品公司做销售。虽然 25 年间她的销售业绩一直名列前茅,但是由于性别歧视,艾施无法在晋升和加薪时获得和男同事一样的待遇。艾施终于受够了这种待遇,1963 年她用 5 000 美元创办了玫琳凯公司。

艾施以具有强大驱动力和富于灵感的领导风格闻名,她创办公司的态度是"你能做到"!她甚至会用卡迪拉克轿车奖给顶尖的销售者。由于其强大的领导力技巧,艾施被认为是近 35 年来最具影响力的 25 位商业领袖之一,而玫琳凯也被评为美国最适合工作的企业之一。

(五) 雄心壮志

20 岁时,戴比·菲尔兹(Debbi Fields)几乎一无所有。作为一个年轻的家庭主妇,她毫无商业经验,但她拥有绝佳的巧克力甜饼配方,并梦想全世界的人都能分享到。

1977 年,菲尔兹开设了自己第一家店,尽管很多人认为她仅靠卖甜饼无法将业务维持下去。但菲尔兹的果断决定和雄心壮志使得小小甜饼店变成了一家大公司,六百多个销售点遍布美国和其他 10 个国家。

总结案例

陈吉星的创业之路

陈吉星 2004 年毕业于辽宁某职业技术学院数控机床专业,2008 年返回家乡辽阳,创办了辽阳市君业星精密机械加工有限公司,目前该公司运转良好、效益可观。为了学好数控机床技术,陈吉星在校期间就注意加强对电脑设计技术的熟练掌握和数控机床的灵活操作。毕业后,陈吉星应聘到一家深圳的公司,虚心向老员工请教,很快掌握了一些技巧,并在一些新产品上提出了新的方法,提高了工作效率。工作两年后,他感到自己已经掌握了许多数控机床加工技术,又在企业积累了不少的工作经验和更加全面、先进的加工技术,于是有了自己创办企业的想法。他经过调研发现,家乡的数控机床非常少,技术也很缺乏,而辽阳的地理位置优越,靠近沈阳、鞍山等工业发达的城市,引入数控机床加工大有可为。于是,2008 年,陈吉星放弃了南方优越的工作环境,毅然回到家乡,创办了辽阳市君业星精密机械加工有限公司。

启示:

相比某些成功人士,也许陈吉星的创业成功经验更值得我们学习,因为他是一名从职业院校走出的成功创业者。就学期间和工作之初,他并没有创业的想法,他只是努力学习专业知识、努力工作、拓宽视野。等到自己具有了一定的专业技术能力和视野,并进行了一定的调研之后,才作出了创业的决定。

活动与训练

主题:创业意识的提升。
目标:评估自己的创业潜质,提升未来创业者的创业意识。

时间：30 分钟。

过程：

（1）教师将学生分成若干小组，每组 4～6 人。

（2）组员举例说明自己的创业意识如何，自己的创业潜质处在何种水平（可用前面的创业潜质测试题的结果进行判断），如果现在开始创业，还有哪些方面需要提高。

（3）其他组员进行点评，并互相帮助，最终每个组员写出改进措施。

（4）每个组选出一个代表进行汇报，教师进行点评和总结。

思考与讨论

1. 如何理解创业精神？

2. 创业精神有哪些基本特征？

3. 对你所确定的创业项目，运用 SWOT 原理分析它的可行性和风险。

任务三　创新走向创业

学习目标

1. 了解创新与创业的关系。

2. 了解创意与创业的关系。

导入案例

饭统网为什么会倒闭？

图 6-4　饭统网

每年倒闭关门的网站有很多，人们很快会忘记他们的名字。但是饭统网（图 6-4）的关张却引起了更多的关注。饭统网是中国头家提供餐厅订座服务的网站，较早发力于餐饮互联网市场，也曾受到媒体和资本的追捧。况且这家网站在很多"吃货"的脑海里留下较深的印象，也曾在中国互联网发展史上占有一席之地。

在很多业内专家看来，饭统网单一而没有内涵，过于墨守成规，其十年不变的商业模式，让这家网站从先锋成了被淘汰者。

（资料来源：中华餐饮网，2014 年 5 月 3 日，有改动）

一、创业的本质是创新

（一）创新的特征

创新是指以现有的思维模式提出有别于常规或常人思路的见解，利用现有的知识和物质，在特定的环境中，本着理想化需要或为满足社会需求，而改进或创造新的事物、方法、元素、路径、环境，并能获得一定有益效果的行为。

创新的起点在于问题；创新的关键在于突破；创新的本质在于新颖；创新的基础在于继承；创新的目的在于发展。

（二）创业的特征

创业指劳动者对自己拥有的资源或通过努力对能够拥有的资源进行优化整合，从而创造出更大经济或社会价值的活动过程。其特征主要包括：新颖性（市场竞争的需要）；主动性（主动追求，使命驱使）；艰难性（成功不易）；影响性（对个人、家庭、社会的影响）。

（三）创新与创业的关系

两者相互联系，又相互区别。创业是实现创新的过程，而创新是创业的本质和手段；创新是创业的基础，创新的成效只有通过未来的创业实践来检验；创新是对人的发展总体的把握，创业着重是对人的价值的具体体现。

虽然创业和创新是两个概念，但两者在本质上是一致的，或者说两者具有统一的本质属性。创业的本质是一种创新的行为、活动和过程；同样，创新必然要通过创业来实现。因此，要在创新中创业，在创业中创新。

二、不走寻常路，用创意创业

（一）什么是创意

创意是指创造性的想法、构思。创意是一种通过创新思维意识，从而进一步挖掘和激活资源组合方式，进而提升资源价值的方法。

（二）创意的过程

发现（或提出）问题（别人或自己提出或发现）；了解情况（收集信息）；深入思考（全面分析、反思问题与信息）；提出构想（提出解决思路和办法）；实践验证。

1. 寻找创意的方法

寻找创意的方法主要有脑力激荡法、三三两两讨论法、六六讨论法、心智图法、曼陀罗法、逆向思考法、分合法等。

2. 开发创意思路的方法

开发创意思路的方法主要有类比创意开发法、移植创意开发法、模仿创意开发法、组合创意开发法、逆向创意开发法、转移创意开发法等。

（1）类比创意开发法。根据类比的对象、方式等的不同，类比创意开发法大致有8种主要思考途径：拟人类比、因果类比、荒诞类比、对称类比、象征类比、结构类比、综合类比、直接类比。

（2）移植创意开发法。原理性移植：把科学原理或技术原理移植到某一新领域的方法。方法性移植：指把某一领域的技术方法有意识地移植到另一领域而形成创造的方法。结构性移植：指把某一领域的独特结构移植到另一领域而形成具有新结构的事物。功能性移植：指把某一种技术所具有的独特技术功能以某种形式移植到另一领域。材料移植：指通过材料的替换达到改变性能、节约材料、降低成本的目的。

（3）模仿创意开发法。功能性模仿、结构性模仿、形态性模仿、仿生性模仿、综合性模仿。

（4）组合创意开发法。材料组合、结构组合、技术组合、功能组合、原理组合、方法组合。

（5）逆向创意开发法。逆向创意开发法是一种与原有事物、思路故意唱反调的思维方法。

？ 想一想

例如，为了把盐碱地改造成可以耕种的良田，传统的做法是挖沟排水，让土地变干。但效果一直不佳。后来有人用逆向思维的方法考虑，反其道而行之，变排水为蓄水，并在大面积盐碱地上建成许多蓄水池用来养鱼养虾，不仅年年有水产品出售，而且，由于鱼虾的粪便及腐殖质的作用，几年后，池塘底就沉积了一层可耕种的良性土壤。那么逆向创意开发法还可以解决你生活中的哪些问题呢？

（6）转移创意开发法。转移创意开发法就是转换解决问题的重点途径的方法，也就是一种另谋它途的思考方法。创造性思维的灵活性、变通性，在这种技法中可以得到很好的体现。

三、"大众创业、万众创新"

（一）如何理解"大众创业、万众创新"

1. "大众创业、万众创新"的背景

（1）国际背景。一是应对国际经济情况的需要。国际经济发展不容乐观，传统产品国际竞争压力进一步增大，必须增加国内市场需求来促进经济稳定发展，"大众创业，万众创新"是激发国内市场需求的必然选择。二是应对国际市场竞争的需要。国际市场对产品本身的质量、技术含量和使用效能要求增加，这必然要求我们通过"大众创业、万众创新"来创造出新的技术、新的产品和新的服务，从而稳定和增加我国产品在国际市场的需

求及份额。

（2）国内背景。一是应对经济下行压力加大的需要。国内市场需求有待进一步开发，经济发展环境"硬约束"进一步加强，那么，我们必然要通过"大众创业，万众创新"来推动经济的转型发展。二是全面深化改革的需要。要全面深入推进，就必然要通过增强经济内生动力来支撑和促动体制和机制改革，因此，我们必然要通过"大众创业，万众创新"来推动经济的转型发展。

2. "大众创业、万众创新"的内涵

"大众创业，万众创新"的目的是推动经济良性、良好地发展。李克强总理指出，打造大众创业、万众创新和增加公共产品、公共服务"双引擎"，推动发展调速不减势、量增质更优，实现中国经济提质增效升级。

只有通过万众创新，才能创造出更多的新技术、新产品和新市场，才能提高经济发展的质量和效益。只有通过大众创业，才能增加更多的市场主体，才能增加市场的动力、活力和竞争力，从而成为经济发展的内在原动力引擎。

3. "大众创业"与"万众创新"的关系

两者是相互支撑和相互促动的关系。一方面，只有"大众"勇敢的创业才能激发、带动和促动"万众"关注创新、思考创新和实践创新，也只有"大众"创业的市场主体才能创造更多的创新欲求、创新投入和创新探索；另一方面，只有在"万众"创新的基础上的才可能有"大众"愿意创业、能够创业、创得成业，从某种意义上讲，只有包含"创新"的创业才算真正的"创业"，或者说这种创业才有潜力和希望。

4. "大众创业，万众创新"的重点

首先，打通科技成果转化通道；其次，引导新兴科技产业发展；再次，推进各项产业"互联网化"发展。

（二）政府在"大众创业、万众创新"中的作用

发挥政府主导作用，转化政府职能，打造服务型政府。首先，在创新创业上，政府要给市场和民间留出足够空间；其次，政府要作为；再次，政府作为的另一方面是要创造有利于创新创业的生态环境。

（三）科技部率先推出"大众创业、万众创新"方面的工作思路

加快转变政府职能，进一步激发市场活力，以构建"众创空间"为载体，有效整合资源，集成落实政策，完善服务模式，培育创新文化，让创业者的奇思妙想与市场需求充分对接，从铺天盖地的初创企业中培育出顶天立地的"小巨人"，形成"大众创业、万众创新"的生动局面。

1. 大众创新创业呈现出新特点

一是创业服务从政府为主到市场发力；二是创业主体从"小众"到"大众"；三是创业活动从内部组织到开放协同；四是创业理念从技术供给到需求导向。

2. 新型孵化器成为科技服务业一支重要新兴力量

主要包括投资促进型、培训辅导型、媒体延伸型、专业服务型、创客孵化型。

总结案例

周子珊女士的创业之路

2017 年,由阿里研究院、中国企业家木兰汇、阿里巴巴创新中心 3 家单位举办了 DT 时代 2017 创业"花木兰"奖,周子珊女士就是其中的获奖者之一。

中国有 7.27 亿人穿职业装,在银行、机场、航空、文博等服务行业中,既需要做服装又需要洗衣服。

益洗新的创始人周子姗是一位海归服装设计师。二十多年前,周子姗女士怀着赤子之心留法归来,头顶着"海归服装设计师"的光环创立绮彤(CHITO)品牌,专注于职业装设计与规划,服务过千余家企业和多场重大庆典、赛事。她 1993 年回国后,专注于提供职业装从设计到定制的职业化、专业化、系统化服务,为千余家百强企业制作了企业形象装。

2010 年,周子姗在产业升级的大趋势下,带领团队走访八个国家调研,深挖用户痛点,打通设计、制作、销售、洗涤四个环节,以服装免费模式,延伸"后服务市场"。

2014 年,周子姗发现传统企业职业装已经达到瓶颈,尽管这个市场容量非常大,年需求量在 3 000 亿~4 000 亿套,但是因为竞争激烈,很多品牌服装进入到这个领域后,她的公司运营越来越难。

周子姗经过长期研究,发明了"智能生态环保移动洗衣房"(具有 4 个发明专利,12 个实用新型专利)。通过互联网连接,益洗新公司与客户形成了洗衣环节的双重移动:客户可以随时在移动端下单;而洗衣车可以移动到任何一个热点区域。在商业模式上,益洗新不再将卖服装作为营收来源,而是通过给客户提供洗衣服务来实现企业的转型升级。

启示:

心有多大,舞台就有多大。上帝从不会亏待每一个人,你付出多少努力就会收获到多少回报。创业路上周子姗女士展现了她的"自尊、自信、自立、自强"之美,相信她也会越走越远。这也是大学生创业者相当学习的。

活动与训练

主题:创意无处不在。
目标:每人寻找身边的 2~3 个生活中痛点或者不方便的地方,并给出改进建议。
时间:30 分钟。
过程:通过网络或者自己的切身体会,记录在白纸上。

思考与讨论

1. 共享单车相对传统的自行车,它有何创新?
2. 创新对未来求职创业有什么意义?

任务四　分析创业环境

学习目标

1. 了解创业环境。
2. 了解大学生自主创业需要分析的一些创业环境。

导入案例

大学生创业为什么这么难?

大家都知道创业难(图6-5),那么大学生创业难在哪儿? 日前,中国人民大学发布《2017中国大学生创业报告》,从大量的数据样本中,试图为解决这些困惑提供思路。

1. 学生创业群体数量庞大

中国人民大学商学院院长毛基业表示,这份报告覆盖全国31个省区市1 767所高校的43万多名在校或刚毕业大学生,对中国大学生创业现状、成就和面临的挑战进行了全面、深入研究。

这份报告显示:87.9%的在校大学生曾考虑过创业,30%的学生有强烈的创业意向。"在此次调查中,约有12万名大学生正在创业或曾有过创业经历,占调查学生总人数的28%。"数据直观地告诉我们,学生创业群体数量庞大。

2. 缺少资金和经验

迈出创业第一步或许依靠激情,但

图6-5　创业难

之后难题就来了。报告显示,超过半数的大学生认为,资金短缺问题是他们最大的困难。53.1%的创业者认为资金短缺严重制约了创业活动的推进。

资金短缺源于大学生外部融资约束。"对于创业者的调查显示,六成创业者主要使用自有资金,仅有不到四成的创业者利用了外部资金,其中有24.7%的创业者利用了贷款。这显示出我国现阶段大学生创业融资体系发展较为滞后,创业者面临较多融资约束。"毛基业说。

缺乏经验也是大学生创业的主要阻碍之一。"由于大学生相对缺乏商业和社会经验,缺乏创业指导成为大学生创业失败的第二大原因,说明高校加强创业指导大有可为。"毛基业说。

3. 了解政策

调查表明,72.6%的大学生创业者没有获得创业担保贷款。"而进一步分析,可以发现26%的创业者没有拿到贷款的原因是'不了解相关政策'。此外'申请手续繁杂、没有担保和抵押'也为创业者获得贷款造成了较大困难。"

启示:

很多大学生有创业点子,但是离社会太远了,不太了解税务、法务知识,也没有做生意的经验。在创业之初需要了解政策和规则。

一、创业环境

(一)创业环境的概念

所谓创业环境,是指围绕创业者的创业和发展的变化,并足以影响或制约创业行为的一切外部条件的总称。一方面指影响人们开展创业活动的所有政治、经济、社会文化诸要素;另一方面指获取创业帮助和支持的可能性。

创业环境是这些因素相互交织、相互作用、相互制约而构成的有机整体。创业者的创业过程并不仅依靠某一方面的推动,也不仅是某一种因素作用的结果,它的运作需要环境各方面的支持。

(二)创业环境的特征

1. 整体性

创业环境是一个由各要素相互作用、相互联系而组成的有机整体,创业环境的各要素也是相互联系、相互影响而存在的。由于创业环境具有整体性的特征,在研究创业环境的时候,应该运用系统的原则和方法,从整体的角度来考察创业环境,不能割裂各要素之间的联系,从创业环境的整体去研究个体要素的表现。

2. 主导性

在创业环境的各要素中,总有一个或几个要素在某一阶段的发展中居于主导的地位,即在创业环境这个整体中规定和支配着其他的要素。因此,对主导要素的研究具有特别重要的意义。

3. 可变性

区域环境和创业环境都是不断发展变化的。包括经济结构的调整、政治制度的优化、市场需求的变化、消费水平的提高等,这些都极大地影响着创业环境,使创业环境始终处于不断变化的过程之中,并且逐步趋于完善。因此,必须用动态的观点来看待、研究创业环境,才能正确认识创业与创业环境之间的关系。

4. 差异性

差异性是指地区的差异。创业环境是个空间概念,所在的区域不同,内容也不尽相同。区域政治、经济、文化等方面的差异,决定了创业环境的地区差异。

二、创业环境的分类

创业环境可以从多个角度进行分类。其基本的分类如下。

(一) 按创业环境的构成要素分类

从宏观层次看,可以分为经济环境、政治法律环境、科技环境、商务环境、教育环境、社会文化环境以及自然环境等几个方面。

(二) 按创业环境的层次分类

创业环境是有层次的,形成一个分级系统。宏观环境指一国或一个经济区域范围内的创业环境;中观环境是指某个区域或城市、乡镇的创业环境;微观环境是指企业的文化氛围、团队合作精神、创新精神等。

(三) 软、硬环境之分

硬环境是指创业环境中有形要素的总和,如有形基础设施、自然区位和经济区位;软环境指无形的环境要素总和,如政治、法律、经济、文化环境。

硬环境是创业的物质基础,软环境在创业过程中变得越来越重要,而且在一定时期内,硬环境的变化是有限度的,而软环境的改善能够弥补硬环境的缺陷,提高硬环境的效用,最终成倍地提高整体的竞争力。

三、大学生要实现自主创业需要分析的一些创业环境

现在大学生创业应该是有很多机会的,虽然有很多的困难,但是也会有很大的回报。创业环境对大学生创业有十分重要的影响,在日益严峻的就业形势之下,大学生要实现自主创业就要认清这些创业环境。

(一) 大学生创业环境分析

大学生要实现自主创业其所面临的环境主要是概括为宏观和微观两种不同的方面。所谓创业环境,实际上就是创业活动的舞台。任何创业活动都是在一定的社会环境下进行的,在大学生迈向社会进入创业阶段的时候,呈现在面前的就是一个巨大的时空舞台。在这个舞台上,诸多事物和要素互动联系、碰撞,形成了一个面面俱到的现实环境系统,因此创业环境对大学生创业具有十分重要的影响。在大学生就业形势日益严峻的社会背景下,采取有效措施,为大学生创业营造良好的环境,对促进大学生创业并带动其就业具有十分重要的作用。

(二) 宏观环境分析

(1) 政府通常采用专项资金扶持和贴息贷款的方法为大学生创业者提供资金支持,这种途径在短期内可以扶持多数创业人。政府还为大学生自主创业提供各方面的保障,

主要可以采用经济、行政以及法律的手段。如：简化不必要程序；建立创业教育培训中心免费为大学生提供项目风险评估和指导；落实国家相关针对大学生创业的税收减免的优惠政策；大学生创办的企业被认定为青年就业见习基地的，就可享受市有关补贴。

（2）政府部门除在资金上支持大学生创业外，还通过学校等教育机构对大学生进行创业培训。培训内容包括申请贷款程序，创业者应具备的心理素质，基本的金融知识等。通过系列培训，使创业大学生能坚持理想，贯彻计划，取得最终的成功。学校环境方面，如学校政策鼓励支持，形成创业的文化；在学校建立配套科技园，加强创业教育，通过创业实践或比赛等多种形式，培养大学生创业能力；向大学生适度开放校内市场，搭建创业服务平台，以利于大学生进行创业实践。比如学校的市场营销专业的实训基地给学生提供了一个自主创业的平台，给学生一个门面，让学生自己去经营去管理。

（3）宽容地对待失败的问题。任何人都无法保证一次创业就可以成功。对于大学生创业失败的，审查机构审查其非人为故意造成的，可以免除其所贷资金的利息，并可相应放长其还贷期限。对于希望重新创业并提交可行计划的，仍可在其未还清所欠贷款的情况下，再次提供无担保贷款。以此营造宽容失败、鼓励创业的社会环境。大学生毕竟很年轻，即使失败了，在心理上他们也能有一定的心理承受能力，家人也会理解和包容他们。

（三）微观环境分析

大学生创业的微观环境分析主要是指对自己创业流程的一个详细分析，具体如下。

（1）创业之初就需要指定一份切实可行的创业计划书。比如，要在市区开一个卖牛仔裤的店，开店之前要制订一份计划书。制订营销计划时要将各个环节相互联系构成一个完整的内部环境，各个环节的分工是否科学，协作是否和谐，目标是否一致，都会影响营销决策和营销方案的实施。

（2）创业其实最终就是服务顾客，从顾客中获得一定的收益。顾客群的不同直接影响价格的定位，所以顾客群是在创业前最看重的一点。如服装行业的主要的客户人群非常广泛，不论年龄、男女，开一个服装店的目标是让每一个进来的顾客都可以找到自己喜欢的衣服。

（3）对于创业过程中的货品以及进货渠道的选择至关重要。选货要掌握当地市场行情：出现哪些新品种，销售趋势如何，存量多少，价格涨势如何，购买力状况如何等。进货时，首先到市场上转一转、看一看、比一比、问一问、算一算、想一想，以后再着手落实进货。少进试销，然后再适量进货。因为是新店开张所以款式一定要多，给顾客的选择余地大。

（4）供应商的选择也是创业过程中需要注意的一些方面。供应商是指为企业及其竞争者提供生产经营所需资源的企业或个人，这些资源包括提供原材料、设备、能源、劳务和其他用品等。因为大学生缺乏资金，没有很大的进货量，所以供应商的选择应当适合自己的经营情况。

（5）产品的价格定位。因为大学生开始创业的时候并没有太多的人脉资源，所以也就没有固定的消费者，要想着吸引到消费者就需要在价格上做文章。

总结案例

武汉地区大学生创业环境分析

近年来,武汉市先后出台了很多优惠政策鼓励武汉地区高校毕业生自主创业和灵活就业。如:洪山区每年设立不少于 1 000 万元的大学生创新创业发展专项资金以及不低于 1 000 万元的天使投资基金、创业种子基金;东湖高新区除设立 5 000 万元创业专项资金外,每月还组织两次科技金融对接会;青山区除专项资金外,还拿出 5 000 套公租房保障大学生创业;江岸区对大学生专利创业,最长可减免 4 年房租。

启示:

对于初次创业者而言,在创业起步阶段要面临资金、场地等诸多棘手的问题,这就要求创业者要密切关注各地政府制定的创业优惠政策。

活动与训练

主题:如果你在某地创业,你了解当地政府对创业的扶持政策吗?
目标:每人结合学校所在地的政策,找出当地关于创新创业的政策。
时间:30 分钟。
过程:通过网络或者咨询,找出当地有关创业的扶持政策。

思考与讨论

1. 查一查你打算就业的地方近五年的就业政策有什么变化。
2. 政府对创业的支持,对即将要创业的你有何帮助?

任务五　　把握创业机会

学习目标

1. 熟悉创业机会的内涵和特征。
2. 能判断创业机会的来源。
3. 能对创业机会进行评估。
4. 能发现并识别身边的创业机会。

导入案例

机会来了,还缺什么

袁同学为旅游院校 2012 级旅游管理专业学生,在 2015 年初,大三最后一学期,小袁和其他毕业班的大学生一样忙于参加实习和招聘会,但实习和几场招聘会下来,小袁都未找到自己满意的工作。在实习过程中,小袁遇到了几名其他高校学生畅谈建立二手物品收购转卖网络平台理念,于是逐渐产生了创业的想法。几天后,小袁回校咨询老师后,开始组建创业团队,构建网络平台基本框架、工作计划和运营模式等。在咨询过程中,小袁说自己想要搭建的网站平台是专门针对上海二手物品买卖,为买家和卖家之间构建一个实时的双向平台,也是一个环境保护方向项目。在构建完成后,小袁和上海交通大学、复旦大学的几位同学开始确定公司名称、运作方式、人员分工等。接下来的一段时间,小袁拜访了很多老师,走访了十几家企业,把自己的理念想法逐一介绍,想筹措50万元的资金。前期项目进展较为顺利,得到了很多人的认同,其想法也得到了家人的支持;但在后期发现一切并没有想象中那么容易,其中最让她头疼的就是团队建设和资金问题。一方面,团队成员都不是专业技术人员出身,设计不出网络平台;另一方面,资金很难筹集,团队成员对二手用品买卖形势和政策方面也不太清楚,因此项目无法开展下去。目前,小袁已经宣布创业失败,投身到就业的大部队中去了。

(资料来源:程小康.旅游高职院校学生创业成功失败案例分析——以上海旅游高等专科学校为例[J].2017(48),有改动)

启示:

创业要善于抓住机会,但也不可冒进。对于创业活动,若无适当策划,仅仅根据一个概念或者一个创意、一项技术就开始创业,这是盲目的、轻率的,急于求成的结果只能是失败。

一、创业机会的内涵与特征

(一)创业机会的内涵

(1)某个市场可以持续为购买者或使用者创造可以增加价值的产品、服务或者某种需求,它具有吸引力、持久性和适时性。

(2)创业者可以满足或者提供上述产品、服务或者需求,并存在能以高于成本价出售的情况。

(3)是一种新的"目的—手段"关系,创业者持有能力、资源,能为经济活动引入新产品、新服务、新原材料、新市场或新组织方式。

(4)具有较强吸引力的、较为持久的有利于创业的商业机会,创业者借此为客户提供有价值的产品和服务机会的同时使自身获益。

综上所述,我们可以得出较为全面的概念:创业机会,是指在当前市场经济条件下,社会的经济活动过程中形成和产生的一种有利于企业经营成功的各种因素,是一种带有偶然性并能被经营者认识和利用的契机。

 **看一看**

"机会"在哪里

站在台风口,一头猪都能飞起来。创业成功就两件事情,一个是优秀的创业者,一个是好的机会:台风口。——雷军(小米科技创始人)

所谓机会就是别人不看好的时候你去尝试了,所有成功者都是敢于冒险的人。实际上,行动本身就创造了最大的成功机会。——孙陶然(拉卡拉创始人)

(二)创业机会的特征

创业机会具有以下特征。

(1)普遍性。但凡是有市场存在、有经营、有市场竞争的地方,客观上就存在着创业机会。创业机会普遍存在于各种经营活动过程之中。

(2)偶然性。创业机会大多数情况下是偶然行为,它的发现和捕捉带有很大的不确定性,人们很难捕捉到它,有的时候越是刻意地去寻找创业机会,它越是隐藏的深。任何创业机会的产生都有"意外"因素。

(3)易逝性。创业机会最显著的特征是易逝性。正所谓"机不可失,时不再来",说的就是机会稍纵即逝,创业机会存在于一定的时空范围之内,随着产生创业机会的客观条件的变化,创业机会就会消失。

(4)隐蔽性。生活处处充满机会,每天都无数次的与我们擦肩而过,可惜的是大多数人意识不到它的存在。这就是机会的隐蔽性,创业机会更是如此,能否抓住创业机会,主要是看创业者是否具有"慧眼"。

二、创业机会的来源

真正有价值的创业机会来源于外部变化,这些变化使人们可以做以前没有做过的事情,或使人们能够以更有价值的方式做事。这是著名政治经济学家约瑟夫·熊彼特的至理名言。

看一看

脸书创立的初衷

在网络上找到"人"。

对于脸书设计的初衷,扎克伯格曾经说过,是为了找到"人"。当时的网络世界已经很发达了,人们能够从网络上找到各种信息、各种商品、几乎所有的东西,然而,不包括能够真实地展示生活状态的人。没有服务可以帮当时的人们找到其他人,而这,也是扎克伯格创建脸书的初衷。让人通过网络连接在一起,让更多的人通过网络找到他人,这样的构想,直接导致了脸书的诞生。

网站刚一开通就大为轰动，几个星期内，哈佛一半以上的大学部学生都登记加入会员，主动提供他们最私密的个人数据，如姓名、住址、兴趣爱好和照片。学生们利用这个免费平台掌握朋友的最新动态、和朋友聊天、搜寻新朋友。

很快，该网站就扩展到美国主要的大学校园，包括加拿大在内的整个北美地区的年轻人都对这个网站饶有兴趣。如今，在英国、澳大利亚等国的大学校园同样风靡。

俗语说，机会是给有准备的人准备的。创业者要把握住创业机会，那就需要搞清楚从哪里可以寻找创业机会。一般来说，可以从以下三个方面去寻找。

（一）技术更替潜存的商机

世界产业发展的历史告诉我们，几乎每一个新兴产业的形成和发展，都是技术创新的结果。技术机会指现有的技术规范程度和性能存在更新改进的极大的可能性，也包括全新的技术出现和应用。当技术更新和新技术的出现，产业的变更或产品的替代，既满足了顾客需求，也为创业者提供了前所未有创业的机会。

多数技术的出现对人类都有利弊两面性，即在给人类带来新的利益的同时，也会给人类带来某些新的灾难。这就会迫使人们为了消除新技术的某些弊端，再去开发新的技术使其商业化，也会带来新的创业机会。

（二）政策变化带来的商机

政府政策变化赐予创业者的商业机会。随着经济发展、技术变革，政府必然也要不断调整自己的政策，而政府政策的某些变化，就可能给创业者带来新的商业机会。

（三）市场需求变化蕴涵的商机

市场需求蕴含的创业机会。一般来看，市场机会主要有以下四类。

（1）市场上出现了与经济发展阶段有关的新需求，就需有企业去满足这些新的需求，这同样是创业者可以利用的商业机会。

（2）当期市场供给缺陷产生新的商业机会非均衡经济学认为，市场是不可能真正"出清"，达到供求平衡的，总有一些供给不能实现其价值。因此，创业者如果发现这些供给结构性缺陷，同样可以找到可利用并创业的商业机会。

（3）发达国家（或地区）产业转移带来的市场机会从历史上看，世界各国各地的发展进程是有快有慢的。即使同一国家，不同区域的发展进程也不尽相同。这样，在发达国家或地区与发展中国家或地区之间存在"成本差异"，再加上经济发展到一定程度时，环保问题往往会被发达国家或地区率先提到议事日程上。所以，发达国家或地区就会将某些产业向外转移，这就可能为发展中国家或地区的创业者提供创业的商业机会。

（4）从中外比较中寻找差距，差距中往往隐含的某种商机通过与先进国家或地区比较，看看别人已有的哪些东西我们还没有，这"没有的"就是差距，其中就可能发现某种商业机会。

看一看

潮汕创业奇才温城辉：投资人砸我 3 000 万美金，赌我是 90 后马云！

"礼物说"是致力于帮助大家送出完美礼物的礼物电商，2014 年 8 月上线，短短 8 个月的时间先后完成了两轮融资，估值也已经突破了 2 亿美金，成为 90 后创业公司里面融资最多的一家，不得不说是个小奇迹。

"你们为什么愿意投资我？"当温城辉问他的投资人的时候，投资人是这样回答的："城辉，我们觉得你有可能成为 90 后的马云，我们愿意赌你，陪你一起走！"

是什么让投资人觉得温城辉有可能成为 90 后的马云呢？

1. 新垂直电商的机会

新的垂直电商不只是简单的品类垂直，而是场景垂直。以前垂直电商更多的是从商品的物理属性进行垂直，属于物质层面，而现在的垂直电商更多的是从商品的延伸属性进行垂直，属于精神层面。礼物说垂直的是礼物市场，礼物是什么？你说不出个具体的东西，它不是一个品类，它是一种场景，什么都可以是礼物，小到鲜花蛋糕巧克力，大到一顿大餐一场旅行一段完美时光，都是礼物。

2. 移动端时间碎片化的机会

移动端的兴起，让随时随地消费成了消费的主流。用户可能在睡前听到一首歌想起某个好友就买了个礼物送给他，这种随时随地的消费场景，让原本碎片的感性的礼物需求得以被满足。

新垂直电商因为大多是以商品的"精神属性"进行细分，这种杂志或者社区性质非常适合用户利用碎片化的时间进行浏览。8:00—9:00 和 21:00—22:00 是浏览高峰期，很多用户都是在早 8 点在公交地铁上就随手翻看，很多用户也是在晚上睡觉前随手翻看，这其实很大程度上代表了一些移动电商，也就是时间碎片化的内涵。

3. "礼物化生存"的流行造就万亿规模新蓝海

在这个节奏越来越快，信息爆炸，竞争压力巨大的时代，"礼物化生存"是一种需要，我们需要用礼物来奖励自己，来温暖他人。除了节日生日一定得送礼物之外，现在越来越多的人会在平时送点小礼物，为自己的恋人、朋友、家人制造惊喜，让平淡的生活多一点浪漫。

虽然温城辉是 1993 年生的，但他已经创业 6 年了，是 90 后里最有经验的，有经验的里面最 90 后的创业者。

三、创业机会的评估

由于所有的创业机会都存在着一定的风险和失败的因素，即使发现了也不要盲目兴奋和乐观，创业者要对发现的创业机进行准确判断和评估，是创业成功的前提和基础。

评估的准则有两种。

（一）市场评估准则

（1）市场定位。评估创业机会的时候，可由市场定位是否明确、顾客需求分析是否清晰、顾客接触通道是否流畅、产品是否能持续衍生等，来判断创业机会可能创造的市场价值，创业带给顾客的价值越高，创业成功的机会也越大。

（2）市场结构。对创业机会的市场结构进行五项分析：进入障碍，供货商，顾客，经销商的谈判力量，替代性产品的威胁和市场内部竞争的激烈程度。由此可知该企业在未来市场中的地位，及可能遭遇竞争对手反击的程度。

（3）市场规模。市场规模大者，进入障碍相对较低，市场竞争激烈程度也会略为下降。若要进入的是一个十分成熟的市场，那么利润空间会很小，不值得再进入；若是一个成长中的市场，只要时机正确，必然会有获利的空间。

（4）市场渗透力。对于一个具有巨大市场潜力的创业机会，市场渗透力评估将会是非常重要的。应该知道选择在最佳的时机进入市场，也就是市场需求正要大幅增长之际。

（5）市场占有率。一般而言，在成为市场的领导者，最少需要拥有 20% 以上的市场占有率，若低于 5% 的市场占有率，则这个新企业的市场竞争力虽然不高，自然也会影响未来企业上市的价值。尤其是处在具有赢家通吃特点的高科技产业周围，新企业必须拥有成为市场前几名的能力，才比较有投资价值。

（6）产品的成本结构。从物料与人工成本所占比重之高低、变动成本与固定成本的比重，以及经济规模产量大小，可以判断企业创造附加价值的幅度以及未来可能的获利空间。

（二）效益评估准则

（1）合理的税后净利。一般而言，具有吸引力的创业机会，至少需要能够创造 50% 以上的税后净利。如果创业预期的税后净利是在 5% 之下，那么这就不是个很好的投资机会。

（2）达到损益平衡所需的时间。合理的损益平衡时间应该在两年之内达到，如果三年还达不到，恐怕就不是个值得投入的创业机会了。当然，有的创业机会确实需要经过比较长的耕耘时间，通过前期投入，创造进入障碍，保证后期的持续获利，这样的情况可将前期投入视为投资，才能容忍较长时间的损益平衡时间。

（3）投资回头率。考虑到创业面临的各种风险，合理的投资回报率应该在 25% 以上，而 15% 以下的投资回报率是不值得考虑的创业机会。

（4）资本需求。资本需求量较低的创业机会，投资者一般会比较欢迎，资本额过高其实并不利于创业成功，甚至还会带来稀释投资回报率的负面效果。通常，知识越密集的创业机会，对资金的需求量越低，投资回报反而会越高。因此在创业开始的时候，不要募集太多资金，最好通过盈余积累的方式来创造资金，而比较低的资本额，将有利于提高每股盈余，并且还可以进一步提高未来上市的价格。

总结案例

养猪行业里的"机会"

陈生毕业于北京大学，十多年前放弃了自己在政府中让人羡慕的公务员职务毅然下海，倒腾过白酒和房地产，打造了"天地壹号"苹果醋，在悄悄进入养猪行业后，在不到两年的时间在广州开设了近100家猪肉连锁店，营业额达到2亿元，被人称为广州千万富翁级的"猪肉大王"。

实际上，他之所以能在养猪行业里很短时间就能取得骄人成绩，成为拥有数千名员工的集团的董事长，还在于陈生此前就经历的几次创业的"实战经验"：陈生卖过菜，卖过白酒，卖过房子，卖过饮料。这使得陈生有着这样的独到的见解：很多事情不是具备条件、做好了调查才去做就能做好，而是在条件不充分的时候就要开始做，这样才能抓住机会。

然而，"条件不充分"时到底怎么才能"抓住机会"呢？我们来看一下陈生的做法：他卖白酒时，根本没有能力投资数千万设立厂房，可是他直接从农户那里收购散装米酒，不需要在固定设施上投入一分钱便可以通过广大的农民帮他生产，产能却可以达到投资5000万元的工厂的数倍。此后，他才利用积累起来的资金开始租用厂房和设施，打造自己的品牌。迅速进入和占领市场，让他在白酒市场上打了个漂亮仗。而当许多人"跟风"学习用陈醋兑雪碧当饮料的饮食方法时，善于"抓住机会"的陈生想到了如何将这种饮料生产出来。经过多次尝试，著名的"天地壹号"苹果醋就此诞生。

当然，资金积累到一定程度时，陈生成功的秘诀更让人难忘：在经济飞速发展的年代，无数企业"抓破脑袋"寻求发展良机，在这样的情况下，只有技高一筹者才能够取得成功。而一些企业运用精细化营销，就是技高一筹的做法。于是，从传统的中国猪肉行业里，陈生分析到了其中的巨大商机，因为中国每年的猪

图6-6　壹号土猪宣传标语

肉消费约500亿千克，按每千克20元算，年销售额就高达上万亿元。而与其他行业相比，猪肉这个行业一直没有得到很好的整合，基本上没有形成像样的产业化，竞争不强，档次不高，机会很多。更重要的是，进入这一行业的陈生，机智地率先推出了绿色环保猪肉"壹号土猪"，开始经营自己的品牌猪肉。（图6-6为"壹号土猪"的宣传标语。）

虽然走的还是"公司＋农户合作"的路子，但针对学生、部队等不同人群，却能够选择不同的农户，提出不同的饲养要求。比如，为部队定制的猪可肥一点，学生吃的可瘦一点。在这样的"精细化营销"战略下，陈生终于在很短的时间内叫响了"壹号土猪"品牌，成为广州知名的"猪肉大王"。

> **启示:**
> 　　陈生卖猪肉的做法被不少人看成是丢北大的脸,甚至被当作反面例子上了新闻,并引起巨大争议。而身处舆论漩涡的争议当事人陈生,却一直默默躬行,将卖猪肉这个看上去不够高大上的行业,一步步做到了年销量超 10 亿元的大公司——天地壹号,并成功挂牌新三板,获封广州"猪肉大王"。从当年的"受尽冷眼"到如今的"励志传奇",这是值得众多创业者深思的。

活动与训练

主题:产生创业想法。
目标:检验你的商业敏锐度。
时间:30 分钟。
过程:产生创业想法。
请根据表中的物体,尽可能多的产生创业的点子,填入表中。

物　体	创业点子	补充说明
旧报纸		
手机充电器		
矿泉水瓶		
电　池		
纸　杯		

思考与讨论
1. 如何识别一个创意是不是创业机会?
2. 如何判断创业机会的竞争力?

项目七
创业实施与创业流程

引导语

创业是追梦的过程,也是点亮更多梦想的过程,但是要实现创业梦想并不容易。创业计划是创业过程的重要一环。如果想要成功创业,就需要充分的准备、缜密的计划,并努力付诸实践。

通过创业计划的准备、创业团队的组建、创业资源的整合、创业模式的选择以及创业计划的实施,帮助大学生明确创业规划,降低创业风险,最终成功实现创业梦想。

学习目标

1. 培养初步创业的能力,了解创业计划书的撰写方法。
2. 了解创业团队组建和团队管理的相关知识。
3. 了解创业资源的获取途径,掌握整合创业资源的方法。
4. 了解几种典型的创业模式,学会选择适合自己的创业模式。
5. 掌握实施创业计划的基本流程。

任务一　准备创业计划书

学习目标

1. 了解创业计划书的作用。
2. 熟悉创业的基本流程。
3. 了解创业计划书的基本结构,掌握创业计划信息收集的方法,掌握市场调查的方法。
4. 掌握创业计划书的撰写技巧,熟悉创业计划书的展示方法。

创业计划书的
功能

导入案例

小王的创业故事

小王学的是生物工程专业,毕业于某职业技术学院。毕业后,他顺利进入一家发展新型农业技术的公司工作。因为他专业对口而且勤奋努力,很快就成为部门的骨干,但是小王一直怀揣着自己创业的梦想。他发现新型农业技术非常有发展前景。在公司工作了两年后,小王辞去工作,开始自己创业。但是小王很快就发现创业并没有想象中的那么容易,在付过房租、完成企业注册、购买完相应设备后,小王发现手中的资金已经所剩无几，但是还有招聘人员、宣传促销等很多事情没有做，而这些都需要资金。所以，小王就想到风险投资，但是多次与风险投资机构和个人洽谈后都没有实质性的进展。每次会谈，小王只是凭借三寸不烂之舌强调技术的广阔前景和自身技术的优势。不过，当对方问到市场需求量、一年的预期销售额、盈亏平衡点、投资回报率等问题的时候，小王就无言以对了。

启示：

凡事预则立，不预则废。小王的创业经历代表很多创业者的困惑，对创业的基本流程不太熟悉，没有充分做好创业的准备。风险投资机构和个人之所以不愿意投资给小王，原因就是小王没有将企业的自身情况和综合能力有效展示给对方，而创业计划书恰恰可以帮助解决创业中的种种问题。

小王从资金匮乏到融资成功的过程，告诉大家创业计划书对于每个创业者来说都是至关重要的，创业计划书的制订和撰写是创业者必须掌握的创业技能。现实环境中，虽然有了创业计划书未必一定成功，但是对于想要成功创业的人来说，没有创业计划书就会困难重重。

（案例来源：李怀康，梁美娜. 职业发展与就业创业指导［M］. 北京：高等教育出版社，2018）

创业之前，你一定要做份创业计划书来审视你的创业想法。避免乐观，理性、客观地将你的商业设想落实于书面，才能更好地推进你的创业项目。硅谷著名的创业家和风险投资者盖伊·卡维萨基曾经说过："一旦他们将商业计划写到纸上，那些希望改变世界的天真想法就会变得实实在在且冲突不断。因此，文件本身的重要性远不如形成这个文件的过程。即使你并不试图去集资，你也应当准备一份计划书。"

一、创业计划书的作用

创业计划书又称"商业计划书（Business Plan，BP）"，是详细介绍创业项目的书面材料，对当前形势、预期需求以及新企业可能实现的结果进行描述。

创业计划书是引领创业的纲领性文件，是创业者的行动计划方案。

通过撰写创业计划书，能够帮助创业者思考创业过程中所遇到的重要问题，并找出创业计划存在问题的解决方案，帮助创业者将创业计划落实为创业的具体行动。创业计划书内容涉及项目运作的方方面面，能全程指导项目开展，会让创业者少走弯路。拥有一份好的创业计划书，可以吸引各方利益相关者，跟投资人的沟通也会更加畅通、有效。

创业计划书具有重要作用，主要体现为以下两个方面。

（一）对内统一创业团队思想，明确公司发展战略

通过制订创业计划书，梳理创业项目，使创业者更加明确创业思路，进一步明确创业方向和创业公司发展战略。创业计划书一次次展示给创业团队成员，尤其是一些新加入的团队成员，在一次次地倾听"创业故事"中统一创业团队思想，为整个团队设定目标。在

创业目标引领下,创业团队一起努力工作,全力以赴地解决风险创业中的各种困难。创业者有一个深思熟虑的企划方案和目标,将大大增加创业成功的概率。

(二) 对外获取资源,获得融资机会

没有一位投资人愿意投资给一个连自己想法都不能"落实在纸上"的创业者。很多创业者写创业计划书的主要目的是给潜在的投资者或其代理人看的,帮助投资者了解自己的创业项目及自己团队运营该创业项目的优势。一份好的创业计划书有助于帮助企业建立可信度,尤其是在由大学、教育部、团中央以及一些基金组织举办的创业大赛中获奖的项目,可以使其更容易获得投资人的关注。

二、创业计划书的制订

(一) 创业计划的梳理

(1) 研讨创业构想。创业者要不断梳理创业计划,理清创业目的是什么、创业要做什么、如何做、资金怎么找、创业团队怎么建、产品的市场营销怎么做等问题。创业构想是创业者在创业想法形成及实施过程中,对创业计划的思考、论证和分析。创业构想涵盖了创业计划的方方面面,在撰写计划前研讨创业构想时应该明确一些问题或原则。要让创业构想在创业企业日后的经营过程中发挥良好作用,创业者要确立正确的创业目标,找到适合的创业模式。

(2) 梳理创业项目。通过图7-1所示的"创业计划九宫格"的思维逻辑来梳理你的创业项目。

九宫格的三行内容代表创业计划的不同层次。

第一行的三项内容(市场问题、解决方案、用户定位)是基础:需求是主导,解决是核心。一切都从"需求—解决"的思维模式上展开起来。

第二行的三项内容(市场规模、竞争优势、商业模式)是实现:当你可以回答市场有多大、为什么你们

市场问题	解决方案	用户定位
市场规模	竞争优势	商业模式
收入描述	团队介绍	投资期待

图7-1 "创业计划九宫格"

来做、你们如何去完成等一系列问题之后创业项目就会逐渐明朗起来。

第三行的三项内容(收入描述、团队介绍、投资期待)是完善:如果你们的项目对于财务、团队以及未来发展有着清晰的期待和设想时,项目发展也就变得更为可信、理性和完整。

(二) 创业计划的信息收集

创业计划中涉及的市场、客户、竞争对手、融资方式、创业资源等信息可以通过互联网、出版刊物、企业、会议资讯等聚到获取,也可以通过观察法、提问法、比较法、文献检索法等方法收集所需信息。

（三）做好创业相关的市场调查

通过问卷、访谈、座谈、讨论、观察、写实等调查形式和手段对创业环境、竞争对手、消费者需求状况等信息展开调查。通过市场调查，对创业项目进行可行性分析。

三、创业计划书的撰写

（一）创业计划书的基本结构

一份完整的创业计划书包含封面、目录、执行概要、正文、附录五个部分，正文一般包含 9～10 项内容，需要用清晰明了的文本形式加以表达，篇幅要适中。

（二）创业计划书的主要内容及其撰写技巧

1. 封面

封面应明确创业项目的名称，体现企业的经营范围，同时以醒目的字体标示出创业计划书的标题，如《××创业计划书》。

封面上还应有企业名称、地址、电子邮件地址、电话号码、日期、主创业者的联系方式和企业网址（如果企业已建网站），这些信息放在封面的上半部分；如果企业有徽标或商标，将其置于封面正中间；封面下部提醒读者对计划书的内容加以保密。

重要提醒：封面上要留有计划书撰写者的联系方式，便于及时联系。

2. 目录

目录是正文的索引。目录可以自动生成，显示一级、二级、三级标题为宜，并有对应的页码。

3. 执行概要

执行概要也叫执行概览，是创业计划书第一页的内容，是整个创业计划书的概述，能让忙碌的投资者快速对创业计划书有一个简短和全面的了解，向读者提供他想要知道的新企业独特性质的所有信息。

最清晰简洁的执行概要是依序介绍创业计划书的各个部分，其中的章节顺序应与计划书中的顺序一致，每部分的标题以粗体字显示。

专家建议，如果撰写创业计划书的目的是筹集资金，则最好在执行概要中明确筹集的资金数额以及性质，如果是股权投资甚至可以明确投资者不同投资额下所占企业的股权比例，这样会更吸引投资者的关注，也更容易获得资金。

特别强调，执行概要并非创业计划的引言或前言，恰恰相反，它是篇幅为一两页、对整个创业计划高度精练的概括，是整份计划书的精华和亮点，也是整份计划书的灵魂。执行概要的撰写应在完成创业计划之后，因为只有这样，才能形成对创业计划的高度凝练。

4. 正文

（1）公司概述。

① 概述。

② 行业背景。

③ 企业发展目标及潜力，里程碑事件（如果有的话）。

④ 产品/服务的独特性。

（2）产品/服务。可以从产业分析、产品分析和市场分析三个角度展开。

① 产品分析：突出产品/服务的核心价值。

② 产业分析：产业规模、成长速度和销售计划、产业结构及产业趋势。

③ 市场分析：市场参与者的性质；目标市场规模；目标顾客的描述与分析；市场容量和趋势的分析、预测；关键成功因素。

（3）创业团队与组织架构。

① 创业团队。

② 法律方面——股权协议、雇佣协议、所有权。

③ 董事会、顾问、专业咨询人士。

（4）研发计划、生产计划、营销计划。

① 总体营销策略（商业模式）。

② 价格策略。

③ 销售过程。

（5）竞争分析。

对企业所面对的竞争格局进行分析主要包括：市场中主要的竞争者有哪些；是否存在有利于本企业产品的市场空白；本企业预计的市场占有率是多少；本企业进入市场会引起竞争者怎样的反应，这些反应对企业会有什么影响；等等。

竞争对手的公司实力、产品情况（种类、价位、特点、包装、营销、市场占有率等）以及潜在的竞争对手情况和市场变化分析。

通过上述描述要向风险投资者展示自己的企业相对于其他竞争者具有哪些竞争优势。

（6）财务分析。

① 资源需求分析。

② 融资计划。

③ 财务报表及投资回报。

（7）风险。

创业风险主要有技术风险、市场风险、管理风险、财务风险、资源风险、研发风险、成本风险、政策风险、财务和管理风险等，创业者要有应对措施。

① 潜在问题。

② 障碍与风险。

③ 备选方案（退出机制）。

（8）收获战略。

① 股权。

② 战略的可持续性。

③ 明确传承者。

（9）里程碑进度表。

① 时间表及目标。

② 最后期限与里程碑事件。

③ 时间之间的联系。

5. 附录/参考文献

（1）企业营业执照。

（2）审计报告。

（3）查新报告。

（4）用户报告。

（5）新产品鉴定。

（6）商业信函、合同等。

（7）相关荣誉证书等。

（8）参考文献。

创业计划书是创业的行动导向和路线图，既为创业者行动提供指导和规划，也为创业与外界沟通提供基本依据。创业计划书需要阐明新企业在未来要达成的目标，以及如何达成这些目标。创业计划要随着执行的情况而进行调整。

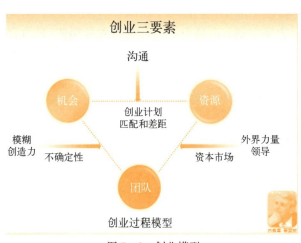

图 7-2　创业模型

创业计划书写完之后，创业者要认真检查一遍，看看该计划书是否能准确回答投资者的疑问，争取投资者对本企业的信心。

四、创业的基本流程

创业不是嘴上说想创业就能创业，做什么事情都有流程，创业也是。创业流程是什么？有哪些关键要素呢？

根据蒂蒙斯的创业模型（图7-2），创业的关键要素包括创业机会、团队和资源。创业的流程可以概括为以下四步。

（一）创业机会的识别、分析和判断

商业机会是创业过程的核心驱动力，创始人或工作团队是创业过程的主导者，资源是创业成功的必要保证。创业过程始于创业机会，而不是钱、战略、网络、团队或商业计划。开始创业时，商业机会比资金、团队的才干和能力及适应的资源更重要。通过对大量创业成功者的实例研究证明，选定好的创业项目是创业成功的前提和基础。选择创业项目，不仅要对自身的兴趣、特长、实力进行全面客观的分析，而且要善于发现市场机会、把握未来发展趋势。

（二）组建创业团队

创建一支优秀的创业团队，是创业之路的开始，是创业成功的重要保障。所以创业团队的创建、创业团队的合作水平以及创业团队成员的素质决定着创业团队资源整合的效

率,决定着创业成功与否。

(三) 创业资源的整合

巧妇难为无米之炊,创业也是一样,发现创业机会之后,就需要整合相应的资源,当然从广义上来说,创业资源包括人员、资金、设备、技术等,但创业资源更多还是表现为创业资金的整合,创业必须有一定的资金,否则,创业活动就无法开展。但是由于创业者一般都缺乏资金,因此,筹集创业启动资金就成为创业者必须解决的一个重要问题。

(四) 创业企业的初期管理

创业往往是通过组建企业的形式进行的,那么对新组建的企业如何实施有效管理,便成为创业成功与否的关键要素之一。

总结案例

事半功倍的创业计划书

前面导入案例中的小王,困惑许久之后,突然想起在学校读书的时候,有一位总是讲授创业课程的赵老师。于是小王抱着试试看的想法,回到学校向赵老师请教,为什么没有机构和个人愿意投资给他。赵老师听了小王的经历,问了小王三个问题:"人家凭什么相信你说的行业真的会有发展前景? 凭什么认为你一定会把企业做好? 凭什么觉得你说的都是真实而正确的呢?"这让小王恍然大悟。接下来小王在赵老师的指导下,开始查阅资料,走访市场客户,详细分析和论证市场容量和顾客需求,初步完成了一份创业计划书,然后又请教多位老师和专家,反复修改,最终完成了一份翔实完整的创业计划书。小王不久就和一家风险投资机构达成协议,资金问题终于迎刃而解。

启示:

小王从资金匮乏到融资成功的过程,告诉大家创业计划书对于每个创业者来说都是至关重要的,创业计划书的制订和撰写是创业者必须掌握的创业技能。现实环境中,虽然有了创业计划书未必一定成功,但是对于想要成功创业的人来说,没有创业计划书就会困难重重。

(案例来源:李怀康.梁美娜.职业发展与就业创业指导[M].北京:高等教育出版社,2018)

⌁ 活动与训练

活动 1

填写创业计划九宫格

主题:梳理你的创业项目。

目标：通过填写创业计划九宫格，梳理你的创业项目。

时间：10分钟。

过程：

1. 让学生对每一部分都用一句话说清楚。
2. 学生互评。
3. 教师总结。

市场问题	解决方案	用户定位
市场规模	竞争优势	商业模式
收入描述	团队介绍	投资期待

活动 2

熟悉创业计划书制订流程

主题：创业计划书的制订流程。

目标：厘清创业计划书制订的关键步骤，做好必要的准备工作。

建议时间：40分钟。

过程：

1. 依据学生选择的创业项目，将学生分成若干个小组，请各小组派代表以演讲形式简单介绍该项目。教师在此环节可就各小组汇报内容提出若干针对性问题，请小组成员回答。

2. 教师引导学生探讨完成创业计划书应补充和完善的内容。

3. 要求小组学生课后针对各自的创业项目，参照所学的创业计划书制订流程，独立完成一份创业计划书，并在规定时间内提交。

活动 3

了解创业计划书撰写技巧

主题：创业计划书撰写技巧

目标：帮助学生掌握创业计划书撰写技巧，区分商业计划书的优缺点。

时间：15分钟。

过程：

1. 教师准备一份创业计划书。
2. 学生分组对该创业计划书的各个部分逐一进行点评。
3. 教师对小组点评进行总结。

思考与讨论

1. 你认为写好一份创业计划书的关键是什么？
2. 如何有效识别创业机会？

任务二　组建创业团队

学习目标

1. 了解创业团队的类型、特点。
2. 熟悉创业团队的组建。
3. 掌握创业团队管理的相关知识。

导入案例

优秀创业团队
成员应该具备
的基本素质

小李的困惑

　　小李学习的是英语专业，一次和几个同学交谈的时候，萌生了创业的想法。大家一致认为，现在的学校课程并不能满足所有学生学习外语的需求。于是小李和几个英语专业的同学组成了一个创业团队，利用学校的大学生活动中心开起了英语交流俱乐部。他们选择流行的美剧作为培训素材，采用语言沙龙、化装舞会、演讲比赛等学生喜闻乐见的形式开展外语学习交流活动。因为贴近学生需求，很快就有很多学生报名。一个学期过后，几个人算了一下，扣除成本后竟然盈利 6 万元左右。但是这 6 万元如何使用和分配，小李和几个伙伴有了分歧，小李认为自己是发起人，工作最多，应该多分一些，剩余的钱应该投入到俱乐部以后的经营上。有的人认为大家都很辛苦，应该把钱平均分了。因为成立俱乐部之前大家并没有签署协议，没有明确约定权责利关系，最后意见统一不了，俱乐部也没有再开下去，大家不欢而散。

　　启示：

　　很好的创业项目，因为创业团队没有明确、清晰的协议和制度，最终没有继续发展下去。可见，一个优秀的团队需要权责利关系清晰明了。此外，无论怎样的团队，都应该有一个核心人物——团队的领导者。在创业初期，创业团队的领导者是成功与否的关键，他的眼界、思维、性格、能力和决策直接影响团队的发展。

　　（案例来源：李怀康，梁美娜. 职业发展与就业创业指导［M］. 北京：高等教育出版社，2018）

一、创业团队的类型和特点

(一)创业团队的概念

创业团队是指在创业初期,由一群才能互补、责任共担、愿为共同的创业目标而奋斗的人所组成的特殊群体。创业团队通常是由两个或两个以上具有共同创业目标和一定利益关系的、共同承担创办新企业责任的、处在新企业主要管理位置的人共同组建而形成的有效工作群体。与个人创业者相比,创业团队往往对创业机会的识别、开发、利用更有优势。

(二)创业团队的类型和特点

创业团队分为三类型:星状创业团队(Star team)、网状创业团队(Nesh team)和从网状创业团队中演化来的虚拟星状创业团队(Virtual star team)。

1. 星状创业团队

一般在团队中有一个核心主导人物(Core leader),在团队形成之前,有了创业的想法,然后根据自己的设想进行创业团队的组建。

这种创业团队有几个明显的特点。

(1)组织结构紧密,向心力强,主导人物在组织中的行为对其他个体影响巨大。决策程序相对简单,组织效率较高。

(2)容易形成权力过分集中的局面,从而使决策失误的风险加大。当其他团队成员和主导人物发生冲突时,因为核心主导人物的特殊权威,往往使其他团队成员处于被动地位,在冲突较严重时,其他团队成员一般都会选择离开团队,因而对组织的影响较大。

2. 网状创业团队

这种创业团队的成员一般在创业之前都有密切的关系,比如同学、亲友、同事、朋友。一般都是在交往过程中,共同认可某一创业想法,并就创业达成了共识以后,开始共同进行创业。在创业团队组成时,没有明确的核心人物,大家根据各自的特点进行自发的组织角色定位。因此,在企业初创时期,各位成员基本上扮演的协作者或者伙伴角色(Partner)。

这种创业团队有几个明显的特点。

(1)团队没有明显的核心,整体结构较为松散。组织决策时,一般采取集体决策的方式,通过大量的沟通和讨论达成一致意见。因此组织的决策效率相对较低。

(2)由于团队成员在团队中的地位相似,因此容易在组织中形成多头领导的局面。当团队成员之间发生冲突时,一般都采取平等协商、积极解决的态度消除冲突。团队成员不会轻易离开。但是一旦团队成员间的冲突升级,使某些团队成员撤出团队,就容易导致整个团队的解散。

这种创业团队的典型例子有微软的比尔·盖茨和童年玩伴保罗·艾伦,惠普的戴维·帕卡德和他在斯坦福大学的同学比尔·休利特等。多家知名企业的创建多是先由于关系和结识,基于一些互动激发出创业点子,然后合伙创业,这种类型的创业团队相对较多。

3. 虚拟星状创业团队

这种创业团队是由网状创业团队演化而来。基本上是前两种的中间形态。在团队中,有一个核心成员,但是该核心成员地位的确立是团队成员协商的结果,因此核心人物某种意义上说是整个团队的代言人，而不是主导型人物，其在团队中的行为必须充分考虑其他团队成员的意见，不像星状创业团队中的核心主导人物那样有权威。

不同类型创业团队的优缺点见表 7-1。

表 7-1　不同类型创业团队的优缺点

类　型	优　点	缺　点
星状创业团队	1. 组织结构紧密，向心力强 2. 核心人物充当领军角色 3. 决策程序相对简单，组织效率较高	容易形成权力过分集中的局面，从而使决策失误的风险加大
网状创业团队	1. 团队成员地位相似，便于沟通和交流 2. 成员关系密切，较易达成共识 3. 成员不会轻易离开	1. 团队缺少核心，结构较为松散 2. 组织决策效率较低 3. 易形成多头领导的局面
虚拟星状创业团队	1. 有一个核心成员 2. 重大决策是团队成员协商的结果，决策相对科学	核心成员团队中的行为必须充分考虑其他团队成员的意见，权威性弱

二、创业团队的组建

通常创业者在注册公司前就开始着手组建自己的创业团队，从企业发展和规范化管理的角度选择合适的创业团队成员。尤其对于新办的科技型企业、风险企业、创新型企业、现代服务企业等，更需要具有团队凝聚力、合作精神和立足企业长远发展的创业团队。创业团队成员之间的互补、协调以及与团队领导者之间的良好关系，有助于企业降低风险，增强竞争力。

（一）创业团队的组建 5P 模型

1. 目标（Purpose）

创业团队应该有一个既定的共同目标和使命，为团队成员导航，知道要向何处去。否则不能称为团队，只能是团伙。确立明确的团队发展目标，在团队组建过程中具有特殊的价值。

2. 人（People）

人是构成团队最核心的力量。一般 3 人以上的就可以构成团队。目标是通过人员来实现的，所以人员选择是创业团队中非常重要的一个部分。一般来说，创业者要学会识别和善用各种人才，要考虑人员的能力和相关经验如何，选择技能最优，富有经验的人员作为创业团队成员。

3. 定位（Place）

定位通常包含两个层次：团队在企业中的定位，是指团队在企业中所扮演的角色以及团队内部的决策力和执行力；成员在团队中的定位，是指团队成员在团队中扮演的角色及团队内部决策的制定和执行。

4. 权限(Power)

权限是指新企业中职、责、权的划分与管理。一般来说,团队的权限与企业的大小、正规程度相关。在新企业的团队中,核心领导者的权力很大,随着团队的成熟,核心领导者的权限会降低,这是一个团队成熟的表现。

5. 计划(Plan)

计划有两层含义:一方面是为保证目标的实现而制订的具体实施方案;另一方面,计划在实施中应对环境的变化又会分解出细节性的计划,需要团队共同努力完成。

(二) 创业团队的形成过程

大部分创业团队的形成过程包含以下步骤。

1. 从创始人到合伙人

寻找志同道合的互补者,说服其共同前行。选择合伙人至关重要,必须是那些跟你价值观接近、能力互补,有类似的目标、可以沟通、可以一起工作、可以共苦、更可以同甘的人。从创始人个人,到慢慢寻找合适的志同道合者,才能更好地取己之长,补己之短,共同进退。

研究发现"优势互补,经历相同"的人更适合做合伙人。"优势",指能力和素养的差异性;"经历"指有相同或类似经历和经验。

2. 从合伙人到核心团队

根据目前团队现状,充实、完善你的团队。

核心团队最好由核心技术掌控者、人际关系润滑剂、日常事务管理者、创新创意设计师、核心目标把控者五种类型的人员构成。

核心目标把控者是团队的灵魂人物,团队目标清晰,意志坚定,有能力凝聚团队并引领团队的方向。

3. 从核心团队到创业团队

积极借助内外部资源,对团队进行有效的管理。

创业团队的形成过程如图 7-3 所示。

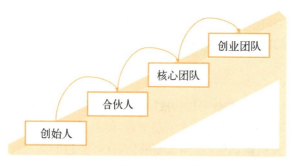

图 7-3　形成创业团队的过程

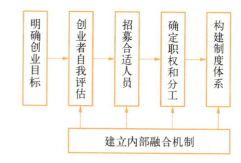

图 7-4　创业团队的组建流程

(三) 创业团队的组建流程

不同创业项目的创业团队组建流程并不完全相同,所要求的创业团队也有一定差异,创业团队的组建流程如图 7-4 所示。

1. 明确创业目标

创业团队的总目标就是使企业在创业过程中实现有关的市场、管理、发展等具体目标。在总目标确定之后,要将总目标分解为若干不同项目、不同时间段的可以实现的子目标。

2. 创业者自我评估

(1)知识基础。即创业者能够给新企业带来的知识和信息。

(2)专门技能。即很好地完成某些任务的能力,例如营销能力、策划能力、沟通能力。

(3)创业动机。思考如下问题:为什么创业、是否喜欢挑战、是否相信自己的新产品、是否想获得巨大财富。

(4)承诺。即完成任务以及实现与新企业相关的个人目标的意愿。

(5)个人特性。创业者的个人特性的五个维度包括尽责性、外倾性、友好性、情绪稳定性、经历开放性。具体说明见表7-2。

表7-2　创业者的个人特性

维　度	说　明
尽责性	个体表现出来的工作状态、可靠性、坚韧性程度
外倾性	个体表现出来的喜欢聚集、自信、善于交际的程度
友好性	个体表现出来的合作、谦恭、可信、易于相处的程度
情绪稳定性	个体表现出来的平静、理性、安全的程度
经历开放性	个体表现出来的创造性、好奇、兴趣广泛性的程度

3. 招募合适人员

创业团队成员的招募主要从岗位工作、技能等方面的互补性和企业的规模来考虑,以兼顾高效率和经济性。

> **看一看**
>
> **李开复:什么样的人才适合创业?我认为创业者需要具备这十项能力**
>
> 什么样的人才适合创业?我们可以从如今已经成功的创业者身上去寻找一些共性。分众的江南春、盛大的陈天桥、网易的丁磊、百度的李彦宏、大名鼎鼎的盖茨、乔布斯、佩奇等都具备一些共同的成就其事业的特点。
>
> 首先他们充满激情但又非常理性,他们不是单纯地享受创业过程,他们更是为了一个好的结果。他们做的都是自己最爱的事情,所以能够全力以赴,每天工作量极大却不知疲倦。他们是自己产品和服务的最好的质检员和改进者,关注的同时不断去创新。
>
> 对于创业者来说,迈出第一步的魄力是做出成绩的必需品。
>
> 如果一个创业者可以具备以上条件并几十年如一日地坚持,那么就至少具备60%的成功要素了。
>
> 创业者需要具备以下十项能力。

一、强烈的欲望

"欲",实际就是一种生活目标,一种人生理想。创业者的欲望与普通人欲望的不同之处在于,他们的欲望往往超出他们的现实,往往需要打破他们现在的立足点,打破眼前的樊笼,才能够实现。

所以,创业者的欲望往往伴随着行动力和牺牲精神。这不是普通人能够做得到的。

因为想得到,而凭自己现在的身份、地位、财富得不到,所以要去创业,要靠创业改变身份,提高地位,积累财富,这构成了许多创业者的人生"三部曲"。

因为欲望,而不甘心、而创业、而行动、而成功,这是大多数白手起家的创业者走过的共同道路。

二、超乎想象的忍耐力

在创业的路上,付出怎样的代价,付出怎样的努力,忍受了多少别人不能够忍受的憋闷、痛苦,甚至是屈辱,这种心情只有创业过的人最清楚!有多少人愿意付出与他们一样的代价。

对一般人来说,忍耐是一种美德,对创业者来说,忍耐却是必须具备的品格。

老话说"吃得菜根,百事可做"。对创业来说,肉体上的折磨算不得什么,精神上的折磨才是致命的。如果有心自己创业,一定要先在心里问一问自己,面对从肉体到精神上的全面折磨,你有没有那样一种宠辱不惊的"定力"与"精神力"。如果没有,那么一定要小心。对有些人来说,一辈子给别人打工,做一个打工仔,是一个更合适的选择。

三、开阔的眼界

对于创业者来说,只有拥有广博的见识,开阔的眼界,才能有效地拉近自己与成功的距离,使创业活动少走弯路。

众多成功创业者的创业思路有几个共同来源。

第一,职业。俗话说,不熟不做,由原来所从事的职业下海,对行业的运作规律、技术、管理都非常熟悉,人头、市场也熟悉,这样的创业活动成功的概率很大。这是最常见的一种创业思路的来源。

第二,阅读,包括书、报纸、杂志等。比亚迪老总王传福的创业灵感来自一份国际电池行业动态,一份简报似的东西。1993年的一天,王传福在一份国际电池行业动态上读到,日本宣布本土将不再生产镍镉电池,王传福立刻意识这将引发镍镉电池生产基地的国际大转移,意识自己创业的机会来了。果然,随后的几年,王传福利用日本企业撤出留下的市场空隙成功创业。很多人将读书与休闲等同,对创业者来说,阅读就是工作,是工作的一部分,一定要有这样的意识。

第三,行路。俗话说,"读万卷书,行千里路"。行路,各处走走看看,是开阔眼界的好方法。

眼界意味着什么?如果你是一个创业者,开阔的眼界意味着你不但在创业伊始可以有一个比别人更好的起步,有时候它甚至可以挽救你和你企业的命运。眼界的作用,不仅表现在创业者的创业之初,它会一直贯穿于创业者的整个创业历程。"一个创业者的眼界有多宽,他的事业也就会有多大。"

第四,交友。很多创业者最初的创业点子是在朋友启发下产生,或干脆就是由朋友直接提出的。所以,这些人在创业成功后,都会更加积极地保持与从前的朋友联系,并且广交天下友,不断地开拓自己的社交圈子。与朋友们进行头脑风暴,就能够不断地有新思路、新点子。

四大创业思路的来源,也就是四大开阔眼界的有效方法。有空一定要到处多走一走,多和朋友谈一谈天,多阅读,多观察,多思考。"机遇只垂青有准备的头脑",让自己"眼界大开"就是最好的准备。

四、善于把握趋势又通人情事理

势,就是趋向。做过期货的人都知道,要想赚钱关键是要做对方向,这个方向就是势。比方说,大势向空,你偏做多;或者大势利多,你偏做空,你不赔钱谁赔钱! 反过来说,你就是不想赚钱都难。

势分大势、中势、小势。创业的人,一定要跟对形势,要研究政策,这是大势。很多创业者认为政策研究"假、大、虚、空",没有意义,实则不然。在政策方面,国家鼓励发展什么,限制发展什么,对创业之成败有莫大关系。做对了方向,在国家鼓励的层面上努力,可能事半功倍;做反了方向,比如说,某个行业、某类型企业,国家正准备从政策层面进行限制、淘汰,你偏赶在这时懵懵懂懂一头撞了进去,一定会鸡飞蛋打。

顺势而作,才能顺水行舟。观察政府,研究政策,是为了明大势。

中势指的就是市场机会。市场上现在时兴什么,流行什么,人们现在喜欢什么,不喜欢什么,可能就标明了你创业的方向。俞敏洪如果不是赶上全国性的英语热和出国潮,他就是使再大的劲,洒再多的泪,流再多的汗,也不会有今天的成功。

小势就是个人的能力、性格、特长。创业者在选择创业项目时,一定要找那些适合自己能力,契合自己兴趣,可以发挥自己特长的项目,这样才有利于你做持久性的全身心的投入。创业是一项折磨人的活动,创业者要有受罪的心理准备。

一个创业者要懂得人情事理。老话说:"世事洞明皆学问,人情练达即文章。"创业的首要目的是为了合法合理地赚钱,不是为了改造社会。改造社会是等你发达以后,还需要你有那样的兴趣才能做到的。创业更不是为了要跟谁赌气,你非要如何如何,非要让对方觉得你这个人如何如何,你才觉得心里舒服,你那是自己为自己设绊。

创业是一个在夹缝里求生存的活动,创业者只有先顺应社会,才能避免在人事关节上出问题。作为对照,很多原先很牛气的外资企业,认为本地人才这样不行,那样不行,只有外来和尚才能念好经,现在也都认识到了人才本地化的重要。人才为什么要本地化? 因为本地的人才更熟悉本地的情况,能够按照"本地的规矩"做事,也就是说更能入乡随俗。创业者一定要明势,不但要明政事、商事,还要明世事、人事,这应该是一个创业者的基本素质。

五、敏锐的商业嗅觉,即商业敏感性

创业者的敏感,是对外界变化的敏感,尤其是对商业机会的快速反应。

潘石屹现在是商场的红人,潘石屹成为红人有他成为红人的理由。有谁能够从别人的一句话里听出8亿元的商机,而且是隔着桌子的一句话,是几个不相干之人的一句话。

1992年,潘石屹还在海南万通集团任财务部经理。万通集团由冯仑、王功权等人于1991年在海南创立。冯仑、王功权都曾在南德集团做过事,当年都是"中国首富"牟其中的手下谋士。万通成立的头两年,通过在海南炒楼赚了不少钱。1992年,随着海南楼市泡沫的破灭,冯仑等人决定将万通移师北京,派潘石屹打前锋。

潘石屹奉冯仑的将令,带着5万元差旅费来到了北京。一天,潘石屹在怀柔区政府食堂吃饭,听旁边吃饭的人说北京市给了怀柔四个定向募集资金的股份制公司指标,但没人愿意做。在深圳待过的潘石屹知道指标就是钱,他不动声色地跟怀柔区体改办主任边吃边聊:"我们来做一个行不行?"体改办主任说:"好哇,可是现在来不及了,要准备6份材料,下星期就报上去。"

潘石屹立即将这个信息告诉了冯仑,冯仑马上让他找北京市体改委的一位负责人。这位领导说:"这是件好事,你们愿意做就是积极支持改革,可以给你们宽限几天。做定向募集资金的股份制公司,按要求需要找两个'中'字头的发起单位。"通过各种关系,潘石屹最后找到中国工程学会联合会和中国煤炭科学研究院作为发起单位。万事俱备,潘石屹用刚刚买的4万元一部的手机打电话问冯仑:"准备做多大?"冯仑说:"要和王功权商量一下。"王功权说:"咱们现在做事情,肯定要上亿。"

潘石屹在电话那边催促冯仑快做决定:"这边还等着上报材料呢。"冯仑就在电话那头告诉潘石屹:"8最吉利,就注册8个亿吧。"北京万通就这样,在什么都没做的情况下,拿到了8个亿的现金融资。

这就是潘石屹那个"一言8亿"的传奇故事。后来万通在海南做赔了本,多亏了潘石屹这一耳朵"听"来的8个亿,才有了万通的今天。后来兄弟几个又闹分家,于是诞生了潘石屹现在的红石和北京大北窑旁边的现代城。

潘石屹能赚到这笔钱不是出自偶然,而是源于他的商业敏感。

有些人的商业感觉是天生的,如胡雪岩,更多人的商业感觉则依靠后天培养。如果你有心做一个商人,你就应该像训练猎犬一样训练自己的商业感觉。良好的商业感觉,是创业者成功的最好保证。

六、拓展人脉

创业不是引"无源之水",栽"无本之木"。每一个人创业,都必然有其凭依的条件,也就是其拥有的资源。一个创业者的素质如何,看一看其建立和拓展资源的能力就可以知道。

创业者资源,可分为外部资源和内部资源两种。内部资源主要是创业者个人的能力和其所占有的生产资料及知识技能、家族资源等。拥有一份良好的内部资源,对创业者个人来说无疑是重要的。

但外部资源的创立,同样不可或缺。其中最重要的一点是人脉资源的创业,即创业者构建其人际网络或社会网络的能力。一个创业者如果不能在最短时间之内建立自己最广泛的人际网络,那他的创业一定会非常艰难,即使其初期能够依靠领先技术或者自身素质,比如吃苦耐劳或精打细算,获得某种程度上的成功,我们也可以断言他的事业一定做不大。

创业者的人际资源,按其重要性来看,第一是同学资源。

在许多成功者的身后都可以看到同学的身影,有少年时代的同学,有大学时代的同学,更有各种成人班级如进修班、研修班上的同学。赫赫有名的《福布斯》中国富豪南存辉和胡成中就是小学和中学时的同学,一个是班长,一个是体育委员,后来两人合伙创业,在企业做大以后才分了家。腾讯马化腾也是与大学同学一起创业。

实际上,同学之间本来就有守望相助的义务,在现今这个时代,带着商业或功利的目的走进学堂,也并没有什么不妥当。

同学之间因为接触比较密切,彼此比较了解,同时因为少年人不存在利害冲突,成年人则大多数从五湖四海走到一起,彼此也甚少存在利害冲突,所以友谊一般都较可靠,纯洁度更高。对于创业者来说,是值得珍惜的最重要的外部资源之一。

与同学相似的,是战友;可以与同学和战友相提并论的是同乡。共同的人文地理背景,使老乡有一种天然的亲近感。曾国藩用兵只喜欢用湖南人,中国历史上最成功两大商帮,徽商和晋商不管走到哪里,都是老乡拉帮结派,成群结伙的。正是同乡之间互为犄角,互为支援,才成就了徽商和晋商历史上的辉煌。同学资源和同乡资源,可并称为创业者最重要的两大外部资源。

第二是职业资源。对创业者来说,效用最明显首推职业资源。所谓职业资源,即创业者在创业之前,为他人工作时所建立的各种资源,主要包括项目资源和人际资源。充分利用职业资源,从职业资源入手创业,符合创业活动"不熟不做"的原则。尤其是在国内目前还没有像美国或欧洲国家一样,普遍认同和执行"竞业避止"法则的情况下,选择从职业资源入手进行创业,已经成了许多人创业成功的捷径和法宝。前中学数学教师、"好孩子"创始人宋郑还是通过一位学生的家长,得到了第一批童车订货,这才知道世界上原来还有童车这样一个赚钱玩意儿的。如果没有学生家长的帮助,宋郑还可能会一事无成。而万通的冯仑和王功权原来则是同事,两人曾一起在南德工作过,后来两人离开南德,携手海南打天下,才有了现在的兴旺发达。

第三是朋友资源。朋友应该是一个总称。同学是朋友,战友也是朋友;老乡是朋友,同事一样是朋友。一个创业者,三教九流的朋友都要交,谈得来,交得上,就好像十八般兵刃,到时候不定就用上了哪般。朋友犹如资本金,对创业者来说是多多益善。"在家靠父母,出门靠朋友""多一个朋友多一条路"是至理名言。一个创业者如果不能交朋友,没有几个朋友,肯定只有死路一条。人际交往能力应列在创业者素质的第一位。

七、谋略

商场如战场,一个有勇无谋的人,早晚会成为别人的盘中餐。

创业是一个斗体力的活动,更是一个斗心力的活动。

创业者的智谋,将在很大程度上决定其创业成败。尤其是在目前产品日益同质化,市场有限,竞争激烈的情况下,创业者不但要能够守正,更要有能力出奇。

对创业者来说,无所谓大智慧小智慧,能把事情做好,能赚到钱就是好智慧。京城白领没有几个没有吃过丽华快餐的,京城的大街小巷,经常能看见漆着丽华快餐标志的自行车送餐队。丽华快餐由一个叫蒋建平的人创立,起家地是江苏常州,开始不过是常州丽华新村里的一个小作坊,在蒋建平的精心打理下,很快发展为常州第一快餐公司。几年前,当蒋建平决定进军北京时,北京快餐业市场已近饱和。蒋建平剑走偏锋,从承包中科院电子所的食堂做起,做职工餐兼做快餐,这样投入少而见效快;由此推而广之,好像星火燎原,迅速将丽华快餐打入了北京市。假如蒋建平当初进入北京,依循常规,租门面,招员工,拉开架式从头做起,恐怕丽华快餐不会有今天。

谋略或者说智慧,贯穿于创业者的每一个创业行动中。

谋略其实就是一种思维的方式,一种处理问题和解决问题的方法。

对于创业者来说,智慧是不分等级的,它没有好坏、高明不高明的区别,只有好用不好用,适用不适用的问题。创业者的智慧是不拘一格,出奇制胜。作为创业者,你的思维是否至今依然因循守旧?

八、胆量

创业本身就是一项冒险活动。要有胆量,敢下注,想赢也敢输,创业是最需要强大心理承受能力的一项活动。

很多创业者在创业的道路上,都有过"惊险一跳"的经历。这一跳成功了,功成名就,白日飞升;要是跳不成,就只好凤凰涅槃了。当年周枫带人做婷美,一个500万元的项目,做了2年多,花了440万元还是没有做成。眼看钱就没了,合作伙伴都失去了信心,要周枫把这个项目卖了。周枫说,这样好的项目不能卖,要卖也要卖个好价钱。合作伙伴说,这样的项目怎么能卖到那么多钱,要不然你自己把这个项目买下来算了。周枫就花5万元钱把这个项目买了下来。原来大家一起还有个合伙公司,作为代价,周枫把在这个合伙公司的利益也全部放弃了,据说损失有几千万元。单干的周枫带着23名员工,把自己的房子抵押,跟几个朋友一共凑了300万元。他把其中5万元存在账上,另外的钱,他算过,一共可以在北京打2个月的广告。从当年的11月到12月底,他告诉员工,这回做成了咱们就成了,不成,你们把那5万块钱分了,算是你们的遣散费,我不欠你们的工资。咱们就这样了!这些话把他的员工感动得要哭,当时人人奋勇争先,个个无比卖力,结果婷美就成功了。周枫成了亿万富翁,他的许多员工成了千万富翁、百万富翁。现在很多的大学教授、市场专家分析周枫和婷美成功有诸多原因,其实事情没有这么复杂。说白了,不过是一个合适的产品,加上一个天性敢赌的领导,加上一些合适的营销手段,才有了这样一桩成功的案例。

创业需要胆量,需要冒险。冒险精神是创业家精神的一个重要组成部分,但创业毕竟不是赌博。创业家的冒险,迥异于冒进。什么叫冒险,什么叫冒进?冒险是这样一种东西，你经过努力，有可能得到，而且那东西值得你得到。否则，你只是冒进，死了都不值得。创业者一定要分清冒险与冒进的关系，要区分清楚什么是勇敢，什么是无知。无知的冒进只会使事情变得更糟，你的行为将变得毫无意义。

九、与他人分享的愿望

作为创业者，一定要懂得与他人分享。一个不懂得与他人分享的创业者，不可能将事业做大。

只有当老板舍得付出，舍得与员工分享，员工的生存需要、安全需要、尊重需要就从老板这里都得到了满足。员工出于感激，同时也因为害怕失去眼前所获得的一切，就会产生"自我实现的需要"，通过自我实现，为老板做更多的事，赚更多的钱，做更大的贡献，回报老板。这样就构成了一个企业的正向循环、良性循环。这应该是马斯洛理论在企业层面的恰当解释。

做生意的人都会算账，只不过有些人算得是大账，有些人算得是小账。商业法则：算大账的人做大生意，做大生意人；算小账的人永远只能做小生意，做小生意人。

分享不仅仅限于企业或团队内部，对创业者来说，对外部的分享有时候同样重要。在南存辉的发家史上，曾经进行过 4 次大规模的股权分流，从最初持股 100%，到后来只持有正泰股权的 28%，每一次当南存辉将自己的股权稀释，将自己的股权拿出来，分流到别人口袋里去的时候，都伴随着企业的高速成长。但是南存辉觉得自己并没有吃亏，因为蛋糕做大了，自己的相对收益虽然少了，但是绝对收益却大大地提高了。

分享不是慷慨，对创业者来说，分享是明智。

十、自我反省的能力

反省其实是一种学习能力。创业既然是一个不断摸索的过程，创业者就难免在此过程中不断地犯错误。反省，正是认识错误、改正错误的前提。对创业者来说，反省的过程，就是学习的过程。有没有自我反省的能力，具不具备自我反省的精神，决定了创业者能不能认识到自己所犯的错误，能不能改正所犯的错误，是否能够不断地学到新东西。

成功创业者有一个共通之处，就是都非常善于学习，非常勇于进行自我反省。

作为一个创业者，遭遇挫折，碰上低潮都是常有的事，在这种时候，反省能力和自我反省精神能够很好地帮助你渡过难关。曾子说："吾日三省吾身。"对创业者来说，问题不是一日三省吾身、四省吾身，而是应该时时刻刻警醒、反省自己，唯有如此，才能时刻保持清醒。

创业者需要的是综合素质，每一项素质都很重要，不可偏废。缺少哪一项素质，将来都必然影响事业的发展。有些素质是天生的，但大多数可以通过后天的努力改善。如果你能够从现在做起，时时惕厉，培养自己的素质，你的创业成功一定指日可待。

4. 确定职权和分工

创业团队只有职权清晰、分工明确，才能使团队成员高效地执行计划，顺利完成各项工作。创业团队通过明确职权和分工，可以避免职权不清而导致的工作冲突，也能避免分工不明确而造成的工作疏漏。

5. 构建制度体系

创业团队的制度体系是对团队成员进行有效激励和控制的体系，通过设定奖罚机制，使团队成员意识到企业及团队的成功是个人成功的重要保障，同时个人的努力和成员之间的协作也是团队实现目标的前提条件。通过充分调动成员的积极性，能最大限度地发挥团队成员的作用。通常创业团队的制度体系应以规范化的书面形式确立并获得一致认同。

6. 建立内部融合机制

创业团队在创业过程中，不可避免地存在一定的分歧，甚至存在一些矛盾。因此，有效的沟通、开放的交流、团队领导者的调解等，对于创业团队来说是非常重要的。创业团队建立内部融合机制，就是要及时发现问题和处理问题。

三、创业团队的管理

创业团队管理的重点是在维护团队稳定的前提下，发挥团队多样性优势，提高产业团队的协作能力。

（一）打造创业团队的精神

团队精神是团队成员的精神支柱，是创业成功的基石。一个好的团队精神和团队文化能充分调动整个小组成员的团队意识。创业团队建设，需要重视团队精神、形成团队精神和塑造团队文化。

1. 重视团队精神

具备"团队精神"的团队，具有向心力、凝聚力和塑造力。创业团队有明确的创业目标，团队成员有团队协作精神，有整体意识、全局观念。这样的团队才可能战无不胜。

2. 形成团队精神

形成团队精神，需要做到以下几点：良好的内部沟通；团队成员间相互支持与认可、互相支援与激励；共享创业资源；培养成员的敬业精神；建设学习型团队；建立竞争型团队。

（二）塑造高效创业团队的策略

1. 以明确界定的目标领导团队

明确界定的目标就好比一座灯塔，永远照亮团队前行的方向与道路，并激励着团队不畏艰难险阻地去实现预期目标。目标的制订，要求遵循 SMART 原则，要有长远的战略目标与切实可行的短期目标，同时要制订具体的行动计划，并按人员分工、时间进度对目标进行合理的分解。

2. 建立优秀的创业团队文化

优秀的创业团队文化理念包括凝聚力、合作精神、绩效导向、追求价值创造、创新等元素。

3. 时刻在创业团队内部形成高度一致

无论是明确界定的目标还是优秀的企业文化,只有在团队内部形成高度一致,才能够发挥其无穷的力量。因此,在创业过程中,核心领导对此必须保持高度的警觉,以确保团队朝"总体一致"的方向前进。

4. 注重学习与创新

学习与创新,是创业团队实现自我成长、适应不确定性环境并最终达成未来目标的唯一途径。一方面,团队积极倡导学习型组织建设,加强学习,不断提升组织的学习能力;另一方面,团队积极营造创新氛围,鼓励通过学习来促进创新能力的提升。

5. 有效解决创业团队问题

高效创业团队的塑造过程,本身就是创业团队成员之间不断磨合、相互帮助、共同改进的过程。因此,创业过程中会受到主客观因素的影响,出现一些问题与障碍,例如个人与团队的冲突。有效解决这些关键问题,对于创业团队走向成熟、实现创业目标也是极其重要的。

 看一看

组建初创团队最常见、最致命的 10 个大坑

(1) 老大去哪儿了?

柳传志曾经说过:"领军人物好比是阿拉伯数字中的 1,有了这个 1,带上一个 0,它就是 10,两个 0 就是 100,三个 0 是 1 000。"这句话很好地概括了公司里老大的重要性。表面来看,每一个初创团队都会有一个名义上的老大(大部分情况下是CEO),这个问题似乎不足为虑。但事实上,初创公司经常出现隐性的老大缺失问题,主要包括下面三种情况:高管不服管,名义老大没有足够的威信;公司 CEO 成为整个公司的对立面,成为公司内部公认的麻烦制造者和公司所有问题的根源;权分两半,两人联合创业、各管一摊。

(2) 股份结构太过分散、平均。

融资之前,CEO 的股份最好不低于 60%。这样经过天使融资后,CEO 还能持有公司 50% 的股份。初创团队中必须推选出明确的 CEO 来做绝对的大股东。如果创业初期,大家的贡献和能力相差不大,建议 CEO 通过个人向公司注资的方式获得更高的股权。

(3) 没有提前制定好游戏规则和退出协定。

创业之前一定要丑话说在前面,提前签好退出协议,明确不同退出情况下的股份处理和转让相关条款、机制。

(4) 团队背景过于接近。

Beyond《光辉岁月》中有这样一句歌词:"缤纷色彩闪出的美丽,是因它没有,分开每种色彩。"我们真心希望每一个初创企业都能够组建背景多样化的团队,有着兼收并蓄、开放、平等、自由的文化。

创业团队合理的股权结构是怎样的

（5）天上掉下个 CXO？

创业公司务必要在人选的问题上谨慎再谨慎、斟酌再斟酌，尽最大可能去寻找合适的人选，不能指望天上今天掉下个 CTO，过几天再掉下来个 COO。随意地决定一起创业小伙伴的人选，无疑是一开始就在公司安放了一个定时炸弹。

（6）贸然和不熟悉的人一起创业。

为了搭建更有战斗力的团队，需要打开视野，在不熟悉的圈子里寻找合适的创业伙伴。然而，前提是必须在新人正式加入之前就擦亮眼睛仔细甄选，先进行一定的磨合，做到知己知彼。以下是一些实际操作的方法：多谈几次，每次多花点时间谈透，多谈业务和工作的细节；多场景接触；找参谋一起谈；做背景调查。

（7）一开始就组建一个豪华团队。

初创企业的人员数量上不能太多，能满足基本的需求就可以了，否则会增加内耗，造成不必要的麻烦。组建团队时，如果过于求全求好，就会主要出现这两个方面的问题：团队成员的背景过好，超出了公司早期业务的需求；团队太完善，各种关键、不关键的岗位全部到齐。

（8）引入中看不中用的人。

（9）所有成员都是兼职创业。

（10）招来在做人方面有硬伤的人。

如果创业核心成员出现如下的问题，将成为团队团结的障碍：品性有问题的人，太难以与团队进行配合的人。

世界上没有完美的个人，但有接近完美的团队。创业者需要做的，就是建立起一支能熬过困难、能越战越勇、能持续学习并最终夺取胜利的团队。

总结案例

新东方的创办

在北京新东方学校（简称新东方）创办之前，北京已经有几所同类学校，参加培训的人员多以出国留学为目的。新东方能做到的，其他学校也能做到。就当时的大环境而言，随着"出国热"以及人们在工作、学习、晋升等方面对英语的多样化要求，国内掀起了学习英语的热潮，越来越多的优秀教师加入英语培训这个行业。如何先人一步，取得自己的竞争优势，把新东方做大做强，俞敏洪认识到进入英语培训行业必须要具备一流的团队以及师资。他不远万里跑到国外把王强、徐小平等人请回北京加入新东方，实际上这也是俞敏洪思考了很久所作的决定——这些人不仅符合业务扩展的要求，更重要的是这些人是自己的同学、好友，在思维上有着一定的共性，肯定比其他人能更好地理解并认同自己的办学理念，合作也会更牢固和长久。

启示：

俞敏洪创办新东方的故事家喻户晓，新东方的成功离不开俞敏洪的战略目光、坚韧执着、果敢智慧等优秀的创业品质,更离不开那一群紧紧围绕着俞敏洪的创业团队成员。创业团队的领导者不需要专业技能特别优秀,但是必须善于把最优秀的人集合在自己的团队中。

（案例来源：李怀康.梁美娜.职业发展与就业创业指导[M].北京：高等教育出版社.2018）

活动与训练

活动 1

探讨创业团队的组建

主题：探讨组建创业团队需考虑的因素。

目标：了解组建创业团队的原则,探讨创业团队组建时需考虑哪些因素。

时间：10 分钟。

过程：

1. 开放式提问。创业者需要组建创业团队吗？如果需要,组建创业团队时要考虑哪些因素？

2. 收集信息。对收集的信息进行归类、分析。

3. 小组讨论。将学生分成 4～6 人的若干小组,进一步讨论,找出组建创业团队时要考虑的主要因素有哪些。

4. 分组阐述。各个小组选派代表说明各组观点。

5. 教师总结。教师分析、给予评价。

活动 2

拾竹竿游戏

游戏道具：一根直的细竹竿,细木棒也行,1 米～2 米长。

游戏规则：从学生中选出 6～7 名代表,每位代表选择自己的团队成员。小组组成之后再按照下面的规则进行。

每个小组的成员站一排或面对着交错站立,教师将竹竿水平拿住,游戏没开始前不要放开手里的竹竿。让每组学生中的每个人都伸出自己右手的食指,水平托住竹竿,并慢慢放到地面上。

要求：每个人的食指都必须一直保持与竹竿接触,谁的食指离开竹竿谁就被淘汰。

游戏总结：

（1）团队要实现共同的目标。一个目标的确立是一件容易的事情，但是要所有的成员都有一种责任感，可能就不是那么简单的事情了，应该在确认目标之前，先考虑一下每个成员的意见。

（2）团队成员要相互协调。应该合理运用每个成员的知识和能力，解决问题，达到共同的目标。

（3）一个团队的强大不仅仅靠成员的力量，还要有良好的管理方式。

（4）让适合的人坐到合适的位置，这样管理者与组员的力量相结合相统一，才能发挥到意想不到的效果。

（5）一个人没有团队精神将难成大事；一个企业如果没有团队精神将成为一盘散沙；一个民族如果没有团队精神也将难以强大。

活动 3

无敌风火轮游戏

游戏道具：报纸或者宽布条，胶带。

游戏地点：运动场。

游戏规则：按小组分队，每个小组首先要利用报纸和胶带制作风火轮，就是制作一个圆纸环，将报纸用胶带首尾连起来，使之可以容纳全体成员站进去。报纸尽量厚一些，行动起来不容易断裂，采用布条则更好。做好后，所有的人站到圆环上，从起点开始向终点前进，最先到达的小组获胜；如果风火轮断裂，需要立刻停止下来，必须将风火轮修补完成，才能继续开始游戏。

游戏总结：无敌风火轮游戏的目的就是培养团队精神，小组的成员一定要团结一致相互理解，才能完成任务。不能因为你走得快而影响了整个团队的前进步伐，要融入团队合作才行。

思考与讨论

1. 创业者怎样组建创业团队？一般有哪些步骤？

2. 创业者的创业团队需要由哪些人组成？他们分别负责哪些工作？为什么这样设置？

任务三　创业资源整合

学习目标

1. 认识创业资源，了解创业资源的获取途径。

2. 掌握整合创业资源的方法。

3. 培养获取创业资源的技能。

导入案例

伍林的工作室

伍林是某职业技术学院艺术设计专业的学生。刚入学时,他和朋友们去参加了一个大型的动漫展,正是这个展览改变了他的就业观。在这个展览上,他发现有些优秀的漫画作品并不是出自著名的动漫公司,而是出自小的漫画工作室。于是,这次参观动漫展的经历使他萌发了创办自己的漫画工作室的想法。经过一番调研和准备,他的漫画工作室终于在大一下学期成立了。他先在网上申请了一个个人主页,然后不断增加自己的漫画作品和一些自己感兴趣的漫画界动态消息。通过网络,他不仅结识了很多志趣相投的朋友,还收到不少报纸、杂志的约稿函。伍林每天起床的第一件事就是进入自己的网上漫画工作室,他会不厌其烦地收集各种动漫新闻和自己喜欢的漫画作品与网友分享。现在他已在国内多家报刊上开设了漫画专栏,并且不定期地发表漫画作品和漫画评论,平均每个月都能获得 4 000 多元的稿费。

启示:

当前的就业形势日益严峻,国家、社会、学校都制订了各项政策,鼓励和支持大学生自主创业。大学生要充分挖掘自身的潜力,在充分调研的基础上,可以尝试适合自己的创业模式。案例中的伍林就发挥了自己的特长,结合自己的专业,选择了创办工作室这一创业模式,最终走出了自己的一条创业之路。

一、创业资源的内涵

(一)创业资源,是指新创企业在创造价值的过程中需要的特定的资产,包括有形与无形的资产,它是新创企业创立和运营的必要条件,主要表现形式为:创业人才、创业资本、创业机会、创业技术和创业管理。

(二)创业资源的整合,是指创业者将自己掌握的各类创业资源,根据新创企业需求进行有效整合的过程。整合的结果一般是:自己掌握的资源不够用。

二、创业资源的种类

(一)有形资源

有形资源是指企业可见的、能量化的资产,主要包括创业者的物质资源、资金资源和人才资源。

(1)物质资源,是指企业的有形资产,包括厂房、原材料、软硬件设备、运输工具等。

(2)资金资源,是指企业运营所需要的资金支持,包括存款、借贷款和筹款。资金是新办企业的"源头活水",是大学生创业的关键资源。

(3)人才资源,是企业的核心,是企业可持续经营的关键资源。人才资源包括创业者和创业团队及雇员的知识、能力、经验及社会关系网络。大学生在创业过程中需要通过整合、管理,科学利用人力资源,实现"人尽其才,才尽其用"。

(二) 无形资源

无形资源是指不以实物形态存在,但能产生和创造价值的资源,包括政策、技术、社会、管理、信息、品牌及文化等资源。

(1) 政策资源,主要是指政府扶持大学生创业的政策和措施,包括税收优惠与减免政策、行业准入政策、创业扶持政策、保障创业者利益等方面的优惠。

(2) 技术资源,是指与解决实际问题、软硬件设备等有关的知识。技术代表着企业的核心竞争力,关系着企业的发展和前景。技术包括创业者自有技术、团队的技术、购买的技术。

(3) 社会资源,是指企业所拥有的各种社会关系,包括整个创业团队及雇员的社会关系。大学生的社会关系网络相对较弱,社会资源较少,主要依靠亲戚、朋友以及学校的支持。

(4) 管理资源,是指企业的运行机制、管理制度以及创业者或管理者所拥有的管理经验、知识和管理能力。大学生偏重于专业知识的学习,对企业的运营和管理经验较为缺乏。

(5) 信息资源,是指企业生产和经营活动过程中的各种信息。信息资源的开发和利用是整个企业运作的核心内容,有效整合和管理信息是保障初创企业健康、快速发展的重要手段。

(6) 品牌资源,是指围绕品牌的创建、传播、培育、维护、创新等方面而涉及的一切可利用的资源。

(7) 文化资源,是指汇聚和积淀企业文化的各种要素。企业文化是企业的灵魂,是企业经营发展的持续动力。作为初创企业,要特别注意文化资源的整合和管理。

三、创业资源的获取

(一) 创业资源获取的内涵

创业资源获取是指新企业在成立及发展阶段确定了资源需求以后利用自身的资源禀赋获取资源的过程,可以通过积累、购买和吸引等方式获取。资源积累指企业在发展的过程中不断进行资源的内部积累。资源购买指利用资金购买外部资源。资源吸引指创业者利用商业计划书或核心技术等无形资源来获取外部资源。大学生在创业之初更多的是通过资源吸引的途径来获取自己所需的资源,在企业发展中进行资源的内部积累,当企业发展到一定规模及程度时,则通过资源购买的方式从外部获取企业所需的资源。创业者通过不同形式的资源获取途径,创造出不同创业阶段所需要的新资源,从而提高资源的使用效率和企业的核心竞争力。

(二) 影响创业资源获取的因素

影响创业资源获取的首要因素是创业者自身的素质和能力,尤其是创业者的初始资源基础、资源整合能力和资源获取能力。

1. 创业者的初始资源基础

初始资源是创业者的创业基础,指创业者在创业初积累的经济资本、社会资本和人力资本,以社会网络、商业网络、支持性网络、政府网络的形式存在。资源获取实际上是企业在创立过程中,将创业者的社会资本不断社会化,同时获得企业绩效的重要途径。社会资本越丰富,创业者越容易获取创业资源,创业越容易成功。社会资本是创业者创业的优势,社会资本越丰富,创业者越容易捕捉和发现创业机会,越能快速地整合创业资源,推动创业活动的开展。

2. 创业者的资源整合能力

创业者的资源整合能力主要指在创业资源获取中表现出的对创业资源的识别、获取、配置和利用的能力,它是在创业中具有动态性质的能力。在动态的、不确定的环境下,这种能力能帮助企业快速整合内部和外部不同类型的战略性资源,进而构建和维持独特的竞争优势。

3. 创业者的资源获取能力

资源获取是创业者在识别资源的基础上,能利用其他资源或途径获取创业资源并服务于创业的过程。资源获取是小微企业资源整合过程中不可或缺的重要环节,它会促使资源整合能力的改进。

(三) 创业资源的获取途径

从资源的来源可分为自有资源和外部资源。

1. 自有资源的获取途径

自有资源来自创业者的内部积累,是创业者自身所拥有的可用于创业的资源,如自有资金、自有技术、自有信息、自有物质资源或自有管理才能。自有资源的获取,首先是创业者在组建团队时善于对有形资源的获取和整合。其次是通过对企业内部资源的开发,如无形资源的挖掘与利用、员工的培训及企业内部的学习提升等方式获得新的内部自有资源。

2. 外部资源的获取途径

外部资源包括:朋友、亲戚、合作伙伴或其他投资者的资金;借到或租到的场地、设备或其他原材料;通过提供未来服务、机会等换取到的资源;社会团体或政府的资助。外部资源的获取主要依靠的是对创业资源的整合与运用,创业团队应采取多管齐下的方式获得外部资源,如通过社会网络关系获得物资资源、通过核心技术获得外部资金资源,通过购买获得技术资源。

四、创业资源获取的技能

(一) 合作技能

合作使创业者获得资源。创业资源的获取首先要找到资源提供者;其次是找到利益相关者。资源提供者存在两种形式:一是本身就拥有丰富资源,如政府、银行及运营态势良好的公司;二是潜在的资源提供者。

创业资源的获取首先要求创业者掌握合作技能,创业者需要与创业资源提供者开展合作,共同获得利益。企业的经营强调的是获得利益,创业者需要辨明资源提供者关注的利益点,在获取资源时,找到双方的共同利益点,才是合作的基础。合作可以突破空间、制度等方面的限制,使创业活动范围更加广泛。要获取更多、更丰富的创业资源,创业者必须用创新的思维,掌握合作的技能,充分满足资源提供者的利益,通过各种合作关系达到共赢或者多赢。

(二)识人与用人技能

创业者要善于识人和敢于用人,这是任何事业成功的重要因素。创业者要善于识别人才,将不同能力的人放在对应的岗位,打破条框的束缚,唯才、唯业绩和贡献是举。

创业资源获取还和用人技能密切相关。比如,聘用理财能手,企业能获得更多的融资集道和更丰富资金资源;聘用营销能力强的人,更有利于拓展产品和服务市场;专业人才的使用,有利于新企业在创业选址、原材料采购、购置设备和产品质量把关方面获得事半功倍的效益,也有利于企业开辟技术、服务创新的新格局。

(三)沟通技能

沟通凝聚资源。沟通技能是企业获取创业资源的关键因素。据统计,创业者有七成的时间都花在书面和语言沟通上,如创业计划书的撰写、合同的拟定;又如谈判、开会、商议、走访客户和拜访投资者。相反,创业者沟通能力弱容易引起企业领导力不强、员工执行力差、企业效率低下等问题。

创业企业在很大程度上通过与企业内外部的沟通来获取资源。企业通过与政府、银行、媒体、投资者、客户、供应商等外部沟通,建立联系并达成合作共识,使企业的社会网络关系得到强化,获得更多的支持,实现获利。在企业内部,创业者通过有效的沟通,有效分配不同岗位的工作任务,创业团队和成员间配合通畅,能有效降低内部冲突,提升整个企业的效率和业绩。

(四)发挥资源的杠杆效应

无形资源往往是撬动有形资源的重要杠杆。发挥资源的杠杆效应是指创业者掌握和充分发挥这种"撬动"作用的技能,以尽可能少的投入,获取尽可能多的收获。创业者不应被当前控制或支配的资源所限制,成功的创业者应当善于利用关键资源,特别是无形资源的杠杆效应来"撬动"资源。具体体现在以下几个方面:能比别人更长期地使用资源;更充分地利用别人没有意识到的资源;利用他人或别的企业的资源来完成自己的创业目的;将一种资源补足另一种资源,产生更高的复合价值;利用一种资源撬动和获得其他资源。

用人技能实际上是杠杆效应的一个特例,企业的人力资本会直接作用于资源获取,有产业相关经验和先前创业经验的创业者能够更快地整合资源,更快地识别和抓住市场机会;创业团队的社会资本能"撬动"信息、商机、市场、客户、资金等重要创业资源;技术诀窍、商标、品牌能带来企业核心竞争力的提升;诚信建设、企业文化能"撬动"融资机构,"撬动"供应链上下游的供应商、批发零售商,乃至终端用户。

（五）信息技能

信息带来资源。创业者信息技能包括信息需求识别及表述、信息检索及获取、信息评价及处理、信息整合及学习、信息利用与开发等。掌握并善用信息技能，对于创业者把握商机、获取创业资源、做出决策、推进创业企业成长都十分重要。

五、创业资源的整合

（一）创业资源整合的内涵

资源整合是指新企业对资源进行组合以构造或改变新企业能力的过程。新企业的创建通常是通过机会与资源的整合来实现的。处于创业阶段的企业，对资源的开发与运用决定了企业的战略导向。在企业进入成长与成熟期后，资源结构影响企业的市场地位与长期的发展模式。因此，企业需将资源的开发与整合置于发展的、动态的市场环境中进行系统分析。只有有效整合和管理创业资源，大学生创业才有可能取得成功。

（二）创业资源整合的方法

资源整合就是要优化资源配置，理智筛选、取舍、管理，从而获得部分乃至整体的资源优化。在创业中，大学生要根据不同的创业过程和环节，运用不同的方法进行资源整合。

1. 向外寻找式

大学生创业之初，创业所需资源主要依靠自身的努力和个人网络来获取，较少的创业资源很难维持企业的发展，要想使企业继续发展，就得从外界寻找创业资源。创业者要结合自身创业团队的资源情况，分析企业资源储备的情况，尤其是分析企业资源存在的不足，找出整合和利用外界资源的方法。向外寻找式的资源整合方法要求创业者准确地把握行业的发展热点和竞争焦点，才能获取有价值的创业资源，进而进行整合。

2. 对内累积式

创业发展中期，积累了一些企业赖以生存发展的创业资源。企业处于发展关键期，创业资源需要不断累积和增加，需要创业者掌握累积式的资源整合方法。为了使已获得的创业资源发挥其最大的效能，创业者必须进一步了解创业资源的特征，通过分析归类自身的资源积累情况，以便于更好地整合利用。只有对已有的资源进行准确的分析定位，才能发挥资源的最大效能，不断提高企业的核心竞争力。

3. 开拓式

企业取得发展之后，创业者要想使企业继续快速发展，就必须采用开拓式创业资源整合。开拓式创业资源整合方法要求创业者具有创新能力，用创新的思维和视角去寻找具有创新点的创业资源。特别是继续寻找企业的新的增长点，在新的增长点上充分开拓和整合利用资源。

总结案例

牛根生与蒙牛

现在这个时代，靠一个企业独立经营，单打独斗，力量是十分有限的，一定要整合各方面的资源才能把一个企业做好、做大。

牛根生是这方面的牛人，牛根生刚开始只是伊利的一个洗碗工，凭着自己的勤奋和聪明做到生产部门的总经理。后来辞职了，但是他那个时候都四十多岁了，去北京找工作，人家嫌弃他年纪大。他没有办法又回到呼和浩特，邀请原来伊利几个同事，一起出来创业，人有了，但是现在面对的，没有奶源，没有工厂，没有品牌，每一项都是致命的。

牛根生开始资源整合了。他通过人脉关系找到哈尔滨一家乳制品公司，这家公司设备都是新的，但是营销渠道这一块有没有打通，所以产品一直滞销，牛根生马上找到这家公司的老板说："你来帮我们生产，牛奶的销售我们承包了。"这位老板一听，马上答应下来。这样他们几个一起出来创业的伙伴也有落脚的地方，解决了生存的问题。

第二个问题，没有品牌怎么办。在乳制品这个行业，没有品牌很难销售，因为品牌代表着安全可靠。他打出口号"蒙牛甘居第二，向老大哥伊利学习"。一个不知名的名牌马上挤全国前列。牛根生不只是盯着伊利，而是把自己和内蒙古的几个知名品牌联系起来，说："伊利、鄂尔多斯、宁城老窖、蒙牛为内蒙古喝彩！"因为前三个都是内蒙古驰名商标，自己放在最后，给人感觉就是内蒙古的第四品牌。牛根生整合品牌资源，蒙牛没有花一分钱，却让自己的品牌迅速成为知名的品牌。

第三个问题，没有奶源怎么解决。自己去买牛去养，牛很贵，也没有那么多人员去照顾。蒙牛整合了三方面的资源，第一个是农户，第二个是农村信用社，第三个是奶站的资源。用信用社的借钱给奶农，蒙牛担保，而且蒙牛承诺包销路。奶牛生产出来的由奶站接受，蒙牛又找到奶站。蒙牛定时把信用社的钱还了，把利润又给了奶农，趁机喊出一个口号："一年养10头牛，过的日子比蒙牛的老板还牛"。

启示：

创业要学会整合资源，发挥自己的长处，巧借别人的优势，能做到这一点，用更少的成本创业，或者说零成本创业都有可能。

活动与训练

主题：创业资源获取。

目标：掌握创业资源获取的方法。

时间：30分钟。

材料：纸张、笔、电脑。

过程：

1. 将学生分为5～7人的小组，小组任务是为本小组的创业项目寻找创业资源。

2. 设计一个创业项目，项目要与学生校园生活息息相关，而且是学生们学习生活中亟待解决的问题。

3. 各小组列出团队组员的自有资源和外部资源，填写在下表中。

自有资源	资金	
	技术	
	人力	
	物质	
外部资源	资金	
	技术	
	人力	
	物质	

4. 评估本组项目是否易于实现。

5. 小组展示。

6. 总结评价：各组派代表对本组和其他组资源获取情况进行评估和分析，让同学明白自己的创业项目是否具备足够的创业资源。

思考与讨论

1. 谈谈创业资源与一般商业资源的异同。

2. 为什么说获取创业资源是一项重要的创业行为？如何有效利用创业资源？

任务四　选择创业模式

学习目标

1. 掌握创业项目的分类。

2. 了解创业项目的选择方法。

3. 了解创业模式。

周鸿祎：为什么商业模式不是盈利模式

 **导入案例**

访谈："用工荒""就业难"并存成常态

如果说要找中国最长的一条排队队伍，估计就是 ofo 退押金的队伍了。曾经 ofo 页面显示线上排队人数已经突破 1 000 万，ofo 总部的退押金队伍也从五楼排到一楼，又从大堂一直延伸至大楼门口的马路上，可能高达 19 亿元的待退押金或许会成为压垮 ofo 的最后一根稻草。

ofo 创始人戴威在内部信中说自己处于"痛苦和绝望中"，这其实也是一封公开信，他向用户承诺："为我们欠着的每一分钱负责，为每一个支持过我们的用户负责。"戴威甚至表示为了维持运营，"1 块钱要掰成 3 块钱花"。而在前两年，ofo 还在为怎么花掉源源不断的大额融资而发愁,据《财经》杂志报道,当时 ofo 的前台都要通过猎头来招。

这样疯狂的烧钱也不能完全怪 ofo,其背后少不了资本的默许和助推。一位共享单车投资人在接受《财新周刊》采访的时候就道出了真相:"业务运营不是为了盈利,是为了融资,为了拖死对方,这不是真的商业模式。这种'烧钱换用户'的互联网商业故事,其实已经在过去二十多年间反复上演,ofo 不是第一个,也会不是最后一个。"

"烧钱换用户"的互联网泡沫是怎么被吹起来的?从网约车补贴大战到共享单车战争,资本之所愿意不断砸钱给这些一直无法盈利的创业公司,都是希望通过烧钱来换取市场规模,最后达到垄断再赚钱,一个个"烧钱换用户"的互联网泡沫不断被吹起再破裂。这就是"烧钱换用户"的商业模式。

启示:

资本的大量涌入让 ofo 不再考虑如何通过精细化运营来与对手竞争,甚至不用考虑盈利,要做的只有不断投放和补贴,反正总会有投资机构兜底,这加速了 ofo 的崩溃。

一、创业项目分类

企业主要可以分为以下四种类型。

(一)贸易企业

贸易企业从事商品的买卖活动,它们从制造商或批发商处购买商品,再把商品卖给顾客和其他企业。其中,零售商从批发商或制造商处购买商品,卖给顾客。所有把商品卖给最终消费者的商店都是零售商,而批发商则是从制造企业购买商品,然后再卖给零售商。如蔬菜、水产、文具、日用品批发中心等都是批发商。

(二)制造企业

制造企业生产实物产品。如果你打算开一家企业生产并销售砖瓦、家具、化妆品或野菜罐头,那么你拥有的就是一家制造企业。

(三)服务企业

服务企业不出售任何产品,也不制造产品。服务企业提供服务,或提供劳务。如房屋装修、邮件快递、搬家公司、家庭服务、法律咨询、技术培训,都是服务企业。

(四)农、林、牧、渔业企业

这类企业利用土地或水域进行生产。种植或饲养的产品多种多样,可能是种果树,也可能是养珍珠。

也许你觉得有些企业其实不完全符合上述分类。如果你准备开办一个汽车修理厂,你开办的就是服务企业,因为你所提供的是维修劳务服务。汽车修理厂也可能同时出售汽油、机油、轮胎和零配件,这就是说你也兼做零售业。所以,要以主要经营内容来决定一个企业的经营类型。

当把企业进行了上述分类后,你可能会觉得你适合于开办某一类企业,你的思路会更加集中起来。当然,各类企业有不同的特点,你要认真分析,以便你掌握成功经营这些企业的要素。

二、创业项目选择

当你有了许多创业想法之后,你需要知道这些想法是否可行,是否具有竞争力和盈利能力。SWOT 分析是一种常见的测试办法。

(一) SWOT 分析

进行 SWOT 分析时,要考虑你自己的企业,并写下自己企业的所有优势、劣势、机会和威胁。优势和劣势是分析存在于企业内部的你可以改变的因素。

优势是指你企业的长处。例如,你的产品比竞争对手的好;你的商店的位置非常有利;你的员工技术水平很高。

劣势是指你企业的弱点。例如,你的产品比竞争对手的贵;你没有足够的资金。

机会是指周边地区存在的对企业有利的事情。例如,你想制作的产品越来越流行;附近没有和你类似的商店;因为许多新的住宅小区正在这个地区建设,潜在顾客的数量将会上升。

威胁是指周边地区存在的对你企业不利的事情。例如,在这个地区有生产同样产品的其他企业;原材料价格上涨将导致你出售的商品价格上升;你不知道你的产品还能流行多久。

(二) SWOT 分析的结果

当你做完 SWOT 分析后,你应该能评估你的企业项目,并做出决定:

(1) 坚持自己的企业项目(想法)并进行全面的可行性研究。

(2) 修改原来的企业项目(想法)。

(3) 完全放弃这个企业项目(想法)。

切记:你必须运用 SWOT 分析法对自己的企业项目进行独立分析,并独立做出判断。不要依赖老师或专家,老师和专家只是告诉你如何进行分析,最终的判断(决策)必须由你自己做出。

企业项目有大有小,但是没有所谓的"好"和"坏"之分,因为相同的项目,在不同的地点,不同的人运作,一定是不同的结果。选择项目,无论大小,适合自己的最好。

三、创业模式

同样的项目,不同的创业模式会带来不同的创业效果。对于初次创业者来说,选择什么模式往往难以抉择。下面是当今常见几种创业模式。

(一) 网络创业

有效利用现成的网络资源,网络创业主要有两种形式:网上开店,在网上注册成立网络商店;网上加盟,以某个电子商务网站门店的形式经营,利用母体网站的货源和销售渠道。无论哪种形式,创业者必须拥有可以产生利润的货物可卖,才可以去尝试。

(二) 加盟创业

加盟创业是采用加盟的方式进行创业,一般的方式是加盟开店。也就是说,加盟商(受许人)与连锁总部(特许人)之间的一种契约关系。分享品牌金矿,分享经营诀窍,分享资源支持,采取直营、委托加盟、特许加盟等形式连锁加盟。对于创业者来说,加盟费往往是需要迈过的第一道创业门槛。

(三) 兼职创业

兼职创业是在已有的工作基础上进行二次工作,即在工作之余再创业。兼职创业也就是选择一个商业项目来起步、操作。总体上看,适合兼职创业的项目规模都比较小,如教师、培训师可选择兼职培训顾问;业务员可兼职代理其他产品;设计师可自己开设工作室。

(四) 团队创业

创业团队是为进行创业而形成的集体。这种集体不同于一般意义上的社会团体,它存在于企业之中,因创业的关系而联合起来。优秀创业团队具有的基本因素有:一个胜任的团队带头人;彼此十分熟悉,能够相互很好地配合的团队成员;创业所必需的足够的相关技能。如今,团队创业是趋势,成功的概率要远高于个人独自创业。

(五) 大赛创业

指利用各种形式的创业大赛,获得资源提供平台。大家的创业项目,可以通过大赛的形式,让社会各界人士,特别是投资团队或个人,了解大家的项目,投资大家的项目。如雅虎、网景、视美乐公司、上海捷鹏等企业都是从商业竞赛中脱颖而出的。

(六) 概念创业

概念创业具有点石成金的神奇作用,特别是本身没有很多资源的创业者,可通过独特的创意来获得各种资源,即凭借创意、点子、想法创业。当然,这些创业概念必须新,至少在打算进入的行业或领域是个创举,只有这样,才能抢占市场先机,才能吸引风险投资商的眼球。同时,这些超常规的想法还必须具有可操作性,而非天方夜谭。

(七) 内部创业

内部创业指的就是在企业公司的支持下,有创业想法的员工承担公司内部的部分项目或业务,并且和企业约定双方的权利和责任。这种创业模式的优势就是创业者可获得企业已有的资源,这种树大好乘凉的优势成为很多创业者的青睐方式。选择这种创业模式的创业者一定要知道自己所在企业成功的要素,并且避开所在企业原来所走过的弯路。

总结案例

　　南京邮电大学大二学生陈峰伟正在仙林大学城内建一个 500 平方米的 IT 卖场，他将为这个名为"华盛电器"的大卖场投入 300 万元，所有投资都是陈峰伟个人的投入和融资。虽然南京家电业巨头云集，但陈峰伟这个年轻人已经把竞争对手锁定为苏宁、五星等巨头。"第一年的销售目标是 4 000 万元，5 年后，我希望能达到 2 亿元，抢到仙林地区 80％的市场份额。"

　　陈峰伟在同学眼中是个能人，来南京不过一年半时间，却一直没有停止自己的创业之路。他自称卖过图书、卖过手机。在新生军训时，学校只发了衣服，却没配鞋子，他立即从外面购进鞋子向新生推销。今年暑假，陈峰伟先到太平洋建设集团实习，回到河南老家后又做起了一些高校的招生代理。"我两个星期就赚了两万。"陈峰伟的声音里透着许多自豪。陈峰伟最早接触 IT 销售也是在大学中，除了向同学们推销手机、MP3 等 IT 产品外，他还在仙林大学城的各个学校内发展代理。"有的学生代理一天就能卖出两部手机。"陈峰伟没有透露自己在校一年半到底靠这些方式赚到了多少钱，但他称此次华盛电器注册的 30 万元资本全来自自己的投入。在向同学们推销手机和其他数码产品时，他发现了巨大的商机：仙林地区有 12 万大学生，却没有一个专售数码、手机产品的店铺。"仙林地区手机、笔记本电脑和数码产品的年市场份额达 3.6 亿元之巨，光手机一天就产生 300 部需求。"陈峰伟称这一结论来自他组织的 3 次市场调研。陈峰伟向大学生们做的另一个问卷题目是：如果我在仙林开一个大卖场，你会不会来我这边买？70％学生的答案是"不会"，他们选择如苏宁、国美这样的大店，一部分会选择去珠江路，在问卷上选择到他店里去买的占 18％。但这 18％也给了他很大的刺激，纯数学计算，3.6 亿元市场总需求的 18％就是 6 400 万元，陈峰伟决定动手，开这个大卖场。

　　陈峰伟称，华盛电器所需的数十名员工已经招聘完毕，全是来自仙林地区各高校的大学生。"核心管理团队 4 到 5 人，有南邮也有其他高校的学生。"陈峰伟称伙伴们都是各校的创业主力，也有本校的院学生会主席。基层员工则以按时计费为主，每小时 3 至 5 元，"跟洋快餐差不多"。陈峰伟称华盛电器的启动资金全靠自己，没向家里要一分钱，家里甚至还不知道他在做这事。"其他的钱，我主要是在融资，就是向一些企业借贷。"

　　启示：

　　华盛电器总投资 300 万元，其中 200 万元做流动资金。陈峰伟说："我们已经与海尔、TCL、诺基亚等十多个厂商达成了协议，广东一带生产 MP3 的企业也已经同意免费铺货进场。"陈峰伟的这种创业模式，值得创业者学习。

活动与训练

　　主题：探讨在校大学生的创业模式。

　　目标：掌握本节所学的创业模式。

　　时间：30 分钟。

过程：

1. 教师将学生分成若干小组，每组4～6人。

2. 每组组员讨论以下问题：上面所述的几种创业模式中，适合在校大学生的创业模式有哪几个；针对适合在校大学生的创业模式，各举一个例子；如何做到学业和创业两不误。

3. 最后选出本组代表，统一本组意见并记录。

4. 每组的代表进行汇报，教师进行点评和总结。

思考与讨论

1. 你有过创业的想法吗？ 最后你是怎样做的？

2. 从 CCTV 中国经济年度人物中选取两位，说说你和他们的创业起点有多大差距？

3. 如果选择创业，你会选取哪个领域开展创业活动？ 为什么？

4. 如果选择创业，你会首先选择哪种创业模式？ 为什么？

5. 如果创业遇到挫折，你会如何面对？

任务五　实施创业计划

学习目标

1. 了解如何做项目市场调查。

2. 了解如何筹措启动资金。

3. 了解如何选址开业。

导入案例

郭先生的土渣饼

2015 年 5 月份，土渣饼火遍沈阳。看着排队等待买饼的人群，郭先生心动了，他立刻花 3 000 元买下了土渣饼技术，又把店面进行了简单装修，办了营业执照、卫生许可等手续，请了 3 名服务员。因为店面挨着马路，信心满满的他准备大赚一笔。可开张后的生意并不好，平均一天连 100 张饼都卖不了，开业两个月一直在赔钱。本想再坚持一段时间，可没多久发现沈阳的土渣饼店基本都关门了，没办法，郭先生也只能把店关了。

启示：

有些创业者在确定经营方向时爱盲目跟风，哪行赚钱就做哪行，总觉得这样能减少投资风险，而且少走弯路。然而，市场运作有其自然周期，当市场过于饱和时，利润空间就会缩小，"一窝蜂"热潮有时正意味着"恶性竞争"即将来临。投资要看项目的品质，产品的品质，那些无卖点、无模式、无服务的项目不会长久的。创业前周密的市场调查和理性的分析尤为重要。盲目跟风注定创业失败！

一、项目市场调查

实施创业的关键就是要做好创业计划,创业计划中市场营销计划是整个计划的核心。切合实际的市场营销计划一定是在充分的市场调查的基础上做出来的。市场调查首先需要了解你的顾客和竞争对手的情况,即市场需求和供给的情况。

(一) 了解你的顾客

顾客是你企业的根本,如果你不能提供他们需要的产品或服务,他们就会去其他地方购买。没有足够数量的顾客,你的企业就会倒闭。所以,你解决了顾客的问题,满足了顾客的需求,你的企业就有可能成功。开办企业,必须了解足够多的顾客信息。一般做市场调查,需要了解顾客的信息有:

(1) 你的企业满足顾客哪些需要。

(2) 顾客需要什么样的产品或服务。

(3) 顾客愿意付的产品或服务的单价是多少。

(4) 顾客在哪儿。

(5) 顾客购物的频率。

(6) 顾客购买的数量。

(7) 顾客潜在的需求是什么。

(8) 顾客潜在数量是多少。

市场调查的方法多种多样,一般是经验判断法、观察法、访谈法、实践法、问卷法和信息检索法。

(二) 了解你的竞争对手

市场上提供相同或类似产品、服务的企业,都将是你的竞争对手。世界上没有竞争对手的企业很难找到。不知道竞争对手或找不到竞争对手的企业,是非常危险的。竞争对手不仅仅是你的“敌人”,更是你的“师父”,它可以教会你做生意的方法。了解竞争对手的信息主要有:

(1) 他们产品或服务的价格。

(2) 他们产品或服务的质量。

(3) 他们如何推销产品或服务。

(4) 他们的企业所在地地价的高低。

(5) 他们的设备先进吗?

(6) 他们做广告吗?

(7) 他们的员工待遇如何,受过培训吗?

(8) 他们的优势和劣势是什么?

二、创业融资

(一) 创业融资的概念

融资是指资金的融通,其定义有广义与狭义之分。广义的融资是指资金由资金供给者向需求者运动的过程。狭义的融资,主要是指资金的融入,而通常意义的资金来源,具体是通过一定的渠道、采用一定的方法、以一定的经济利益付出为代价,从资金持有者手中筹集资金,组织对资金使用者的资金供应,满足资金使用者在经济活动中对资金的需要。

创业融资是指在持续的生产经营活动中,创业企业为了谋求自身生存和发展而筹措和运用资金的活动。一般情况下,企业融资能力的影响因素主要包括企业的盈利记录、信用记录、未来预期的现金流量及可供抵押的资产等。资金提供者根据企业融资能力的大小,确定其可以提供的信用额度。但对创业企业而言,特别是处于初创期的企业,其信用记录、盈利记录尚不可得。因此,对创业企业的融资能力的评价标准不能等同于一般传统大型企业的常规指标,需要作出一些修正。

(二)创业融资的方式

(1)创业企业的融资方式创业融资方式主要是指创业企业筹措资金所采取的具体形式,体现着资金的属性。认识融资方式的种类与每种融资方式的属性,有利于处于创业期的企业选择适宜的融资方式与融资组合。创业企业融资方式一般有以下7种:吸收直接投资、商业信用、银行贷款、发行股票、发行融资券、发行债券、租赁筹资。

(2)适合大学生创业的融资方式职场箴言资本都是逐利的,创业者要让投资人看见利益才可能获得投资。下面介绍几种大学生自主创业常用的融资方式。

① 银行贷款。目前银行贷款主要有抵押贷款、信租赁筹资发行债券发行融资券吸收直接投资创业融资商业信用用贷款、担保贷款、贴现贷款等。银行贷款的优点是利息支出可以在税前抵扣,融资成本低;借款弹性好,运营良好的企业在债务到期时可以续贷。缺点是限制条款较多,财务风险较大。银行借款一般要供给抵押(担保)品,还要有不低30%的自筹资金,由于要按期还本付息,如果企业经营状态不好,就有可能导致财务危机。需要注意的是,创业者从申请银行贷款起,就要做好打"持久战"的准备,因为申请贷款并非与银行一家打交道,而是需要经过工商管理部门、税务部门、中介机构等一道道"门槛",而且手续烦琐,任何一个环节都不能出问题。

② 典当融资。与银行贷款相比,典当融资成本高、规模小,但融资速度快,门槛也较低,因为典当行只重视典当物品是否货真价实,对客户的信用要求几乎为零,所以典当融资也是一种不错的融资方式。

③ 吸收直接投资。吸收直接投资是指按"共同投资、共同经营、共担风险、共享利润"的原则,直接吸收法人或个人投资、合伙创业的一种筹资道路和方法。需要注意的是,创业者必须做好投资人的选择。在创业初期,大学生创业者应注意引入一些真正有实力、能供给增值性服务、与创业者经营理念相近的投资者。另外,大学生创业者不宜对眼前的利益过多计较,这样才能有效地支撑企业的成长。

④ 风险投资。风险投资是一种融资和投资相联合的全新投资方法,是指创业者通过出售自己的一部分股权给风险投资者而获得一笔资金,用于发展企业、开辟市场,当企业发展到一定规模时,风险投资者出卖自己拥有的企业股权获取收益,再进行下一轮投资。大学生创办高新技术企业可以争取风险投资基金的支持,但能否争取到,主要取决于个人信用保证

以及项目发展远景,因为风险投资家非常关注创业企业的盈利模式和创业者本人。

⑤ 融资租赁。融资租赁是企业根据自身设备投资的需要向租赁公司提出设备租赁的请求,租赁公司出资购置相应的设备,并交付承租企业应用的信用业务。这种方法是通过"融物"来达到融资的目标,具有以下优势:不占用创业企业的银行信用额度,创业者支付第一笔租金后就可以应用设备,而不需在购置设备上大量投资,这样资金就可以调往最急需用钱的地方。缺点是资金成本较高,租金比举债利息高,企业的财务负担重。

大学生自主创业的融资方式还有许多种,以上仅仅是常用的几种,具体选择哪一种融资方式,应联系投资的性质、企业的资金需求、融资成本和财务风险、投资收益率以及企业的举债能力等进行综合的考虑。

(三) 创业融资策略的内容

根据以上介绍可知,融资就是对资金的配置过程。融资策略是企业在融资活动中,为实现融资战略目标而采取的具体对策及方法手段。在市场经济中,企业一般通过两种方式获取资本,即外源融资和内源融资。从融资策略形式来看,融资策略具体包括融资方式的选择和融资渠道的选择。其中,融资方式是指创业企业筹措资金所采取的具体形式,体现着资金的属性。

(四) 大学生创业融资存在的问题

(1) 融资需求上急功近利。在创业初期,大学生创业者的创业热情高涨,但因为受资金短缺的困扰,急于得到启动或周转资金,即使手中有技术、有创意,也可能为了"小钱"而转让"大股份",贱卖自己的一些技术或创意。因此,在制订融资方案时应该准确评估自己的有形和无形资产的价值,不要妄自菲薄,低估了自己的价值。

(2) 融资对象的选择上存在盲目性。在当前的大学生创业融资环境中,对于大多数大学生创业者来说,在创业早期要找到合适的能提供资金的融资对象是一件很不容易的事情。一旦有投资者出现,有的大学生创业者就像发现了救命稻草一样,而不考虑对方的业务或能力是否能够为投资项目提供渠道或指导,是否能有效支撑公司的成长。因此,大学生创业者一定要加强对融资市场信息的收集与整理,在掌握大量情报资料的前提下作出最优的融资对象选择。

(3) 融资心态不成熟。大学生创业者融资心态上不成熟主要表现为缺乏对公司、员工、投资者负责的责任感,在对所融入资金的使用上,存在不负责任的使用问题;缺乏风险意识,不注意风险的控制。事实上,每一轮融资中的投资者都将影响大学生创业企业后续融资的可行性和价值评估,能为投资者创造价值的大学生创业者才能得到更多的融资机会与成长机会。

(4) 融资方式较单一。受融资知识、经验和环境等各种条件的限制,目前大学生创业者的融资方式较为单一,内源融资主要还是向亲朋好友借钱、自己积累,外源融资主要依靠银行贷款来实现。实际上创业融资要拓展思路,多渠道融资,除了自筹资金、银行贷款、民间借贷等传统途径外,还要充分利用风险投资、大学生创业基金等融资渠道,要多管齐下。争取获得亲友的借款,是一种含有情感因素的特殊融资方式,包括向父母、亲戚、同学、朋友等借款,进行创业融资。由于亲情或友情因素的存在,可以在无信用记录而又不需要抵押的情况下获得借款。

(五)大学生创业融资的对策

作为公司的血脉,资金必不可少,融资问题对新企业来说尤为重要。大学生要想凭借自己的技术或创意获得应有回报,就必须解决好融资问题。针对融资问题,创业者在融资的过程中需要做好以下工作。

(1)正确评估自身价值。在制订融资方案之前,要准确评估自己的有形和无形资产的价值,千万不要妄自菲薄,低估了自己的价值。

(2)合理选择融资方案。融资过程中要做好融资方案的选择。当前融资渠道比较多,主要有合资、合作、外资企业融资渠道,银行及金融机构贷款,政府贷款,风险投资,发行债券,发行股票,转让经营权,BOT(建设—经营—转让)融资等。多渠道的比较与选择可有效降低融资成本,提高效率。通过上述途径得到的发展资金可以分为两类:资本金和债务资金。其中,债务资金(如银行贷款)不会稀释创业者股权,而且可以有效分担创业者的投资风险,推荐优先选择。

(3)选好投资人。如果采用出让股权的方式进行融资,则必须做好投资人的选择。只有同自己经营理念相近,其业务或能力能够为投资项目提供渠道或指导的投资人,才能有效支撑企业的成长。

(4)确保投资保值增值。创业不仅是实现理想的过程,更是使投资者(股东)的投资保值增值的过程。创业者和投资者是一个事物的两个面,只有通过企业这个载体,才能达到双赢的目标。"烧投资者的钱,圆自己的梦"的问题,说到底是企业家的信用问题,怀有这种思想的人不会成为一个成功的创业者。能为股东创造价值的企业家才能得到更多的融资机会和成长机会。

总结案例

"麻 辣 疯 胃"

五星级酒店甜点师,这样的职业不知道会让多少"吃货"艳羡,然而80后男孩胡钟琦却毅然放弃了这一时尚光鲜且收入不低的职务,辞职开了一家小食店,从头开始追逐自己的创业梦想。

胡钟琦的小店名叫"麻辣疯胃",位于重庆工商大学的后门附近,对于经营来说位置并不算太好。4张桌子占据了店内大部分空间,白色的墙面上贴上有不少可爱的猫猫贴纸。尽管位置相对隐蔽,但相对于其他街边小店来讲,"麻辣疯胃"看上去格外干净。

胡钟琦曾经在重庆一家五星级酒店的饼房工作,做那些让人看一眼就垂涎欲滴的精致甜点。但他毅然辞掉做了8年的工作,开始谋划自主创业。

既然要改变,索性便打乱一切从头再来,再不做已经打了8年交道的甜点一行。他的创业资金并不充裕,花了两个月的时间,胡钟琦才在广黔路这里找到这个小店面。店面虽选好,但由于毫无经验,究竟卖什么成了他面对的新问题。

　　胡钟琦在附近转了几圈,思考了半天,最后决定卖一点油炸的肉串小吃,这拉开了自己第一次创业的旅程。

　　开店当天,他带着激动的心情迎接自主创业后的第一批客人,可是有些事情往往越期待越失望。开业第一天,他只卖了二十多串肉串,收入不过几十块钱。

　　"要是像第一天那样收入只有几十块,一个月下来,不要说盈利,可能连水电气费用都缴不起,更别提房租。"第一天的生意尽管让胡钟琦大为失望,但他还是很乐观,收拾好店铺准备第二天生意。

　　开店一个月左右,生意依然未能好转,每天收入仍旧是几十块,胡钟琦有些着急了。"油炸肉串虽然好吃,但毕竟不是主食,仅能成为附近学生们的零嘴,并且现在的女生越来越爱美,油炸食品吃多了容易上火长痘,为了容貌,很多女生都不会来贪这一口。"胡钟琦开始思考,是不是应该改变经营的产品。

　　很快,到了客流冷清的暑假,胡钟琦又在附近转了几大圈。细心的他这次总算发现了商机。"周围没有卖米线的,索性改成了'火锅米线',生意说不定会有起色。"

　　"初次创业,极有可能会遭遇挫折,但我相信,只要慢慢摸索,总能找到适合自己的。"胡钟琦说,哪怕店小,但始终是自己在经营策略上的第一次转变,懂得站在消费心理上进行思考就是好事。

　　学校开学后,胡钟琦的"火锅米线"一推出,生意立马就有了起色:店内的 4 张桌子时常满座,很多时候还有食客在店外排队。

　　"转变算成功,终于不用担心缴不起房租和水电费了!"生意逐渐好了起来,胡钟琦长舒了一口气,每天快快乐乐地一个人忙里忙外。"现在小店一个月可以赚四千多块,虽说比起以前上班时六千多元的工资还有一定差距,但这是自己给自己发工资,感觉真的好爽!"胡钟琦说。

启示:

胡钟琦正是有了坚定的创业决心,及时调整自己的经营策略来满足顾客需求,慢慢摸索,才探索出适合自己的创业道路。

项目八
初创企业管理与发展

引导语

毕业后创业做老板，努力实现个人自身价值是很多毕业生的梦想和追求。他们在学生期就孕育了一个创业想法，感觉时机成熟，就开始重点对创业的行业、创业思路进行评估，拟定商业计划书，并进行具体的操作，着手创业，进入创业初期。

初创企业什么都不完善，面临产品不成熟、团队不成熟、市场不成熟，内部人员需要磨合，缺少有效的管理制度等一系列问题，这些问题不认真对待并加以解决，企业就会"后院起火"，"走不了多远"而"死于自己手里"，所以说初创企业首要的目标是提高生存能力并且好好的"活下去"。

为了"活下去"的首要目标，初创企业必须更深入的研究市场、研究客户、研究对手、完善自己的产品与服务，开展更加有效的市场营销策略。初创企业的员工要在"老大"的带领下，人人都做"CEO"，全员重视并参与企业的危机管理与风险管控，防范因应对危机与风险不善或经营管理不善而使企业"夭折"。初创企业要在最简单最有效的企业管理制度规范下，运用扁平化、家庭式的管理模式，增强员工的企业认同感、归属感和责任感，逐步打造属于自己的企业文化，增强企业的竞争力。同时，初创企业还必须善于收集整合信息、市场、人脉等各类有效资源，管理好这些资源，进而运用好这些资源，只有这样，企业才会逐步成长、发展壮大，才会实现创业者最初的梦想。

学习目标

1. 了解初创企业面临的困难与问题。
2. 把握初创企业生存管理及风险管控的基本原则与方法。
3. 认识企业文化建设与品牌建设对初创企业生存发展的重要性。

任务一　开展市场营销

学习目标

1. 认识市场营销对企业生存发展的重要性。
2. 能够分析了解顾客需求及消费习惯。
3. 能够准确分析竞争对手并制订有效的营销计划。

导入案例

大学生创业开运动鞋店

王海是威海职业学院 2018 届国贸专业的一名毕业生，大学毕业后他找了一份工作,但不是很满意,工作半年后选择了离职。离职后的王海在朋友们的建议下选择了创业,他在威海市菊花顶附近租了一个门面房,开了一家运动鞋店,专营 NBA 篮球明星珍藏版篮球鞋。

王海比较喜欢打篮球,大学时曾经入选过系篮球队。他崇拜很多 NBA 篮球明星,平时也喜欢珍藏一些 NBA 球星纪念款篮球鞋。王海家庭条件较好,鞋店里的篮球鞋都是通过美国的同学帮忙代购的 NBA 球星限量珍藏版篮球鞋。加上运费,每双鞋成本都很高,售价都在 2 000 元以上,较国内市场的普通篮球鞋高出接近一倍的价格。周围人流量不大,人群也主要以中老年人为主。鞋店经营了一段时间,生意惨淡,大部分顾客抱怨价格太高了,买不起。王海发现之前卖的鞋价格太高,不能满足大部分人群。他为了满足不同消费层次的消费者,把鞋店中售卖的鞋做了分类,一类是美国代购的纪念款球鞋,一类是知名正品球鞋,另一类是高仿的球鞋,涵盖了高、中、低三个档次的品种。王海原以为这样的改变会带来业绩上的提升,但没有想到的是生意更加惨淡,还不如以前,最终无奈只好关门。

(资料来源:王祖莉. 就业与创业指导[M]. 北京:高等教育出版社 2017,有改动)

启示:
王海经营鞋店市场定位不准,没有找到目标顾客,更没有对目标顾客进行分析。同时,他不懂经营,没有针对产品实施有效的市场营销手段。

一、认识市场营销

市场营销是企业以顾客需求为出发点,根据经验获得顾客需求量以及购买力的信息,有计划地组织各项经营活动,为顾客提供满意的商品和服务,从而实现企业目标的过程。

市场营销工作告诉你谁是你的顾客,他们需要什么,他们想要什么,你怎样满足他们的需求并从中获取利润。了解他们为什么选择买你的商品或服务,而不买你竞争对手的产品或服务。你可以利用这方面的信息准备你的市场营销计划。

(一)了解你的顾客

1. 确定目标顾客

顾客是企业的生存根本,如果你不能以合理的价格向他们提供所需要的产品或服务,他们就会到别处去购买。对你感到满意的顾客会成为你的回头客,他们会向自己的朋友宣传你的企业。让顾客满意,往往给你带来更多的销售额和更高的利润。

目标顾客是指企业生产的产品或提供的服务所针对的对象,是产品或服务的直接购买者或使用者。面对众多顾客,你需要知道未来的顾客谁有可能购买的你的产品或服务,他们在哪里,他们有没有共同的特点,你的企业需要针对哪些群体开展营销活动。也就是说,需要弄明白哪些群体是企业的目标顾客。

你至少需要完成以下两个步骤,来确定企业的目标顾客。

第一,根据顾客需求及购买习惯的不同对顾客进行分类,并描述出每个顾客群体的特点和范围。

第二,选择一个或多个顾客群体作为你要了解或选择进入的目标市场。

2. 了解顾客的有关信息

要了解顾客的有关信息,需要做顾客方面的市场调查,这对初创企业制订营销计划至关重要。为了更详细也更有针对性地了解顾客的情况,你可以提出下面的问题。

(1)你的企业准备满足哪些顾客的需求。把你提供的产品或服务列一张清单,并记录顾客需要的产品或服务的种类。你的顾客是男人还是女人,是老人还是儿童。其他企业也可能成为你的潜在顾客。

(2)顾客想要什么产品或服务,这些产品或服务的哪些方面最重要,是规格颜色、质量,还是价格。

(3)顾客愿意为每种产品或每项服务付多少钱。

(4)顾客在哪儿,他们一般在什么地方和什么时间购物。

(5)他们多长时间购物一次,每年、每月,还是每天。

(6)他们购买的数量是多少。

(7)顾客数量在增加吗,能保持稳定吗。

(8)为什么顾客购买某种特定的产品或服务。

(9)他们是否在寻找有特色的产品或服务。

在做顾客方面的市场调查时,要努力获取上述问题的可靠答案,这对于初创企业制订市场营销计划是否可行是非常有帮助的。做顾客需求调查、收集顾客信息可以采用以下几种基本方法。

(1)经验判断法——如果你对某行业很了解,你可以凭自己的经验进行判断。

(2)观察法——你可以直接观察调查对象,收集相关信息。

(3)访谈法——你可以从业内人士那里了解本行业市场方面的有用信息。你可以与该产品的主要销售商交流,从中得到相关信息。

(4)实验法——你可以用实验的方式,将调查对象控制在特定的环境条件下,对其进行观察以获取相应的信息。控制对象可以是产品或服务的价格、品质、包装等。这种方法主要用于市场销售实验和消费者使用实验。

(5)问卷法——你可以通过设计调查问卷并让调查对象根据自己的实际情况来回答,通过调查问卷的方式可获得所调查对象的信息。问卷法在目前网络市场调查中运用得也较为普遍。

(6)信息检索法——你可以通过阅读行业指南、报纸、杂志等查找你所需要的信息,也可以利用互联网检索顾客相关情况和数据。

? 想一想

假设由你开展商品营销服务,按照你自选的主营商品,想一想你会如何填写下列表格(表8-1)。

表 8-1　调查表

主营商品：_____

顾　客　特　征	具　体　描　述
谁将成为你的顾客 （一般性描述）	
年　　龄	
性　　别	
地　　点 （他们住在哪里）	
工资水平 （具体数字）	
他们平均多长时间购买一次你的产品或服务 （每日、每周、每月、每季度、每年）	
他们愿意出多少钱购买你的产品或服务	
他们的购买量有多大	
未来的市场规模和趋势 （未来顾客数量会增加、减少，还是保持不变）	

（二）了解你的竞争对手

做市场调查，只了解你的顾客情况是不够的，还需了解你的竞争对手的情况。通过了解竞争对手的优势、特点和不足，可以学到很多东西，也可做到知己知彼。通过观察他们做生意的方法，可以得到关于怎样将企业构思变成现实的启发。

1. 确定竞争对手

竞争对手的产品或服务与你的产品或服务类似，竞争对手与你的企业有共同或相近的市场，与你的企业有利益冲突，且对你的企业构成一定威胁。从广义上讲，所有与你的企业争夺同一目标客户群体的企业都可视为你的竞争对手，但事实上只有那些有能力与你的企业抗衡的竞争者才是你真正的竞争对手。

通常情况下，可以从以下三点来确定对方是你的竞争对手。

（1）与你的企业在同一区域内。

（2）与你的企业有共同的目标顾客群体。

（3）其经营对你的市场份额有一定的影响。

2. 了解竞争对手的有关信息

可以通过回答下列问题来了解竞争对手的情况。

（1）他们提供的产品或服务的价格怎样。

（2）他们提供的产品或服务的质量如何。

（3）他们如何推销产品或服务。

（4）他们提供什么样的增值服务。

（5）他们坐落在地价昂贵的地方还是地价便宜的地方。

（6）他们使用的设备先进吗。

（7）他们的雇员受过培训吗，他们的雇员待遇好吗。

（8）他们做广告吗。

（9）他们怎样分销产品或服务。

（10）他们的优势和劣势是什么。

整理通过调查收集到的信息，然后回答下列问题：成功的企业有相似的运作方式吗；成功的企业有相同的价格策略、服务、销售或生产方法吗。

收集竞争对手信息的方法与收集顾客信息的方法相同，可以根据竞争对手的情况参照使用。

 练一练

自选主营商品，进行竞争对手分析练习，并将内容填入表格（表8-2）。

表8-2　竞争对手分析表

项　目	我的产品或服务	竞争者甲的产品或服务	竞争者乙的产品或服务	竞争者丙的产品或服务
价格合理性				
质量合理性				
购买方便性				
顾客满意度				
员工技术水平				
企业知名度				
品牌信誉度				
广告有效性				
交货及时性				
地理位置优越性				
销售策略（如赊销、折扣）				
售后服务				
设　备				
销　售　量				

二、制订市场营销计划

在掌握了顾客和竞争对手的情况之后,可以着手制订市场营销计划了。制订市场营销计划,一般从市场营销的产品(Product)、价格(Price)、地点(Place)、促销(Promotion)四个基本策略入手,需要紧紧围绕顾客需求这一核心从以下几个方面考虑。

(1)向你的顾客提供他们需要的产品或服务。

(2)为你的产品或服务确定顾客愿意支付的价格。

(3)为你的顾客提供便于购买你的产品或服务的场所。

(4)为你的顾客传递有关你的产品或服务的信息,吸引他们购买。

这四个方面通常被称为"市场营销组合策略",简称"4P组合"(图8-1)。

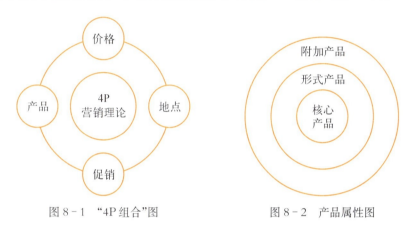

图8-1　"4P组合"图　　　　图8-2　产品属性图

(一) 产品

产品是指你计划向顾客销售的东西。你要决定你想出售的产品的类型、质量、颜色和规格等。如果你的企业是服务型企业,那么所提供的服务就是你的产品。例如,文秘类企业可以提供打字、记账和复印等服务项目。

对于零售商和批发商来说,产品就是他们所销售的商品,他们往往会按照商品的性能、价格和消费者的需求来分类。比如,一家商店会把所有水果罐头归为一类。

此外,产品的概念还包括与产品或服务有关的其他属性,如产品的质量、每个产品的包装、附带的产品说明书、售后服务。具体来说,一个完整产品的属性一般包括三个层次,如图8-2所示。

(1)核心产品——指向顾客提供的产品或服务的基本效用或使用价值。例如,顾客购买的洗衣机是为了洗衣方便、快捷、干净;顾客到影院消费是为了获得最佳的视听感受。

(2)形式产品——指核心产品借以实现的形式,通常由品质、式样、特征、商标及包装五个方面构成。例如,人们购买的生日蛋糕都会配有精美的包装。

(3)附加产品——指顾客购买产品或服务时附带获得的各种利益的总和,包括产品说明书、产品质保书、安装服务、维修服务、送货服务、技术培训等。

初创企业经营者应该认识到,一种产品的生命是有限的,一般会经历新产品投放、成长、市场逐渐成熟、市场慢慢衰退等阶段,选择或开发新的替代产品是企业经营中要预先计划的工作。但是,一种新产品的开发往往具有较大的风险,而且需要企业付出巨大的成本。企业必须对目标顾客、市场和竞争对手有深入的了解,才能开发出顾客需要的产品。

(二) 价格

在确定产品之后,要为其定价。价格指使用产品换回的钱数,但实际收入还会受其他因素影响,如产品打折和赊销。在制订产品价格时,必须了解:你的产品的成本;顾客愿意出多少钱买你的产品;竞争对手同类产品的价格。

(三) 地点

地点是指自己的企业设在什么地方。如果计划开办一家零售店或一家服务企业,那么地点对你来说非常重要。必须把它设在离顾客较近的地方,这样便于顾客光顾你的店铺。一般来说,如果你的竞争对手离顾客较近,顾客就不会跑很远的路来你的店。

而对于制造商来讲,企业的位置离顾客远近并不是很重要的,最重要的是企业获得生产所需的原材料是否便捷。也就是说,企业应该设在离原材料供应商较近的地方。另外,能获得低租金的厂房对于制造商来说也很重要。

此外,选址时还要考虑产品的分销方式和运输问题。仅仅生产好的产品是不够的,必须让顾客很方便地得到你的产品。

分销方式(图8-3)是指采用什么样的方式让顾客方便地得到你的产品。一般来说有如下方式。

(1) 直销——指制造商直接把产品销售到顾客手中,减少了中间环节。

(2) 零售——指制造商把产品卖给零售商,零售商又把产品卖给顾客。

(3) 批发——在这种方式中,制造商以追求销量为目标,把大量产品批发给批发商,批发商又将产品卖给零售商,零售商再把产品卖给顾客。

图8-3 三种分销方式

(四) 促销

促销是指把你的产品或服务的信息传递给顾客,吸引他们购买你的产品或服务的活动。促销通常有以下四种方式。

(1) 广告。向你的顾客提供产品或服务信息,让他们有兴趣购买你的产品或服务。可以通过报纸、杂志、广播电视等做广告。招贴画、小册子、铭牌、价格表和名片以及APP、论坛、微信、QQ等网络媒体也是你为企业及产品或服务做广告的途径。

(2) 人员推销。你的企业派出销售人员与可能成为购买你的产品或服务的人交谈,做口头陈述,说服顾客购买你的产品或服务,以达到促进和扩大销售的目的。

(3)营业推广。当顾客来到你的企业或以其他方式与你接触时,你要想方设法让他们购买你的产品或服务。营业推广的手段很多,例如,你可以用醒目的陈列、展示、竞赛活动吸引顾客,也可以用买一赠一等方式来刺激顾客的购买欲。

(4)公共关系。指企业为改善与社会公众的关系,加深公众对企业的认识、理解及支持,树立良好的企业形象,促进商品销售而进行一系列的促销活动。企业的公关活动主要有宣传类活动、交际类活动、赞助类活动、服务类活动、科普类活动、公关特别节目。

促销很费钱。为了降低费用,你要向美工、印刷商和其他专业人员询价。要先了解竞争对手使用的促销方法,然后再确定对你的企业有效的促销方式。

⊙ 试一试

自选主营商品,尝试制订一个市场营销计划,并将内容填入表格(表8-3)。

表8-3 营销计划表

项　目	第一种产品或服务	第二种产品或服务	第三种产品或服务
产品属性 (质地、颜色、规格、包装、维修等)			
价格信息 (成本价、批发价、零售价)			
分销方式			
促销方式			

总结案例

让非遗成为传统文化的"网红"

无锡科技职业学院人力资源管理1501班学生周飞是一位标准的大学生创业者。他平时对时政新闻非常关注,当他学习十八大报告中关于非遗文化保护和传承的重要性以及面临的诸多挑战时,他立刻联想到为何不利用当下最流行的电商直播方式宣传古老的非遗文化呢?

他通过前期市场调研,确立无锡宜兴本土非遗文化代表——紫砂茶壶为主营商品。在课余时间赴宜兴实地考察货源品质,拜访紫砂茶壶手工大师,并与紫砂工艺大师盛建军、周琴等老师签订合作协议,由大师进行品控和生产指导。依托电商平台开设大师工作室,节省实体店的开店运营成本,并通过全天候、全平台直播方式传播非遗文化,通过非遗大师直播互动增强交互性和真实性。粉丝在直播间观看非遗项目的同时,可以通过电商店铺进行相关物品的购买。周飞成功打造了"直播＋非遗＋电商"的全新模式(图 8 - 4)。

图 8 - 4　宜兴紫砂壶

　　学校为鼓励大学生创业,免费提供创业实践基地,并配套办公桌椅及文具、无线宽带等服务,为大学生搭建创业孵化平台。周飞同学的创业项目自营运以来,在校内开设 2 个直播间,带动大学生兼职就业 26 人。

　　(资料来源:无锡科技职业学院创新创业学院)

启示:

　　周飞的创业成功在于细致的市场调查,制定了合适的市场营销计划。周飞通过"非遗+直播+电商"经营模式进行非遗文化的传承,结合用户需求制造和销售非遗商品,也是其成功的关键。

活动与训练

　　主题: 为大学城商业街超市的粽子制订市场营销计划。

　　目标: 通过任务实践培养对市场营销计划的掌握和应用能力。

　　时间: 10 分钟。

　　流程:

　　1. 4~6 人一组,结合活动要求,制订市场营销计划,追求市场营销活动的有效性和创新性。

　　2. 每小组轮流上台发表讨论结果。

　　3. 教师对小组发言进行点评和总结。

思考与讨论

1. 要确定你的目标客户的特征,除了年龄、性别、收入等因素,还需考虑哪些因素?

2. 从哪些方面,可以与竞争对手进行优势比较?

3. 随着市场环境的变化,制订市场营销计划时还需考虑哪些新要素?

任务二　企业生存管理

学习目标

1. 了解初创企业的特点及初创期管理的特殊性。

2. 认识初创企业危机管理的重要性。

3. 把握初创企业危机管理的原则与方法。

导入案例

"老师,我们把创业想得太简单了。"

2017 年 1 月份,无锡科技职业学院大学生创业园正式创建,学生们创业热情高涨,短短半年时间,共有 200 名在校生组成创业团队,注册了 53 家创业公司。经过一年多的运作,截至 2019 年 5 月份,存活且能继续运营的创业公司有 10 家,其中 6 家盈利情况良好。在停止运营的学生创业公司中,有二十余家运营时间不超过 9 个月,甚至更短。于是创业指导老师对这些公司进行了调查了解。在调查中发现,这些创业团队有相当一部分同学认为新企业的创立是创业过程中最重要的环节。学生小魏说道:"我们通过协调各方面的资源,克服重重困难,好不容易把公司创建起来了,就认为事业已经成功了一半。在创业初期,为了公司能够很好地存活下去,我们把主要精力都放在了业务拓展上面,对公司内部管理的完善及长远发展的规划,的确考虑得较少,也缺乏经验,于是很快公司项目就进入混乱状态,无法继续经营了。现在看来,我们的确是把创业想得太简单了。"

(资料来源:无锡科技职业学院创新创业学院)

启示:

创业初期管理是初创企业遇到的第一个挑战,它十分关键,同时也面临极大的风险,新企业的运作是一个从无到有的展开过程,从开始建立相应的内部流程到获得外界认可,任何环节出问题都会带来难以估计的损失,因而比既有企业有更高的失败率。因此,广大想投身于创业浪潮中的大学生们,你们了解初创企业所面临的风险吗?你们有思考过如何应对这些风险与挑战吗?创业,你们真的准备好了吗?

一、初创企业管理的特殊性

（一）初创企业的界定

学界通常把处于创立初期和发展期的企业界定为初创企业。在创立初期和发展期，初创企业能否生存和健康成长至关重要，既关系到创业的成败，又关系到企业今后能否持续发展。

与成熟企业相比，初创企业有如下特点：成熟企业是常规发展，初创企业则是超常规发展；初创企业具有高成长性和高风险性；初创企业具有较强的灵活性和创新能力；初创企业易变、不稳定、存活率低。具体比较参见表 8-4。

表 8-4　初创企业和成熟企业管理特点的比较

比较项	初创企业	成熟企业
成长性	高增长、非线性成长	低增长、常规发展
风险程度	高风险	低风险
主导策略	基于生存和发展的机会导向	基于强化内部控制的经营导向
驱动因素	商机驱动	资源驱动
关注焦点	销售收入和现金流	顾客维持与内部效率
管理团队	创业者个人或小规模的团队	职业化的管理团队替代企业家团队
管理模式	信任与合作基础上的松散管理	建立完善的管理机制与控制系统
创新来源	依赖个人创新	系统的组织创新
风险承担	最大限度地规避风险	能够适度承担风险
外部环境	高度不确定，至少创业者感觉如此	不确定性基本在可控的范围内

（二）初创企业管理的特殊性

1. 初创企业的管理以"生存"为首要目标

初创企业成立的前两年，首要任务就是要在市场上找到立足点，千方百计使自己生存下来，不要被市场所"消灭"。在这一阶段，生存是第一位的，基本目标是要想方设法把自己的产品或服务销售出去，尽快实现盈亏平衡，争取正的现金流。在初创阶段，亏损，赚钱，又亏损，又赚钱的状况可能要反复经历多次，直到最终持续稳定地赚钱，才算是度过了创业的生存阶段。在"死亡地带"内，一切围绕生存而运作，应避免一切危及生存的做法，最忌讳的是在初创阶段提出不切实际的扩张目标，盲目铺摊子、上规模。

 看一看

大学生自主创业存活率需关注，创业效果应从长评价

2018 年 6 月 11 日，《2018 年中国大学生就业报告》在北京发布。报告显示：毕业半年后自主创业的 2014 届高职院校毕业生中有 45.8% 的人三年后还在继续自主创业,比 2013 届(46.8%)略低,如图 8-5 所示。三年内,超过一半创业人群退出创业市场,创业失败风险不容忽视。

图 8-5　2014 届高职院校毕业生自主创业三年后的去向分布(与 2013 届对比)

2. 初创企业主要依靠自有资金创造正现金流

现金流是指一定时期企业的现金和现金等价物的流入和流出的数量。现金流一旦出现中断,企业就将发生偿债危机,可能导致破产。对初创企业而言,由于融资条件不够,很难从商业银行获得货款,只能主要依靠自有资金运作来创造正现金流。因而此自有资金有限的情况下,努力控制成本、想方设法节约开支不失为上策,创业者应当思考并学会"抠门"的理财之道,能省就省,千万别把浪费当大方。

"节流"的同时更应当想方设法去"开源"。创业者可以采取各种营销优惠或价格折扣获得顾客的预付款,与供应商协商延长付款期限等方式,来增加应付账款和减少应收账款,尽量实现"早收账,迟付账"。创业者要集中力量抓最畅销的产品和服务,尽快实现资金回笼;采用科学规划库存量、合理避税、优化供应链等措施来创造正现金流。

> **🔍 查一查**
>
> #### 大学生自主创业资金主要靠父母亲友或个人积蓄
>
> 《2018 年中国大学生就业报告》显示:2017 届大学毕业生自主创业的资金主要依靠父母亲友的投资或借贷和个人积蓄(本科为 78%,高职为 72%),而来自商业性风险投资(本科为 3%,高职高专为 2%)、政府资助(本科为 4%,高职为 4%)的比例均较小。
>
> 请大家调查一下周边大学生自主创业情况,看看他们的创业资金来源是否如上文所述。

3. 初创企业要实行充分调动"所有的人做所有的事"的群体管理

企业在初创时,尽管建立了正式的部门结构,但很少有按正式组织方式运作的。典型的情况是,虽然有名义上的分工,但运作起来是哪儿急、哪儿紧、哪儿需要,就都往哪里去。这种做法看似"混乱",实际是一种高度"有序"的状态。每个人都清楚组织的目标和自己应当如何为组织目标做贡献,没有人计较得失,没有人计较越权或越级,相互之间只有角色的划分,没有职位高低的区别,这才叫作团队。这种运作方式能够培养团队精神、奉献精神和忠诚。

在初创阶段,创业者必须尽力使新事业部门成为真正的团队,否则创业很难成功。这种在创业时期锻炼出来的团队领导能力,是创业者将来领导大企业高层管理班子的基础。

诸多创业培训机构都较为推崇"唐僧团队"的概念,认为唐僧就是最好的创业团队的领导者,他虽然本人没有什么非凡的本领,但却意志坚定,使命感很强,而其他成员能够优势互补、有统一的目标,并在唐僧的带领下每个人都发挥自己的效用,最终取得辉煌的成就。

4. 初创企业的管理是"创业者亲自深入运作细节"的管理

经历过创业初期的创业者大都有过这样的体验:曾经直接向顾客推销产品;亲自与供应商就折扣进行谈判,亲自到车间里追踪顾客急需的订单;在库房里卸货、装车;跑银行、催账;策划新产品方案;制订工资计划;曾被经销商欺骗;遭受顾客当面训斥;等等。由于创业者对经营全过程的细节了如指掌,才使得生意越做越精。

亲自深入运作细节的管理并不意味着管理者必须方方面面都兼顾到。无疑,管理者的精力大部分应当放在"大事"上面:战略、产品、市场、员工等。但一些重要的运作细节还是需要创业者列入日常的管理工作中来,要根据企业、产品、客户的具体情况,在特定的时间段,判断哪些方面的细节至关重要,即确定几个关键的控制细节,全程参与,亲自管理。比如,客户的意见及投诉、产品的测试效果、与供应商的联系与谈判、底层员工的反馈。

当然,随着企业的逐步发展,创业者不可能再亲自参与企业运营的每个环节,授权和分权则成为必然。

二、初创企业的危机管理

(一) 企业危机管理的概念

危机管理是企业为应对各种危机情境所进行的规划决策、动态调整、化解处理及员工培训等活动过程,其目的在于消除或降低危机所带来的威胁和损失。具体而言,危机管理的主要内容是:识别和预测企业内部及其外部环境中可能存在的将对企业产生潜在危机的一些薄弱环节和不确定因素,采取有效行动和手段防止企业危机的发生;一旦企业危机发生,企业能有效应对和处理,使危机对企业造成的潜在损失降至最低,并从危机管理过程中找到企业进一步发展的机遇。

在大众媒介尤其是互联网发达的今天,对危机的管理意识和能力是初创企业乃至成熟企业能否继续生存和发展的重要前提。对一个企业来说,可以称为企业危机的事件是指当企业面临与社会大众或顾客有密切关系且后果严重的重大事故,而为了应付危机的出现在企业内预先建立防范和处理这些重大事故的体制和措施,则称为企业的危机管理。

🌈 **看一看**

一次代价巨大的危机公关——女研究生西安利之星奔驰 4S 店维权事件

2019 年 4 月,一段"西安奔驰女车主哭诉维权"的视频在网络上引起热议。视频中女子哭诉,她在西安利之星奔驰 4S 店首付二十多万元购买一台价值 66 万元的奔驰轿车,谁知新车还没开出 4S 店院门,便发现车辆发动机存在漏油问题。在这期间,她和 4S 店交涉了三次。第一次,4S 店承诺退款,她同意了。第二次,4S 店说退款不方便,改换车,她说可以。第三次,4S 店再次说换车也不方便,改为补偿,她也答应了。可是在 15 天后,4S 店将之前所有许诺全部推翻,告知无法退款也不能换车,只能按"汽车三包政策"更换发动机。

在面对自己的合法权利得不到维护的情况下,被逼无奈的她最终爬上了汽车引擎盖进行哭诉。经过网络的发酵,成为全网的热点事件。在事件发酵后,4S 店拒绝了包括央视在内的主流媒体的采访,没有及时给女事主及大众一个合理的交代。而且在该店总经理与女事主的危机公关交流中,准备不充分,被有备而来的女事主逐条有理有据反驳,事情未能得到完美解决。虽然在最后,双方达成了谅解协议,但是该事件已经造成了巨大后果:西安利之星奔驰 4S 店被勒令暂停营运,同时导致汽车经销商类股价暴跌 90 亿元,损失不可谓不惨重。

"女研究生西安利之星奔驰 4S 店维权事件"是企业发展中面临的各种突发事件和危机的一个缩影。这件事情提醒我们,再大的品牌或者企业,遭遇各种危机在所难免,关键是企业要对危机有积极的预防和处理能力。当危机来临时,能临危不乱,妥善处理。连奔驰这样偌大的国际品牌因为一起维权事件处理不当都能受到如此大的影响,那么对于初创企业来说,一起小的危机事件处理不当,就很可能引发灭顶之灾。

(二)初创企业危机管理的基本原则

1. 制度化原则

危机发生的具体时间、实际规模、具体态势和影响深度,是难以完全预测的。这种突发事件往往会在很短时间内对初创企业或品牌产生恶劣影响。因此,企业内部应该有制度化、系统化的有关危机管理和灾难恢复方面的业务流程和组织机构。国际上一些大公司在危机发生时往往能够应付自如,其关键原因之一是制度化的危机处理机制,从而在发生危机时可以快速启动相应机制,全面而井然有序地开展工作。因此,初创企业应建立明确的危机管理制度、有效的组织管理机制、成熟的危机管理培训制度,逐步提高危机管理的快速反应能力。

2. 诚信形象原则

企业的诚信形象,是企业的生命线。危机的发生必然会给企业诚信形象带来损失,严重的话,会给稚嫩的初创企业带来灭顶之灾。矫正形象、塑造形象是企业危机管理的基本思路。在危机管理的全过程中,企业要努力减少对企业诚信形象带来的破坏,争取公众的谅解和信任。只要顾客或社会公众是由于使用本企业的产品而受到了伤害,企业就应该在第一时间向社会公众公开道歉以示诚意,并且给受害者相应的物质补偿。对于那些确实存在问题的产品应该不惜代价迅速收回,立即改进企业的产品或服务,以尽力挽回影响,赢得消费者的信任和忠诚,维护企业的诚信形象。假如西安利之星奔驰 4S 店在面对女研究生客户维权的最初就采取妥善的处理方式,及时退款或补偿客户的损失,在媒体面前展现一个负责任的大品牌形象的话,就能及时挽回消费者对品牌的信任和企业社会责任感的认同,也就不会导致后来的巨大损失了。

3. 预防原则

防患于未然永远是危机管理最基本和最重要的要求。危机管理的重点应放在危机发生前的预防,预防与控制是成本最低、最简便的方法。为此,建立一套规范、全面的危机管理预警系统是必要的。现实中,危机的发生具有多种前兆,几乎所有的危机都是可以通过预防来化解的。危机的征兆主要表现在产品、服务等存在缺陷、初创企业核心团队人员流失、企业负债过高、销售额连续下降等,因此,初创企业要从危机征兆中透视企业存在的危机,企业越早认识到存在的危机越早采取适当的行动,就越可能控制危机的发展。

4. 核心管理层重视与参与原则

初创企业核心管理层的直接参与和领导,是有效解决危机的重要措施。危机处理工作对内涉及从后勤、生产、营销到财务、法律、人事等各个环节,对外不仅需要与政府和媒体打交道,还需要与消费者、客户、供应商、渠道商、股东等方方面面进行沟通。由于初创企业缺乏完善的规章制度,核心管理层的不重视往往会直接导致整个企业对危机麻木不仁、反应迟缓。因此,初创企业应组建企业危机管理领导小组,担任危机领导小组负责人的一般应该是创业团队的主要负责人或者具有决定权的核心人物。

5. 快速反应原则

危机的解决,速度是关键。危机降临时,当事人应冷静下来,采取有效的措施隔离危机。要在第一时间查出原因,找准危机的根源,以便迅速、快捷地消除公众的疑虑。同时,企业必须以最快的速度启动危机应变计划并立刻制定相应的对策。如果是内因就要下决心处罚相应的责任人,给舆论和受损者一个合理的交代;如果是外因就要及时调整企业战略目标,重新考虑企业的发展方向。

6. 创新性原则

知识经济时代,创新已日益成为企业发展的核心因素。危机处理既要充分借鉴成功的处理经验,也要根据危机的实际情况,尤其要借助新技术、新信息和新思维,大胆创新。在自媒体快速发展的今天,初创企业更要充分认识自媒体的特点,认识自媒体对企业危机所造成的影响和后果远不同于传统媒体的时代;同时也要注意处理危机的策略,充分利用网络舆情监测工具,善于占领自媒体的平台,提高发言权,实现自媒体在转化矛盾方面的突出作用,从而提高企业处理危机公关问题的能力。

总结案例

做好危机预测、预防，让企业健康地活下去

　　赵广书（图8-6），无锡科技职业学院2009届毕业生，是学校先就业再创业的优秀典范。毕业后，一直从事不锈钢销售工作。2011年1月，赵广书离开原单位创建了无锡新同泰不锈钢有限公司，经过一年的艰苦奋斗，逐渐在市场站稳了脚跟。彼时，正值经济危机的影响开始消退，不锈钢钢材市场有了回暖的迹象。凭着过去的销售工作锻炼出来的市场嗅觉，赵广书判断市场虽然回暖，但不够乐观，不应在此时进行盲目扩张，企业初建不久，抗风险能力较差，一旦市场回暖不及预期，将引发巨大的危机，不仅之前积累的口碑尽毁，还将背负巨额债务，所有努力可能会毁于一旦。正所谓"君子不立于危墙之下"，赵广书在此时没有选择扩张，而是继续

图8-6　先就业后创业的典型——赵广书

深耕业务，巩固市场份额。同期，由于对市场预测过于乐观，一些企业盲目扩张，后期都受到了不同程度的损失。到了2014年，赵广书的公司全年营业额达到4 200多万元，毛利润在180万元左右，而与他同期建立的一些企业，已经死亡。

　　（资料来源：无锡科技职业学院创新创业学院）

　　启示：

　　危机一旦发生，不管结果如何，都会给企业带来巨大的损失。因此，做好危机的预测、预防，对初创企业有着极其重大的意义。毕竟，对于初创企业来说，活着，才是硬道理；唯有活着，才有健康发展的机会。

活动与训练

　　主题：初创企业危机管理剖析。

　　目标：通过危机管理经典案例的深度剖析，帮助学生掌握危机管理原则。

　　时间：40分钟。

　　过程：通过网络，查找"企业危机事件处理成功或者失败的典型案例"，并分析这些案例的成功或者失败是遵守或者违反了哪些危机管理原则。

思考与讨论

　　1. 为什么说初创企业的建立不等于创业成功？

2. 初创企业为什么比现有企业的失败率高？

3. 初创企业在初期为什么要以生存为首要目标？

4. 对于已预测到的企业危机，初创企业应如何规避？

5. 面对已经发生的危机应如何处理？

任务三　财务风险管控

学习目标

1. 了解财务管理的概念和基本原理。

2. 认识企业经营中可能面临的各种财务风险。

3. 把握防范财务风险的措施。

导入案例

中达股份财务危机案例剖析

　　江苏中达新材料集团股份有限公司成立于 1997 年 6 月 18 日，主营双向拉伸聚丙烯薄膜（BOPP）、聚酯薄膜（BOPET）、多层共挤流延薄膜（CPP）三大系列高分子软塑料新型材料。至 2007 年 6 月末，中达股份历经 10 年的发展，总资产由当初的 6 亿元增加到近 50 亿元。然而，中达股份的发展并非一帆风顺。2005 年以来，由于国内的软塑包装材料行业发展过快，使得市场呈现供过于求的状况。而国际原油价格的持续飞涨也使原材料价格大幅度上升，产品获利空间较小。与此同时，由于中达股份前期的投资过快，造成了公司负债偏高，结构不合理。在国家宏观紧缩的货币政策下，利率不断调高，公司负担加重，财务风险凸显。2006 年 9 月，江苏太平洋建设集团资金链断裂，而中达股份的大股东申达集团与其存在互保关系，相关债权银行追究申达集团的连带担保责任，由于中达股份也为江苏太平洋建设集团提供了 1 亿多元的担保，内因、外因的积聚，使得中达股份财务危机终于爆发，公司股票于 2007 年 9 月 11 日起紧急停牌。

　　（资料来源：朱乃平. 中达股份财务危机案例剖析［J］. 财务与会计，2008（2），有改动）

启示：

　　为什么一家如此规模的企业集团仅仅因为 1 亿多元的担保就陷入了财务困境？投资决策要充分考虑现金流及负债结构的合理性，完善预算管理，进行可持续发展的计划安排，对外担保要慎重，否则容易造成大量逾期担保。

一、财务管理

　　财务管理是组织企业财务活动、处理财务关系的一项经济管理工作。它是在一定的整体目标下，对资产的购置、资本的筹集和使用、经营中的现金流控制以及利润分配等方面的管理。

（一）初创企业的融资要求

初创企业财务管理的主要特征是资金需求量大、融资成本高、投资回报慢。企业的创立、生存和发展，必须有一定数量的资金来支撑。资金问题的解决，特别是创业启动资金的落实，是关系到创业能否成功的关键因素之一，必须给予高度的重视。其具体要求有以下几点。

（1）确定合理的融资规模。新企业既没有稳定的客户基础和现金流量，又需要通过投入来拓展市场，所以在制订发展计划和融资战略时，必须结合企业的实际情况确定合理的融资规模，既要保证创业资金的持续供给，又要保证企业的健康发展。

（2）把握合理的融资时机。新企业的融资要有计划性，不要等到出现严重资金短缺时才开始寻找资金，这样会丧失融资的主动权，增加融资成本和给企业发展带来不确定性。但也不能过早融资，否则股权会不可避免地被大幅度稀释，甚至可能导致控制权的丧失。

（3）选择合理的融资方式。新创企业要选择最适合自己的融资方式，并将各种融资方式结合，形成最有利的融资组合。例如，在创业初期要多采用自有资金、部分民间借贷等来启动创业项目，之后向天使投资人寻求股权投资或向政府部门申请创业支持基金。进入快速成长期后，则可向创业投资机构寻求股权投资，并开始申请银行贷款。

（二）成本管理

成本管理是企业的永恒主题，它在企业发展的任何阶段都占有非常重要的地位。企业的成本通常包括企业生产过程中实际消耗的直接材料、直接工资和制造费用等制造成本，以及不能直接归属于某种产品的管理费用、财务费用和销售费用等。成本管理通常包括以下几项重要工作。

（1）成本预测。成本预测是指依据成本与各种技术经济因素的依存关系，结合企业发展前景以及采取的各种措施，通过对影响成本变动的有关因素的分析测算，对未来成本水平及其变化趋势作出的科学估计。

（2）成本核算。成本核算是指根据会计学的原理、原则和规定的成本项目，按照账簿记录，通过各项费用的归集和分配，采用适当的成本计算方法，计算出完工产品成本和期末产品成本，并进行相应的账务处理。

（3）成本分析。成本分析是根据成本核算资料和成本计划资料及其他有关资料，运用一系列专门方法，揭示企业费用预算和成本计划的完成情况，查明影响计划或预算完成的各种因素，寻求降低成本、节约费用途径的一项专门工作。

（三）现金流量管理

现金流是维系企业正常生产运作所需的基本资金循环，是企业价值评估和财务风险判断的重要指标和依据。如果现金流出现了问题，容易导致企业资金链条的断裂，中断正常的生产经营活动。因此,企业必须将现金流管理置于财务管理的核心地位,切实保证企业的现金流处于安全、合理的状态。其具体措施如下。

（1）利用现金流量表监控现金流量。现金流量表是现金流管理的核心工具,也是分析和防范现金流断裂的有效手段。企业的现金流量包括经营活动产生的现金流、投资活动产生的现金流和融资活动产生的现金流。

（2）强化经营活动的现金流量管理。在经营活动产生的现金流中,销售产品或提供服务获得的现金是最主要的现金流入来源。企业在市场需求不稳定、销售低迷和回款不及时等情况下,会出现现金流入不足,所以企业必须加强营销管理,才能保证现金流入量。

（3）防止盲目投资和占用过多资金。投资和支出构成了现金的主要流出,对此企业一方面要控制投资规模,另一方面要控制开支,避免因管理费用过大、人员负担过重和外包服务过多等原因造成现金流出过大,或现金流的不稳定和不平衡。

二、财务风险控制

企业财务风险是指在各项财务活动过程中,由于各种难以预料或控制的因素影响,使财务状况具有不确定性,从而使企业有蒙受损失的可能性。企业是风险集中的组织,在企业经营过程中,风险是客观存在、不可避免的。这就要求创业者主动地认识风险,积极地管理风险,有效地控制风险。企业要采取各种措施和方法,减小风险事件发生的概率,尽量降低风险事件造成的损失。

（一）企业经营面临的主要财务风险

企业财务风险贯穿于生产经营的整个过程中,可分为:筹资风险、投资风险、经营风险、流动性风险四种类型。

1. 筹资风险

筹资风险指的是由于资金供需市场、宏观经济环境的变化,企业筹集资金给财务成果带来的不确定性。筹资风险主要包括利率风险、再融资风险、财务杠杆效应、汇率风险、购买力风险等。利率风险是指由于金融市场金融资产的波动而导致筹资成本的变动;再融资风险是指由于金融市场上金融工具品种、融资方式的变动,给企业再次融资带来不确定性,或企业本身筹资结构的不合理导致难以再融资;财务杠杆效应是指由于企业使用杠杆融资给利益相关者带来利益风险;汇率风险是指由于汇率变动引起的企业外汇业务成果的不确定性;购买力风险是指由于币值的变动给筹资带来的影响。

2. 投资风险

投资风险指企业投入一定资金后,因市场需求变化而影响最终收益与预期收益偏离的风险。企业对外投资主要有直接投资和证券投资两种形式。根据公司法的规定,股东拥有企业股权的25％以上应该视为直接投资。证券投资主要有股票投资和债券投资两种形式。股票投资是风险共担,利益共享的投资形式;债券投资与被投资企业的财务活动没有直接关系,只是定期收取固定的利息,所面临的是被投资者无力偿还债务的风险。投资风险主要包括利率风险、再投资风险、汇率风险、通货膨胀风险、金融衍生工具风险、道德风险、违约风险等。

3. 经营风险

经营风险又称营业风险,是指在企业的生产经营过程中,受供、产、销各个环节不确定性因素的影响所导致企业资金运动的迟滞,产生企业价值的变动。经营风险主要包括采购风险、生产风险、存货变现风险、应收账款变现风险等。采购风险是指由于原材料市场供应商的变动而产生的供应不足的可能,以及由于信用条件与付款方式的变动而导致实际付款期限与平均付款期的偏离;生产风险是指由于信息、能源、技术及人员的变动而导致生产工艺流程的变化,以及由于库存不足所导致的停工待料或销售迟滞的可能;存货变现风险是指由于产品市场变动而导致产品销售受阻的可能;应收账款变现风险是指由于赊销业务过多导致应收账款管理成本增大的可能性,以及由于赊销政策的改变导致实际回收期与预期回收的偏离等。

4. 流动性风险

流动性风险是指企业资产不能正常和确定性地转移现金或企业债务和付现责任不能正常履行的可能性。从这个意义上来说,可以把企业的流动性风险从企业的变现力和偿付能力两方面分析与评价。企业支付能力和偿债能力发生的问题,被称为现金不足及现金不能清偿风险。因企业资产不能确定性地转移为现金而发生的问题则被称为变现力风险。

 看一看

史玉柱与"巨人大厦"

1991年7月,史玉柱在获得了创业的第一桶金后,将公司由深圳迁往珠海,成立"珠海巨人新技术公司",后又升格为"珠海巨人高科技集团公司"。到1993年7月,"巨人集团"下属全资子公司已经发展到38个,成为中国第二大民营高科技企业。1994年初,巨人大厦动土。这座最初计划建18层的大厦,在众人热捧中被不断加高,从18层到最后升为70层,号称当时中国第一高楼,投资也从2亿元增加到12亿元,史玉柱以集资和卖楼的方式筹款1亿元。1995年,巨人把12种保健品、10种药品、10多款软件一起推向市场,投放广告费用1亿元。1996年巨人大厦资金告急,史玉柱决定将保健品方面的全部资金调往巨人大厦,保健品业务因资金"抽血"过量,迅速盛极而衰。脑黄金的销售额达到过5.6亿元,但烂账有3亿多。1997年初巨人大厦未按期完工,各方债主纷纷上门,巨人集团现金流彻底断裂,只完成了相当于三层楼高的首层大堂的巨人大厦停工,巨人集团名存实亡。随着"巨人倒下",负债2.5亿的史玉柱黯然离开广东。

史玉柱第一次创业失败的案例,是新企业因盲目扩张而导致失败的典型案例。史玉柱在创业初步成功之后,急于追求企业的快速成长,大搞多元化经营,而对企业经营中可能出现的风险则明显估计不足、防范不够。这是他第一次创业失败的根本原因。而因投资规模过大和回款不及时等问题导致的资金链断裂,只是其失败的导火索。

要选择好的创业项目,从源头上规避创业风险,关键是要提高创业者发现、分析、选择创业项目的能力。很多人创业失败,是因为其对商业的本质缺乏认知,不懂创业规律。因此,要规避创业项目的选择风险,首先要提高创业者自身的素质,做一个合格的创业者。当然,任何项目都不可能完全没有风险,所以还必须要有切实可行的防范措施,防患于未然。

(二) 企业财务风险的防范

在市场条件下,财务风险是客观存在的,要完全消除风险是不现实的。所以,企业在确定财务风险控制目标时不能一味追求低风险甚至零风险,而应本着成本效益原则把财务风险控制在一个合理的、可接受的范围之内。因此,要加强企业财务风险防范,如何防范企业财务风险,化解财务风险,以实现财务管理目标,是企业财务管理工作的重点。

1. 增强财务人员风险观念,防范风险

财务人员对风险认识滞后,而财务活动贯穿于企业活动的全过程,因此有必要增强财务人员的风险意识,具体包括以下几点。

(1) 完善企业管理机构。对企业的管理方式进行改革或重组,建立严格的检查考核和监督制度,健全财务管理规章制度,加强管理基础工作,提高企业财务人员对预测可能性风险的敏感程度。

(2) 完善财务监督机制。为了实现财务管理目标,降低财务风险损失,必须加强财务监督,使企业安全运行,达到预期效果。要在企业内部建立内部审计体系,比如,公司设立专门的审计机构,配备审计专业人员,制订专门的审计程序和确定具体的审计内容。还要建立财务人员问责制,使企业的财务风险与每个人的利益挂钩,让财务人员真正重视财务风险,提高对风险的警惕性。

2. 多元投资,分散风险

企业实行多元化投资能够有效地避免财务风险给企业带来的损失。多元化的投资方法具体包括分配法和转移法。

分配法指通过企业之间联营、多种经营及对外投资多元化等方式分散财务风险。对风险较大的投资项目,企业可以和其他企业一同融资,以实现收益共享、风险共担,从而分散企业投资风险,避免企业因单独承担投资风险而产生财务风险;由于市场需求有不确定性,企业可采用多种经营的方式,即同时经营多种产品来分散风险。在多种经营方式下,企业因滞销而产生的损失,会被其他产品带来的收益所抵消,也可以避免因企业经营单一而产生无法实现的预期收益风险。

转移法是指企业通过某些手段将部分或全部财务风险转移给他人承担的方法,它包括保险转移和非保险转移。保险转移,指企业可以将财产损失的风险通过购买财产保险的方式转移给保险公司承担。企业在对外投资时,可以采用联营投资的方式,将投资风险一部分转移给参与投资的其他企业。非保险转移指,将某类特定的风险转移给专门的机构或相关部门,比如将产品卖给商品部门,将一些特定的业务交给拥有专门人员、有丰富经验技能和设备的专业公司去完成。采用这种转移风险的方式,即将财务风险部分或全部转移给他人承担,可以大幅度降低企业的财务风险。

3. 合理调整资金结构,建立资金控制制度

要想建立资金控制制度,应从两方面着手。

一是健全公司财务管理指标体系。指标是评价、考核责任主体完成任务的尺度。一

个公司如果想减少风险的发生,应注重考核以下指标。

（1）资本保值增值率。该指标既可以作为总公司自行,又可作为约束所属企业责任经营的考核指标,其计算公式为:资本保值增值率＝期末所有者权益/期初所有者权益×100％。

（2）资产报酬率。该指标作为考核企业盈利或发展能力,其计算公式为:资产报酬率＝（净利润＋利息支出）/平均总资产×100％。

（3）净资产收益率。作为考核企业投资回报的水平的指标,其计算公式为:净资产收益率＝净利润/净资产×100％。

二是限定负债比例。一般根据各行业的不同标准设定不同的负债比例,限定对外担保,将或有负债列入负债管理,设立"财务结算中心",模拟银行存、贷款及货币结算功能,服务于企业内部关联性的企业。这个"财务结算中心"的模式,能够发挥安全阀的作用,保障整体资金的运行安全,壮大企业的整体实力。这一模式现在我国经济特区企业集团中广为推广,不失为规避财务风险的一个重要举措。

4. 合理决策,减少风险

企业在选择财务方案时,应综合评价各种备选方案可能产生的财务风险,在保证财务管理目标实现的同时选择风险较小的方案,以达到回避财务风险的目的。例如,债权性投资,如果使企业能够实现预期的投资收益,企业在选择投资方式时,就会尽可能采用债权性投资。因为尽管股权投资可能带来更多的投资收益,但从回避风险的角度来考虑,企业还是应当谨慎从事股权性投资,而债权性投资的风险低于股权性投资的风险,因此,企业在选择投资方式时,就会尽可能采用债权性投资。当然,回避风险并不是说企业不能进行风险性投资,企业为达到影响甚至控制被投资企业的目的,可以采用股权投资的方式,在这种情况下,承担适当的投资风险是必要的。

5. 合理应对外部风险

企业面对客观存在的财务风险,应努力找出能够降低财务风险的方式。例如,企业可以在保证资金需要的前提下,适当降低资产负债率,以达到降低债务风险的目的。在企业的经营活动中,可以通过改进产品设计、提高产品的质量、努力开拓新市场、开发新产品等手段,提高产品的竞争力,降低因产品滞销、市场占有率下降而产生的不能实现预期收益的财务风险。

另外,企业也可以以付出成本为代价来降低产生风险损失的可能性。例如,建立能够及时发现风险的风险控制系统,建立专项偿债基金,降低对企业经营活动的影响;还可以选择最佳资本结构,使企业风险最小而盈利能力达到最大化。企业筹集资金时,应根据其行业特点与发展的不同时期,既充分考虑经营规模、获利能力及金融市场状况,又要考虑企业现有资金以及预期财务收支状况,选择使综合资金成本最低的融资组合,确定融资规模与结构,动态地平衡短期、中期与长期负债比率,实现企业价值的最大化,使财务风险降到最低水平。

6. 建立财务风险预警系统

设立财务风险预警机制采用及时的数据化管理方式,通过全面分析企业内部经营、外部环境等各种资料,以财务指标数据形式将企业面临的潜在风险预先告知经营者,同时寻找财务危机发生的原因和企业财务管理中存在的问题,并明确告知企业经营者解决问题的有效措施,组成企业财务管理的一张疏而不漏的安全网。一般而言,企业财务预警机制包括两个层次,即总体财务预警机制和部门财务预警机制。总体财务预警机制的主要功能是让企业经营者掌握企业的总体财务状况,预先了解企业财务危机的征兆。部门财务预警机制,即以企业主要经营部门分别确定检查要点,设立相应的预警线,如对生产部门的生产成本、营销部门的销售费用、管理部门的管理费用等设定警戒值,调查企业财务运营可能失衡的地方,及时进行必要的改进。部门财务预警机制不仅能帮助总体财务预警机制寻求财务问题产生的源头,还有利于不同部门之间沟通协调,解决问题,提高企业的整体管理水平。

总之,财务风险是现代企业在激烈的市场竞争中所产生的必然产物,是企业不可回避的问题。财务风险影响和制约着我国企业的生存及发展,因此,企业有必要树立风险意识,提高应变能力,建立有效的财务风险预警指标体系和风险防范处理机制,加强筹资、投资、资金回收及收益分配的风险控制,优化资本结构,防范财务危机,使企业健康、稳定、快速的发展。

总结案例

我不想把鸡蛋放在同一个篮子里

徐春雷,男,江苏盐城人,无锡科技职业学院2011届毕业生。2012年3月自主创业餐饮店,年产值150万元。一年后感到餐饮店成长空间有限,不利于长期发展,遂将餐饮店盘出。经过3个月的市场调研,将第二个创业项目定位为中高端装修建材营销。经过慎重考虑,决定采用风险较小的代理商加盟方式进行二次创业。

2013年3月,徐春雷创立天格地板盐城营销中心(图8-7)。在公司筹备期间,徐春雷专门到无锡加盟商处学习了公司的内部管理与业务运营的专项内容。天格地板盐城营销中心创立的当年,营业额达到1 000万元。在公司运营上轨道后,徐春雷问学校的老师有没有新的具有发展潜力的项目可供他参考,老师问他:"你公司刚刚建立一年,目前看来是比较成功的,为何急于寻找新的项目?"他回答道:"老师,你别看我第一年做得挺好的,其实我估算过,这个行业最好的行情还只有五年,面对各种风险,我不敢大意。你看,我现在用的手机是苹果,但是我之前最喜欢的手机品牌是诺基亚,像诺基亚这样的行业巨头在一年

图8-7 徐春雷和他的天格旗舰店

的时间内说倒就倒了,我那点产业又算什么?我不想把鸡蛋放在同一个篮子里,那样风险太大。"

在其后的几年里,徐春雷在电子商务、环保及至教育培训行业都做过深入调研及投资尝试,在面临风险的时候,都能及时脱身,最后将投资重点放到他所熟悉的家装领域。目前,他拥有盐城地区两家天格地板门店及一家中高档楼梯品牌门店,在行业整体不景气的情况下,还能稳定维持年产值在 1 000 万元以上,发展态势良好。

（资料来源：无锡科技职业学院创新创业学院）

启示：

紧盯行业和市场前景,树立财务风险意识,建立风险预警体系和风险防范处理机制,提高应变能力是企业生存与发展的重要内涵。"不把鸡蛋放在同一个篮子里"也是防范财务风险的一项有效举措。

活动与训练

活动1

计算开办公司固定成本

主题：计算开办公司的固定成本。

目标：掌握创业者必须要知道的财务常识。

时间：30 分钟。

过程：

1. 教师介绍本次活动的目的。

2. 教师将学生分成若干小组（每组6～8人）,假设每一组开办一个公司。

（1）公司只雇佣 1 个人,按当地最低工资线发工资和缴纳五险一金。

（2）雇佣 1 个兼职会计。

3. 学生讨论、并合理计算出本公司的固定成本。

公司固定成本开销统计表

项　　　　目	金额（元）
一次性固定投入成本	
工商注册代办成本（包括办理银行基本户＋刻工章费用）	
公司基本户银行年管理费用（含购买 U 盾费用）	
一年办公场地的房租（含办公环境装修和设备购置）	
按月支付的固定成本	
月办公费用（物业费、水电通信费）	

续　表

项　　目	金额（元）
员工工资＋五险一金开销（含创业者自己）	
会计代理记账费	
年固定成本开销汇总	

活动 2

领悟企业融资

主题：领悟企业融资选择。

目标：了解企业融资的主要方式，理解不同融资方式对企业发展的影响。

时间：150 分钟。

过程：

1. 教师介绍本次活动的目的。

2. 教师将学生分成若干小组（每组 4～6 人），然后播放电影《中国合伙人》。

3. 学生分组讨论"新梦想"不同阶段的融资方式，以及其对企业发展的影响。

4. 每个小组选出一个代表进行汇报，其他同学进行点评，最后由教师进行总结。

提示：讨论题目应事先告诉学生。学生看电影后，建议先进一步了解新东方教育科技集团的发展历史，然后再进行小组讨论。

思考与讨论

1. 创业者如何创造性开发并利用资源？

2. 在电影《中国合伙人》中，成东青和孟晓骏在融资策略上的根本分歧是什么？

3. 如何看待不同融资方式的利弊？

任务四　建设企业文化

学习目标

1. 了解企业文化的主要内容及作用。

2. 熟悉企业文化建设的内容。

3. 理解企业家对企业文化的影响。

4. 熟悉传承与发展企业文化的措施和方法。

导入案例

两只红鞋

有位留美女士逛美国的一家百货公司的时候,在入口看见有一堆鞋子,旁边的标价牌上写着:"超级特价,只付一折即可穿回。"她拿起一双鞋子一看,原价70美元的一双充满光泽的红色皮鞋只要7美元,这简直让人不敢相信。她试了试觉得皮软质轻,外观也完美无瑕,她真是乐不可支。

她把鞋捧在胸前,然后赶快呼唤服务小姐,服务小姐微笑地走过来:"您好,您喜欢这双鞋?正好配您的红外套!"服务小姐伸出手说:"能不能再让我看一下。"她把鞋交给服务小姐,不禁担心地问:"有什么问题吗?价钱不对吗?"那位服务小姐赶紧安慰说:"不,不!别担心,我只是要确认一下是不是这两只鞋。嗯,确实是!"

"什么叫两只鞋,明明是一双啊"她迷惑不解地问。

那位服务小姐诚实地说:"既然您这么中意,而且打算买了,我一定要把事情的真相告诉您。"

服务小姐开始解释:"非常抱歉!我必须让您明白,它们真的不是一双鞋,而是相同皮质,尺寸一样,款式也相同的两只鞋,虽然颜色几乎一样,但还是有点色差,我们也不知道是否以前卖错了,或是顾客弄错了,剩下的左右两只正好凑成一双。我们不能欺骗顾客,免得您回去以后,发现真相而后悔,责怪我们欺骗您。如果你现在知道了而放弃,您可以再选别的鞋子!"这真挚的一席话,哪有不让人心软的!何况,穿鞋走路,又不是让人蹲着仔细对比两边色泽。她心里愈想愈得意,除下定决心买那"两只鞋"外,不知不觉又买了"两双鞋"。几年后,那双鞋仍是她的最爱。当朋友夸赞那双鞋时,她总是不厌其烦地诉说那个动人的故事。此后,她每次到纽约时,总要抽空到那家百货公司捧回几双鞋。

启示:

谁也不愿意被别人当傻瓜欺骗,尤其是花钱的顾客,留住顾客的心的方法就是以诚待人。

企业文化是企业长期生产、经营、建设、发展过程中所形成的管理思想、管理方式、管理理论、群体意识以及与之相适应的思维方式和行为规范的总和。企业文化是企业成员共有的一套意义共享体系,使企业独具特色,区别于其他组织。其中最核心的是精神文化,精神文化最核心的是价值观。

一、企业文化的作用

企业文化是企业中占支配地位的领导集体率领广大员工在长期的调查研究和工作实践基础上,经多年培育、维持而创建的精神财富和物质形态。其内含的价值观、行为规范、传统作风等核心因素来自组织,具有相对独立性和稳定性。同时,这些因素具有巨大的能动作用。

（一）划界作用

企业文化首先起着划清界限的作用，它能使一个企业与其他企业和组织区别开来。

（二）导向作用

企业文化能将全体员工的思想行为统一到组织发展目标上来，不仅对组织个体的心理与行为具有导向作用，而且对组织整体的价值取向和行为具有导向作用。

（三）凝聚作用

企业文化对员工具有潜移默化的作用，能使他们自觉或不自觉地接受组织共同的信念和价值观，从而把个人融入集体，使员工的归属感增强，凝聚力提高。

（四）激励作用

企业文化可使员工认识自己组织的特点与优点，理解自己工作的意义和价值，进而产生热爱集体的荣誉感、自豪感，激发巨大的工作热情。

（五）稳定作用

企业文化是一种社会黏合剂，它通过为组织成员提供言行举止的恰当标准，以及由此产生的认同感，使员工愿意长期留在组织中。

二、企业文化建设的主要内容

企业文化建设的内容主要包括物质层、行为层、制度层和精神层等四个层次的文化。学习型组织的塑造是企业文化建设的宗旨和追求的目标，从而构成企业文化建设的重要内容。

（一）物质文化

这是产品和各种物质设施等构成的器物文化，是一种以物质形态加以表现的表层文化。企业生产的产品和提供的服务是企业生产经营的成果，是物质文化的首要内容。其次企业的生产环境、企业容貌、企业建筑、企业广告、产品包装与设计等也构成企业物质文化的重要内容。

（二）行为文化

行为文化是指员工在生产经营及学习娱乐活动中产生的活动文化。指企业经营、教育宣传、人际关系活动、文娱体育活动中产生的文化现象。包括企业行为的规范、企业人际关系的规范和公共关系的规范。企业行为包括企业与企业之间、企业与顾客之间、企业与政府之间、企业与社会之间的行为。

（1）企业行为的规范是指围绕企业自身目标、企业的社会责任、保护消费者的利益等方面所形成的基本行为规范。企业行为的规范从人员结构上划分为企业家的行为、企业模范人物行为和员工行为等。

（2）企业人际关系分为对内关系与对外关系两部分。对外关系主要指企业经营面对不同的社会阶层、市场环境、国家机关、文化传播机构、主管部门、消费者、经销者、股东、金融机构、同行竞争者等方面所形成的关系。

（3）企业公关策划及其规范。公关策划即"公共关系策划"，是公共关系人员根据组织形象的现状和目标要求，分析现有条件，策划并设计公关战略、专题活动和具体公关活动最佳行动方案的过程。

（4）服务行为规范：是指企业在为顾客提供服务过程中形成的行为规范。是企业服务工作质量的重要保证。

（三）制度文化

制度文化主要包括企业领导体制、企业组织机构和企业管理制度三个方面。企业制度文化是企业为实现自身目标对员工的行为给予一定限制的文化，它具有共性和强有力的行为规范的要求，它规范着企业的每一个人。企业工艺操作流程、厂纪厂规、经济责任制、考核奖惩等都是企业制度文化的内容。

（1）企业领导体制是企业领导方式、领导结构、领导制度的总称。

（2）企业组织结构是企业为有效实现企业目标而筹划建立的企业内部各组成部分及其关系。企业组织结构的选择与企业文化的导向相匹配。

（3）管理制度是企业为求得最大利益，在生产管理实践活动中制定的各种带有强制性义务并能保障一定权利的各项规定或条例，包括企业的人事制度、生产管理制度、民主管理制度等一切规章制度。

企业的制度文化是行为文化得以贯彻的保证。

（四）核心文化

核心文化是指企业生产经营过程中，受一定的社会文化背景、意识形态影响而长期形成的一种精神成果和文化观念。包括企业精神、企业经营哲学、企业道德、企业价值观念、企业风貌等内容，是企业意识形态的总和。

（1）"参与、奉献、协作"的企业精神，是现代意识与企业个性相结合的一种群体意识。是企业经营宗旨、价值准则、企业信条的集中体现，它构成企业文化的基石。通常通过厂歌、厂徽、厂训、厂规等形象表现出来。

（2）"以市场为导向"的企业经营哲学，是指企业经营过程中提升的世界观和方法论。是企业在处理人与人、人与物关系上形成的意识形态与文化现象。与民族文化、特定时期的社会生产、特定的经济形态、国家经济体制及企业文化背景有关。

（3）"以人为本"的企业价值观是企业在追求经营成功过程中所推崇的基本信念和奉行的目标。体现在处理股东、员工、顾客、公众等利益群体的关系中，包括利润价值观、经营管理价值观和社会互利价值观。

三、企业创始人与企业文化的形成

企业创始人对企业文化影响巨大，新企业的典型特点是规模比较小，有利于创始人把自己的愿景与企业所有成员分享。

企业创始人对企业文化形成的影响是通过以下三种途径实现的。首先,创始人仅仅聘用和留住那些与自己的想法和感受一致的员工;其次,创始人对员工的思维方式和感受方式进行灌输和社会化;最后,创始人把自己的行为作为角色榜样,鼓励员工认同这些信念、价值观和假设,并进一步内化为自己的想法和感受。

现代集团是韩国的企业巨人,它的企业文化在很大程度上是创始人郑周永的个人写照。现代公司激烈的竞争型风格以及纪律严明、高度权威的特色,也都是郑周永个人特点的体现。比尔·盖茨对微软的影响、弗莱德·史密斯对联邦快递的影响、理查德·布朗森对维珍集团的影响等,充分显示企业创始人对企业文化的影响。

四、企业文化的传承与发展

企业文化一旦建立,企业就会采取一系列措施使其得以传承和发展。在维系企业文化的过程中,员工甄选、管理活动和教育培训起着非常重要的作用。

(一) 员工甄选

企业在招聘员工的时候,所雇用的人显著受到决策者对于求职者是否适合组织的判断的影响。这种试图确保员工与组织相匹配的努力,会使受聘员工的价值观与组织价值观大体一致,至少与组织价值观中的相当一部分保持一致。

(二) 管理活动

高层管理者通过自己的举止言行建立起规范,并将其渗透到组织当中。例如,公司是否鼓励冒险;管理者应该给自己的下属多大自由度;什么样的着装是得体的;什么样的业绩可以得到加薪、晋升或其他奖励。

(三) 教育培训

新员工入职后,许多企业都要通过教育培训帮助新员工适应组织文化。例如,星巴克的所有新员工都要通过培训学习星巴克的经营理念、价值观念、企业精神、团队意识。通常情况下,适应企业文化的员工会受到奖励,而挑战企业文化的员工则会受到惩罚。

总结案例

胖东来:被绑架的"幸福"

"胖东来"是一个非常有名的百货品牌,总部在河南许昌,创建于1995年3月。旗下涵盖专业百货、电器、超市。鼎盛时期,胖东来百货在许昌市、新乡市等城市拥有三十多家连锁店、七千多名员工。它以反传统商业逻辑著称,以高薪水、高福利、自由、快乐闻名于世,曾被誉为"中国最好的店",更有"百货业的海底捞"之称。而胖东来的董事长于东来,一直是以"布道者"的身份出现,对其员工一直以"兄弟姐妹"相称,希望员工们"快乐地工作和生活"。他打破了国内零售业无假日的先例,宣布胖东来"每周二闭店休息"。胖东来,就以这样的姿态,成为商业传奇,成为人人称道的企业标杆。

（资料来源：姜华山. 胖东来：被绑架的"幸福"[J]. 企业家观察,2014（10），有改动）

启示：

"胖东来"的文化给员工带来了幸福,促进了企业发展壮大。企业文化打造不仅仅靠严格的制度、适时的奖惩,更需要老板的经营理念以及实实在在的经营举措,让员工受益、认可并自觉维护企业的共同利益,进而形成一整套人人共同追求的企业价值取向。

活动与训练

活动 1

企业文化调研

主题： 企业文化调研。

目标： 了解企业的组织架构,熟悉企业文化的传递方式。

时间： 20 分钟。

过程：

1. 教师将学生分成若干小组,每组 4～6 人。每组选择 4～6 个企业为调研对象,在课下完成调研,并进行交流,提炼出一个完整的调研报告。

2. 每组选出一个代表,在课堂上进行汇报,教师进行点评和总结。

活动 2

企业年会集市

主题： 企业年会集市。

目标： 通过模拟策划企业年会集市的方式,活跃气氛,增强企业人员的凝聚力,提高员工的活跃性。

时间： 课外 45 分钟。

流程： 教师将学生按照公司部门分组。每个组代表一个部门。每个组一个摊位,准备可口的小食,好玩的小礼物,刺激的游戏。用虚拟货币营造集市消费效果,营造强烈的企业文化年会集市。

思考与讨论

1. 作为创业者,应该怎样利用网络进行企业文化宣传？

2. 企业在自己的网站上发布招聘信息应注意哪些问题？

任务五　品牌建设

学习目标

1. 了解品牌建设的步骤。
2. 把握品牌维护的基本要求。
3. 认识品牌营销的意义及网络营销的基本原则。

🚀 导入案例

张瑞敏：从砸冰箱到"砸组织"　他让海尔勇立时代潮头

　　1985 年，在一次质量检查时，青岛电冰箱总厂的检查员发现刚刚生产的 76 台瑞雪牌电冰箱不合格。按照当时的销售情况，这些电冰箱稍加维修便可出售。但是，厂长张瑞敏当即决定，在全厂职工面前将 76 台电冰箱全部砸毁。当时一台冰箱八百多元钱，而员工每月平均工资只有 40 元，一台冰箱几乎等于一个工人两年的工资。当时员工们纷纷建议：便宜处理给工人。张瑞敏对员工说："如果便宜处理给你们，就等于告诉大家可以生产这种带缺陷的冰箱。今天是 76 台，明天就可能是 760 台、7 600 台，因此，必须解决这个问题。"

图 8-8　张瑞敏砸冰箱

　　于是，张瑞敏决定砸毁这 76 台冰箱（图 8-8），而且是由责任者自己砸毁。很多员工在砸毁冰箱时都流下了眼泪，平时浪费了多少产品，没有人去心痛，但亲手砸毁冰箱时，感受到这是一笔很大的损失，痛心疾首。这种非常有震撼力的场面，改变了员工对质量标准的看法。

　　如今，海尔已经是全球大型白色家电第一品牌。

　　（资料来源：任俊峰.张瑞敏：从砸冰箱到"砸组织"　他让海尔勇立时代潮头.青岛新闻网，2018 年 4 月 2 日，有改动）

　　启示：

　　品牌建设往往是一个长期的过程，管理者首先要有品牌意识，并在日常的生产、销售、宣传中做好品牌塑造和维护工作。海尔集团之所以能够从一个电冰箱厂一步步发展成为全球大型家电集团，很重要的一个原因是其特别注重品牌建设。

品牌建设是指品牌拥有者对品牌进行的设计、宣传、维护的行为和努力。品牌建设的利益表达者和主要组织者是品牌拥有者(品牌母体),但参与者包括了品牌的所有接触点,包括用户、渠道、合作伙伴、媒体甚至竞争品牌。品牌建设包括的内容有品牌资产建设、信息化建设、渠道建设、客户拓展、媒介管理、品牌搜索力管理、市场活动管理、口碑管理、品牌虚拟体验管理。

一、品牌建设的步骤

初创企业的品牌建设是一个系统工程,不是一蹴而就的。要想打造强势品牌,必须知晓、懂得并周密按照打造品牌的流程去规范运作,方能取得预期或较为理想的效果。品牌的打造一般要经过以下几个步骤。

(一)品牌调研

品牌调研是指品牌打造的工作人员对企业的品牌现状进行了解。或者对企业计划树立的品牌相关内容的资料收集。对于已有品牌的现状主要是了解企业品牌的知名度、美誉度、代表意义等,其意义在于明确企业预期的状况及实际品牌所处状态,另外还需了解员工的品牌意识,对该品牌的理解程度。而对于企业计划树立的品牌应了解企业声誉、品牌产品或服务的质量性能、同行业中的地位,目标受众对品牌的关注,何种因素对目标受众的品牌意识最具影响,等等。总之,品牌调研是发现品牌系统存在的问题或影响因素并对其进行全面了解。

(二)制订品牌设计计划

通过品牌调研在掌握了大量的情报资料,确定了品牌系统中存在的问题,影响因素之后,下步工作就是制订品牌设计计划。品牌设计计划有长期战略规划、年度工作计划,也有品牌项目设计工作计划,品牌设计计划的制订主要是确定品牌打造目标,设计打造方案,确立设计内容及评估预算。

(三)品牌定位与设计

品牌定位与设计,就是依据品牌目标为品牌确立适当的位置,并进行具体设计。工作人员依据品牌设计计划开展工作,在综合考虑企业现状、竞争对手、社会公众等各种条件后,设计品牌。设计品牌的主要内容应包括品牌外形设计、品牌 CIS 设计、品牌预期目标设定等。品牌设计一定遵循科学的原则、采用科学的方法,并结合企业近期、远期目标,企业形象等影响要素。

(四)品牌推广

品牌目标确立。品牌设计完毕之后,就要对品牌加以推广。品牌推广指综合运用广告、公关、媒介、名人、营销人员、品牌质量等多种要素,结合目标市场进行综合推广传播,以树立品牌形象。品牌推广中既要善于利用广告、公关等宣传手段,也要善于利用名人、事件等推动因素,把握品牌质量、品牌服务,树立长远发展战略。

（五）品牌效果评估

品牌效果评估与品牌调研这两个阶段的工作有相同之处,要利用市场调研收集资料、获取信息、并且这两个阶段的工作首尾相接,品牌效果评估的主要工作内容是了解品牌打造工作是否按期、保质地完成,是否达到了预期的效果,是否需要对品牌进行二次锻造,是否开展二期工程,等等。

🌀 看一看

王老吉凉茶 1 亿到 170 亿！

王老吉的成功和找对卖点关系大不大？2002 年之前,王老吉是一种仅仅在广东等南方区域流行的凉茶,因为当地气温高,人容易上火,必须要喝凉茶来下火。当时王老吉为了将凉茶从广东市场拓展到全国市场,巧妙地对"谁是我的客户"做了重新定位。既然人们喝凉茶是为了下火,那么容易上火的原因是什么？除天气热之年,还有吃火锅、吃烧烤！

图 8-9　王老吉广告卖点

因为天气热只是南方地区的气候特点,而火锅和烧烤是南方人和北方人都会吃的,因此下火是南方人和北方人都有的需求,于是"吃火锅、烧烤必配王老吉"。王老吉因此将自己的客户从"南方天气热"的地区拓展到全国市场,甚至海外市场。

从宣传广告语上来说,"怕上火喝王老吉"(图 8-9),妙就妙在一个"怕"字！因为吃火锅上火的人,几乎每一个人都怕上火。像王老吉这样,通过对客户需求的更准确地分析和定位,就有可能使得产品能够爆发性地增长。

二、品牌维护

企业品牌的建设不是一劳永逸的事情,不但需要企业用心塑造,而且需要企业坚持不懈地用心维护。其基本要求是：围绕品牌资产目标,不断检查品牌资产情况,在此基础上加强推广宣传,提升企业品牌的知名度、美誉度,培养客户的偏好度和忠诚度。新企业在品牌维护时应注意以下两点。

（1）需要企业全体员工的积极参与。它不但要求全体员工对企业有高度的认同感和归属感,而且要以主人翁的态度工作,与企业同舟共济、荣辱与共。企业品牌的维护,还需要巩固和加强与目标客户的联系,吸引更多忠诚的品牌使用者。

（2）特别需要企业遵守诚信原则。品牌标志着企业的信用和形象,是企业最重要的无形资产。在市场经济条件下,环境每天都在不断地变化,谁拥有了诚信品牌,谁就掌握了竞争的主动权,就能处于市场的领导地位。

一个强大的品牌不是由创意打造的,而是由"持之以恒"打造的。品牌核心价值一旦确定,企业的一切营销传播活动都应该持之以恒地坚持维护它,这已成为国际一流品牌成功的秘诀。

维护企业品牌应做到两个坚持。① 横向坚持:同一时期内,产品的包装、广告、市场营销、售后服务等都应围绕同一主题和形象。② 纵向坚持:不论 1 年、2 年,还是 10 年,品牌在不同时期的不同表达主题都应围绕同一品牌核心价值。

三、品牌营销

品牌营销的关键点在于为品牌找到一个具有差异化个性、能够深刻感染消费者内心的品牌核心价值,它让消费者明确、清晰地识别并记住品牌的利益点与个性,是驱动消费者认同、喜欢乃至爱上一个品牌的主要力量。

品牌营销的前提是产品要有质量上的保证,这样才能得到消费者的认可。品牌建立在有形产品和无形服务的基础上。有形是指产品的新颖包装、独特设计以及富有象征吸引力的名称等。而服务是在销售过程当中或售后服务中给顾客满意的感觉,让顾客体验到做"上帝"的幸福感,让顾客始终觉得选择买这种产品的决策是对的。

企业的生存之道,要紧紧围绕企业品牌推广策略,无论何种营销方式,都是对自己企业品牌的植入传播,而网络为企业品牌的发展提供了更广阔的空间,同时也提供了全新的传播形式,尤其在 WEB2.0 时代,网络已经成为品牌口碑传播的阵地。

网络营销为初创品牌建设提供了一个绝好的机会,利用网络建设品牌,不仅投入低、回报高,而且具有覆盖面广的特点。初创企业想要使用网络构建品牌,主要还得遵循以下几大原则。

（1）清晰的品牌诉求。初创企业在构建品牌时,先要明确企业想要构建哪种品牌文化,为建设品牌营造一个良好的开端。品牌故事、品牌文化、品牌精神这些都是品牌诉求,想要做好品牌建设需要一个系统且清晰的品牌诉求。每一个品牌的生命周期都包括诞生、成长、成熟这三个阶段,所以要在最短的时间由内到外向消费者传达品牌的价值以及能够带给消费者何种利益,直接向消费者阐述品牌观点,这就是品牌的理性诉求,也被称为功能性诉求。

（2）网站定位要准确。初创企业很多在网站的定位模糊,不清晰,导致网站不被用户所了解。网站的定位要以市场需求作为目标来建设网站。有市场需求,证明有用户搜索相关信息,满足了用户的需求的同时,企业更可以向消费者推销自己的企业,进一步加强品牌文化的建设。同时,还需分析竞争对手网站的规模和特点,针对对方的不足,以此来完善自己的网站,也可以借鉴竞争对手网站的突出点,更进一步加强自己的网站的优势。

（3）制订品牌传播策略。初创企业在制订品牌传播策略时,需要特别注意的是,品牌的建立绝非一朝一夕的事,品牌的建设有赖于企业长久地坚持与推广。而且企业在进行品牌建设时,不应只着重于眼前利益,而是要从品牌的长远发展作为出发点。

总结案例

开"时尚美鞋装饰吧":我要赚天下人的钱

　　22岁的贵州女孩陈雪妍从某职业技术学院毕业后,想开一家时尚"美鞋吧"。为了验证自己想法的可行性,她精心设计了一份调查问卷,调查的问题有:你觉得鞋上的饰件重要吗? 当你鞋上的饰件损坏后,你会请人修复吗? 一双鞋穿久了会失去新鲜感,你是否会有将它换一种风格的愿望? 如果市面上有专门美容鞋的服务,你是否会花钱购买这样的服务,你觉得理想的价格是多少? 最后一个问题的调查结果是:有90％的被访者都说会选择这样的服务。只有10％的人认为没有必要,这部分人主要是收入较高的中年白领。在完成了市场调查之后,她又对开店的前景进行了反复的分析,待一切准备就绪后,她才正式开店营业。但是即便如此,开店后的生意还是没有想象的那么好。直到她针对市场情况进行了多种方式的营销宣传后,小店才慢慢开始盈利。

　　启示:

　　创业项目的选择必须基于一定的市场需求,创业前的市场调查和经营前景分析是非常必要的,但是企业运营后的品牌营销也非常重要。就像案例中,许多消费者并不知道鞋子美容的知识,所以即便人们有这方面的需求,也不知道上哪儿找这样的专业品牌店。在这种情况下,如何进行品牌营销就显得非常重要。

活动与训练

活动 1

洗发水品牌营销

主题:洗发水品牌营销。

目标:通过设计不同品牌洗发水的营销方案,掌握品牌营销的要点。

时间:30分钟。

过程:

1. 教师介绍活动目的,即如何针对不同品牌的洗发水进行营销。

2. 教师将学生分成若干小组,每小组7～8人,每个小组选择一个洗发水品牌。主要品牌有海飞丝、飘柔、舒蕾、伊卡璐等,由小组同学就各自品牌开展营销方案的讨论。

3. 20 分钟后,各小组推选一名代表上台进行 2 分钟阐述。各小组代表进行互评、打分。由教师进行点评和总结。

活动 2

消费调查访谈

主题: 消费调查访谈。

目标: 了解人们的消费习惯和消费方式,理解不同销售策略的消费行为基础。

时间: 20 分钟。

过程:

1. 教师介绍活动目的,即调查人们对某些产品(与学生所学专业相关的产品)的消费习惯和消费方式。

2. 教师将学生分成若干小组,每组 4～6 人。学生在课下分组进行消费调查和讨论,最终得出结论。

3. 每个小组选出一个代表,在课堂上进行汇报,由教师进行点评和总结。

提示: 学生应认真准备和设计访问提纲。设计访谈提纲时,要对可能的答案进行预想,访谈形式可以多样化,注意控制访谈时间。

思考与讨论

1. 人们在购买产品时,通常会考虑哪些因素?

2. 实体门店销售应该注意哪些问题?

3. 网店销售应该注意哪些问题?

附　录

编号：

劳动合同(示范文本)

用人单位(甲方)：_____

地　　址(甲方)：_____

职　　工(乙方)：_____

劳动合同政策法规咨询电话：12345

使用说明

一、用人单位与职工签订劳动合同时，双方应认真阅读劳动合同。劳动合同一经依法签订即具有法律效力，双方必须严格履行。

二、劳动合同必须由用人单位(甲方)的法定代表人(或者委托代理人)和职工(乙方)亲自签章，并加盖用人单位公章(或者劳动合同专用章)方为有效。

三、合同示范文本中的空栏，由双方协商确定后填写清楚；不需填写的空栏，请打上"/"。

四、乙方的工作内容及其类别(管理或专业技术类/工人类)应参照国家规定的职业分类和技能标准明确约定。变更的范围及条件可在合同示范文本第十二条中约定。

五、工时制度分为标准、不定时、综合计算工时三种。如经人力资源和社会保障部门批准实行不定时、综合计算工时工作制的，应在本示范文本第十二条中注明并约定其具体内容。

六、约定职工正常工作时间的工资要具体明确，并不得低于本市当年最低工资标准；实行计件工资的，可以在本示范文本第十二条中列明，或另签订补充协议。

七、本单位工会或职工推举的代表与用人单位可依法就工资、工作时间、休息休假、劳动安全卫生、保险福利等事项集体协商，签订集体合同。职工个人与用人单位订立劳动合同的各项劳动标准，不得低于集体合同的约定。

八、双方经协商一致后，对劳动合同示范文本条款的修改或未尽事宜的约定，可在示范文本第十二条中明确,或经协商一致另行签订补充协议;另行签订的补充协议,作为劳动合同的附件,与劳动合同一并履行。

九、签订劳动合同时请使用钢笔或签字笔填写,字迹必须清楚,并不得单方涂改。

十、本文本不适用非全日制用工使用。

甲方(用人单位): 　　　　　　　　　　　　乙方(职工):

名称:＿＿＿＿＿＿＿＿＿　　　　　　　　　姓名:＿＿＿＿＿＿＿

法定代表人(主要负责人):　　　　　　　　　身份证号码:＿＿＿＿＿＿

＿＿＿＿＿＿＿＿＿＿＿＿　　　　　　　　　户籍地址:＿＿＿＿＿＿＿＿

通信地址:＿＿＿＿＿＿＿＿＿　　　　　　　＿＿＿＿＿＿＿＿＿＿＿

＿＿＿＿＿＿＿＿＿　　　　　　　　　　　　通信地址:＿＿＿＿＿＿＿＿

联系人:＿＿＿＿＿＿＿＿＿　　　　　　　　＿＿＿＿＿＿＿＿＿

联系电话:＿＿＿＿＿＿＿＿＿　　　　　　　联系电话:＿＿＿＿＿＿＿＿

甲乙双方根据《中华人民共和国劳动合同法》(以下简称《劳动合同法》)和国家、省市的有关规定,遵循合法、公平、平等自愿,协商一致、诚实信用原则,订立本合同。

一、合同期限

(一)合同期限

甲、乙双方同意按以下第＿＿种方式确定本合同期限:

1. 有固定期限:从＿＿年＿＿月＿＿日起至＿＿年＿＿月＿＿日止。

2. 无固定期限:从＿＿年＿＿月＿＿日起至法定的终止条件出现时止。

3. 以完成一定工作任务为期限:从＿＿年＿＿月＿＿日起至＿＿＿＿＿＿＿工作任务完成时止,并以＿＿＿＿＿＿＿＿＿＿＿为标志。

(二)试用期限

双方同意按以下第＿＿种方式确定试用期期限(试用期包括在合同期内):

1. 无试用期。

2. 试用期从＿＿年＿＿月＿＿日起至＿＿年＿＿月＿＿日止。

(合同期限三个月以上不满一年的,试用期不得超过一个月;合同期限在一年以上不满三年的,试用期不得超过二个月;三年以上固定期限和无固定期限的合同,试用期不得超过六个月。以完成一定工作任务为期限的合同或合同期限不满三个月的,不得约定试用期。同一用人单位与同一劳动者只能约定一次试用期。)

二、工作内容和工作地点

(一)乙方的工作内容:＿＿＿＿＿＿＿＿＿＿＿＿＿＿＿。

(二)乙方工作内容确定为(填"是"):(＿＿)管理和专业技术类/(＿＿)工人类。

(三)甲方因生产经营需要调整乙方的工作内容,应协商一致,按变更本合同办理,双方签字或盖章确认的协议书或依法变更通知书作为本合同的附件。

（四）乙方工作地点：＿＿＿＿＿＿＿＿＿＿＿＿＿＿＿＿。

（五）除临时性工作或者短期学习培训外，如甲方需要乙方到本合同约定以外的地点或单位工作和学习培训，应按本合同第七条处理。

三、工作时间和休息休假

（一）甲、乙双方同意按以下第＿＿＿种方式确定乙方的工作时间：

1. 标准工时制，即每日工作＿＿＿小时，每周工作＿＿＿天，每周正常工作不超过 40 小时，并至少休息一天。

2. 不定时工作制，即经人力资源和社会保障部门审批，乙方所在岗位实行不定时工作制，每周至少休息一天。

3. 综合计算工时工作制，即经人力资源和社会保障部门审批，乙方所在岗位实行以（填"是"）：年（　　），半年（　　），季（　　）或月（　　）为周期的综合计算工时工作制。

（二）甲方因生产（工作）需要，经与工会和乙方协商后可以延长工作时间。除《劳动法》第四十二条规定的情形外，一般每日不得超过一小时，因特殊原因最长每日不得超过三小时，每月不得超过三十六小时。

（三）甲方执行法定的及企业依法自行补充的有关工作、休息、休假制度，按规定给予乙方享受节日假、年休假、婚假、丧假、产假、看护假等带薪假期，并按本合同约定的正常工作时间工资及有关政策法规规定的计算方法支付工资。

四、劳动报酬

（一）乙方正常工作时间的工资标准（计算加班工资基数），按下列第（　　）种形式执行，并不得低于当地最低工资标准及本单位集体合同约定的标准。

1. 计时工资：＿＿＿＿＿＿＿元/月（＿＿＿＿＿＿＿元/周）；

2. 计件工资：＿＿＿＿＿＿＿（70％以上职工在正常工作时间内可以完成的，本项约定方为成立）；

3. 其他形式：＿＿＿＿＿＿＿＿＿＿＿＿＿＿＿＿＿。

（二）乙方试用期工资为＿＿＿＿＿＿元/月（不得低于第（一）款约定工资的 80％ 或单位同一岗位最低档工资，并不得低于本市最低工资标准）。

（三）甲方依法安排乙方加班的，应按《劳动法》第四十四条的规定支付加班工资。

（四）工资必须以法定货币支付，不得以实物或其他有价证券等形式替代货币支付。

（五）甲方与乙方可以依法根据本单位的经营状况、物价指数情况，经过双方协商或者通过集体协商，确定工资正常增长的具体办法。

（六）甲方给乙方发放工资的时间为：每月＿＿＿日（或周＿＿＿）。如遇节假日或休息日，应提前到最近的工作日支付。

五、社会保险

（一）甲、乙双方按照国家和省、市有关规定，参加社会保险，缴纳社会保险费，乙方依法享受相应的社会保险待遇。

（二）乙方患病或非因工负伤，甲方应按国家和地方的规定给予乙方医疗期和享受医疗待遇,并在规定的医疗期内支付病假工资或疾病救济费。

（三）乙方患职业病、因工负伤或者因工死亡的,甲方应按国家和省市的工伤保险法律法规的规定办理。

六、劳动保护、劳动条件和职业危害防护

（一）甲方按国家和省、市有关劳动保护规定为乙方提供符合国家劳动卫生标准的劳动作业场所,切实保护乙方在生产工作中的安全和健康。如乙方工作过程中可能产生职业病危害,甲方应如实告知乙方,并应切实按《职业病防治法》的规定,保护乙方的健康及其相关权益。

（二）甲方按国家有关规定,发给乙方必要的劳动保护用品,并按劳动保护规定每（年/季/月）免费安排乙方进行体检。

（三）甲方按国家和地方有关规定,做好女职工和未成年工的劳动保护工作。

（四）如甲方违章指挥、强令冒险作业危及人身安全的,乙方有权拒绝,并可以随时解除本劳动合同。对甲方及其管理人员漠视乙方安全和健康的行为,乙方有权要求改正并向有关部门检举、控告。

（五）台风黄色、橙色、红色或者暴雨红色预警信号生效期间,除必须在岗的工作人员外,甲方应当根据工作地点、工作性质、防灾避灾需要等情况安排乙方推迟上班、提前下班或者停工,并为在岗或因天气原因滞留单位的乙方提供必要的避险措施。

七、劳动合同的变更、解除、终止

（一）符合《劳动合同法》规定的条件或者经甲、乙双方协商一致,可以变更劳动合同的相关内容或者解除固定期限合同、无固定期限合同和以完成一定工作任务为期限合同。

（二）变更劳动合同,双方应当签订变更后的劳动合同或者《变更劳动合同协议书》作为本合同的附件。

（三）《劳动合同法》规定的终止条件出现,终止本劳动合同。

（四）甲方应当在解除或者终止劳动合同时出具解除或者终止劳动合同的证明,并在十五日内为乙方办理档案和社会保险关系转移手续;乙方应当按照双方约定,办理工作交接。

八、经济补偿金、医疗补助费的发放

解除或者终止本合同,经济补偿金、医疗补助费等发放按《劳动合同法》和国家、省、市有关规定执行。

九、通知和送达

甲、乙双方在本合同履行过程中相互发出或者提供的所有通知、文件、文书、资料等,均可以当面交付或以本合同所列明的通信地址履行送达义务。一方如果迁址或变更电话,应当及时书面通知另一方。

十、因履行本合同发生纠纷的解决办法

乙方认为甲方侵害自己合法权益的,可以先向甲方提出,或者向甲方工会反映,寻求解决。双方因履行本合同发生争议,应当先协商解决;协商不成的,可向甲方劳动争议调解委员会或者其他基层调解组织申请调解,或者向甲方所在地的劳动争议仲裁委员会申请仲裁。

十一、本合同的条款与国家、省、市的新颁布的法律、法规、规章不符的,按新的法律、法规、规章执行。

十二、双方需要约定的其他事项

_____
_____
_____
_____

本合同(含附件)一式两份,双方各执一份,均具有同等法律效力。

甲方:(盖章)　　　　　　　　　　乙方:(签名)

法定代表人
(委托代理人):_____
___年___月___日　　　　　　　___年___月___日

变更劳动合同协议书

甲、乙双方遵循合法、公平、平等自愿、协商一致、诚实信用原则,同意对本合同作以下变更:

_____
_____
_____
_____

甲方:(盖章)　　　　　　　　　　乙方:(签名)
法定代表人:
(或委托代理人)
20　年　月　日　　　　　　　20　年　月　日

主要参考文献

［1］周延波,郭兴全.创新思维与能力[M].北京:科学出版社出版,2004.

［2］康晓玲.创新思维与创新能力[M].北京:电子工业出版社,2015.

［3］魏传宪.创新思维方法培养[M].成都:西南交通大学出版社,2006.

［4］檀润华.TRIZ 及应用:技术创新过程与方法[M].北京:高等教育出版社,2010.

［5］任荣伟,梁西章,余雷.创新创业案例教程[M].北京:清华大学出版社,2014.

［6］王艳辉.勾股定理在教科书中的呈现方式与教学建议[J].教育教学论坛,2012(11).

［7］刘宝存.确立创新创业教育理念　培养创新精神和实践能力[J].中国高等教育,2010(12).

［8］阚雨沐.基于大学生创新创业能力培养实践教学体系构建研究[J].吉林工程技术师范学院学报,2014(12).

［9］王自坤.大学生创新创业实践基地构建探析[J].中国高校科技,2015(7).

［10］林嵩,姜彦福,张帏.创业机会识别:概念、过程、影响因素和分析架构[J].科学学与科学技术管理,2005(6).

［11］刘万利,胡培,许昆鹏.创业机会真能促进创业意愿产生吗:基于创业自我效能与感知风险的混合效应研究[J].南开管理评论,2011(5).

［12］斯晓夫,王颂,傅颖.创业机会从何而来:发现,构建还是发现＋构建?:创业机会的理论前沿研究[J].管理世界,2016(3).